高等学校省级规划教材

——土木工程专业系列教材

# 工程项目管理

杨兴荣　主　编

陈　莉
陈　燕　副主编

沈小璞　主　审

合肥工业大学出版社

—— 内容提要 ——

　　本书在充分借鉴国内外工程项目管理研究成果的基础上，系统地介绍了工程项目管理的理论基础，并按基本建设程序介绍了工程项目各要素的管理。全书共10章，分别介绍了工程项目管理的基础理论，工程项目的前期策划与投资决策，工程项目的进度管理、造价管理、质量管理、合同管理、风险管理和信息管理以及工程项目管理软件应用等。

　　本书可作为土木工程、工程管理、道路与桥梁专业的教材或参考书，也可供各相关专业的工程技术人员参考使用。

**图书在版编目（CIP）数据**

工程项目管理/杨兴荣主编. —合肥：合肥工业大学出版社，2007.8（2015.2 重印）
ISBN 978 - 7 - 81093 - 633 - 0

Ⅰ．工…　Ⅱ．杨…　Ⅲ．基本建设项目—项目管理—高等学校—教材　Ⅳ.F284

中国版本图书馆 CIP 数据核字（2007）第 124878 号

# 工 程 项 目 管 理

主　编：杨兴荣　　　责任编辑：陈淮民

| | |
|---|---|
| 出　　版 | 合肥工业大学出版社 |
| 地　　址 | 合肥市屯溪路 193 号 |
| 邮　　编 | 230009 |
| 电　　话 | 总　编　室：0551-62903038 |
| | 市场营销部：0551-62903198 |
| 网　　址 | www. hfutpress. com. cn |
| E-maill | hfutpress@163. com |
| 版　　次 | 2007 年 8 月第 1 版 |
| 印　　次 | 2015 年 2 月第 5 次印刷 |
| 开　　本 | 787 毫米×1092 毫米　1/16 |
| 印　　张 | 20.25 |
| 字　　数 | 496 千字 |
| 发　　行 | 全国新华书店 |
| 印　　刷 | 合肥现代印务有限公司 |

主编信箱　YXrong@163.com　　责编信箱　Chenhm30@163.com

ISBN 978 - 7 - 81093 - 633 - 0　　　　定价：34.00 元
如果有影响阅读的印装质量问题，请与出版社市场营销部联系调换

# 安徽省高校土木工程系列规划教材

# 编委会

# 前　　言

工程项目管理学是一门研究工程项目管理理论和管理方法的新兴学科。其研究范围涵盖工程项目投资前期、建设时期以及竣工交付使用后的整个过程；研究内容包括计划、组织、指挥、协调和控制的理论、方法和手段；研究目的是以效益目标为核心，在费用、工期和质量三方面均取得最佳效果，以达到收回投资并实现增值的目的。

本书在充分借鉴国内外工程项目管理理论研究成果的基础上，力求做到管理理论与工程实践相结合。与工程项目管理学同类教材相比，本书的特色主要体现在如下三个方面：第一，在介绍项目管理理论的同时，注重案例分析，力图用现实中的案例来佐证和体现书本中的理论，读者通过案例会对项目管理理论有更深刻的理解和体会；第二，突出工程项目管理中的三大控制内容，即工程质量控制、成本控制和进度控制；第三，较为细致地介绍了计算机在工程项目管理中的应用成果，对某些典型的工程应用软件，如工程造价管理软件、工程进度控制软件等，作了系统的功能分析和操作流程描述。

本书共分 10 章。第 1、2 章系统介绍了工程项目管理的基础理论；第 3 章为工程项目的前期策划与投资决策；第 4、5、6 章分别阐述了工程项目的进度管理、造价管理和质量管理；第 7、8 章探讨的是工程项目的合同管理和风险管理；第 9、10 章为信息管理和工程项目管理软件应用。本书可作为土木工程、工程管理、道路与桥梁专业的教材或参考书，也可供各相关专业的工程技术人员参考使用。

本书由安徽建筑工业学院杨兴荣担任主编，陈莉、陈燕担任副主编。具体分工如下：第 1 章由陈莉编写，第 2 章由侯为民编写，第 3 章由黄家暾编写，第 4 章由李伟编写，第 5 章由管艺编写，第 6 章由陈燕编写，第 7 章由何长全编写，第 8 章由王超（安徽理工大学）编写，第 9 章由韦俊瑞编写，第 10 章由杨兴荣编写。全书由杨兴荣、陈莉、陈燕负责修改、统稿。书稿由沈小璞教授主审并提出宝贵意见。

本书在编写和出版过程中得到合肥工业大学出版社的大力支持和帮助，在此表示感谢。

由于时间仓促，水平有限，书中不足之处在所难免，恳请各位同仁和读者批评指正。

编　者

2007 年 6 月

# 目　　录

# 第1章 工程项目管理概论

项目管理这一概念产生于第二次世界大战期间。它是在投资项目日趋大型化、复杂化,对于项目的管理提出了越来越高的要求这一背景下产生的。美国首先将这一理论应用到原子弹和航空武器的研制项目中,到了20世纪五六十年代,才扩展到工业开发项目和工程建设项目的管理领域。

## 1.1 项目与工程项目

### 1.1.1 项目

#### 1. 项目的概念

项目一词已被广泛应用于经济社会的各个方面。关于"项目",目前还没有公认统一的定义,许多管理专家和机构都试图用简明扼要的语言对项目进行概括和描述。

德国国家标准 DIN 69901 认为,项目是指在总体上符合下述条件的唯一的任务:具有预定的目标;具有时间、财务、人力和其他限制条件;具有专门的组织。美国质量管理专家 Harold Kerzner 博士认为,项目是具有以下条件的任何活动:有一个根据某种技术规格完成的特定目标;有确定的开始和结束日期;有经费限制;消费资源(如资金、人员、设备)。梁世连等国内一些学者认为,项目是在一定约束条件下,具有明确目标的一次性的事业或任务。这里的约束条件通常是指资源和时间的限制。

由上面对项目的定义可以看出,项目的含义是广义的,在生产实践中到处可发现项目的存在:新建一个水电站为工程建设项目,研究一个课题为科研项目,治理某项污染为环保项目。

#### 2. 项目的特征

上述各种定义,总的来说,都揭示了项目的基本概念。可以从上述定义所包含的要素中归纳出项目的特征:

(1)临时性

临时性是指每个项目都有其确定的终点。当一个项目的目标已经实现,或者已经明确知道该项目的目标不再需要或不可能实现时,该项目达到了它的终点。临时性并不意味着时间短,许多项目要经历若干年。然而,在任何情况下项目的期限是有限的,它不是一种持续不断的工作。所有项目的实施都将达到其终点。从这个意义来讲,它们都是临时性的。例如一个化工厂的建设终将结束。当一个项目达到其目的的时候,该项目也就停止了。项目具有临时性特征可能还出于要适应下面的一些情况:

机遇或者市场敞开的机会总是短暂的,一大部分项目都必须在一定的时限内提供它们的产品或服务;项目管理班子不大可能在项目结束后继续存在,绝大部分项目管理班子是为实施项目的特定目标而专门建立的,项目完成,该项目管理班子就解散了,其成员则被指派到新的任务上去。

项目的这一特征,说明在项目管理中须根据项目运行的期限要求,合理组织和协调各方面的活动,以确保项目按时完成。

(2)一次性

项目的一次性是指每个项目完成后,不会再有与其完全相同的项目出现,即项目具有单件性的特征。项目的这一特征要求在项目实施过程中,必须根据项目运行的内在规律进行管理,以确保项目建设的成功。因为一旦项目管理工作出现较大失误,其造成的损失无法挽回。同时也说明了项目管理的复杂性,因为任何一个项目都是单次的,不存在两个同样的项目,也不可能存在标准的项目管理模式和统一的项目管理手段。

(3)目标性

项目既然作为一项任务,那么它就有明确的目标。项目的目标,就是项目管理主体在完成项目任务时所要达到的目的。一般来说,项目的最终目标是效益目标;项目的工期、成本和质量目标是项目的二级目标,应服从于效益目标。项目的这一特征要求对项目进行管理时,一方面必须紧紧围绕目标进行,另一方面必须注意协调各种目标之间的关系。除了下一级目标应服从上一级目标、最终服从效益这一总目标外,还必须注意对同级目标之间各种冲突的协调。

(4)寿命周期性

项目的单件性决定了项目有一个确定的起始、实施和终结的过程,这就构成了项目的寿命周期。对于一般项目来说,项目的寿命周期可分为三个阶段:第一阶段是项目前期阶段,一般包括项目规划、部署,即要明确项目的任务、基本要求、所需投入要素以及期望达到的目标;第二阶段是项目实施阶段,即具体组织项目的实施以实现项目的目标;第三阶段是项目终结阶段,包括项目的总结、清理等。每一阶段都包含不同的工作内容,相互之间又有一定的程序性,各阶段对项目目标的影响也不同;同时,在项目实施的不同阶段,需要投入的人力、物力不一样,具体的管理要求也不相同。这就要求项目管理必须结合每一阶段的内容,围绕项目目标,运用科学的方法进行管理。

(5)约束性

项目是一项任务,而任何任务都有其限定条件。项目的限定条件就构成了项目的约束性。项目的限定条件一般包括项目的投入要素(人、财、物)、时间和质量要求等。项目的约束性为项目的实施和完成提供了一个最低的参考标准。既然实施项目所需的各项要素是有限的,那么就要求在项目管理时,必须注重成本效益分析,合理整合各种资源,在按时、保质、保量实现项目目标的同时,又能节约各种资源,杜绝浪费,提高利用效率。

(6)系统性和整体性

一般而言,项目的各种要素之间都存在着某种联系,只有将它们有机地结合起来才能确保项目目标的有效实现,这在客观上就形成了一个系统。同时,项目只有一个最终目标,即效益目标,项目的其他目标都应为它服务并统一于它的要求之下。项目的这一特征,既要求从成本、进度和质量等方面对项目实施全过程、全面和全员的管理,又要求从系统论的观点出发,围绕项目效益目标的实现整合资源,实施管理。

## 1.1.2 工程项目

**1. 工程项目的概念**

项目可以按其最终成果或专业特征为标志进行划分,包括:科学研究项目、开发项目、工程项目、航天项目、维修项目和咨询项目等等。分类的目的是为了有针对性地进行管理,以提高完成任务的效果水平。对每类项目还可以进一步分类。工程项目是项目中数量最大的一类,凡最终成果是"工程"的项目,均可称为工程项目。

本书中所要研究的工程项目是投资行为与建设行为相结合的投资项目。投资是项目建设的起点，没有投资就没有建设；反过来，没有建设行为，投资的目的就不可能实现，建设过程是实现投资目的的过程，是把投入的货币转换成实物资产的过程（这是直接投资的特征）。即工程项目是指需要投入一定量的资本、实物资产，有预期的经济社会目标，在一定约束条件下经过研究决策和实施（设计和施工建设等）的一系列程序从而形成固定资产的一次性事业。从管理角度看，一个工程项目应是在一个总体设计及总概算范围内，由一个或者若干个互有联系的单项工程组成的，建设中实行统一核算、统一管理的投资建设工程。

**2. 工程项目的特征**

工程项目一般具有下列特征：

（1）具有明确的建设目标

建设目标既有宏观目标，又有微观目标，政府审核建设项目，主要审核建设项目的宏观经济效果和社会效果，企业多重视建设项目的盈利能力等微观财务目标。

（2）是在众多约束条件下实现项目的建设目标

主要的约束条件有：时间约束，即一项工程要有合理的建设工期时限；资源约束，即一项工程要在一定的投资额度、物力、人力条件下来完成建设任务；质量约束，即一项工程要有预期的生产能力、技术水平、产品质量或工程使用效益的要求。

（3）具有一次性和不可逆性

表现为投资建设地点一次性固定、建成后不可移动、设计的单一性、施工的单件性。工程建设与一般商品生产不同，不是批量生产。工程项目建设一旦完成，要想改变非常困难。

（4）投资巨大

表现为建设周期长、投资回收期长、工程寿命周期长、其质量优劣影响面大、作用时间长。工程项目的规模不一，小到一栋普通的住宅楼，大到一座工厂、一条高速公路，也有如三峡工程这样的巨型项目。工程项目的耗资也从几十万到几亿甚至上千亿之多。这样，就要求有高水平的管理工作，否则项目一旦失败，造成的损失也将是巨大的。

（5）风险大

由于工程项目建设是一次性的，建设过程中各种不确定性因素很多，因此投资风险很大。

（6）管理的复杂性

项目的内部结构存在许多结合部，是项目管理的薄弱环节，给参加建设的各单位之间的沟通、协调造成许多困难，也是工程实施中易出现事故和质量问题的地方。另外，由于工程项目必须是在其使用地点建设，因而受到了诸如气候条件、水文地质、地形地貌等环境的制约，不可控因素多且复杂，也为工程项目的管理带来了很大的困难。

**3. 工程项目的分类**

建设部将工程项目按专业划分为 33 类。就同一工程项目来说，参与其建设的各个主体常赋予其不同的名称，投资人或政府部门常称工程项目为建设项目；设计者称工程项目为设计项目；工程监理单位称工程项目为监理项目；工程咨询单位称工程项目为咨询项目。

投资人或政府部门常对工程项目作下列分类：

（1）按工程项目的建设性质不同分类

按工程项目的建设性质不同，分为新建、扩建、改建、迁建和重建工程项目等。

①新建项目

指从无到有，"平地起家"建设的项目，即在原有固定资产为零的基础上投资建设的项目。按国家规定,若建设项目原有基础很小,扩大建设规模后,其新增固定资产价值超过原有固定资产价值三倍以上的,也当做新建项目。

②扩建项目

指企业、事业单位在原有的基础上投资扩大建设的项目,如在企业原场地范围内或其他地点为扩大原有产品的生产能力或增加新产品的生产能力而建设的主要生产车间、独立的生产线或总厂下的分厂、事业单位和行政单位增建的业务用房(如办公楼、病房、门诊部等)。

③改建项目

指企业、事业单位对原有设施、工艺条件进行改造的项目。我国规定,企业为消除各工序或各车间之间生产能力的不平衡,增建或扩建的不直接增加本企业主要产品生产能力的车间为改建项目。现有企业、事业、行政单位增加或扩建部分辅助工程和生活福利设施(如职工宿舍、食堂、浴室)并不增加本单位主要效益的,也为改建项目。

④迁建项目

指原有企业、事业单位,为改变生产力布局,或环境保护和安全生产以及其他特殊需要,迁移到别地建设的项目,不论其建设规模是否扩大,都属于迁建项目。

⑤重建项目

指原有企业、事业单位,因自然灾害、战争等原因,使已建成的固定资产的全部或部分报废以后又投资重新建设的项目。但是尚未建成投产的项目,因自然灾害损坏再重建的,仍按原项目看待,不属于重建项目。

**(2)按投资用途分类**

按投资用途,可分为生产性工程项目和非生产性工程项目。

生产性工程项目是指直接用于物质生产或为了满足物质生产需要,能够形成新的生产能力的工程项目,例如工业工程项目。

非生产性工程项目是指用于满足人民物质生活和文化生活需要,能够形成新的效益的工程项目,例如住宅、文教、卫生和公用事业工程项目。

**(3)按建设的总规模或总投资的大小分类**

按建设的总规模或总投资的大小,工程项目可分为大型、中型及小型3类。

我国对生产性工程项目和非生产性工程项目的大、中、小型划分标准均有规定,中央各部对所属工程项目的大、中、小型的划分也有相应的具体标准。

**(4)按工程项目的建设阶段分类**

按建设阶段,一般将工程项目划分为前期项目、预备项目、施工项目和建成投产项目。

项目建议书批准后,可行性研究报告批准前的项目称为前期项目;可行性研究报告批准后,开工前的项目称为预备项目;已开始施工的项目称施工项目;竣工验收后交付使用的项目称建成投产项目。

**(5)按工程项目的投入产出属性分类**

按工程项目的投入产出属性,可将其分为经营性工程项目和公益性工程项目。

经营性工程项目是指有明确投入,建成之后可用于生产经营,创造经济效益,回收投资,并取得利润的工程项目。如,高速公路、水电站、房地产项目开发等。公益性工程项目是指有明确投入,建成之后能产生社会效益,但难以用于生产经营、创造经济效益。如防洪工程、水土保持工程、生态环境工程等。

**4. 工程项目的周期**

（1）项目周期的概念

虽然一个项目的实施是一次性的，但在实施中，项目一方面表现为交错出现，另一方面又表现为一个项目的结束和新项目的开始，即周期性。工程项目周期，或工程寿命周期，是指一个建设项目由筹划立项开始，直到项目竣工投产，收回投资，达到预期投资目标的整个过程，这一过程的结束往往是另一个新项目的开始，是一个循环过程。

项目的起点是项目概念的提出，项目结束是项目目标的实现。按照项目自身的运动规律，工程项目将顺序经过投资前期，然后进入投资建设期，最后进入生产运行期，每一个时期又分为若干阶段。不同时期的不同阶段需要投入不同的资源，有着不同的目标和任务，因此有不同的管理内容、要求和特性。

（2）世界银行贷款项目周期

项目周期理论在国外发展很快。在长期的投资活动中，一些国家和经济组织总结出了一套科学、严密的项目周期理论，并严格按这一理论和方法进行各项投资，大大减少了投资决策的失误和风险。其中，世界银行对任何一个贷款项目都要经过 6 个阶段的项目周期，管理程序具有很强的科学性，非常典型，从而保证世界银行在各国的投资项目保持较高的成功率。

①项目选定阶段

在这个阶段，主要由贷款国选定项目。选定的项目应是需要优先考虑的，有助于实现国家和地区发展计划的，符合世界银行贷款原则的项目。

世界银行贷款条件十分严格：贷款申请国在选定项目时，必须收集必要的数据，从技术上、经济上进行综合分析，编制详细的项目文件，送交世界银行备查。因此，各主管部门应根据建设单位报送的初步可行性研究报告进行分析，大致核算每个项目的成本和效益，要对所有收集的自然资源、人力资源等基础资料和各种经济数据，作出充分的估计，并预测可能存在的问题。例如：基本数据的错误；数据不足；没有预见到的经济和社会的发展；不能以数量表示的因果和关系；不现实或不准确的假设；技术和工艺的变化；经济关系的结构和变化；统计方法的局限性，等等。同时还应考虑到一些不确定的因素，例如国民收入和人均国民收入的增长率，需求供应的变化，使用的原材料或代用品的新来源，运输费用的变化，价格政策、税收政策和补贴政策的变化，不同商品价格的上升或下降，拨入费用的增加，等等。

②项目准备阶段

贷款申请国选定的项目取得世界银行初步同意之后进入项目准备阶段。该阶段的工作主要是对项目进行可行性研究，内容包括技术、组织体制、财务、经济和社会五个方面的可行性研究，并做出综合分析。建设单位根据国家计委批准的项目建议书，可以编制或委托设计单位编制可行性研究报告。其中，中文本可行性研究报告报主管部门提出审查意见，经咨询部门评估，由国家计委审批，可行性研究报告批准后，建设单位可以委托设计单位进行初步设计；英文本可行性研究报告由建设单位直接报送世界银行，世界银行派遣专家组进行实地考察。

③项目评估阶段

该阶段要对项目各个方面进行分析与评估。在技术评估中，关键是审查费用估算及其依据，审查为应付意外情况所做的准备；在财务分析中，则审查资金来源、偿债能力、收益等指标，审查项目所需资源的来源、成本与销售情况等；在经济分析中，要审查项目对国家经济发展的贡献，如果经济分析的结果是否定的，世界银行便不会提供贷款。

④项目谈判阶段

谈判一般由贷款申请国受邀派出代表团到华盛顿进行。谈判内容包括贷款金额、期限、偿还方式及保证措施，并订立财务合约。谈判成功后应签署谈判协议。

⑤项目执行阶段

该阶段在世界银行的监督下由借款国负责执行。

⑥项目评价阶段

该阶段是世界银行对其资助的项目进行总结的阶段，一般在项目贷款发放完毕后一年左右进行。

**(3)我国的工程项目周期**

我国在吸收国外先进的项目周期理论和方法的基础上，根据自身国情，特别是工程建设实际，将工程项目周期划分为 3 个时期：投资前期、投资建设期和生产运行期。其中投资前期分为 4 个阶段：投资机会选择（选择项目）、项目建议书（立项）、项目可行性研究和项目评估决策。投资建设期分为 7 个阶段：项目选址、项目设计、制定年度建设计划、施工准备与施工、生产准备、竣工验收交付使用和建设项目保修。生产使用期可分为 3 个阶段：项目后评价、实现生产经营目标和资金回收。工程项目管理学仅研究前两个时期的管理理论和管理方法，所以工程项目周期有时也称为工程项目建设程序。

①投资前期

投资前期指从投资意向形成到项目评估决策这一时期。其中心任务是对工程项目进行科学论证和决策，是项目管理的关键时期。项目的成立与否、规模大小、产品的市场前景、资金来源和利用方式、技术与设备选择等重大问题，都要在这一阶段完成，它是项目的研究决策时期。该时期分为下列 4 个阶段：

a. 投资机会研究（项目选择）

机会研究是对项目内容的预见性描述和概括，目的是为找准投资领域和方向。机会研究主要是市场需求研究和资源研究，要将投资意向构思成项目概念。

b. 项目建议书（立项）

项目建议书阶段是项目法人单位向国家提出的、要求建设某一工程项目的建议性文件，是对工程项目的轮廓设想，是从拟建项目的必要性和可能性加以考虑的。项目建议书是投资机会研究的具体化。在客观上，工程项目要符合国民经济长远规划，符合部门、行业和地区规划的要求。

c. 可行性研究（项目决策的依据）

项目建议书经批准后，应紧接着进行可行性研究。可行性研究是对工程项目在技术和经济上是否可行进行科学分析和论证工作，是技术经济的深入论证阶段，为项目决策提供依据。可行性研究的内容可概括为市场（供需）研究、技术研究和经济研究三项。具体来说，工业项目的可行性研究的内容是：项目提出的背景、必要性、经济意义、工作依据与范围、需求预测和拟建规模、资源材料和公用设施情况、建厂条件和厂址方案、环境保护、企业组织定员及培训、实际进度建议、投资估算数和资金筹措、社会效益及经济效益。可行性研究的成果是可行性研究报告，经批准的可行性研究报告是工程项目实施的依据。可行性研究是投资前的关键环节。

d. 项目评估与决策

项目评估是对可行性研究报告的真实性、可靠性进行的评价，是项目决策的最后依据。

②投资建设期

投资建设期是项目决策后，从项目选址到项目竣工验收、交付使用这一时期。其主要任务是

通过投资建设使项目成为现实,一般要形成固定资产。投资建设期包括下列 7 个阶段:

　　a. 项目选址

　　从宏观上,要考虑国家、地区的产业规划,产业布局,产业之间的关联状况,地区产业的聚集程度,以及城市建设规划和环境保护等因素;从项目自身需要看,要考虑厂址的自然状况、原材料供应、地址、水文、气候、交通运输条件、燃料动力供应、土地资源等条件。项目选址是否适宜对项目的建设和投产后的生产经营活动产生重大影响。

　　b. 项目设计

　　设计是复杂的综合性技术经济工作,设计前和设计中要进行大量的勘察调查工作,没有一定广度和深度的勘察工作,就不可能有正确的设计工作。工程项目设计是分阶段进行的,常见的设计工作阶段分为以下几个部分:一是初步设计。它是根据可行性研究报告的要求所做的具体实施方案。目的是为了论证在指定的地点、时间和投资控制数额内,拟建项目在技术上的可行性和经济上的合理性,并通过对工程项目作出的基本技术经济规定,编制项目总概算。二是技术设计。它是对一些重大项目和新型特殊项目,为进一步解决某些具体技术问题,或确定某些技术方案而增加的设计阶段。它是对初步设计阶段中无法解决而又要进一步解决的问题而进行的设计。诸如:特殊工艺流程方面的试验、研究及确定;大型建筑物、建筑物某些关键部分的结构形式、工程措施等的试验、研究和确定;新型设备的试验、制作和确定等。对于一般的工程项目,较少设置专门的技术设计阶段。三是详细设计。详细设计是为满足施工而进行的设计。它是将初步设计进一步具体化,详细定出总体布置和各建筑物的轮廓尺寸、标高、材料类型、工艺要求和技术要求等。其设计深度要求为:可以根据招标设计图较准确地计算出各种建筑材料(如水泥、砂石料、木材、钢材等)的规格、品种和数量、混凝土浇筑、土石方填筑的工程量、各类工程机械、电气和永久设备安装的工程量等。四是施工图设计。它要完整地表现建筑物外形、内部空间分割、结构体系、构造状况以及建筑群的布局和周围环境的配合,具有详细的构造尺寸。设计完的施工图经过审核,提供给承包商施工。

　　c. 制定年度建设计划

　　一般来说,工程项目要跨年度实施,因此,通常以年为单位制定建设计划。

　　d. 施工准备与施工

　　工程项目投资建设期施工准备的主要内容有:设备和建筑材料的订货与采购,根据施工图纸、施工组织设计和施工图预算,组织建筑工程的招标,以及征地、拆迁等工作。施工是把项目设计图纸变为实物的关键环节,为保证施工的顺利进行和施工质量,在正式开工之前要认真审查施工的准备工作和施工条件,然后提出开工报告,经主管部门批准,才能动工兴建。工程施工结束后要进行竣工验收。

　　e. 生产准备

　　为使工程项目建成投产后,能正常运转并达到设计水平,必须在竣工验收之前做好各项生产准备工作。生产准备工作主要包括:按进度计划培训管理人员和生产工人,组织人员参加设备的安装、调试、熟悉生产工艺流程和操作。

　　f. 竣工验收,交付使用

　　竣工验收的目的,是为了保证工程项目建成后能达到设计要求的各项技术经济指标。竣工验收一般是先进行单项工程交工验收,然后进行全部工程整体验收。

　　g. 建设项目保修

　　为使建设项目在竣工验收后达到最佳使用条件和寿命,施工企业在工程项目移交时,必须向建设单位提出建筑物及设备使用和保养要领,并在用户开始使用后,认真执行移交后回访和保修。

《建筑工程质量管理条例》规定:建设工程实行质量保修制度。施工单位在向建设单位提交竣工验收报告时,应当向建设单位出具质量保修书。质量保修书中应当明确建设工程的保修范围、保修期限和保修责任等。建设工程保修期限是指从竣工验收合格之日起,对出现的质量缺陷承担保修和赔偿责任的年限。保修期限、返修和损害赔偿按《建设工程质量管理条例》的规定执行。

③生产运行期

项目交付使用后,便进入生产运行期,经过生产运行可实现项目的生产经营目标,归还贷款,收回投资,并产生资金增值以便使再生产继续进行。这一时期包括下列工作:

a. 项目的后评价

项目后评价是经过一段时间的生产运行之后,对项目的立项决策、设计、竣工验收、生产运营全过程进行总结评价,以便总结经验,解决遗留问题,提高工程项目的决策水平和投资效果。

b. 实现生产经营目标

包括尽快生产出合格的产品,并达到设计所规定的生产能力,按计划实现年利润指标。这里最重要的是做好产品的市场开发。

c. 资金回收与增值

项目能否按计划归还贷款、收回投资并达到资金增值的目的,这是项目建设的根本出发点。

# 1.2　工程项目的系统分析

## 1.2.1　工程项目的系统性

### 1. 系统与系统观

"系统"一词的定义很多。人们通常引用的且比较通俗易懂的是:"系统是由若干个相互作用和相互依赖的要素组合而成,且有特定功能的整体"。任何工程项目都是一个系统,具有鲜明的系统特征。在工程项目管理中,系统方法是最重要,也是最基本的思想方法和工作方法,这在工程项目和工程项目管理的各个方面都体现出来。在相关联的各个学科中,工程项目管理与系统工程有最大的交集。任何项目管理者,项目的参加者,工程技术人员首先必须确立基本的系统观念。这体现在:

(1)全局的观念

即系统地观察问题,解决问题,作全面、整体的计划和安排,减少系统失误。在采取措施,作出决策和计划并付诸实施时都要考虑各方面的联系和影响。例如考虑项目结构各单元之间的联系、各个实施阶段的联系、各个管理职能的联系,还要考虑项目组织成员的联系,使它们之间互相协调。所以工程项目管理应强调综合管理、综合运用知识和措施,协调各方面矛盾和冲突,使各子系统正常运行。

(2)追求项目整体的最优化

即强调系统目标的一致性,强调项目的总目标和总效果,而不是局部优化。这个整体常常不仅指整个项目(建设过程),而且指整个工程项目周期,甚至还包括对项目的整个上层系统(如企业、地区、国家)的影响。

(3)在现代工程项目管理中,人们越来越强调系统的集成

项目系统集成包括许多方面的含义,例如:将项目的整个生命期,从项目选择到项目运行的全过程的各个阶段综合起来,形成工程项目全周期的管理;把项目的各部分有机地结合在一起,保证一切目标、子系统、资源、信息、活动及组织单位结合起来,按照计划形成一个协调运行的综合体;将项目管理的各个职能,如成本管理、进度管理、质量管理、合同管理、信息管理等综合起来;将项目的目标系统设计、可行性研究、决策、设计和计划、供应、实施控制、运行管理等综合起来,形成集成管理系统。项目管理的集成化是目前项目管理研究的热点之一。工程项目的系统集成要求项目管理者必须进行项目全周期的目标管理,综合的计划,综合的控制,良好的组织协调和信息沟通。

因此,对工程项目进行系统分析,有助于我们对管理对象有一个整体的观念,建立起一个适应现代管理要求的系统观点,这对于搞好工程项目管理是十分重要的。

**2. 工程项目的系统性**

工程项目的系统性,可以从各个角度、各个方面得到体现。

**(1)工程项目的目标系统**

工程项目的目标系统实质上就是工程项目所要达到的最终状态的描述。由于项目管理采用目标管理方法,所以工程项目具有明确的目标系统,它是项目过程中的一条主线。工程项目目标系统具有如下特点:

①目标的结构性

任何系统目标都可以分解为若干个子目标,子目标又可分解为可操作目标。

②目标的完整性

项目目标因素之和应完整地反映上层系统对项目的要求,特别要保证强制性目标因素,所以项目通常是由多目标构成一个完整的系统。目标系统的缺陷会导致工程技术系统的缺陷,计划的失误和实施控制的困难。

③目标的均衡性

目标系统应是一个稳定的均衡的目标体系。片面地过分地强调某一个目标(子目标),常常以牺牲或损害另一些目标为代价,会造成项目的缺陷。特别要注意工期、成本(费用、投资)、工程(质量、功能)之间的平衡。

④目标动态性

目标系统有一个动态的发展过程。它是在项目目标设计、可行性研究、技术设计和计划中逐渐建立起来,并形成一个完整的目标保证体系;由于环境不断变化,上层系统对项目的要求也会变化,项目的目标系统在实施中也会产生变更,例如目标因素的增加、减少,指标水平的调整。这导致设计方案的变化、合同的变更、实施方案的调整。

**(2)工程项目的组织系统**

项目组织是由项目的行为主体构成的系统。由于社会化大生产和专业化分工,一个项目的参加单位(或部门)可能有几个、几十个、甚至成百上千个,常见的有业主、承包商、设计单位、监理单位、分包商等。它们之间通过行政的或合同的关系连接形成一个庞大的组织体系,为了实现共同的项目目标承担着各自的项目任务。项目是一个目标明确的、开放的、动态的、自我形成的组织系统。

**(3)工程项目的对象系统**

工程项目是要完成一定功能、规模和质量要求的工程,这个工程是项目的行为对象。它是由

许多分部、许多功能面组合起来的综合体,有自身的系统结构形式。例如一个工厂由各个车间、办公楼、仓库、生活区等构成;每个车间在总系统中提供一定的使用(生产)功能;每一个车间或功能区又可分解为建筑、结构、水电、机械、技术、通讯等专业要素。它们之间互相联系、互相影响、互相依赖,共同构成项目的工程系统。它通常是实体系统形式,可以进行实体的分解,得到工程结构。

工程项目的对象系统决定着项目的类型和性质,决定着项目的基本形象和最本质特征,决定项目实施和项目管理的各个方面。

(4)工程项目的行为系统

工程项目的行为系统是由实现项目目标,完成任务所有必需的工程活动构成的。这些活动之间存在各种各样的逻辑关系,构成一个有序的动态的工作过程。人们通常指的项目就是指项目的行为系统。项目的行为系统的基本要求有:它应包括实现项目目标系统必需的所有工作,并将它们纳入计划和控制过程中;保证项目实施过程程序化、合理化,均衡地利用各种资源,降低不均衡性,保持现场秩序;保证各专业之间有利的、合理的协调。通过项目管理,将很多分项工程变成一个个有序的高效率的工程实施过程。

上述几个系统之间存在着错综复杂的内在联系,它们从各个方面决定着项目的形象。

## 1.2.2 工程项目的内部系统构成和外部关联系统

任何工程项目都处在社会经济系统中,它和外部环境发生着各种各样的联系,项目的建设过程渗透着社会经济、政治、技术、文化、道德和伦理观念的影响和作用。任何工程项目都需要投入巨大的人力、物力和财力等社会资源进行建设,并经历着项目的策划、决策立项、厂址选择、勘察设计、建设准备和施工安装活动等环节,最后才能提供生产或使用。也就是说它有自身的产生、形成和发展过程,这些环节相互联系、相互制约,并受到建设条件的影响。任何工程项目都有其特定的建设意图和使用功能要求。大中型工程项目往往包括诸多形体独立、功能关联、共同作用的单体工程,形成建筑群体。就单体工程而言,一般也由基础、主体结构、装修和设备系统共同构成一个有机的整体。

### 1. 工程项目的内部系统构成

工程项目的内部系统构成也称为工程项目分解,是工程项目管理中一项必须的工作内容。工程项目一般可分解为单项工程、单位工程、分部工程和分项工程。

(1)单项工程

单项工程是指具有独立的设计文件,可以独立施工,建成后能独立发挥生产能力或效益的工程。生产性工程项目的单项工程,一般是指能独立生产的车间,设计规定的主要产品生产线等。非生产性工程项目,是指工程项目中能够发挥设计规定的主要效益的各个独立工程,如办公楼、住宅、电影院、图书馆、食堂等。单项工程是工程项目的组成部分,它包括建筑工程、设备及安装工程、其他工程等。

单项工程从施工的角度看也就是一个独立的系统,在工程项目总体施工部署和管理目标的指导下,形成自身的项目管理方案和目标,按其投资和质量的要求,如期建成交付生产和使用。一个工程项目有时包括多个单项工程,但也可能仅有一个单项工程,即该单项工程就是工程项目的全部内容。单项工程由若干个单位工程组成。

(2)单位工程

单位工程是指具有独立设计文件,可以独立组织施工,但完成后不能独立发挥效益的工程。

单位工程是单项工程的组成部分,如某车间是一个单项工程,则车间的建筑工程(即厂房建筑)就是一个单位工程,又如该车间的设备安装也是一个单位工程。此外还有电器照明工程(包括室内外照明设备安装、线路敷设、变电与配电设备的安装工程)、工业管道工程(如蒸汽、压缩空气、煤气、输油管道敷设)等。

每一个单位工程本身仍然是由许多结构更小的部分组成。因此,对单位工程还可以按工程的结构、部件、甚至更细小的部分,进一步分解为分部工程和分项工程。

（3）分部工程

分部工程是单位工程的组成部分,它是按工程的部位或工种的不同而作的分类。如建筑安装工程中的一般土建工程,按照不同的部位、工种和不同的材料结构,大致可以分为:土石方工程、基础工程、砖石工程、混凝土及钢筋混凝土工程、木结构、木装修工程等,其中的每一部分即为分部工程。

在分部工程中影响工料消耗大小的因素仍然很多。例如,同样都是土方,由于土壤类别(如普通土、坚土、沙砾坚土)不同,则每一单位土方工程所消耗的工料有差别。因此,还必须把分部工程按照不同的施工方法、不同的材料、不同的规格等作进一步的分解。

（4）分项工程

分项工程是分部工程的组成部分。分项工程是指通过较为简单的施工过程就能生产出来,并且可以用适当的计量单位,计算工料消耗的最基本构造因素。例如,砖石工程按工程部位,可划分为内墙、外墙等分项工程;钢筋混凝土工程可划分为模板、钢筋、混凝土等分项工程;一般墙基工程可划分为开挖基槽、垫层、基础灌浇混凝土、防潮等分项工程。

图 1-1 为某水电工程项目分解图。

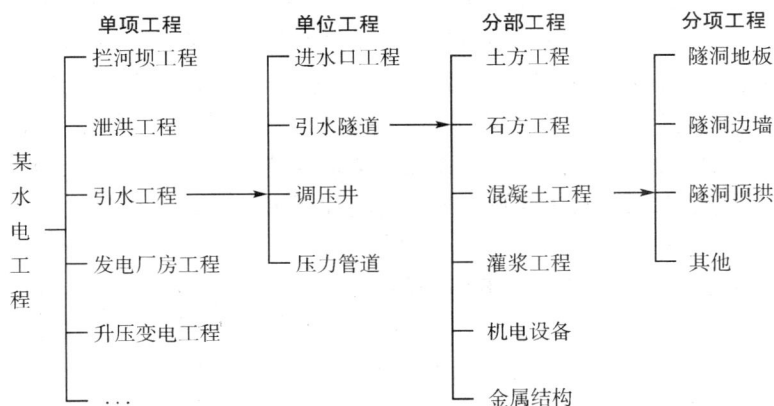

图 1-1　某水电工程项目分解图

**2. 工程项目的外部关联系统**

一个工程项目的建设,是一项有计划有组织的系统活动,也是人的劳动和建筑材料、构配件、机具设备、施工技术方法以及工程环境条件等有机结合的过程。因此,从物质生产角度看,就是劳动主体和劳动手段、劳动资料的结合过程。这就必然涉及建筑市场,包括建设工程市场和建筑生产要素市场的各方主体,通过一定的交易方式形成以经济合同,包括工程勘察设计合同、施工承发包合同、工程技术物资采购供应合同等为纽带的种种经济关系或责权利关系,从而构成了工程项目和其外部各相关系统的关联关系。正确认识、把握和处理好这些关系,对于工程项目管理是十分必要的。工程项目的外部关联系统主要包括项目业主和项目法人、设计单位、施工单位、建设监理单位、研究单位、生产厂商、政府管理职能机构等。其中,项目业主或项目法人、设计单位、施工单位和监理单位构成了工程项目的行为主体。

(1)**项目业主和项目法人**

业主是伴随着私有制而出现的一个名词,在私有制国家除少数工程项目由国家投资外,大部分是由私人业主投资,工程项目业主是指该项目的所有者和投资人。当然,业主也是工程项目投资或使用效益的获得者、项目建设风险的承担者和项目贷款的负债人。在工程项目建设中,业主应负责进行项目决策、筹措资金、按合同向承包商支付合同价款、投产经营和归还贷款本息等。我国实行的是公有制,工程项目的投资主体是公有制的企事业单位或国家,只有数量很少规模也较小的工程项目才有可能属于私人投资和拥有。显然,在我国,工程项目的拥有者和建设的责任主体的属性与传统业主的概念有较大的差别。因此,工程项目法人的概念应运而生了。在市场经济的环境下,对经营性工程项目,工程项目法人是对工程项目策划、资金筹措、建设实施、生产经营、债务偿还和资产保值增值,实行全过程负责的企事业单位或其他经济组织;对于公益性工程项目,投资主体一般是政府,在这种情况下,工程项目法人是政府组建的项目管理单位或政府委托的、负责项目管理的企事业单位,该单位仅仅是项目建设过程的责任主体。

国家计委颁发的《关于建设项目业主责任制的暂行规定》第二条指出:"项目业主是由投资方派代表组成,从建设目的筹划、筹资、设计、建设实施直到生产经营、归还贷款及债券本息等方面负责并承担风险的项目(企业)管理班子。"这就是说,业主首先必须承担工程项目的全部责任和风险,对建设过程中的各个环节进行统筹安排、实现责权利的统一。

(2)**设计单位**

设计单位将业主的建设意图、政府建设法律法规要求、建设条件作为输入,经过智力的投入进行项目方案的综合创作,编制出用以指导项目活动的设计文件。设计联系着项目决策和项目建设施工两个阶段,设计文件既是项目决策方案的体现,也是项目施工方案的依据。因此,设计过程是确定项目总投资目标和项目质量目标的过程,包括建设规模、使用功能、技术标准、质量规格等。设计先于施工,然而设计单位的工作还责无旁贷地延伸于施工过程,指导并处理施工过程可能出现的设计变更或技术变更,确认各施工结果与设计要求的一致性。

(3)**施工单位**

施工单位是以承建工程施工为主要经营活动的建筑产品生产者和经营者,在市场经济体制下,施工单位通过工程投标竞争取得承包合同后,以其技术和管理的综合实力,通过制定最经济合理的施工方案,组织人力、物力和财力进行工程的施工安装作业技术活动,以求在规定的工期内,全面完成质量符合发包方明确标准的施工任务。通过工程移交,取得预期的经济效益,实现其生产经营目标。因此施工单位是将工程项目的建设意图和目标转变成具体工程目的物的生产经营者,是一个项目实施过程的主要参与者。

(4)**建设监理单位**

我国实行建设监理制,监理单位是指依法登记注册取得工程监理资质,承接工程监理任务,为项目法人提供高层次项目管理咨询服务,实施业主方的工程项目管理的经济组织。其工作包括项目策划和投资决策阶段的咨询服务和项目实施阶段的合同管理、信息管理和项目目标控制,因此,监理单位的水平和工作质量,对项目建设过程的作用和影响也是非常重要的。监理单位在实施监理中,以独立于业主、承包商以外的第三方身份进行工作,保证了他能站在公正的立场对待工程项目业主和承包商,而不会去偏袒任何一方。

（5）研究单位

一个工程项目的实施，往往是新技术、新工艺、新材料、新设备以及新的管理思想、方法和手段等自然科学和社会科学最新成果转化为社会生产力的过程。因此，研究机构是工程项目的后盾，它为项目的建设策划、决策、设计、施工等各个方面，提供社会化的、直接或间接方式的技术支援。无论在项目运行的哪个阶段，项目管理者都必须充分重视社会生产力发展的最新动向和最新成果的应用，它不但对项目的投资、质量、进度目标产生积极的影响和作用，而且对项目建成后的生产运营、使用和社会效益都有极为重要的意义。

（6）生产厂商

包括建筑材料、构配件、工程用品与设备的生产厂家和供应商。他们为项目实施提供生产要素，其交易过程、产品质量、价格、服务体系等，直接关系到项目的投资、质量和进度目标。通过市场机制配置建设资源，是项目管理按经济规律办事的重要方面。在项目管理目标的制订、物资资源的询价、采购、签订合约和供应过程中，都必须充分注意到生产厂商与工程项目之间的这种技术、经济上的关联性对项目实施的作用和影响。

（7）政府管理职能机构

政府管理职能机构是国家通过法规赋予一定的行政机关工程项目建设管理的职权，这些机关则可以用国家的名义组织、指导、协调、监督工程建设的进行。根据国家授权行政机关的不同职能，它们大致分为两种：基本建设管理机关和基本建设监督机关。基本建设管理机关是负责组织、管理基本建设的机关，主要有国家计划机关，省、市、自治区基本建设管理机关，国务院主管业务机关，城乡建设机关等。另外，我国对基本建设项目实行的监督，不是由专一的机关进行，而是由若干机关共同进行，它们分别是国家财政机关、中国人民建设银行、国家审计机关、国家统计机关等。当然，基本建设管理机关也负有监督责任。

因此，在执行建设法规和质量标准方面取得政府有关部门的审查认可，是工程项目管理过程必须遵守的规矩，不能疏忽和违背。

（8）地区和社会

工程项目与所在地区有许多系统的接口配套，需要有关部门的协作配合才能得以妥善安排和解决，如项目内部交通与外部的衔接、供电、供气、给水、排水、消防、环卫、通讯等等，都必须和市政管理的有关方面进行联络、沟通和协商，使项目的各个子系统能够按照规定的要求和流程，与外部相应系统进行衔接，为项目提交生产或使用创造运行条件。

此外，在工程项目的全面施工过程中，还必须得到周边邻近单位，包括附近居民及过往人员、车辆等方方面面的配合与理解，以创造良好的安全的施工环境，这都需要在项目管理中充分注意公共关系及做好沟通协调工作。

# 1.3　工程项目管理

所谓管理，就是指人们为达到一定的目标，对管理的对象所进行的决策、计划、组织、协调、控制等一系列工作。从某种程度上说，管理是伴随着人类社会的产生而形成的。无论是原始社会时期，还是信息社会时代，只要有人的地方便存在着管理。管理具有以下共性：首先，管理作为一种活动，在特定组织和特定时空环境下发生、发展直至结束，从时间角度看管理是一个动态过程，管理的实质及功能就是在这个过程中体现的；其次，管理活动的发生是有目的的，这一目的就是管理组织希望实现的目标；最后，实现组织目标是需要资源的，但资源有限，供给有价格，从而决定了组织目标的实现和管理活动的实施需要对成本与收益进行比较和选择。

　　工程项目管理是在一定的约束条件下,为了实现预定目标,对工程项目从投资决策、施工建设、交付使用的全过程进行计划、组织、指挥、协调和控制等活动,以最低消耗获得最佳经济效益、社会效益和环境效益,以取得项目成功的一个过程。首先,工程项目管理有一个特定的目标,工程项目管理的最终目标是效益,但效益目标的实现需要进度、成本和质量等目标的保证;其次,工程项目管理目标的实现受工期、预算以及其他资源条件的制约;最后,为了达到预定目标并同时满足限制条件,就必须采用科学而有效的方法和手段进行管理。

　　在工程项目管理所具有的计划、组织、指挥、协调和控制五大基本职能中,计划、组织和控制最为重要。工程项目计划、控制和组织的理论与方法是工程项目管理的核心内容。计划是工程项目管理的基础,是在工程项目执行期间进行有效管理的依据和前提。对于具体项目而言,只有利用科学的方法做好周密的计划,才能使整个工程项目的实施过程得到最佳安排,从而以最小的代价获得最大的效益。工程项目管理离不开组织。工程项目管理的过程,实际上就是一定的项目管理团队根据计划目标,合理安排人力、物力和财力的过程。如果没有高效率的项目管理团队,没有良好的运行机制和优秀项目经理的运筹与协调,就难以实现工程项目管理的目标;同样,对有限的资源不进行合理的安排和整合,也难以实现工程项目管理的目标。控制也是工程项目管理的基本内容,项目控制主要是根据计划和目标监督工程项目的运行状态,将工期、成本和质量等的计划数据与实际完成情况进行对比,找出差距,采取纠正措施。但需要注意的是,在实际管理中,由于存在一些不确定因素,因此,即使采用了先进的控制技术,也不一定能完全满足最初确定的管理目标。因为按规定时间、不突破预算、不调整人员而完成的工程项目几乎没有。所以,工程项目控制只是将各种变动限定在合理的范围之内,而不是严格按计划一成不变。

## 1.3.1　工程项目管理的任务和目标

　　不同类型的工程项目,其管理任务也各不相同。但总的说来,就是在科学决策的基础上对工程项目实施全方位、全过程的管理活动,使其在一定约束条件下,达到进度、质量和成本即工程项目管理的三大目标的最佳实现。具体来讲,一般包括以下几个方面:

### 1. 合同管理

　　工程项目的建设过程,实际上是各类合同的实施过程。工程项目在实施过程中需要签订一系列合同,包括征地拆迁合同、勘察设计合同、工程承包合同、材料和设备供应合同,等等。这些合同是工程项目管理的重要依据。工程项目合同管理的内容包括:起草合同文件,参加合同谈判,签订、修改合同以及处理合同纠纷、索赔等事宜。为了有效地进行工程项目合同管理、顺利进行工程项目建设,工程项目经理应了解与之相关的法律规范。

### 2. 信息管理

　　工程项目管理的过程,在一定程度上来说,是对各种信息进行加工、整理、分析和运用的过程。工程项目信息管理的内容包括:明确工程项目建设有关各方之间的信息交流,了解信息传递的形式、时间和内容,确定信息收集和处理的方法以及明确信息沟通的手段等。

### 3. 风险管理

　　随着工程项目规模的不断大型化和技术复杂化,业主和承包商所面临的风险越来越多。工程建设客观现实告诉人们:要保证工程项目的投资效益,就必须对项目风险进行定量分析和系统评价,以提出风险防范对策,形成一套有效的项目风险管理程序。

**4. 成本（费用）控制**

成本控制包括编制成本计划、审核成本支出、分析成本变化情况、研究成本减少途径和采取成本控制措施五项任务。前两项是对成本的静态控制，后三项是对成本的动态控制。

**5. 进度控制**

制定满足各种需要的进度计划，安排好各项工作的先后顺序和时间。在计划执行过程中经常检查进度计划的执行情况，处理执行过程中出现的问题，协调各团队成员的进度。在必要时可对原计划作适当修改。

**6. 质量控制**

质量控制是保证工程项目建设成功的关键任务之一。在对工程项目进行质量控制时，需要事先规定各项工作的质量标准。在工程项目建设过程中，对各项工作进行质量监管，将实际的质量指标与预先确定的质量标准进行对比，发现差距，分析原因，并及时处理质量问题。

**7. 环境保护**

工程项目建设既可以改造环境造福人类，优秀的设计作品还可以增添社会景观，给人们带来观赏价值。但一个工程项目的实施过程和结果，同时也存在着影响甚至恶化环境的种种因素。因此，在工程项目建设中要强化环保意识，切实有效地把保护环境和防止损害自然环境、破坏生态平衡、污染空气和水质、扰动周围建筑物和地下管网等现象的发生，作为工程项目管理的重要任务之一。

工程项目管理必须充分研究和掌握国家和地方的有关环保法规和规定，对于涉及环保方面的工程项目，在项目可行性研究和决策阶段，必须提出环境影响报告及其对策措施，并评估其措施的可行性和有效性，严格按建设程序向环保管理部门报批。在项目实施阶段做到主体工程与环保措施工程同步设计，同步施工，同步投入运行。在工程承发包过程中，必须把依法做好环保工作列为重要的合同条件加以落实，并在施工方案的审查和施工过程检查中，始终密切关注落实环保措施、克服建设公害等重要的内容。

工程项目管理任务的核心问题是控制，合同管理、信息管理、风险管理和环境保护的实施，都是为了进行有效的控制，确保项目目标的实现。尤其是环境保护作为工程项目管理的重要任务之一，应予重视。工程项目管理的任务和目标是交织在一起的，相互联系。一方面，工程项目管理任务的完成是实现其目标的前提；另一方面，工程项目管理的目标是制定工程项目管理任务的基准。

## 1.3.2　工程项目管理的工作内容

按管理主体对工程项目管理进行分类，包括工程项目业主的项目管理、设计单位的项目管理、施工单位的项目管理和监理单位的项目管理。按建设阶段对工程项目管理进行分类，包括可行性研究阶段的项目管理、设计阶段的项目管理和施工阶段的项目管理等。下面主要介绍各个管理主体的工程项目管理的工作内容。

**1. 项目业主或项目法人的项目管理**

在一个工程项目的建设中，参与工程项目建设的各方，均在进行着项目管理，但业主的项目管理是其中的主体，处于主导地位。下面主要介绍以他们为主体，在工程建设各阶段的项目管理的工作内容。

（1）工程项目前期规划和可行性研究阶段的主要工作

在项目的前期规划和可行性研究阶段，业主委托监理工程师做项目规划和可行性研究，具体内容一般包括:对工程项目建设条件的分析,包括对资源条件、交通运输条件、经济社会发展条件等的分析;对工程建设可能存在的问题及对生态环境的影响等的分析;工程项目目标系统的建立和分析;进行土地价值评价或做征地移民计划;工程进度及资金筹措的安排;提出工程项目建议书;进行项目的可行性研究。

（2）工程设计阶段的工作内容

这阶段业主项目管理的主要工作是委托设计单位对工程项目进行规划设计,并对下列一些环节进行审核或控制:工程建设地址的选择;工程项目总体策划,包括确定项目开发目标、项目总体方案和总体设计;工程项目实施计划,包括总工期计划、资源计划;工程项目投资的概预算,资金需求计划;工程主体结构设计;工程项目建设管理系统规划,包括工程项目分标设计、发包方式和管理模式选择、组织机构设计等。

（3）工程招标阶段的工作内容

业主这阶段管理工作的主要任务有:①合同策划,包括招标范围的定义、合同文件的选择、招标文件的起草等;②实施招标,包括对投标人的资格预审、组织现场踏勘和标前会议、进行开标;③组织评标;④确定中标单位;⑤分析合同风险,并制定排除风险的策略。

（4）工程施工阶段的工作内容

这阶段业主项目管理的主要任务是进行目标控制和合同管理,具体包括:①施工准备工作的目标控制,包括现场准备、技术准备、资源准备等,为开工做好充分的准备;②工程质量控制,包括对承包商质量保证体系的审核、工程材料和设备的质量验收、施工质量监督和工程中间验收、对已完工程组织完工验收等;③工程进度控制,包括对承包商施工组织设计和进度计划的审核、对施工进度进行分析、督促承包商按计划完成工程、处理工期索赔等;④工程投资控制,包括严格进行计量支付、控制合同价格调整、控制工程变更而引起的价格变化、处理费用索赔等;⑤工程合同管理,包括审查分包合同和分包商、控制工程变更和索赔、科学处理合同争端等;组织协调,做好项目内部及项目外部的各种协调工作;⑥工程项目竣工和后评估,包括按规范组织工程竣工验收、进行工程建设总结、组织项目审计、进行项目的全面评估。

**2. 设计单位的项目管理**

设计单位进行的项目管理也称为设计项目管理,是工程项目全过程管理的一个阶段,主要是设计单位的自我管理,在设计合同管理的环境下,设计单位的设计还要受到业主的监督。设计项目管理的主要任务是确保设计任务按质量目标和时间目标予以实现,并通过设计对投资进行卓有成效的控制。

**3. 承包商的项目管理**

承包商的项目管理也称为施工管理。施工管理从投标签订施工承包合同开始,到项目交工、保修期满结束。施工管理的主要任务是根据施工合同的要求控制工期和质量,同时还要控制施工成本,尽可能提高企业的经济效益。施工管理由承包商自己组织进行,同时接受业主和监理工程师的监督。

**4. 监理单位的项目管理**

监理工程师是在工程项目实施过程中代表业主对工程设计与施工进行监督、管理的法人,包括咨询公司、监理公司等。工程师不属于业主、设计单位或承包商的任何一方,他不直接参与工程项目的设计或施工,而是接受业主的委托,为业主进行项目管理,他既可承担工程全过程的项目管理,也可以接受业主委托进行阶段性的项目管理。例如,监理工程师受业主的委托,对建设全过程或对项目施工进行监督和管理。

### 1.3.3　工程项目管理模式

#### 1. 传统的工程项目管理模式

（1）组织形式

传统的工程项目管理模式的组织形式如图 1-2 所示。

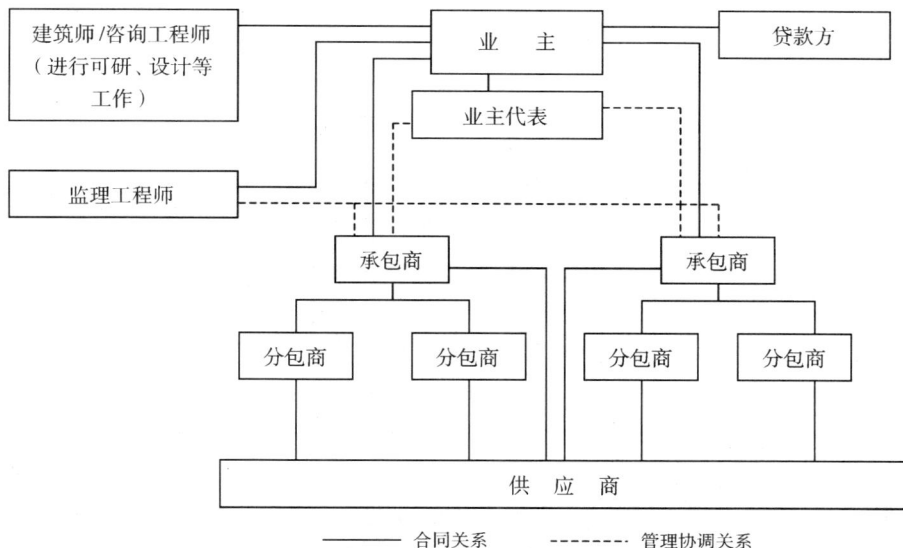

图 1-2　传统的项目管理模式

（2）模式的特点

传统的工程项目管理模式又称设计－招标－建造方式。采用这种方法时,业主与设计机构（建筑师/工程师）、监理工程师签订专业服务合同。在这种模式中,业主委托建筑师/工程师进行项目前期的各项工作,如投资机会研究、可行性研究等,对项目进行论证、评估,项目立项后再进行设计。在设计机构的协助下,通过竞争性招标将工程施工的任务交给报价最低且最具资质的投标人（总承包商）来完成。在施工阶段,监理工程师通常担任重要的监督角色,并且是业主与承包商沟通的桥梁。传统模式最显著的特点是工程项目的实施只能按顺序方式进行,即只有一个阶段结束后另一个阶段才能开始。

传统模式历史悠久,并得到广泛认同的工程项目管理模式。世界银行、亚洲开发银行贷款项目和采用国际咨询工程师联合会（FIDIC）土木工程施工合同条件的项目均采用这种模式。传统模式的主要优点有:应用广泛,管理方法成熟;可自由选择监理单位;对设计可完全控制;可采用竞争性投标;采用标准化的合同关系;业主只需签订一份施工合同。其缺点也很明显:项目周期较长;只能是有限的分包商竞争;业主的管理费用较高;索赔与变更的费用较高;在明确整个项目的成本之前,投入较大。

#### 2. 工程项目总承包管理模式

工程项目总承包也称一揽子承包或"交钥匙"承包。这一模式的特点是业主先找一个咨询公司确定项目设计的原则,帮助业主做项目的前期工作,主要是可行性研究,并在招投标文件中写明"业主的要求",也即业主对这个项目总的要求,然后开始招标,确定一个"设计建造总承包商",由该承包商负责完成项目的设计与施工。这种方式的主要特点是业主将设计与施工交给一个承包商,可以避免设计与建造的矛盾。这种模式在投标时和签订合同时是以总价合同为基础的,设计建造总承包商对整个项目的成本负责,他首先选择一家咨询设计公司进行项目设计,然后采用竞争性招标选择分包商,或使用本公司的专业人员自行完成工程的设计和施工。工程项目总承包管理模式的组织形式如图 1-3 所示。

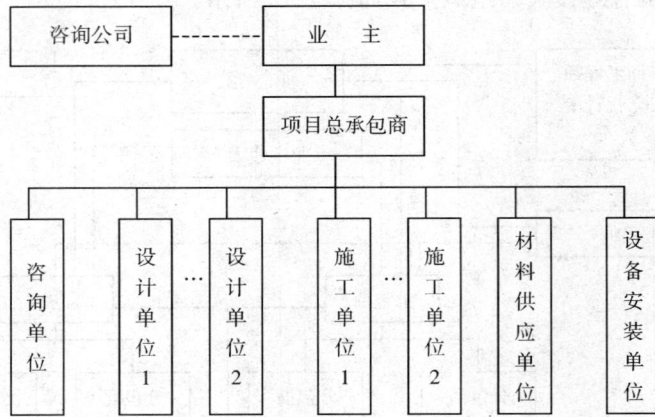

图 1-3 工程项目总承包管理模式

这种项目管理模式的优点:对业主而言,管理简单,只签订一份项目总承包合同,相应的协调组织工作量较小;总承包合同一经签订,项目总造价也就确定,有利于控制项目总投资,能做到项目各阶段的合理搭接,项目周期较短。但是对总承包单位而言,由于承担了项目总体的协调工作,加之总承包合同的签订在设计之前、之后的招标发包工作及合同谈判、合同管理难度较大等,总承包商承担了较大的风险,所以签订的合同总价会因总承包单位的管理费及项目承包的风险费多而较高。

在项目总承包管理模式中,质量控制的关键是做好设计准备阶段的项目管理工作,因为对工程实体质量的控制由项目总承包单位实施,而在招标时项目的质量要求难以全面、明确、具体地描述,使得业主对项目的质量标准、功能和使用要求的控制较为困难,质量控制的难度大。

**3. 设计—管理模式**

(1)组织形式

设计—管理模式的实现可以有两种形式,如图 1-4 所示。

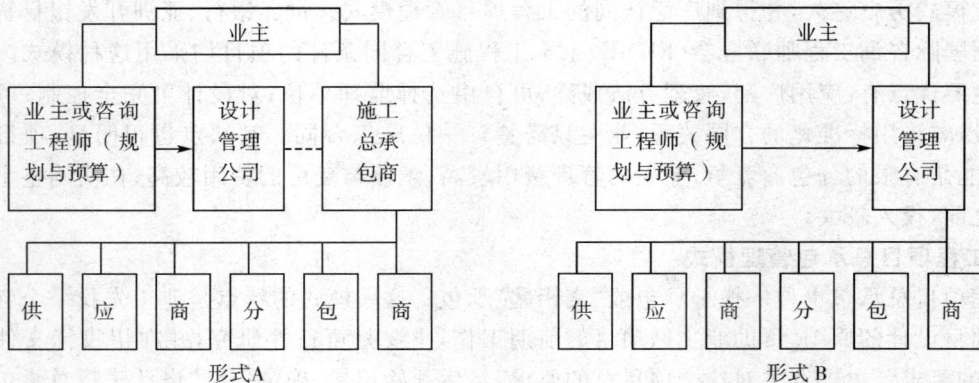

图 1-4 设计—管理模式的两种实现形式

形式 A 中,设计管理公司是核心。先由设计管理公司和业主签订合同,业主通过招标确定施工总承包商,设计管理公司既完成项目设计又管理施工承包商。

形式 B 中,业主与设计管理公司签订一份合同,将项目设计与施工管理一并交给设计管理公司,类似于签订一个设计施工的协议。这种模式与 CM 模式有类似的地方,所以有时也称此形式的设计管理公司为"建筑师与 CM 经理的联营体"。

（2）特点

设计—管理模式通常是指一种类似 CM 方式但更为复杂的、由同一实体向业主提供设计和施工管理服务的工程管理模式。在通常的 CM 方式中,业主分别就设计和专业施工过程的管理服务签订合同。采用设计—管理模式时,业主只签订一份既包括设计也包括类似 CM 服务在内的合同。在这种情况下,设计师与管理机构是同一实体,即"建筑师与 CM 经理的联营体"。

采用设计—管理合同时,由多个与业主或设计—管理公司签订合同的独立承包商负责工程的施工。设计管理者则负责施工过程的规划、管理与控制。可以将这种方式看做是 CM 方式与设计—建造方式结合的产物,可取二者之长。同 CM 方式和设计—建造方式一样,设计—管理方式也常常采用阶段施工法。

### 4. CM 模式

CM 模式（Construction Management Approach,即建筑工程管理模式,也称代理模式）是在美国发展起来的,后来在英国也得到广泛的运用。这种模式比起过去的传统模式有所不同:传统模式是先聘请设计人员做设计,然后用几个月的时间招标,招标完后再进行施工;而 CM 模式的过程是先由业主在设计阶段聘请一个 CM 经理,他应是一个专门从事建筑管理的高水平的经理,这个经理可能就是一个人,也可能是一个小组。CM 经理先确定工程的总体布置和设计,交由业主审定,然后开始分阶段出图。首先完成基础工程的设计,随后开始基础工程的招标,并开始基础工程的施工。在基础工程施工期间,进行下一部分主体工程的设计、招标、施工,从而使整个工程在一个总体设计的前提下,尽可能使设计与施工搭接起来,改变了传统的连续施工的做法。这种方法可以缩短工期,使业主尽快收回投资。这种工程项目的管理模式在国外有许多叫法,如分阶段招标、分阶段发包、高速轨道方式等。

CM 方式在具体实施中有两种办法:

①代理型的 CM 经理。他一方面在项目设计阶段为建筑师和工程师提供施工方面的建议,使设计与施工更好地结合;另一方面,他还要为业主管理总承包商,他承担的责任就是管理,所以作为一名 CM 经理需要有很高的水平。

②风险型的 CM 经理。此时的 CM 经理实际上是一个总承包商,他将项目整个包下来,并且给业主估算最大可能的成本,还要保证在这个成本范围内完成项目,他既要对项目设计负责,又要组织工程施工,他的风险主要体现在是否能在估算的成本范围内完成项目。

### 5. BOT 模式

BOT 模式（Build—Operate—Transfer,即建造—运营—移交模式）提出的目的是便于政府搞基础设施建设。基础设施工程的规模很大,如仅由政府用税收投资建造,由于税收有限,造成基础设施建造缓慢。如果将此项目交给私营公司来建,建好后在一定期限内由这家私营公司来运营,并且允许盈利,期满后再移交给政府。这种借用私人资本或民间资本来修建基础工程的建设运营模式,称为建造—运营—移交模式,也即 BOT 模式或"BOT 项目管理与融资模式",因为投资者既要做项目管理又要进行项目融资。

BOT 具体的操作为:项目首先由地方政府或项目建议人提出。政府先要组织咨询设计公司编制招标文件，并且测算工程投入使用后怎样收取费用，以及需用多长时间收回投资。然后开始招标，吸引项目发起人（相当于投标人）前来投标。这种投标需要大量费用，特别是国际项目，因为需要请许多有权威的法律事务所、咨询公司、会计师事务所来估算成本及其回收期。投标结束后由政府与中标者签订特许权协议，这个协议规定了特许中标者来建造这个项目，并运行若干年。但一开始只订一个草稿，因为项目发起人投标前要找到几家大银行谋求大额贷款，并组织正式的项目公司。等到项目发起人组建好正式的项目公司，并同银行正式签订贷款协议后，才能与政府签订正式的特许权协议。项目公司的投资者及股东的出资额只需占工程总预算的 10%～30%。大部分投资来源于银行贷款或其他融资渠道，这些渠道包括发行股票、债券，以及从各种金融机构、投资者、基金会筹集等。融资完成后，项目公司先找一个"交钥匙"总承包商来负责设计、分包、供应等工作。一般来说总承包商都是项目公司的股东，但理论上还要招标，选择最好的承包商，这个过程中还要找保险公司保险。另外，有必要还要找咨询公司来进行工程管理。项目完成后进入运营阶段，专门有一个经营开发公司负责运营、管理、维修，它收取的费用要定期交给项目公司。项目公司收取这些费用先用来偿还贷款，在还完贷款后才开始分红。在期满后，经过维修将工程移交给政府。这就是 BOT 模式的基本过程。

**6. 施工联合体与施工合作体模式**

**（1）施工联合体**

施工联合体是由多个承建单位为承包某项工程而成立的一种联合机构，通常由一家或多家施工单位发起，经过协商后确定各自投入联合体的资金份额、机械设备等固定资产数量及人员等，签署联合体章程，建立联合体组织机构，产生联合体代表，以联合体的名义与发包方签订承包合同，共同承建一个工程项目。这样的多个承建单位只是针对一个工程项目而联合，各单位仍是各自独立的企业，项目任务完成后即进行内部清算而解体，联合体不复存在。

在施工联合体中，各成员单位以投入的比例分享收益及承担风险，由于在资金、技术、管理等方面可以集中各自的优势，实力较强，能克服单一企业难以克服的困难，使联合体有能力承包大型工程项目，同时也可以增强抗风险的能力；在项目施工过程中，若联合体中某一成员单位破产，其他成员单位仍需负责工程的实施，业主不会因此而造成破产。

**（2）施工合作体**

施工合作体是由多个承建单位为承建某个工程项目而采取的合作施工的模式。当项目中所含工程类型多、数量大、有专业配套方面的需要，单一施工单位没有足够的力量、不具备承包整个工程项目的能力时，若干个施工单位希望通过组成合作伙伴，增强总体实力。但出于各自的目的和要求，或成员之间缺乏信任，不愿采用施工联合体的模式，就可能成立一个施工合作体，产生合作体的组织机构及其代表，以合作体的名义与发包方签订施工承包基本合同：主要是对施工发包方式、发包合同基本条件、施工的总体部署、协调的原则和方式等双方做出承诺。达成协议后，各承包单位则分别与发包方签订施工承包合同，在合作体的统一计划、指挥、协调下展开施工。

施工合作体模式不同于联合体的捆绑式经营方法，各个成员单位均投入与所承包施工任务相适应的包括人员、施工、机械、资金、技术等在内的完整的施工力量，各自独立完成整个工程项目中的某一部分工程任务，各自管理，独立核算，自负盈亏，自担风险。由于各成员单位是各自与发包方直接签订施工承包合同，一旦某个成员单位倒闭破产，其他成员及合作体机构不会承担相应的经济责任，这一风险由业主承担。

**7. PM 模式**

项目管理模式（Project Management），简称为 PM 模式。项目管理是指提供从项目发起开始,贯穿设计施工、工程移交全过程,其至延伸到管理阶段的范围广泛的咨询服务。项目管理服务的具体内容包括确立项目目标、可行性研究、概念设计、选址分析、备选方案分析、咨询工程师的选择、估价、价值工程、施工发包分析、设计与施工监督、协调及设施管理等。

实际上,项目管理方式自身并不代表一种工程项目管理模式,而是为项目选定适当的工程项目管理模式的咨询服务。例如,项目经理可决定项目使用单一的总包合同进行,使用 CM 经理或采用设计—建造方式进行。作为咨询人员,项目经理通常不签订工程设计或施工合同,只是为业主管理这些合同。

通常采用成本加固定费或成本加固定百分比计算对项目经理的报酬。选定项目经理的方法与选定 CM 类似,也是按照最具资质公司以及可接受的酬金报价的原则进行的。业主应仔细客观地审查对项目感兴趣的公司的资质,尤其应注意其在类似的项目中担任项目经理的经历。

订立项目管理合同时,业主应明确定义项目经理的工作范围以及以业主的名义履行责任。业主应对项目经理提出的建议及时做出决定。

使用项目管理方式的优点:项目经理作为业主的咨询人员完全按照业主的意志规划项目;项目经理是业主机构的延伸,因此不再需要业主为项目另派雇员;业主有选用具体的工程项目管理模式的自由;业主选定有经验的专业机构人员作为项目经理,可提高工程项目的管理水平。

使用这种方法时,业主必须注意选定的项目经理的雇员应具有足够的专业水平,能够胜任相应的服务。同时业主还必须仔细确定项目经理代表业主行使的职权范围。

## 1.3.4　工程项目管理与企业管理、施工项目管理之间的区别

### 1. 工程项目管理与企业管理

（1）管理对象不同

工程项目管理的对象是一个具体的工程项目———次性活动（项目）;而企业管理活动的对象是企业,即一个持续稳定的经济实体。项目管理的对象是项目周期的全过程,需要按项目管理的科学方法进行组织管理;企业管理的对象是企业综合的生产经营业务,需要按企业的特点及其经济活动的规律进行管理。

（2）管理目标不同

工程项目管理是以具体工程项目的目标为目标。一般是一种以效益为中心,以项目成果和项目约束实现为基础的目标体系,其目标是临时的、短期的;企业管理的目标是以持续稳定的利润为目标,其目标是长远的、稳定的。

（3）运行规律不同

工程项目管理是一项一次性多变的活动,其管理的规律性是以工程项目发展周期和项目内在规律为基础的;企业管理是一种稳定持续活动,其管理的规律性是以现代企业制度和企业经济活动内在规律为基础的。

（4）管理内容不同

工程项目管理活动局限于一个具体项目从设想、决策、实施、总结后评价的全过程,主要包括工程项目立项、论证决策、规划设计、采购施工、总结评价等活动,这是一种任务型的管理;企业管理则是一种职能管理和作业管理的综合,本质上是一种实体型管理,主要包括企业综合性管理、专业性管理和作业性管理。

（5）实施的主体不同

工程项目管理实施的主体是多方向的,有业主、设计单位、监理单位等;而企业管理实施的主

体仅是企业自身。

**2. 工程项目管理与施工项目管理**

（1）实施的主体不同

工程项目管理的主体是业主及受其委托的监理（或咨询）单位，主要是由他们组建的项目管理班子来实施管理；施工项目管理的主体是施工企业，主要由其所组成的项目管理班子来实施对施工过程的管理。

（2）目的不同

工程项目管理中业主是为取得符合要求的、能发挥应有效益的固定资产而进行管理，监理方是为完成业主所委托的项目管理任务从而取得报酬而进行管理；施工企业是为生产出建筑安装产品并取得利润而进行管理。

（3）内容不同

工程项目管理的内容涉及资本运转和项目建设全过程的管理；而施工项目管理的内容仅涉及从投标开始到交工为止的项目的施工组织、生产管理及维修。

（4）范围不同

工程项目管理的时间范围是项目建设的全周期，即由项目的评价开始，到项目立项、设计、施工、以至项目使用和维修；而施工项目管理的时间范围仅限于项目的施工和维修阶段。

## 1.3.5  工程项目管理的历史发展

**1. 工程项目管理的形成**

工程项目的存在已有久远的历史。随着人类社会的发展，社会的各方面如政治、经济、文化、宗教、生活、军事对某些工程产生需要，同时当社会生产力的发展水平又能实现这些需要时，就出现了工程项目。历史上的工程项目最主要的是建筑工程项目，主要包括：房屋（如皇宫、庙宇、住宅等）建设；水利（如运河、沟渠等）工程；道路桥梁工程；陵墓工程；军事工程，如城墙、兵站等的建设。这些工程项目又都是当时社会的政治、军事、经济、宗教、文化活动的一部分，体现了当时社会生产力的发展水平。现存的许多古代建筑如长城、都江堰水利工程、大运河、故宫等，规模宏大、工艺精湛，至今还发挥着经济和社会效益。这不能不令人叹为观止。

有项目必然有项目管理，在如此复杂的项目中必然有相当高的项目管理水平相配套，否则将难以想象。虽然现在人们从史书上看不到当时项目管理的情景，但可以肯定的是，在这些工程建设中各工程活动之间必然有统筹的安排，必有一套严密的甚至是军事化的组织管理；必有时间（工期）上的安排（计划）和控制；必有费用的计划和核算；有预定的质量要求、质量检查和控制。工程项目中必然有"运筹帷幄"，必然有"妙算"。但是由于当时科学技术水平和人们认识能力的限制，历史上的项目管理是经验型的、不系统的，不可能有现代意义上的项目管理。

工程项目管理作为一门学科，始于20世纪50年代，它的出现和形成是工业发展和社会经济建设的需要，是科学技术进步的结果。

（1）随着工业技术的发展，发达国家的工程项目规模越来越大

像大型核电站、近海石油钻探、巨型水利工程等，规模大，数量多，技术复杂，工艺和质量要求愈来愈高，投资额巨大，工期要求紧。在竞争激烈的商品生产和市场交换中，无论是投资者还是建设者，都难以承受因管理不善所带来的损失。但是已有的工程管理原理和方法远不能满足相应工程项目的特性和发展，因而无论是投资者还是建设者，为了自身的经济利益，不惜出资出力开展对工程项目管理的研究，由此促进了工程项目管理的形成。

（2）人们认识到工程项目总目标控制的重要性

无论是投资者还是建设者，对一个工程项目的建设，往往有许多目标，如投资者的目标就有建设地点、建筑形式、结构形式、功能、使用者的满意程度、经济性、时间等，这些目标形成了一个目标系统。建设实践的经验表明，人们往往注意了某些目标，而使另一些目标无法实现。这就提出了一个问题：工程项目的目标系统应如何控制？核心是什么？

对投资者而言，一个工程项目的建设，最重要的是实际建设投资应不超过计划投资，实际建设工期应不超过计划工期，工程质量应符合建设要求；对承建者而言，一个工程项目的兴建，最重要的是施工成本应不超过合同额，施工工期应不超过合同工期，施工质量应符合合同要求，并尽可能地争取较大的盈利，缩短工期和提高工程质量。

因此，一般来说，一个工程项目的总目标可以归纳为投资（成本）、工期、质量，控制的核心是确保总目标的优质实现。

（3）人们认识到工程项目协调的重要性

一个大、中型工程项目，往往要涉及很多单位和部门：建设单位、建设单位的主管部门、设计单位、建筑安装企业、建设银行、材料和构配件及设备供应单位、运输单位、城市建设和环境保护主管部门、邮电、交通、市政主管部门以及科研单位等。例如，1957年美国海军所从事的一项有6万项作业的工程项目就涉及3800个主要承包商。为了实现项目的总目标，这么多部门、单位之间就必须经常协调。协调的内容包括技术、经济、组织、质量和进度等。人们逐渐认识到，协调也是一种专门技术，它在工程项目管理中直接影响到项目总目标的实现。

（4）人们认识到工程项目信息管理的重要性

一个工程项目从投资决策至项目建成、交付使用，有多方面和多种形式的信息，如设计任务书、设计文件、委托设计和施工的合同、概预算文件、项目建设规划文件、施工文件、来往信件、各种批件、会议记录、谈话记录、情况汇报和各种统计表格等，这些信息需要及时、准确地收集、存储、加工和整理。长期的建设实践使项目决策者、参加者认识到：在项目进展过程中由于缺乏信息，难以及时获取信息，所得到的信息不准确或信息的综合程度不满足项目管理的要求，信息存储的分散以及信息检索困难等，会造成项目控制、决策、执行和检查困难，以致影响工程项目总目标的实现。

（5）科学技术和管理科学的发展，为项目管理的形成和发展奠定了基础

科学技术的发展为工程项目管理提供了有效的工具和手段，如电子计算机。而管理科学的发展，如工业工程、质量控制、价值工程、系统工程等现代管理方法的出现，为工程项目管理目标的控制和组织协调提供了行之有效的方法。

**2. 工程项目管理的发展阶段**

50多年来，工程项目管理已逐步形成并完善了自身的理论体系，并在工程项目建设实践中得到了广泛的应用，取得了良好的效果。工程项目管理可大致划分为如下几个阶段：

20世纪50年代，人们将网络技术（CPM和PERT网络）应用于工程项目（主要是美国的军事工程项目）的工期计划和控制中，取得了很大成功。最重要的是美国1957年的北极星导弹研制和后来的登月计划。这两个项目的出现被认为是现代项目管理的起点。由此，项目管理的理论与方法逐渐发展成为管理科学领域的一个重要分支，为项目管理学科进一步奠定了基础。

60年代，利用大型计算机进行网络计划的分析计算已经成熟。1962年，为解决航天技术落后于苏联的问题，美国召开了"全国先进技术管理会议"，出版了会议文献汇编《科学、技术与管理》。随着项目管理理论与方法的发展和学术研究的需要，欧洲于1965年成立了一个国际性组

织—IPMA(International Project Management Association);美国于 1969 年成立了项目管理组织—PMI(Project Management Institute)。但当时计算机不普及,上机费用较高,一般的项目不可能使用计算机进行管理。而且当时有许多人对网络技术还难以接受,所以项目管理尚不十分普及。

70 年代初,计算机网络分析程序已十分成熟,人们将信息系统方法引入项目管理中,提出项目管理信息系统。这使人们对网络技术有更深的理解,扩大了项目管理的研究深度和广度,同时扩大了网络技术的作用和应用范围,在工期计划的基础上实现用计算机进行资源和成本的计划、优化和控制。整个 70 年代,项目管理的职能在不断扩展,人们对项目管理过程和各种管理职能进行了全面而系统的研究。同时项目管理在企业组织中推广,人们研究了在企业职能组织中的项目组织的应用。到了 70 年代末,微机得到了普及。这使项目管理理论和方法的应用走向了更广阔的领域。计算机及软件价格降低,数据获得更加方便,计算时间缩短,调整容易,程序与用户友好等,由于具有上述优点,因而使项目管理工作大为简化、高效,使寻常的项目管理公司和中小企业在中小型项目中都可以使用现代化的项目管理方法和手段,取得了很大的成功,收到了显著的经济和社会效果。

80 年代,人们进一步扩大了项目管理的研究领域,包括合同管理、界面管理、项目风险管理、项目组织行为和沟通。在计算机应用上则加强了决策支持系统、专家系统和互联网技术应用的研究。如美国 1983 年出版的《项目管理手册》和 1987 年出版的《项目管理概览》,都极大地推动了项目管理理论和实践的发展。

随着社会的进步,市场经济的进一步完善,生产社会化程度的提高,人们对项目的需求也愈来愈多,且项目的目标、计划、协调和控制也更加复杂。这将促进项目管理理论和方法的进一步发展。

**3. 现代工程项目管理的特点**

(1)项目管理理论、方法、手段的科学化

这是现代项目管理最显著的特点。现代项目管理吸收并使用了现代科学技术的最新成果,具体表现在:现代管理理论的应用,例如系统论、信息论、控制论、行为科学等在项目管理中的应用,它们奠定了现代项目管理理论体系的基石。项目管理实质上就是这些理论在项目实施过程中的综合运用;现代管理方法的应用,如预测技术、决策技术、数学分析方法、数理统计方法、模糊数学、线性规划、网络技术、图论、排队论等,它们可以用于解决各种复杂的项目问题;管理手段的现代化,最显著的是计算机的应用,以及现代图文处理技术、精密仪器的使用,多媒体和互联网的使用等。目前以网络技术为主的项目管理软件已在工期、成本、资源等的计划、优化和控制方面十分完善,可供用户使用。这大大提高了项目管理的效率。

(2)项目管理的社会化和专业化

由于现代社会对项目的要求越来越高,项目的数量越来越多,规模越来越大,越来越复杂,需要职业化的项目管理者,这样才能有高水平的项目管理。项目管理发展到今天已不仅是一门学科,而且成为一个职业。

以往人们进行工程建设要组织管理班子,例如组建基建部门、成立"指挥部",一旦工程结束这套班子便解散或闲着。因此管理人员的经验得不到积累,只有一次教训,没有二次经验,这实质上仍是一种"小生产"的项目管理方式。

在现代社会中,专业化的项目管理公司专门承接项目管理业务,提供全过程的专业化咨询和管理服务,这是世界性的潮流。项目管理(包括咨询、工程监理等)已成为一个新兴产业,已探索出许多比较成熟的项目管理模式。这样能建成高效益的工程,达到投资省、进度快、质量好的目标。

（3）项目管理的标准化和规范化

项目管理是一项技术性非常强的十分复杂的工作,要符合社会化大生产的需要,项目管理必须标准化、规范化。这样项目管理工作才有通用性,才能专业化、社会化,才能提高管理水平和经济效益。

标准化和规范化体现在许多方面,如:规范化的定义和名词解释;规范化的项目管理工作流程;统一的工程费用（成本）项目的划分;统一的工程计量方法和结算方法;信息系统的标准化,如信息流程、数据格式、文档系统、信息的表达形式,网络表达形式和各种工程文件的标准化;使用标准的合同条件、标准的招投标文件等。这使得项目管理成为人们通用的管理技术,逐渐摆脱经验型管理以及管理工作"软"的特征,而逐渐硬化。

（4）项目管理国际化

项目管理的国际化趋势不仅在中国,而且在全世界越来越明显。项目管理的国际化即按国际惯例进行项目管理。这主要是由于国际合作项目越来越多,例如国际工程、国际咨询和管理业务、国际投资、国际采购等。现在不仅一些大型项目,连一些中小型项目的项目要素（如参加单位、设备、材料、管理服务、资金等）都呈国际化趋势。这就要求国际化的项目管理。

项目国际化带来项目管理的困难,这主要体现在不同文化和经济制度背景的人,由于风俗习惯、法律背景等的差异,在项目中协调起来很困难。而国际惯例就能把不同文化背景的人包罗进来,提供一套通用的程序、通行的准则和方法、统一的文件,使得项目中的协调有一个统一的基础。

工程项目管理国际惯例通常有:世界银行推行的工业项目可行性研究指南;世界银行的采购条件;国际咨询工程师联合会颁布的 FIDIC 合同条件和相应的招标投标程序;国际上处理一些工程问题的惯例和通行准则等。

**4. 我国工程项目管理的现状**

（1）起步较晚、发展很快,但水平上仍存在差距

我国进行工程项目管理实践的历史,至今已有两千多年,很多伟大的工程都体现出项目管理的思想与方法。新中国建立后,建筑业迅猛发展,也进行了更多的工程项目管理实践活动,但都未能上升为理论。1965 年,华罗庚先生将网络技术介绍到我国,但长期以来,较多地应用于工程计划的制订,未能在工程项目实施中完全发挥作用。20 世纪 80 年代初,联邦德国和日本的工程项目管理理论分别被我国引进。接着,其他发达国家,如美国及世界银行的项目管理理论和经验也陆续被我国建筑业所了解。这时,国内的一些大学开始进行项目管理的教育与研究,翻译和出版了这方面的专著和教材。1991 年,中国项目管理研究会成立。

从 1982 年的鲁布革系统引水工程开始,在我国政府的关注之下,项目管理始终受到重视,并被积极地,有法规、有秩序、有步骤地推广采用,并收到了很好的效果。这与国外项目管理的自发性与民间性不同,因而在短时间内取得了较大的进步。如 80 年代在从美国引进《系统工程管理指南》的同时,航空工业在歼 7III、歼 8II 等型号战斗机的研制中也推行了系统工程,实行矩阵管理。

但目前在我国,工程项目管理的水平与国际水平相比仍有相当差距。一方面,我国的工程项目管理尚未形成社会化和专业化,这主要归因于项目管理过程的一次性。一个工程一旦结束,管理组织也随之解散,管理人员的经验不能很好地积累,仍处于一种"小生产"的管理状况,对于复

杂一些的工程项目的管理工作,就不能胜任了。另一方面,我国的工程项目管理还不能完全做到标准化、规范化,项目管理工作的通用性差,管理水平和效率的提高自然受到了限制。

(2)工程项目管理的推行与我国改革开放及建筑业体制的改革同步进行

随着我国的改革开放和市场经济的逐步建立,传统建筑管理体制的弊端逐渐显露出来:由于生产指标是由计划性指令下达,资金、资源等也按指标分配,形成决策失控,施工单位只追求产值,忽视经济效益的状况,继而造成资源配置的巨大浪费,工程项目质量低劣,造价超支,工期拖长等;作为管理主体的工程建设指挥部也暴露出独立性及专业性差、以行政命令代替科学管理、对建设期和经营期不能进行统筹考虑等问题。

1984年我国开始推广并普及以工程项目为对象的招标承包制,使建筑施工企业的任务承揽方式、责任关系、经营环境等都发生了明显变化,建筑市场初步形成,使得适用于市场经济的工程项目管理理论有了发展的"土壤"。80年代后期开始试行项目业主责任制,即由业主负责项目的全过程并承担风险,初步改变了筹资建设与经营还款脱节的弊病。但同时,也暴露出在我国国有企业管理体制下业主难以行使权力、组织不规范等现象。要改变这一现象,出路只有改革。

鲁布革水电站引水系统工程是我国第一个利用世界银行贷款,并按世界银行规定进行国际竞争性招标和项目管理的工程。在其四年多的施工时间中,创造了著名的"鲁布革工程项目管理经验"。日本建筑企业运用项目管理方法对这一工程的施工进行了有效的管理,收到了很好的效果,这在我国建筑业引起了很大的震动,使人们深切认识到了项目管理技术作用的重要性,引起政府的关注。1987年,国家计委等五个部门联合发出通知,确立了15个试点企业共66个建设项目,开展项目管理的试点工作。1990年,将试点企业调整为50家。1991年,建设部进一步提出把试点工作转变为全行业推进的综合改革,全面推行项目管理,变革企业经营管理方式和生产管理方式,建立以施工项目管理为核心的企业经营体制。

1993年,我国根据市场经济体制的要求,推行项目法人责任制,先有法人,后有项目,由法人对投资项目的筹划、筹资、人事任免、招标定标、建设实施,直至生产经营管理、偿还债务以及资产的保值增值实行全过程负责。这一制度有利于保证工程项目实行资本金制度,为推行现代建筑企业制度提供了基本前提。1994年,建设部提出进一步强化项目管理,继续推行并不断扩大工程项目管理体制改革,围绕建立现代企业制度,完善项目经理责任制和项目成本核算制。项目经理是企业法人代表委托的在施工项目上的代表人,在项目管理中处于中心地位,是施工项目责、权、利的主体,是项目目标的全面实现者。项目成本核算制则使建筑企业切实将经营管理和经济核算工作的重心落到工程项目上。

随着改革开放的深入,我国建筑业在引入国外先进管理模式的同时,不断探索,现在已初步形成了以招标投标制、合同管理制、项目法人责任制和建设监理制为标志的管理体制。

(3)项目管理的两个分支——工程建设监理和施工项目管理互相促进飞速发展,也推动了项目管理学科的发展

施工项目管理是以施工企业为管理主体、施工项目为管理对象所进行的工程投标、签订工程项目承包合同、施工准备、施工、竣工验收及用后服务等工作。

工程建设监理是指监理单位受项目法人的委托,依据国家批准的工程项目建设文件、有关工程建设的法律法规、工程建设监理合同及其他建设合同,对工程项目实施的监督管理。建设部于1988年7月发出《关于开展建设监理工作的通知》,1989年7月颁布《建设监理试行规定》,此后又先后举办了一系列监理工程师培训班。这不仅使建设监理制度在我国的推行有了可依据的法规,还为监理制度的确立打下了坚实的基础。实行这一制度,有利于发展生产力,提高工程建设

投资效果,加强对外开放与国际合作,更好地与国际惯例接轨。建设监理制使传统的建筑市场由业主与承包商组成的两元结构转化成由业主、监理、承包商组成的三元结构,三方以经济合同为纽带,以提高建筑水平为目的,互相协作,互相制约。建设监理单位受业主单位的委托,对设计和施工单位在承包活动中的行为和责权利进行必要的协调与约束。监理的内容包括承包单位的施工质量、建设工期和建设资金的使用等。由于增加了秉公执法的第三方,施工项目的管理更规范、更专业,效益更好,水平越来越高,反过来也促进了监理工作水平的提高及制度的完善。二者互相促进,推动了项目管理学科的发展。

## 思 考 题

1. 简述项目和工程项目的特征。
2. 我国的工程项目周期分为哪几个阶段?
3. 简述工程项目的内部系统构成和外部关联系统。
4. 试述工程项目管理的主要任务和目标。
5. 简述工程项目管理与企业管理、施工项目管理之间的区别。
6. 工程项目管理模式有哪几种?
7. 简述工程项目管理的形成和发展。

# 第2章 工程项目管理组织

## 2.1 组织与组织设计

组织是管理的重要功能之一,组织论是工程项目组织的基本原理。如果把一个建设项目视作为一个系统,如2008北京奥运工程项目、广州新白云机场或某高速铁路项目等,其系统目标能否实现无疑有诸多的影响因素,其中组织因素是决定性的因素。组织论是一门非常重要的基础理论学科,是项目管理学的母学科。它主要研究组织结构模式、组织分工以及工作流程组织(如图2-1)。

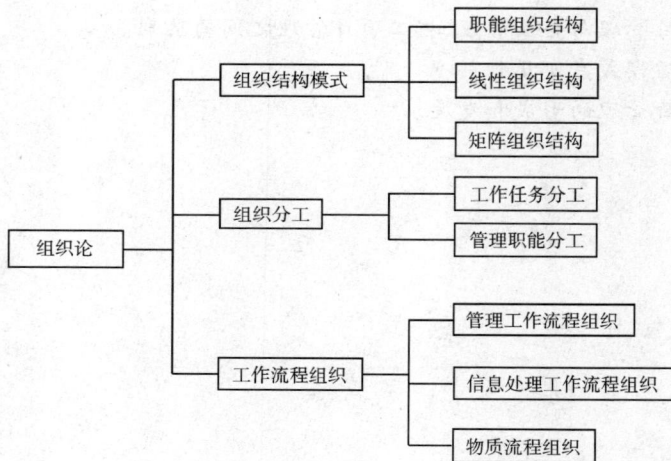

```
组织论 ┬─ 组织结构模式 ┬─ 职能组织结构
       │              ├─ 线性组织结构
       │              └─ 矩阵组织结构
       │
       ├─ 组织分工 ┬─ 工作任务分工
       │          └─ 管理职能分工
       │
       └─ 工作流程组织 ┬─ 管理工作流程组织
                      ├─ 信息处理工作流程组织
                      └─ 物质流程组织
```

图2-1 组织论的基本内容

### 2.1.1 组织

#### 1. 组织的概念

"组织"一词,其含义比较宽泛。在组织行为学中,即表示"组织工作",是对一个过程的组织,对行为的筹划、安排、协调、控制和检查,以有效实现共同目标(如组织一次会议,组织一次活动);在组织结构学中,即表示结构性组织,是人们(或单位、部门)为某种目标而使全体参与者以某种规则形成的职务结构或职位结构,如项目组织、企业组织等。从以上定义可以看出,组织包含三个方面的意思:

(1)目标是组织存在的前提。

(2)组织以分工协作为特点。

(3)组织具有一定的层次结构。

除了上述的一般论述外,我们还可以从系统理论的角度来进一步加深对人类社会组织的认识。美国著名的管理学家卡斯特(F. E. Kast)和罗森茨威克(J. E. Rosenzweing)在本世纪的90年代,从系统理论的角度对组织进行了大量的研究。他们提出的主要观点有：

（1）组织是社会系统的一部分

组织与社会环境之间有着相互依赖和相互影响的作用；社会环境因素的变化会对组织产生影响，为此，组织结构必须作适当的调整，以保持组织与社会环境之间的适应与平衡。

（2）组织的本身也是一个系统

组织与社会环境所构成的系统是一个相对的大系统，而组织内部又有许多部门或单位，即分系统。这些部门或单位又有着相互依存和相互影响的作用。

（3）组织是一个维持适应的系统

组织不但要与外部社会环境之间维持高度的适应关系，其内部的各个分系统之间亦要维持高度的适应关系。如随着我国从计划经济向社会主义市场经济过渡的进展，组织的管理者就必须及时地调整自己的组织结构和管理措施。因此，组织不是固定不变的，而是需要经常地进行适应性的调整或变革，否则，组织系统就有瓦解和消亡的可能。

如果我们从社会系统的理论来看待组织，不但有助于我们对组织含义的认识，还可以从中获得一些极有价值的启示。

管理职能正是通过以上两种含义的有机结合而产生和起作用的。

**2. 组织的构成要素**

一般来说，组织由管理层次、管理跨度、管理部门和管理职能四大要素构成，呈上小下大的形式。四大因素密切相关、相互制约。

（1）管理层次

管理层次是指从组织的最高管理者到最基层的实际工作人员的等级层次的数量。管理层次可分为三个层次，即决策层、协调和执行层、操作层。三个层次的职能要求不同，表示不同的职责和权限，由上到下权责递减，人数却递增。

组织必须形成一定的管理层次，否则其运行将陷于无序状态；管理层次也不能过多，否则会造成资源和人力的巨大浪费。

（2）管理跨度

管理跨度是指一个主管直接管理下属人员的数量。在组织中，某级管理人员的管理跨度的大小直接取决于这一级管理人员所要协调的工作量，跨度大，处理人与人之间关系的数量随之增大。跨度太大时，领导者和下属接触频率会增大，常有应接不暇之感。因此，在组织结构时，必须强调跨度适当。跨度的大小又和分层多少有关。一般来说，管理层次增多，跨度会小；反之，层次少，跨度会大。

（3）管理部门

按照类别对专业化细分的工作进行分组，以便使共同的工作进行协调，即为部门化。部门可以根据职能来划分，可以根据产品类型来划分，可以根据地区来划分，也可以根据顾客类型来划分。组织中各部门的合理划分对发挥组织效能非常重要。如果划分不合理，就会造成控制、协调困难，浪费人力、物力、财力。

（4）管理职能

组织机构设计确定的各部门的职能，要在纵向使指令传递、信息反馈及时；在横向使各部门相互联系、协调一致。

## 2.1.2 组织结构及设计

### 1. 组织结构的概念

组织结构就是组织内部各个有机组成要素相互作用的联系方式或形式,亦可称为组织的各要素相互联结的框架。它是组织根据其目标、规模、技术、环境和权力分配而采用的各种组织管理形式的统称,一般以组织管理系统图表示。

从具体分析和研究的角度来看,组织结构应包括三个核心的内容:组织结构的复杂性、规范性以及集权与分权性。

（1）组织结构的复杂性

组织结构中的复杂性是指组织机构内各要素之间的差异性,它包括组织内的专业分工程度、垂直领导的层级数以及组织内人员及各部门地区分布情况等。具体地讲,它又包括横向差异性、纵向差异性和空间分布差异性。

①横向性差异

组织结构的横向性差异是一个组织内成员之间受教育和培训的程度、专业方向和技能以及工作的性质和任务等方面的差异程度,并由此而产生的组织内部部门与部门之间或单位与单位之间的差异程度。组织成员间的上述差异以及组织活动的复杂性必然会导致或影响到组织内专业化和部门机构的设置。因此,我们可以说,组织结构中横向的差异性又能明显地体现在组织中的专业化和部门化方向。

②纵向性差异

组织结构中的纵向性差异是指组织结构中纵向垂直管理层的层级数及其层级之间的差异程度。决定组织结构层级数大小的重要因素是管理人员的管理幅度。管理者的有效的管理幅度的大小取决于以下几个因素:

第一,能力因素。如管理者本人的能力强,则其管理幅度可以大一些;如管理者的下属人员的能力较强,管理者的管理幅度也可大一些,反之则小。

第二,下属人员的集中与分散程度。如下属人员越是分散,其管理幅度就越小,反之则可大一些。

第三,工作标准化的程度。下属工作的综合标准化程度越高,管理者就可采用更宽一些的管理幅度。

第四,工作的性质和类别。管理者下属的工作相同或类似性大,其管理幅度就可大一些;如管理者管辖的工作需要解决的新问题类型多,频率又高,则其管理幅度就应小一些

第五,管理者和下属人员的倾向性。如管理者倾向于对下属人员进行严格的监督、控制和管理,而下属人员也有这个要求的话,其管理幅度则应小一些,反之则可大一些。根据西方管理学家的研究,多数人认为一个组织中高中级管理人员的有效管理幅度一般为3～9人（或3～9个下属部门）为宜;低级（或第一线）管理者的有效管理幅度则可达到30人。有的组织倾向于采用扩大管理幅度、减少纵向管理层级数的方式,构成"平坦"或"扁平"式的组织结构;有的则采用缩小管理幅度、增加纵向管理层级数的方式,形成"高耸"式或"垂直"式的组织结构。这两种方式各有优缺点:采用"平坦"式组织结构,则可减少管理人员,纵向管理层次少,信息沟通就比较迅速和准确,但对下级的监督、控制和管理就会相对复杂;同时,因为管理层次少,下级受到提升的机会也减少。采用"高耸"式的组织结构,则形成了紧密的管理层级,每一级管理层都可以把自己的下级置于自己严密的监督、控制和管理之下,管理层级多,下级提升的机会也多。但是,由于管理层级

多,指令或信息沟通的渠道就长,信息失真的可能性就大,沟通和协调也就比较困难,管理人员数亦增加。因此,从理论上讲,一个组织纵向管理层次的增加,会使组织结构的纵向复杂性程度提高。

③空间分布差异性

空间分布差异性是指一个组织在其管理机构、厂房及其人员在地区分布上形成的差异程度。

（2）组织结构的规范性

组织结构中的规范性是指组织中各项工作的标准化程度。具体来说,就是有关指导和限制组织成员行为和活动的方针政策、规章制度、工作程序、工作过程标准化程度等。在一个高度规范化的组织中,方针政策具体而清楚,规章制度严密,对每一工作程序都有严格而详细的说明,职工一切都按规章程序办,本身没有多大的自由选择余地;而规范化程度较低的组织,职工在工作中就有较大的自由度,他们的行为也就不那么规范化、程序化了。

一般而言,一些技能简单而又重复性的工作具有较高的规范程度;反之,其规范性程度就较低。在一个组织中,其规范性不但随着技术和专业工作的不同而产生差异,亦随着其管理层次的高低和职能的分工而有所差别。组织中高级管理层人员的日常工作的重复性较少,并且所需解决的问题较复杂,因此,其工作的规范性程度就较低;相反,低级管理层人员日常工作的重复性就较多,因此,其规范程度就较高。我们从中可知道,管理垂直的级层数与其规范程度成反比,即管理层数越高,其规范性程度越低。同时,在一个组织中也会因其职能的不同而产生规范程度的不同。在组织结构中对人的活动和行为实行一定程度的规范性可以提高组织的效益,这是因为实行标准化,可以减少许多不确定的因素。另外,标准化也可以提高组织工作的协调性。

（3）组织结构的集权与分权性

组织结构的集权与分权是指在组织中的决策权集中在组织结构中的那一点上的程度与差异。高度集权意即决策权高度集中在高层管理层中;低度集权即意味着决策权分散在组织各管理层,乃至低层的个体职工本身。因此,低度集权又被称为分权。

组织结构采用集权制具有以下四个优点:

①有助于加强组织的统一领导,提高管理工作效率。

②有利于协调组织的各项活动。

③有助于增加领导者的责任感,充分发挥领导者的聪明才智和工作能力。

④有利于减少管理人员,使领导机构精干,减少管理费用开支。

集权制适用于中小规模的组织,而不适用规模巨大、经营管理复杂的大型组织,这是因为集权制有以下缺点:

①有效的管理幅度原则决定了领导者的直接控制面的大小,组织规模大就必须增加管理层次,从而延长了纵向组织下达指令和信息沟通的时间,信息失真的可能性就大。

②若决策权主要集中于领导层,就会增加基层的依赖性,而不利于调动基层的积极性和创造性。

③难以培养出熟悉全面业务的管理领导人员。

④使领导层精力过多地用于日常业务,而难以专心致志于重大和长远的战略问题方面。

采用分权组织,实行分级管理则具有以下五个优点:

①可使领导者的直接控制面扩大,减少管理的层次,使最高层与基层之间的信息沟通更为直接、准确。

②有利于基层管理者根据情况的变化作出迅速而准确的反应、作出许多次要的决策并采取

行动。

③分权政策还允许基层人员参与决策而达到激励他们的作用,尤其是随着科学技术的发展,专家和技术人员对组织发展的影响越来越大,而允许专家和技术人员参与决策,将会有利于激励他们的工作积极性。

④有利于减轻高层领导者的负担,使他们有更多的精力致力于组织的发展战略等重大的问题。

⑤有利于基层领导者发挥才干,从而培养一支精干的管理队伍。

当然,采用分权制也有它的缺点,如:

①容易使组织的决策缺乏全局性、统一性;

②当分权单位过于独立时,不利于发挥整个组织的能力和作用,不利于整个组织最高利益的提高。

**(4)复杂性、规范性和集权性三者的关系**

①复杂性和规范性

专业分工与规范性的关系是明显的,当员工从事许许多多简单而又重复的极为具体的工作任务时,大量的规章制度决定了他们的行为,他们的工作是标准化的,因而是规范性高的;另外,复杂性程度高也可导致低的规范化程度,例如由于专业技术人员的专业方向不同而引起了部门划分与设置,但对这些高学历和高技术的专业人员不需要也不可能用很多的规章制度来控制他们的行为和活动。

②集权性与复杂性

这两者的关系成反比,高复杂性总是与低集权即分权相伴随。

③集权性与规范性

两者的关系比较复杂。当一个组织内的成员大多不是专家、技术人员时,管理者往往会用较多的规章制度和决策的集中来对组织进行管理和控制,即高度的规范性和集权性;如果组织内的成员是专家、技术人员的话,专家、技术人员既希望参与影响他们工作的决策,又不希望有较多的规章制度来约束他们,这时产生的是低规范性和低集权的组织结构;但如果专家、技术人员的兴趣仅是在他们的专业、技术工作方面,而不在战略性的决策方面,这时又会产生低的规范性和高度集权。

**2. 组织结构设计的原则**

为了实现项目目标,项目组织必须是高效率的。项目组织的设置和运行(包括组织结构、组织运作规则、组织运作、组织控制和考核)必须符合现代管理理论的基本原则。但这些基本原则在项目中有特殊性,一般应遵循下述原则:

**(1)任务目标原则**

任何一个组织,都有其特定的任务和目标,每个组织及其每一个部分,都应当与其特定的任务目标相关联;组织的调整、增加、合并或取消都应以是否对其实现目标有利为衡量标准,没有任务目标的组织是没有存在价值的。根据这一原则,在进行组织设计时,首先应当明确该组织的发展方向怎样,经营战略是什么,这些问题是组织设计的大前提,这个前提不明确,组织设计工作是难以进行的。其次,要认真分析,为了保证组织任务目标的实现,必须办的事是什么?设什么机构?怎样才能办完、办好这些事?最后,以事为中心,因事建机构,因事设职务,因事配人员。根据这一原则,就要反对简单片面地搞"上下对口"即不顾企业实际工作是否需要,上级设立什么部门,企业就设立相应的科室;也要反对因人设职、因职找事的做法。

（2）分工协作原则

分工与协作是社会化大生产的客观要求。组织设计中要坚持分工与协作的原则，就是要做到分工要合理，协作要明确。对于每个部分和每个职工的工作内容、工作范围、相互关系、协作方法等，都应有明确规定。根据这一原则，首先要搞好分工，解决干什么的问题。分工时，应注意分工的粗细要适当。一般说，分工越细，专业化水平越高，责任越明确，效率也较高，但也容易出现机构增多，协作困难，协调工作量增加等问题；分工太粗，则机构可较少，协调可减轻，易于培养多面手，但是，专业化水平和效率比较低，容易产生推诿责任的现象。两者各有千秋，具体确定时，就要根据实际（如人员素质水平、管理难易和繁简程度）来确定，做到一看需要，二看可能。

（3）命令统一原则

命令统一原则的实质，就是在管理工作中实行统一领导，建立起严格的责任制，消除多头领导和无人负责现象，保证全部活动的有效领导和正常进行。命令统一原则对管理组织的建立具有下列要求：

①在确定管理层次时，要使上下级之间形成一条等级链。从最高层到最底层的等级链必须是连续的，不能中断，并要求明确上下级的职责、权力和联系方式。

②任何一级组织只能有一个负责，实行首长负责制。

③正职领导副职、副职对正职负责。

④下级组织只接受一个上级组织的命令和指挥，防止出现多头领导的现象。

⑤下级只能向直接上级请示工作，不能越级请示工作。下级必须服从上级命令和指挥，不能各自为政、各行其是。如有不同意见，可以越级上诉。

⑥上级不能越级指挥下级，以维护下级组织的领导权威。但可以越级进行检查工作。

⑦职能管理部门一般只能作为同级直线指挥系统的参谋，但无权对下属直线领导者下达命令和指挥。

（4）管理幅度原则

按照组织效率原则，应建立一个规模适度、组织结构层次较少、结构简单、能高效率运作的项目组织。由于现代工程项目规模大、参加单位多，造成组织结构非常复杂。组织结构设置常常在管理跨度与管理层次之间进行权衡。

（5）集权和分权相结合的原则

集权与分权各自的优缺点，已在前面讨论过。集权与分权是相对的概念，并不存在完全的集权与分权，而是两者各占多少的问题以及授权程度的问题。授权的程度取决于规模的大小、技术复杂程度、业务量的大小、地区分散情况、上层控制手段的健全程度以及各管理层的领导能力等。集权到什么程度，应以不妨碍基层人员的积极性为限；分权到什么程度，应以上级不失去对下级有效合理的控制为限。从当今国内外组织管理的实际情况来看，组织走向分权化是主要趋势。

（6）责权利相对应的原则

在项目的组织设置过程中，要明确项目投资者、业主、项目其他参与者以及其利益关系、职责和权限，通过合同、计划、组织规则等文件实现，使之符合责权利平衡的原则。

①权责对等。在项目中，参与者各方责任和权力有复杂的制约关系，责任和权益是互为前提条件的。如果合同承包商有一项责任或工作任务，则他常常又应有相应的权力。这个权力可能是他完成这个责任所必需的，或由这个责任引申的。

②权力的制约。组织成员权力的行使必然会对项目和其他方产生影响，则该项权力应受到制约，以防止滥用权力。如果合同规定承包商有一项责任，则他完成该项目责任应有一定的前提

条件。如果这些前提条件应由业主提供或完成，则应作为业主的一项责任，应明确规定对业主进行反制约。如果缺少这些反制约，则双方责权利关系就不平衡。

③管理规范。应通过合同、管理规范、奖励政策对项目参与者各方的权益进行保护，特别是对承包商、供应商。例如在承包合同中，应有工期延误罚款的最高限额的规定、索赔条件、仲裁条款、在业主严重违约情况下中止合同的权力及索赔权力等。

④公平地分配风险。在项目中风险的分配是个战略问题。分配风险的总体原则是谁能最有效地防止和控制风险，或能将风险转移给其他方面，则应由他承担相应的风险责任。承担者控制相关风险是经济的、有效的、方便的、可行的。

⑤加强过程的监督。包括阶段工作成果的检查、评价、监督和审计工作。

**(7) 精干高效的原则**

精干，就是指在工作保质保量完成的前提下，用尽可能少的人去完成工作。之所以强调用尽可能少的人，这是因为根据大生产管理理论，多一个人就多一个发生故障的因素，人员多容易助长推诿拖拉、相互扯皮的风气，造成办事效率低下。为此，要坚持精干高效的原则，即力求人人有事干，事事有人管，保质又保量，负荷都饱满。这既是组织结构设计的原则，又是组织联系和运转的要求。

**(8) 稳定与改革相结合的原则**

组织结构是保证组织各方面工作正常进行的重要机制，应当保持相对的稳定性，这是因为管理组织的变动，涉及人员、分工、职责、协调等各方面的调整，对人员的情绪、工作熟练程度、工作方法、工作习惯等都带来各种影响，组织的运行要有一个适应和磨合的过程。如果一个组织经常地变化，这个组织将陷入混乱的状态。所以，组织应保持一定的稳定性。但是，组织内部的因素和外部的环境条件是变化和发展的，组织的发展战略及目标也要不断调整，此时组织结构如不作相应的改革，将会运转效率低下，保证实现组织目标的功能降低。所以，一个组织在一定的时期必须作出必要的改革，否则将会被淘汰。组织改革必须等待时机成熟，只有当组织内部和外部的条件变化或者是通过组织高层管理者的教育和推动，使得组织内的大部分人感到唯有对组织进行改革方能维持组织的生存时，才可对组织进行改革。此时，不但员工配合的意愿较高，而且也愿意为改革承担额外负担。一个一成不变的组织，是僵化的组织；反之，一个经常在变的组织，必定是混乱的组织。作为组织的领导者，必须注意将组织的稳定和改革作适宜的结合。

**(9) 执行和监督分设的原则**

这一原则要求组织中的执行性机构和监督性机构应当分开设置，不应合并为一个机构。例如企业中的质量监督、财务监督、安全监督等部门应当同生产执行部门分开设置。设置才能使监督机构起到应有的监督作用。

**3. 组织结构设计内容**

组织结构设计就是规划和设计组织的各个要素和部门，以及如何使这些要素和部门有机地联合起来并协调运作，以便从组织的结构上确保组织目标的有效实现。设计组织结构并不像设计房子那样简单。组织机构的设计必须根据组织的复杂性、规范性和集权性程度，必须根据组织的目标和任务以及组织的规律及组织内外环境因素的变化来进行规划或再构造组织机构。只有这样，组织机构的功能和协调才能达到最优化的程度。否则，组织内的各级机构就无法有效地运转，也就无法保证组织任务和目标的有效完成和实现。

因此，对组织的管理者来说，组织的设计、创新或再构造是极为重要的。具体地讲，组织结构设计有四个内容：

（1）确定组织内部门的设置，明确各部门及人员的职责。

（2）确定组织内各部门和人员的权利、地位，明确各部门和人员之间的相互关系。

（3）明确组织内指令下达和信息的沟通的方式，确定协调各部门和个人活动的方式。

（4）制定各种规章制度，确定工作流程。

# 2.2　工程项目管理组织

## 2.2.1　工程项目组织的特点

工程项目组织是工程项目的参加者、合作者按一定的规则或规律构成的整体，是项目的行为主体构成的系统。该组织是在项目寿命期内临时组建的，是暂时的，只是为完成特定的项目目标。工程项目是由目标产生工作任务，由工作任务决定承担者，由承担者形成组织。

项目组织的建立和运行应符合一般的组织原则和规律，如具有共同的目标，需要不同层次的分工合作，具有系统性和开放性。工程项目组织不同于一般的企业组织、社团组织和军队组织，它具有自身的特殊性。这个特殊性是由项目的特点决定的。项目组织的特点决定了项目组织设置和运行的要求，在很大程度上决定了人们的组织行为，决定了项目组织沟通、协调和项目信息系统设计。

**1. 工程项目组织具有明确的目的性**

项目组织是为了完成项目总目标和总任务，所以具有明确的目的性，项目目标和任务是决定组织结构和组织运行的最重要因素。由于项目各参加者来自不同企业或部门，各自有独立的经济利益和权力。它们各自承担一定范围的项目责任，按项目计划进行工作。所以在项目中存在尖锐的共同目标与不同利益群体目标之间的矛盾。要取得项目的成功，在项目目标设计、实施和运行过程中必须承认并顾及不同群体的利益；项目组织的建立应能考虑到，或能反映在项目实施过程中各参加者之间的合作，任务和职责的层次，工作流、决策流和信息流，上下之间的关系，代表关系，以及项目其他的特殊要求。给各参加者以决定权和一定范围内变动的自由，这样才能最有效地工作。

**2. 工程项目的组织结构应与项目任务相适应**

项目的组织设置应能完成项目的所有工作（工作包）和任务，即通过项目结构分解得到的所有单元，都应无一遗漏地落实完成责任者。所以项目系统结构对项目的组织结构有很大的影响，它决定了项目组织工作的基本分工，决定组织结构的基本形态。同时项目组织又应追求结构最简和最少组成。增加不必要的机构，不仅会增加项目管理费用，而且常常会降低组织运行效率。每个参加者在项目组织中的地位是由他所承担的任务决定的，而不是由他的规模、级别或所属关系决定的。

**3. 工程项目组织是一次性的组织形式**

每一个具体的项目都是一次性的、暂时的。所以工程项目组织也是一次性的、暂时的，具有临时组合性特点。一个项目组织的寿命与它在项目中所承担的任务（以任务书或合同规定）的时间长短有关。项目结束或相应项目任务完成后，项目组织就会解散或重新构成其他项目组织。一些经常从事相近项目任务或项目管理任务的机构（如项目管理公司、施工企业），尽管项目管理班子或队伍人员未变，但由于不同的项目有不同目的性、不同对象、不同合作者（如业主、分包单位等），则也可以认为这个组织是一次性的。

　　项目组织的一次性和暂时性,是它区别于企业组织的一大特点,它对项目组织的运行和沟通、参加者的组织行为、组织控制有很大的影响。

　　**4. 项目组织与企业组织之间有复杂的关系**

　　这里的企业组织不仅包括业主的企业组织(项目上层系统组织),而且包括承包商的企业组织。项目组织成员通常都有两个角色,既是本项目组织成员,又是原所属企业中的一个成员。研究和解决企业对项目的影响,以及它们之间的关系,在企业管理和项目管理中都具有十分重要的地位。企业组织与项目组织之间的障碍是导致项目失败的主要原因之一。

　　无论是企业内的项目(如研究开发项目),还是由多企业合作进行的项目(如建设项目、合资项目),企业和项目之间存在如下复杂的关系:

　　(1)由于企业组织是现存的,是长期的稳定的组织,项目组织常常依附于企业组织,项目的人员常常由企业提供,有些项目任务直接由企业部门完成。一般项目组织必须适应而不能修改企业组织。企业的运行方式、企业文化、责任体系、运行机制、分配形式、管理机制直接影响项目的组织行为。

　　(2)项目和企业之间存在一定的责权利关系,这种关系决定着项目的独立程度。既要保证企业对项目的控制,使项目实施和运行符合企业战略和总计划,又要保证项目的自主权,这是项目顺利成功的前提条件。所以企业战略对项目的影响很大,项目运行常常受到上层系统的干预。

　　(3)由于企业资源有限,则在企业与项目之间及企业同时进行的多项目之间存在十分复杂的资源优化分配问题。

　　(4)企业管理系统和项目管理系统之间存在十分复杂的信息交往。

　　(5)项目参加者和部门通常都有项目的和自己原部门工作的双重任务,甚至同时承担多项目任务,则不仅存在项目和原工作之间资源分配的优先次序问题,而且在工作中常常要改变思维方式。

　　(6)项目组织还受环境的制约,例如政府行政部门、质检部门等按照法律对项目的干预。

　　(7)工程项目有自身的组织结构,项目内的组织关系有多种形式。最主要的有:

　　①专业和行政方面的关系。这与企业内的组织关系相同,上下之间为专业和行政的领导和被领导的关系,在企业内部(如承包商、供应商、分包商、项目管理公司内部)的项目组织中,主要存在这种组织关系。

　　②合同关系或由合同定义的管理关系。项目组织是许多不同隶属关系(不同法人)、不同经济利益、不同组织文化、不同区域、地域的单位构成的,他们之间以合同作为组织关系的纽带。合同签订和解除(结束)表示组织关系的建立和脱离。所以一个项目的合同体系与项目的组织结构有很大程度的一致性。如业主与承包商之间的关系,主要由合同确立。签订了合同,则该承包商为项目组织成员之一,未签订合同,则不作为项目组织成员。他们的任务,工作范围,经济责权利关系,行为准则均由合同规定。虽然承包商与项目管理者(如监理工程师)没有合同关系,但他们责任和权力的划分,行为准则仍由管理合同和承包合同限定。所以在项目组织的运行和管理中合同十分重要。项目管理者必须通过合同手段运作项目,遇到问题通常不能通过行政手段解决,而必须通过合同、法律、经济手段解决问题。除了合同关系外,项目参加者在项目实施前通常还订立该项目管理规范,使各项目参加者在项目实施过程中能更好地协调、沟通,使项目管理者能更有效地控制项目。

　　(8)企业组织刚性大,结构不易变动,运行稳定;而项目组织有高度的弹性、可变性。这不但表现为许多组织成员随项目任务的承接和完成,以及项目的实施过程而进入或退出项目组织,或承担不同的角色；此外，采用不同的项目组织策略，不同的项目实施计划，则有不同的项目组织形式。对一个项目早期组织比较简单，在实施阶段会十分复杂。

（9）由于项目的一次性和项目组织的可变性，很难像企业组织一样建立自己的组织文化，即项目参加者很难构成自己的较为统一的、共有的行为方式、信仰和价值观。这带来项目管理的困难。

## 2.2.2　工程项目组织的策划

工程项目组织策划是根据项目和项目参与方的具体情况以及环境条件而进行的项目组织的计划与设计，是项目管理的一项重要管理工作。它是一个复杂的过程，包含许多内容。其具体程序见图 2-2。

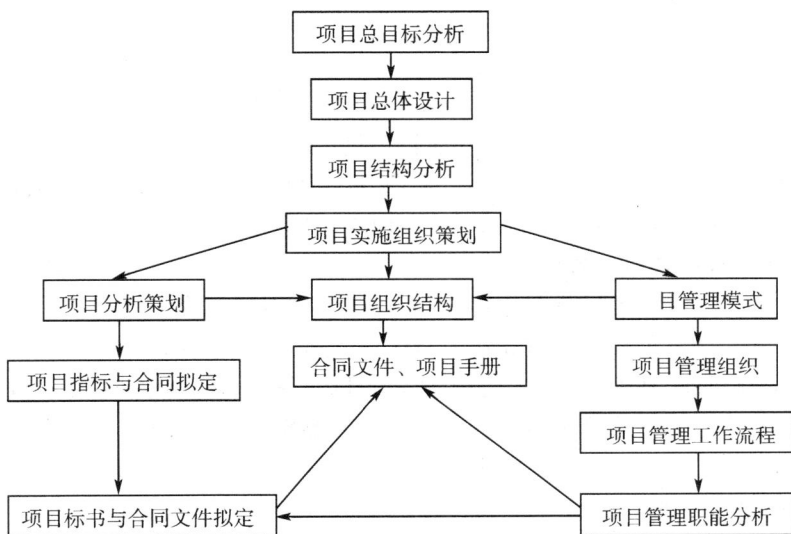

图 2-2　工程项目组织策划的程序

从项目组织策划的流程可知，项目组织策划是一个复杂的过程，需要做许多工作：

（1）在项目组织策划前期，应进行项目总目标和总任务的分析，完成相应阶段的技术设计工作和结构分解工作。它是项目组织的最基础性工作，是项目总体方向明确、层次清晰、结构明了的基本保证。

（2）在项目组织策划中期，要确定项目实施的组织策略，明确项目实施过程中的有关问题，如组织指导思想、项目分标策划方案、项目组织结构与管理模式、项目物料供应数量和供应方式、人力投入数量和投入方式等。

（3）在项目组织策划后期，应形成正规的策划报告。这种策划报告通常是以招标文件、合同文件、项目组织结构图、项目管理规范、项目工作人员责任矩阵图、项目手册等形式表现出来。

## 2.2.3　工程项目组织结构形式

### 1. 寄生于企业的项目组织
（1）寄生于企业的项目组织的含义
它是在企业中成立专门的项目机构，但却相对独立地承担项目管理任务。这种组织形式如

图 2-3 所示。

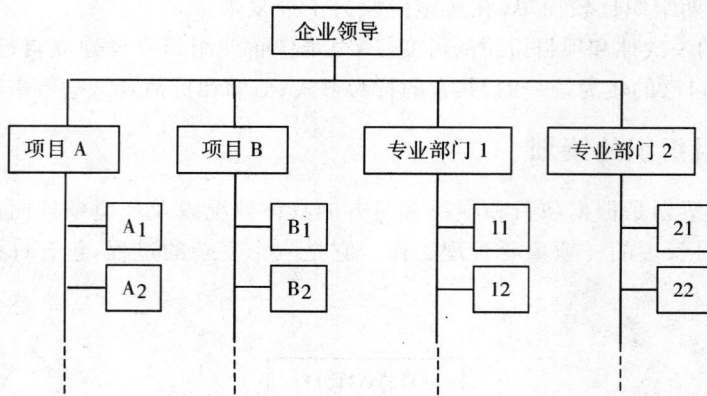

图 2-3 寄生于企业的项目组织

在项目实施过程中,项目组成人员进入项目,不再接受企业职能部门的任务,项目结束后,项目组织解散或重新构成其他项目组织。项目经理专门承担项目管理职能,对项目组织拥有完全的权力,负责项目调配,实现项目目标资源,并由他承担项目责任。

(2)寄生于企业的项目组织的优点

①项目参与者集中力量为项目工作,决策简单、迅速,对项目受到的外界干扰反应迅速,协调容易,内部争执较少,可避免权力争执和资源分配的争执。独立的项目组织具有直线式组织的优点,项目目标能得到保证,且指令唯一。组织任务、目标、权力、职责透明且易于落实。

②组织的设置能迅速有效地对项目目标和顾客需要作出反应,更好地满足顾客的要求。

③这种组织形式适用于企业进行特别大的、持续时间长的项目,或要求在短时间内完成且费用压力大、经济性要求高的项目。

(3)寄生于企业的项目组织的缺点

①寄生于企业的项目组织效率低,成本高昂。由于各项目自成系统,需要组织、办公用地、设施及测量仪器等。如果项目实施过程中出现不均匀性,会因不能充分利用人力、物力、财力资源而造成企业内部资源浪费。

②由于项目的任务是波动的、不均衡的,带来资源计划和供应的困难。人事上的波动不仅会影响原部门的工作,而且会影响项目组织成员的组织行为、影响人员专业上的停滞不前和个人发展以及工作的积极性。

③难以集中企业的全部资源优势进行项目管理。如果企业同时承接许多项目,不可能向每个项目都派出最强的专业人员和管理人员。

④由于每个项目部建立一个独立的组织,在该项目建立和结束时,都会对原企业组织产生冲击,组织可变性和适应性不强。

(4)适用范围

寄生于企业的项目组织结构适用于同时进行多个项目,但不生产标准产品的企业。常见于一些涉及大型项目的公司,如建筑业,航空航天业等。

**2. 寄生于职能部门的项目组织**

(1)寄生于职能部门的项目组织的含义

它是在不打乱企业现行建制的条件下,把项目委托给企业内某一专业职能部门或施工队,由职能部门的领导负责组织项目实施的项目组织形式(如图 2-4)。

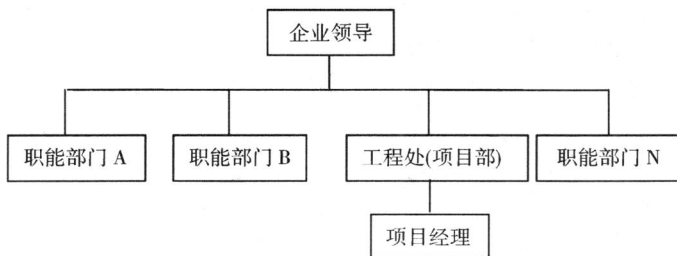

图 2-4　寄生于职能部门的项目组织

(2)寄生于职能部门的项目组织的优点

①机构启动快。

②职能明确,职能专一,关系简单,便于协调。

③项目经理无须专门训练便能进入状态。

(3)寄生于职能部门的项目组织的缺点

人员固定,不利于精简机构,不能适应大型复杂项目或者涉及各个部门的项目,因而局限性较大。

(4)适用范围

适用于小型的专业性强不需涉及众多部门的施工项目。例如,煤气管道施工项目、电话、电缆铺设等只涉及少量技术工种,交给某地专业施工队即可,如需要专业工程师,可以从技术部门临时借调,该项目可以从这个施工队指定项目经理全权负责。

**3. 独立直线式项目组织形式**

(1)独立直线式项目组织形式的含义

项目组织独立于企业之外,可以独立地承担项目任务,并呈直线组织形式。这种独立式的项目组织可以是具有独立法人资格的项目管理公司,也可以是项目参与各方(业主、承包商、设计单位等)临时组建的项目班子。它适用于独立的项目和单个大、中、小型的工程项目管理。它的组织结构形式与项目的结构分解有较好的相关性,如图 2-5 所示。

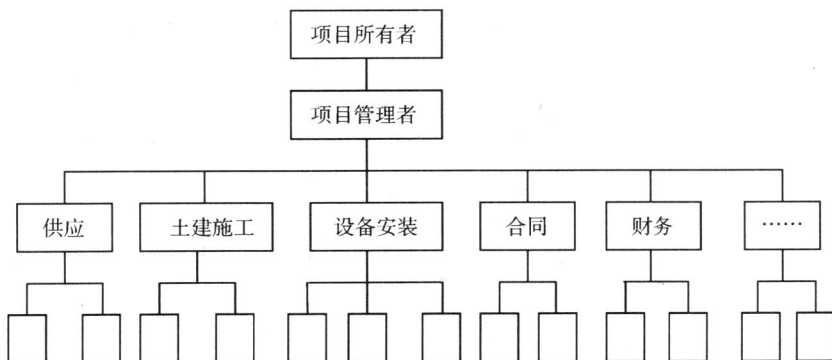

图 2-5　直线式项目组织形式

(2)独立直线式项目组织的优点

①独立性强,不受外界的干扰;专业性强,集中各方的专业技术人才。

②每个组织单元仅向一个上级负责,一个上级对下级直接行使管理和监督的权力,一般不能越级下达指令。项目参与者的工作任务、责任、权力明确,指令唯一、调动方便。

③项目经理能直接控制资源,向客户负责。

④信息流通快,决策迅速,项目容易控制。

⑤组织结构形式与项目结构分解图式基本一致。这使得目标分解和责任落实比较容易,不会遗漏项目工作,组织障碍较小,协调费用低。

⑥项目任务分配明确,责权利关系清楚。

(3)独立直线式项目组织的缺点

①项目组织不能保证各企业部门之间信息流通速度和质量,项目和企业部门间合作困难。例如工程施工单位发现设计问题不直接找设计单位,必须先找项目经理再转达设计单位;设计变更后,先交项目经理,再转达施工单位。

②在直线式组织中,如果专业化分工太细,容易造成组织层次的增加。

(4)适用范围

既适用于大型的、专业性强的项目;也适用于中小型工程项目。

**4. 矩阵式项目组织形式**

(1)矩阵式项目组织形式的含义

矩阵式是现代大型工程管理中广泛采用的一种组织形式。它将管理的职能原则和对象原则结合起来,形成工程项目管理的组织机构,使其既能发挥职能部门的纵向优势,又能发挥项目组织的横向优势。从组织职能角度看,公司要求自身的机构专业分工稳定。从项目实施角度看,要求项目组织有较强的综合性。矩阵式组织机构将公司的职能与项目管理职能有机结合起来,形成一种纵向职能机构和横向项目机构交叉的矩阵式组织形式,如图 2-6 所示

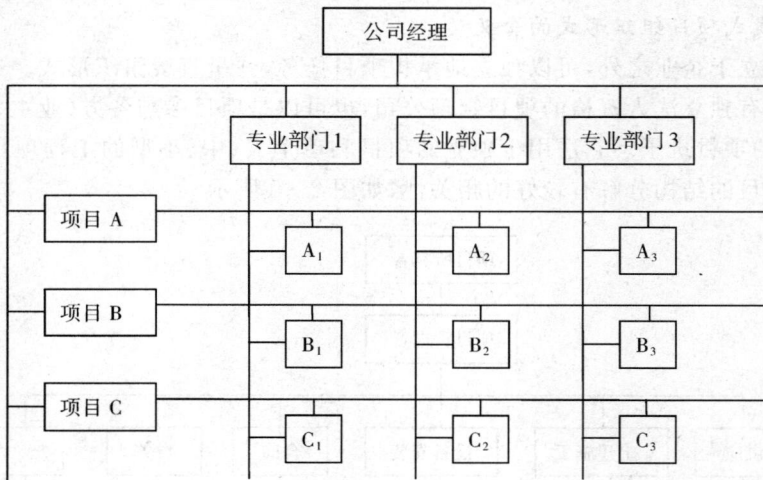

图 2-6　矩阵式项目组织形式

(2)矩阵式项目组织的优点

①这种以项目任务为中心的管理,集中了全部的资源(特别是技术力量)为项目服务,迅速反映和满足顾客要求,对环境变化有比较好的适应能力。

②各种资源的统一管理,能最有效地、均衡地、节约地、灵活地使用资源,特别是能最有效地利用企业的职能部门人员和专门人才,形成全企业统一指挥、协调管理。保证项目和部门工作的

稳定性和效率。另一方面又可保持项目间管理的连续性和稳定性。

③项目组织成员仍归属于一个职能部门,保证组织的稳定性和项目工作的稳定性,使得人们有机会在职能部门中通过参加各种项目,获得专业上的发展、丰富的经验和阅历。

④组织结构富有弹性,有自我调节的功能,能更好地适合于动态管理和优化组合,适合于时间和费用压力大的多项目和大型项目的管理。例如某个项目结束后,仅影响专业部门的计划和资源分配,而不会影响整个组织结构。

⑤矩阵组织的结构、权力与责任关系趋向于灵活,能在保证项目经理对项目最有控制力的前提下,充分发挥各专业职能部门的作用,保证有较短的协调、信息和指令的途径。决策层—职能部门—项目实施层之间的距离最小,沟通速度快。

⑥组织上打破了传统的以权力为中心的思想,树立了以任务为中心的思想。这种组织的领导者不是集权的,而是分权的、民主的、合作的。组织的运作必须是灵活、公开的信息共享,需要互相信任与承担义务,容易接受新思想,整个组织氛围符合创新的需要。

**(3)矩阵式项目组织的缺点**

①存在组织上的双重领导、双重职能、双重的信息流、工作流和指令界面。

②信息处理量大,会议多,报告多。

③必须具有足够数量的经过培训的强有力的项目领导。

④如果许多项目同时进行,导致项目之间竞争专业部门的资源。一个职能部门同时管理几个项目的相关工作,资源的分配问题是关键。项目间的优先次序不易解决,带来协调上的困难。为了争夺有限的资源(如资金、人力、设备),职能经理与项目经理之间容易产生矛盾,项目经理要花许多精力和时间周旋于各职能部门之间。

⑤采用矩阵式的组织结构会导致对已建立的企业组织规则产生冲击,如职权和责任模式、生产过程的调整、后勤系统、资源的分配模式、管理工作秩序、人员的评价等。

⑥由于项目对资源数量与质量的需要高度频繁地变化,难以准确估计,可能会造成混乱、低效率,使项目的目标受到损害,因此,需要很强的计划性与控制系统。

**(4)适用范围**

①适用于同时承担多个项目管理的企业。

②适用于大型、复杂的施工项目。

**5. 事业部式项目组织**

**(1)事业部式项目组织的含义**

事业部式项目管理组织,在企业内作为派往项目的管理班子,对企业外具有独立法人资格。它的特点是:第一,企业成立事业部,事业部对企业内来说是职能部门,对企业外来说享有相对独立的经营权,可以是一个独立单位。它具有相对独立的自主权,有相对独立的利益,相对独立的市场,这三者构成事业部的基本要素。事业部可以按地区设置,也可以按工程类型或经营内容设置。事业部能较迅速适应环境变化,提高企业的应变能力,调动部门积极性。当企业向大型化、智能化发展并实行作业层和经营管理层分离时,事业部式是一种很受欢迎的选择,既可以加强经营战略管理,又可以加强项目管理。第二,事业部(一般为其中的工程部或开发部,对外工程公司是海外部)下设项目经理部,项目经理由事业部选派,一般对事业部负责,有的可能直接对业主负责,是根据其授权程度决定的。其机构图如图 2-7 所示。

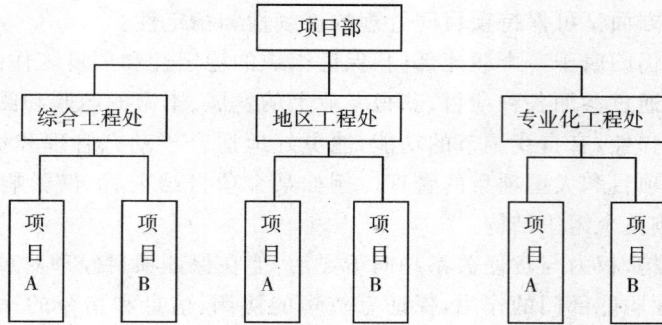

图 2-7  事业部式项目组织机构

（2）**事业部式项目组织的优点**

①事业部式项目组织有利于延伸企业的经营职能，扩大企业的经营业务，便于开拓企业的业务领域。

②有利于迅速适应环境变化以加强项目管理。

（3）**事业部式项目组织的缺点**

事业部式项目组织的缺点是企业对项目经理部的约束力减弱，协调指导的机会减少，故有时会造成企业结构松散，必须加强制度约束，加大企业的综合协调能力。

（4）**适用范围**

事业部式项目组织适用于大型经营性企业的工程承包，特别是适用于远离公司本部的工程承包。需要注意的是：一个地区只有一个项目，没有后续工程时，不宜设立地区事业部，即它适用于在一个地区内有长期市场或一个企业有多种专业化施工力量时采用。在这些情况下，事业部与地区市场同寿命，地区没有项目时，该事业部应予撤销。

## 2.2.4  工程项目组织结构形式的选择

选择组织形式不是一件易事，要依据工程项目的特点和公司的资源来进行选择，需要考虑未来项目的性质、各种组织形式的特征、各自的优缺点，最后需经综合权衡，可能拿出的是个折中的方案。

**1. 组织形式选择的影响因素**

（1）工程项目影响因素的不确定性。

（2）技术的难易和复杂程度。

（3）工程的规模和建设工期的长短。

（4）工程建设的外部条件。

（5）工程内部的依赖性等。

**2. 项目组织形式选择的基本方法**

（1）当项目较简单时，选择寄生于职能部门或企业的项目组织可能比较合适。

（2）当项目的技术要求较高、专业性较强时，采用独立直线式项目组织会有较好的适应性。

（3）当公司要管理数量较多的类似项目时，采用矩阵制组织模式会有较好的效果。

在选择项目的组织机构时，首要问题是确定将要完成的工作的种类。这一要求最好根据项目的初步目标来完成；然后确定实现每个目标的主要任务；接着，要把工作分解成一些"工作集合"；最后可以考虑哪些个人和子系统应被包括在项目之内，附带还要考虑每个人的工作内容、个性和技术要求,以及所要面对的客户。上级组织的内外环境是一个应受重视的因素。在了解了各种组织结构和它们的优缺点之后,公司就可以选择能实现最有效工作的组织形式了。

## 2.2.5 工程项目管理组织形式

工程项目管理组织主要包括两个方面的问题:一是具体工程项目的管理组织机构的建立、运行、调整,以及组织机构内职能的划分问题即工程项目组织结构形式;二是工程项目组织管理模式,即工程项目采用的承发包方式。

第一个问题已在上一节中详细描述,本节主要叙述第二个问题。

常见的工程项目管理的组织形式有以下几种:

**1. 业主自管方式**

即业主自己设置基建机构(筹建处)负责支配建设资金、办理一切前期手续、委托设计、监理、采购设备、招标施工、验收工程等全部工作;有的还自行组织设计、施工队伍、直接进行设计和施工(自营方式)。

这是我国计划经济中多年惯用的方式,在计划经济体制下,基本任务由国家统一安排,资金统一分配。业主与设计、施工单位及设备物资供应单位关系如图 2-8 所示。

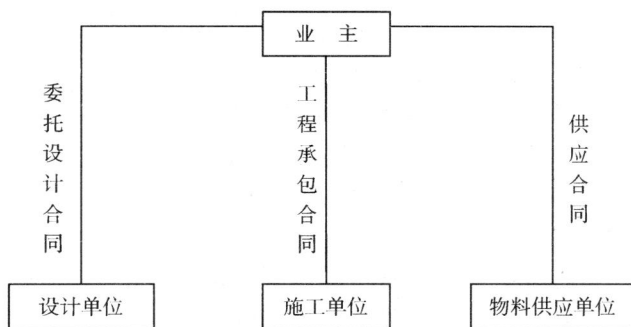

图 2-8 业主自管方式

这种管理体制是业主和承包单位的管理体制。这种业主的筹建机构并非是专业化、社会化的管理机构,其人员都是临时从四面八方调集来的,多数没有管理工程建设的经验,而当他们有了一些管理经验之后,又随着工程的竣工而停止工程管理工作,改行从事其他工作。因此,其后的其他工程项目建设又在很低的管理水平上重复,使我国建设水平和投资效益永远难以提高。

**2. 工程指挥部形式**

我国建国后的 30 年里,一些大型工程项目和重点工程项目的管理都采用这种方式。

这种建设指挥部是由专业部门和地方高级行政领导人兼任正副指挥长,用行政手段组织指挥工程建设,由所属的设计和施工队伍承担工程项目的设计与施工。指挥部的组成如图 2-9 所示。

这种工程指挥部对工程项目建设不承担经济责任,业主在指挥部中处于次要的地位,也无明确的经济责任。设计和施工单位与建设指挥部的关系都属于行政隶属关系,无严格的承包合同,不承担履行合同的责任,这是当时历史条件下的产物。由于工程建设指挥部是政府主管部门的派出机构,又有各方面主要领导组成的领导小组的指导与支持,因而在行使建设单位的职能时有较大的权威性。实践证明,工程建设指挥部在我国工程建设史上发挥了巨大的作用。但同时应

看到,这种管理模式也存在着以下弊端:

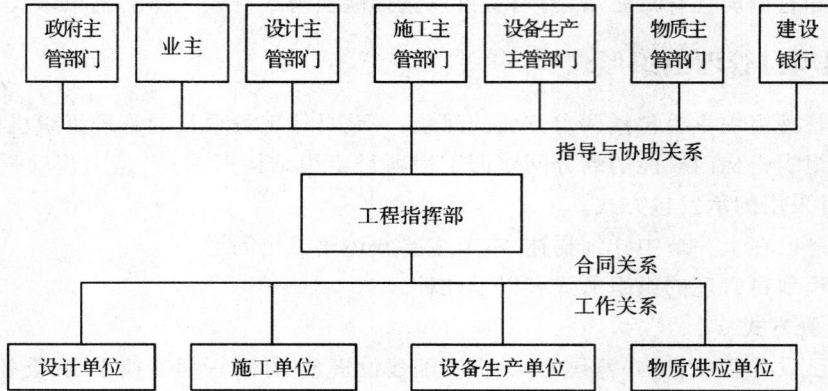

图 2-9　工程指挥部管理方式

(1)工程建设指挥部不是一个独立的经济实体,缺乏明确的经济责任制约。指挥部拥有投资建设管理权,却对投资的使用和回收不承担任何责任。也就是说,作为管理决策者,却不承担决策风险。

(2)工程建设指挥部是一个临时组建的机构,并非是一个专业化、社会化的管理机构,人员的专业素质难以保证。导致工程建设的管理总在低水平线上徘徊。

(3)工程建设指挥部管理模式基本上采用行政管理的手段,过于强调管理的指挥职能,忽视了客观经济规律的作用和合同手段。由于这种传统的工程项目管理模式的不足,使得我国工程项目管理水平和投资效益长期得不到提高,建设投资和质量目标失控现象时有发生。

**3. 现代工程项目管理模式**

现代工程项目管理模式包括:(1)工程项目总承包模式;(2)工程代理模式(CM 模式);(3)项目管理模式(PM 模式);(4)建造—运营—移交模式(BOT 模式);(5)施工联合体与施工合作体模式。

这些项目管理模式已在第 1 章中详细叙述,这里不再赘述。

# 2.3　项目经理与项目经理部

## 2.3.1　项目经理

### 1. 项目经理的类型与设置

项目经理(Project Manager)即项目之负责人,他是项目组织机构中的最高管理者或称指挥者。项目经理制自 1941 年于美国产生以来,在世界范围内得到普遍推广。我国于 1984 年开始在建筑企业试行项目经理负责制,至今已推广到建设领域的各个方面以及其他领域。项目经理是其上级任命的一个项目管理班子的负责人,项目经理是一个管理岗位,不是一个技术岗位,它的任务仅限于从事项目管理工作,项目经理的管理权限由其上级决定。工程项目经理包括业主的项目经理、咨询监理单位的项目经理、设计单位的项目经理和施工单位的项目经理等。

(1)业主方的项目经理

业主的项目经理是项目法人委派的领导和组织一个完整工程项目建设的总负责人。对于一些小型建设项目,项目经理可由一人担任;而对于一些规模大、工期长、技术复杂的建设项目,业主也可委派分阶段项目经理,如:准备阶段项目经理、设计阶段项目经理和施工阶段项目经理等。

(2)咨询监理单位的项目经理

咨询监理单位派出的项目管理总负责人(一般为总监理工程师)为项目经理。咨询监理单位在业主的委托授权范围之内,既可以进行项目建设全过程的管理,也可以只进行某一阶段的管理。对业主来说,即使委托了咨询监理单位,仍需要建立一个以自己的项目经理为首的项目管理班子。因为,在项目建设过程中有许多重大问题的决策仍需业主做出,咨询监理机构不能完全代替业主行使其职权。

(3)设计单位的项目经理

设计单位的项目经理是指设计单位工程项目设计的总负责人,其职责是负责一个工程项目设计工作的全部计划、监督和联系工作。

(4)施工单位的项目经理

施工单位的项目经理是指受企业法定代表人的委托对工程项目施工过程全面负责的项目管理者,是施工单位法定代表人在工程项目上的代表人,是施工单位在施工现场的最高责任者和组织者。

**2. 项目经理的地位和作用**

项目经理对相应的项目管理全面负责,是工程项目的管理中心,在整个项目活动中占有举足轻重的地位,具体表现在:

(1)项目经理是企业法人代表在项目上的全权委托代理人

从企业内部看,项目经理是项目活动全过程所有工作的总负责人,是项目生产要素投入和优化组合的组织者;从对外方面看,项目经理作为法人代表的全权委托代理人,是履行合同义务、执行合同条款、承担合同责任、处理合同变更、行使合同权力的最高合法当事人。

(2)项目经理是协调各方面关系,使之相互紧密协作、配合的桥梁和纽带

工程项目管理是一动态管理过程,在实施中,众多的结合部、复杂的人际关系,必然产生各种矛盾、冲突和纠纷,而负责沟通、协商、解决这些矛盾的关键人物就是项目经理。

(3)项目经理对项目实施进行控制,是各种信息的集散中心

自下、自外而来的信息,通过各种渠道汇集到项目经理手中;项目经理又通过指令、计划和文件等形式,对下、对外发布信息,通过信息的散发达到控制的目的,使项目取得成功。

(4)项目经理是工程项目责、权、利的主体

项目经理是项目责任的主体,是实现项目目标的最高责任者。项目经理又必须是权力的主体,权力是确保项目经理能够承担起责任的条件和手段,权力的大小,则需视项目经理责任的要求而定。若没有必要的权力,项目经理就无法对工作负责。项目经理还必须是项目利益的主体。利益是项目经理工作的动力,是由于项目经理负有相应的责任而应得到的报酬,利益的多少应视项目经理的责任而定。若没有一定的利益,项目经理就不愿负有相应的责任,也不会认真行使相应的权力。

**3. 项目经理的任务**

(1)确定项目管理组织机构的构成并配备人员,制定规章制度,明确有关人员的职责,组织项目经理班子开展工作。

(2)确定管理总目标和阶段目标,进行目标分解,制定总体控制计划并实施控制,确保项目建设成功。

（3）及时、适当地作出项目管理决策，包括前期工作决策、招标决策（或投标报价决策）、人事任免决策、重大技术措施决策、财务工作决策、资源调配决策、进度决策、合同签订及变更决策，严格执行管理合同。

（4）协调本组织机构与各协作单位之间的协作配合及经济、技术关系，代表企业法人进行有关签证，并进行相互监督、检查、确保质量、工期及投资的控制和实施。

（5）建立完善的内部和外部信息管理系统。项目经理既作为指令信息的发布者，又作为外部信息及基层信息的集中点，同时要确保组织内部横向信息联系、纵向信息联系，本单位与外部信息联系畅通无阻，从而保证工作高效率地展开。

**4. 项目经理的责、权、利**

**（1）项目经理的主要职责**

搞好工程施工现场的组织管理和协调工作，控制工程成本、工期和质量，按时竣工交验。具体内容包括：

①代表企业实施施工项目管理。贯彻执行国家法律、法规、方针、政策和强制性标准，执行企业的管理制度，维护企业的合法权益。

②履行"项目管理目标责任书"规定的任务。

③组织编制项目管理实施规划。

④对进入现场的生产要素进行优化配置和动态管理。

⑤建立质量管理体系和安全管理体系并组织实施。

⑥在授权范围内负责与企业管理层、劳务作业层、各协作单位、发包人、分包人和监理工程师等的协调，解决项目中出现的问题。

⑦按"项目管理目标责任书"处理项目经理部与国家、企业、分包单位以及职工之间的利益分配。

⑧进行现场文明施工管理，发现和处理突发事件。

⑨参与工程竣工验收，准备结算资料和分析总结，接受审计。

⑩处理项目经理部的善后工作。

**（2）项目经理应具有的权限**

①参与企业进行的施工项目投标和签订施工合同。

②经授权组建项目经理部确定项目经理部的组织结构，选择、聘任管理人员，确定管理人员的职责，并定期进行考核、评价和奖惩。

③在企业财务制度规定的范围内，根据企业法定代表人授权和施工项目管理的需要，决定资金的投入和使用，决定项目经理部的计酬办法。

④在授权范围内，按物资采购指导性文件的规定行使采购权。

⑤根据企业法定代表人授权或按照企业的规定选择、使用作业队伍。

⑥主持项目经理部工作，组织制定施工项目的各项管理制度。

⑦根据企业法定代表人授权，协调和处理与施工项目管理有关的内部与外部事项。

**（3）项目经理应享有的利益**

①获得基本工资、岗位工资和绩效工资。

②除按"项目管理目标责任书"可获得物质奖励外，还可获得表彰、记功、优秀项目经理等荣誉称号。

③接受考核和审计，未完成"项目管理目标责任书"确定的项目管理责任目标或造成亏损的，

应按其中有关条款承担责任,并接受经济或行政处罚。

**5. 项目经理的素质**

美国著名项目管理专家约翰·宾认为,项目经理应具备的素质有:(1)具有本专业技术知识。(2)有工作干劲,主动承担责任。(3)具有成熟而客观的判断能力。成熟是指有经验,能够看出问题来;客观是指他能看到最终目标,而不是只顾眼前。(4)具有管理能力。(5)诚实可靠与言行一致,答应的事就一定做到。(6)机警、精力充沛、能够吃苦耐劳,随时准备着管理可能发生的事情。

根据我国的项目管理实践,项目经理应具备的素质可概括为以下四个方面:

**(1)品格素质**

项目经理的品格素质是指项目经理从行为作风中表现出来的思路、认识、品行等方面的特征,如对国家民族的忠诚,良好的社会道德品质,管理道德品质,诚实的态度,坦率的心境及言而有信、言行一致的品格。

**(2)能力素质**

能力素质是项目经理整体素质体系中的核心素质。它表现为项目经理把知识和经验有机结合起来运用于项目管理的能力,对于现代项目经理来说,知识和经验固然十分重要,但是归根结底要落实到能力上,能力是直接影响和决定项目经理成功与否的关系。概括起来,应具备以下 6 种能力:

①决策能力:决策能力集中体现在项目经理的战略战术决策能力上,即能够制定出各项决策并付诸实现。从决策程度来看,经理人员的决策能力可分解为如下三种:收集与筛选信息的能力、确定多种可行方案的能力、选优抉择的能力。

②组织能力:项目经理的组织能力是指设计组织结构、配合组织成员以及确定组织规范的能力,能够运用现代组织理论,建立科学的、分工合理的高效精干的组织机构,确定一整套保证组织有效运转的规范。并能够合理配备组织成员,做到知人善任。

③创新能力:项目经理的创新能力可归纳为嗅觉敏锐、想象力丰富、思路开阔、设想多样、提法新颖等特征。项目经理必须具备创新能力,这是由项目活动的竞争性所决定的。

④协调与控制能力:项目经理作为项目的最高领导者必须具有良好的协调与控制能力,而且,项目的规模越大,对这方面的能力要求越高。项目经理的协调与控制能力是指正确处理项目内外各方面关系、解决各方面矛盾的能力。从项目内部看,经理要有较强的能力协调项目中的各部门、所有成员的关系,控制项目资源配置,全面实施项目的总体目标。从项目与外部环境的关系来说,经理的协调能力还包括协调项目与政府、社会、各方面协作者之间的关系,尽可能地为项目创造有利的外部条件,减少或避免条件不利因素的影响。在经理的协调能力中,最重要的是协调人与人之间的关系,因为项目的内外部关系很大程度上表现为人与人之间的关系。经理协调能力赖以实施的手段是沟通,应倾听各方意见,通过沟通和交流达到相互间的理解和支持。

⑤激励能力:项目经理的激励能力可以理解为调动下属积极性的能力。从行为科学角度看,经理的激励能力表现为经理所采用的激励手段与下属士气之间的关系状态。如果采取某种激励手段导致下属士气提高,则认为经理激励能力较强;反之,如果采取某种手段导致下属士气降低,则认为该经理激励能力较低。

⑥社交能力:项目经理的社交能力即和企业内外、上下、左右有关人员打交道的能力。待人技巧高的经理会赢得下属的欢迎,因而有助于协调与下属的关系;反之,则常常引起下属反感,造成与下属关系紧张甚至隔离状态。在现代社会中,项目经理仅与内部人员发生交往远远不够,还必须善于同企业外部的各种机构和人员打交道,这种交道不应是一种被动的行为或单纯的应酬,

而是在外界树立起良好形象,这关系到项目的生存和发展。那些注重社交并善于社交的项目经理,往往能赢得更多的投资者和合作者,使项目处于强有力的外界支持系统中。

(3)知识素质

法约尔曾经提出,构成企业领导人的专门能力有技术能力、商业能力、财务能力、管理能力、安全能力等。每一种能力都是以知识为基础的。因此,理想的项目经理应该有解决问题所必备的知识。项目经理应具备两大类知识,即基础知识与业务知识,并懂得在实践中不断深化和完善自己的知识结构。

(4)体格素质

身体健康、精力充沛。

**6. 项目经理的选择**

目前我国选择项目经理一般有以下 3 种方式:(1)竞争招聘制;(2)经理委任制;(3)内部协调、基层推荐制。

项目经理一经任命产生后,其身份是公司经理在工程项目的全权委托代理人,直接对企业经理负责,双方经过协商,签订《项目管理目标责任书》,若无特殊原因,在项目未完成前不宜随意更换。

## 2.3.2 项目经理部

项目经理部是项目管理的工作班子,置于项目经理的领导之下。

**1. 项目经理部的作用**

(1)项目经理部在项目经理领导下,作为项目管理的组织机构,负责施工项目从开工到竣工的全过程施工生产的管理,是企业在某一工程项目上的管理层,同时对作业层负有管理与服务的双重职能。

(2)项目经理部是项目经理的办事机构,为项目经理决策提供信息依据,当好参谋,同时又要执行项目经理的决策意图,向项目经理全面负责。

(3)项目经理部是一个组织体,其作用包括:完成企业所赋予的基本任务——项目管理和专业管理任务等;要具有凝聚管理人员的力量并调动其积极性,促进管理人员的合作;协调部门之间、管理人员之间的关系,发挥每个人的岗位作用;贯彻承包或目标责任制,搞好管理;沟通项目经理部与企业部门之间,项目经理部与作业队之间,项目经理部与建设单位、分包单位、生产要素市场等之间的关系。

(4)项目经理部是代表企业履行工程承包合同的主体,对最终建筑产品的业主全面负责。

**2. 项目经理部的规模**

(1)项目经理部要根据工程项目的规模、复杂程度和专业特点设置。大中型项目经理部可以设置职能部、室;小型项目经理部一般只需设职能人员即可。如果项目的专业性强,可设置针对此种专业的职能部门,如房屋建筑中水、电、设备安装等,可视需要设专门的职能部门。

(2)项目经理部是为特定工程项目组建的,必须是一个具有弹性的一次性全过程的施工管理组织,在其存在期内还应按工程管理需要的变化而调整,开工之前建立,竣工之后解体。项目经理部不应有固定的作业队伍。

(3)项目经理部的人员配置应面向施工项目现场,满足现场的计划与调度、技术与质量、成本与核算、劳务与物资、安全与文明施工的需要;不应设置专管经营与咨询、研究与开发等应在企业中设立的部门。

**3. 项目经理部的部门设置**

一般情况下,项目经理部应该至少设置以下部门:

(1)工程技术部门

负责生产调度、技术管理、施工组织设计、计划、统计、文明施工。

(2)监督管理部门

负责质量管理、安全管理、消防保卫、环境保护、计量、测量、试验等。

(3)经营核算部门

负责预算、合同、索赔、成本、资金、劳动及分配等。

(4)物资设备部门

负责材料询价、采购、运输、计划、管理、工具、机械租赁、配套使用等管理工作。

# 2.4  案例:马钢项目管理模式

马钢是一个具有 40 多年历史的中国特大型钢铁联合企业,也是安徽省最大的工业企业。自 1958 年 8 月 1 日成立以来,一直坚持挖潜、改造,走自我积累、滚动发展道路。特别是自 1993 年 9 月企业改制成立股份公司以来,通过不断探索、创新和完善企业的技术改造工作,围绕企业发展战略目标,有计划有步骤地实施了系统的技术改造。有力地改善了产品结构,大大地提高了技术工艺水平、装备水平和管理水平,增强了产品竞争能力和企业发展后劲,技改工作取得了令人瞩目的成就。

2001 年 7 月,公司根据"十五"发展规划,为了加快产品结构调整,淘汰落后的生产工艺和装备,在 2004 年底前完成投资 100 多亿元,对生产工艺进行新一轮的技术改造。其投资规模之大,工期之紧,施工难度之大、技术含量之高、工艺装备之新,均堪称马钢建设之最。如何圆满完成公司基建技改的艰巨任务,实现公司的战略决策,是公司基建技改管理必须回答的问题。

## 2.4.1  项目管理机构与模式的历史变迁

**1. 项目管理机构的变迁**

(1)多部门管理体制

在马钢基建技改的历史上,曾有过计划、设计、设备、材供、工程、合同预算、建设办公室、安全环保、保卫、征迁等 10 多个部门、约 600 多人管理工程的状况,造成多头管理、协调量大、办事效率低下。

(2)以建设工程部为主管部门的管理体制

在股份公司成立伊始,公司设立的技改项目管理机构为建设工程部,实行的是"部、处制",即在部下设"三处一室"(设计管理处、工程管理处、合同预算处及建设办公室),此机构的设立,虽然把过去分散、独立的工程管理部门"归纳"在一个部门,但内部各处室仍然相对独立,各自为政,管理层次多,工作效率低。

(3)以基建技改部为主管部门的管理体制

为了形成从项目前期准备、实施到竣工验收、投产的一条龙管理体制,公司借 1998 年机关机构改革之机,将建设工程部和三处一室一并撤销,重组为现在的基建技改部,实行了集中统一的管理,实现了从工程设计、施工准备、招标投标、投资预算、合同计划、项目实施管理到竣工验收全过程的系统管理体制。进一步理顺了业务关系,加强了业务之间的相互监督与协调,提高了工作效率,大大地加快了项目建设进度。

**2. 项目管理模式的变化**

(1)甲、乙、丙三方工程建设指挥部管理模式

马钢作为一个老国有企业,由于长期在计划体制下运作,其管理机制、方式及理念具有很强的计划色彩。在处于由生产计划型向市场经营型的体制转变过程中,技改项目的管理体制更是如此。仍保持着计划体制下建立的项目管理模式,即"以建设、施工和设计单位参加的甲、乙、丙三方三位一体,共同承担项目建设管理,乃至由公司领导担任项目建设指挥长的工程建设指挥部管理模式"。由公司派出的指挥部领导相关单位,协调设计、施工、设备材料供应等职能部门。这种管理体制主要以行政手段协调关系、配置资源。经常出现甲、乙、丙三方责、权、利关系不清,相互扯皮,多头指挥,责任主体缺位,管理不到位,投资、进度都得不到控制,且项目主体单位(生产厂)不参与项目管理,工程建设与生产相互脱节。

(2)甲、乙双方联合工程指挥部管理模式

在 H 型钢工程建设初期,由于建立的联合工程指挥部,甲、乙双方在一个"共同体"内共同管理与指挥。经过一段时间运作,发现甲、乙双方职责不清,利益冲突,指挥不灵。

(3)业主单位(主管部门及生产厂)为主的工程指挥部管理模式

针对上述情况及时地进行了指挥系统的调整,将这种联合指挥部调整为以业主单位(甲方主管部门及生产单位)为主的工程指挥部,负责项目实施的综合管理;施工、设计单位单独成立施工管理协调分指挥部,专门负责协调施工过程出现的问题。建立了甲乙双方以合同关系为基础的新型合作关系。保证了政出一门,政令畅通,责、权、利关系明晰,从而理顺了项目管理关系。与此同时,还及时吸纳了生产单位的专业技术人员参与工程的安装与调试管理工作。这样,不仅加强了对工程施工过程的质量监督,同时也为工程项目的投产培训了生产维护和操作人员,真可谓一举两得。

(4)项目经理负责制试点管理模式

由于上述这种管理体制的建立取得了比较理想的效果,以及在高线棒材、三钢异型坯及"平改转"工程管理中成功运用,实现了技改项目管理体制的初步转变。但依然存在以行政手段来协调各方关系,缺乏激励机制等问题。为此,在一钢板坯连铸工程实施中,进行了大胆的改进。建立了由公司业务管理部门及生产厂人员共同参加的项目经理部,下设工程专业管理组,实行分专业全过程的系统管理,并引进监理单位参与工程质量监理,还第一次实行了工程任务风险抵押考核,进行了项目经理负责制试点。由于大胆地调用了生产厂技术力量参与项目的管理,不仅增强了项目管理技术力量,同时,也加大了对工程质量和进度的控制力度,加快了工程建设进度。使该项目仅用了 7 个月的时间就建成投产,不仅缩短了建设工期,而且还节约了投资。该项目的建成,不仅为公司的基建技改项目管理体制探索出了新模式,同时,也为公司"十五"基建技改项目全面推行项目经理制积累了成功经验。

## 2.4.2 项目管理新模式的建立和做法

面对新一轮基建技改工程建设,其"投资规模与项目数量"在马钢建设史上前所未有,原有的管理体制不能适应公司建设项目管理的需要。要完成"十五"基建技改的艰巨任务,必须根据基建技改的新形势、新情况,与时俱进、改革创新;探索技改项目管理的新思路。公司及时做出了创新工程建设管理体制的决策。按照现代项目管理理论和市场经济规律,创新项目管理模式,建立了纵向上以项目部(项目所在厂、基建技改部)为项目管理实施单位,横向上以基建技改部及公司

相关部门进行业务管理的"矩阵式"项目管理模式。两年来的实践证明,这一管理模式的创新,使得工程项目所涉及的各类专业技术与项目管理中所涉及的设计、造价、招投标、合同、投资计划等业务管理工作做到了有机的结合,工程组织与实施的效率得到了明显加快;也正是管理模式的创新,保证了"十五"公司各重点工程项目的规范、有序地推进,实现了投资控制在预算目标内,进度控制在目标网络计划内。已完成工程质量验收全部合格。该模式的运作仅仅两年多时间,就实现了近 20 项重点工程同时开工建设,其中已有十几项"十五"重点工程建成投产,项目的管理水平有了很大进步。

项目管理新模式的主要做法有以下几点:

**1. 建立以项目为活动焦点的矩阵式项目管理模式**

面对公司"十五"重点基建技改的艰巨任务,要按时完成,必须根据基建技改的新形势,探讨基建技改管理的新思路。公司及时做出了创新工程建设管理体制的决策。基建技改部经过多少个日日夜夜的学习、讨论、研究,以至形成工程建设管理观念创新的核心是"项目",把每个基建技改工程作为一个具体的项目,按照现代化项目管理的方法和市场经济规律进行项目管理。针对基建技改工程建设过程中具有许多不确定因素和项目管理的特点并结合马钢的具体情况,公司决定建立以项目经理部为项目管理实施单位,以基建技改部为业务管理的矩阵式项目管理的组织。采用先进、规范的项目管理方法,实现基建技改的管理体制创新。

**2. 建立以项目经理部为主体、以基建技改部及职能部门为服务、指导、控制和监督的责任矩阵**

这种责任矩阵是将项目按照项目发展的规律,依据一定的原则和规定,进行系统化的、相互关联和协调的层次分解,是一种将分解的工作任务落实到项目有关部门或个人、并明确表示他们在组织工作中的关系、责任和地位。具体实行了项目经理负责制及项目部全员风险抵押考核制度,公司总经理与项目经理签订工程项目设计、引进设备谈判、国内外设备的招标采购、工程目标责任书,项目经理从项目实施前期准备工作开始,到施工、投产、达产、稳产全过程对总经理负责,并规定在不突破投资、工期、质量、安全四大目标的前提下,对抵押的风险金给予返还,并对项目经理部的人员按专业管理进行风险抵押考核。通过实践证明,这一管理模式的创新,使得工程项目所涉及的专业技术与设计、投资计划、招投标、造价、合同、财务、档案资料等业务管理工作做到了有机结合,责任明确,使工程组织与实施的节奏明显加快。

**3. 建立项目的管理程序和工作程序**

"十五"基建技改项目投资总额近百亿,涉及公司各个生产环节和主要生产单位。由众多项目部负责具体的项目管理,许多人员还是第一次从事项目管理,各种各样的业务管理工作可谓千头万绪。要保证基建技改项目管理到位,必须设计先进的系统管理程序。具体制定了《基建技改工作程序及流程框图》、招标议标程序、合同签订审批程序、合同执行考核程序、财务支付程序等。经过两年的实践,证明这些管理和业务程序不仅提高了各层次的管理和业务人员的水平,也保证了工程建设的有序进行,还提高了办事效率,加快了工程建设的节奏。

**4. 建立项目的管理工作标准和业务工作标准**

面对项目的一次性、项目目标的明确性、项目的整体性的特征和项目的唯一性、项目的多目标属性、项目的生命周期属性、项目的相互依赖性、项目的冲突属性等等,以及"十五"基建技改多项目建设、众多责任项目实施单位和各业务管理部门等,要使"十五"项目建设顺利进行,保证各项工作的质量和目标,必须建立统一项目的管理工作标准和业务工作标准。按照项目建设程序和发展规律先后制定了《设计、勘察、测量、监理等委托书的格式、标准、要求》、《建安、设备标段划分和计划、招标书的格式、标准、要求》、《设计技术附件格式标准》、《总承包技术附件格式、标准、要求》、《非标设备技术附件格式、标准、要求》、《各种报表、考核表的格式、标准、要求》、《各种工作请示、报告、汇报的格式、标准、要求》、《设计、建安、设备、监理等各种合同格式、标准、要求》等。这些统一项目的管理工作标准和业务工作标准经过两年多的实践证明，统一了众多项目管理人员的思路，不仅提高了项目管理工作和业务工作质量，也提高了办事效率，加快了工程建设的节奏。

**5. 建立项目计划体系、加强计划管理**

项目计划是围绕项目目标的完成，系统地确定项目的任务，安排任务进度，编制完成任务所需的各种资源。从而保证项目能够在合理的工期内，用尽可能低的成本和尽可能高的质量完成。为确保"十五"项目建设目标的实现，必须建立马钢的项目计划体系。根据项目计划受总目标的控制和项目的系统性、经济性、动态性、相关性和职能性的要求，按照项目建设的流程，建立了项目的重点工作计划、工程综合总网络进度计划、单项工程综合网络进度计划、设计制图计划、招标投标计划、设备到货计划、甲供材料备料计划、工程结算计划、质量检查和控制计划、资源保障计划、资金筹措和使用计划、工程收尾和竣工验收计划。经过两年的实践证明，加强计划管理不仅保证项目的目标按期实现，还能提高项目资源的合理利用效率。

**6. 建立健全各项管理制度**

新体制、新机制的建立以及新的管理程序和工作程序、管理工作标准和业务工作标准的确立，要有一整套规章制度来规范运作。按照新的基建技改工程建设管理模式要求，自2001年7月份起，先后制定了《项目经理部的工作职责》、《项目经理工作责权》、《基建技改工作程序及流程框图》、《基本建设和技术改造工程现场管理办法》、《基建技改工程质量管理办法》等一系列管理制度，并修订了《马钢股份有限公司工程合同管理办法》、《马钢股份有限公司工程建设项目招标管理办法》、《马钢股份有限公司工程设备招标采购管理办法》、《马钢股份有限公司总图管理办法》等办法。两年来的实践证明，这些管理制度和管理办法的建立，始终贯穿于工程建设的全过程，也贯穿于项目的各项管理工作及业务工作的各个环节和全过程，规范了项目管理人员的管理行为，为项目建设有序推进提供了制度保障。

**7. 改进管理方式，规范马钢建筑市场**

在项目实施中，积极推行项目法人制、招标投标制，合同制、监理制，认真贯彻了《招标投标法》、《合同法》等工程建设法规。对发包方式进行了大胆的尝试，具体采用了"工程量清单招标、确定综合单价"和设计、施工、设备采购总承包、概算包干、施工图预算审核等多种形式的发包方式。运用市场竞争机制，通过公开、公平、公正的招标投标方式，按照项目的不同特点，对工程建设的建筑安装、设备采购等采取不同的承包方式选择设计、施工、设备制造厂家。不仅规范了发包行为，而且确保了工程建设投资、质量及进度的全面控制。

**8. 加强质量控制，充分发挥专业技术人员与监理公司的现场质量监督管理作用**

在"十五"基建技改项目建设中，全面实行项目工程质量监理制，明确项目业主、承建商、监理单位按照各自的责任主体参与工程管理。通过项目的合同关系将参与建设的三方紧密地联系起来，形成了完整的项目管理体系。通过工程监理制的实施，改革了传统的工程质量管理办法，形成以施工（或制造）单位自检，监理单位按工序组织验收，冶金质量监督站监督的质量管理网络和质量控制体系，加强工程质量实施过程中的质量控制，在操作程序和制度上进一步明确了项目部、监理、施工三方的工作关系、工作程序和工作责任，实现了对工程质量的事前、事中控制，减少了工程质量事故的发生。

**9. 加强目标、责任管理，建立以实现项目目标管理的激励机制**

面对各项目目标（投资、进度、质量、安全）的实现有一定的难度，要想实现"四大"目标，必须实行风险激励机制；在"十五"基建技改项目建设中，全面实行项目目标责任风险抵押与工程进度节点考核。对参与项目部人员实行项目目标责任风险抵押考核，增强了工程管理人员的工作责任心，极大地调动了大家的工作热情。对设计、施工、监理等单位实施工程综合进度节点考核，按进度节点奖罚，不仅对工程建设的主力军施工单位起到了促进作用，同时，也充分发挥了设计、施工、监理等单位的主观能动性，鼓励他们运用工程施工及管理中拥有的丰富经验，大胆处理施工过程中出现的问题，主动、及时与业主联系与沟通，做到不等不靠，为实现项目的目标进度赢得了宝贵的时间。

**10. 控制工程项目投资，重点抓住设计与施工两个主要环节**

设计作为工程建设的灵魂，是建设方案的构想和蓝图，施工是由蓝图变为现实的实施过程，而施工阶段也是建筑安装花钱最多，容易出质量、安全事故，影响工程进度的阶段。通过抓设计管理，树立设计在工程实施阶段的龙头地位。能否以较少的投资取得较高的投资效益，在很大程度上取决于设计方案水平的高低和设计质量的好坏。从设计合同签订时抓起，把限额设计纳入合同特殊条款，并对设计院按合同考核。由专业管理部门和生产单位技术人员组成的专业组，从设计技术协议开始到施工图审查，进行全过程的动态管理。既满足了生产实际需要，又有效地控制了工程投资，还为设计单位提高了保障条件，及时满足设计需要。加强施工过程控制，尽量减少设计变更和现场签证，在设计变更上，建立了凡需设计变更、工程签证的，必须经监理工程师确认、甲方代表审批后方能实施的制度，避免由此而引发的投资膨胀及工期拖延。

**11. 坚持业主方在项目管理过程中的主导地位**

在项目管理过程中，从招标、评标、定标，直到施工中需甲方代表协调的工作，都按有关规定及合同要求，将工程的管理工作落实到人，在不同专业、不同区域派出管理、协调能力强的甲方代表，及时处理、协调施工中应由业主负责解决的有关实际问题，抓好合同管理，使信息系统畅通无阻，严格按合同条款办事。在"矩阵式"项目管理组织中，通过设立设计管理工程师、设备管理工程师、施工管理工程师，使基建技改部的业务管理与项目部的工程实施管理融为一体，专业管理与业务管理做到了有机结合。在工程业务工作开展的同时，及时发现问题和解决问题，切实做到了对投资的过程控制和管理。

## 思　考　题

1. 选择项目组织结构形式应考虑哪些问题？

2. 常见的项目组织结构形式有哪些？实际运用中应如何去选择？

3. 简述项目组织结构形式与项目管理组织形式的区别，并简要说明项目管理组织形式的常见类型及其特点。

4. 简述项目经理应具备的素质、能力和知识结构。

# 第3章  工程项目前期策划与投资决策

## 3.1  工程项目的前期策划与项目定位

工程项目前期策划是对未来的工程项目进行创造性的规划,是工程项目管理活动的重要内容。工程项目前期策划包括项目定位、项目选址、总体规划、营销企划等。

### 3.1.1  工程项目前期策划

**1. 工程项目前期策划的特征**

工程项目前期策划是根据工程项目的具体目标,以市场分析和市场定位为基础,以独特的概念设计为核心,综合运用各种策划手段(如投资策划、设计策划、营销策划等),按一定的程序对未来的工程项目进行创造性规划的活动。

工程项目前期策划具有前瞻性、创新性、可操作性等特征。

(1)前瞻性

由于工程项目的建设期较长,因此项目策划必须具备超前的、预见性的理念、创意、手段等。工程项目策划的前瞻性应贯穿工程市场分析、项目定位、项目选址、规划设计、市场营销等阶段和内容。

(2)创新性

工程项目前期策划应不断追求新概念、新主题等,从而赋予项目独特的个性,并区别于其他工程项目。此外,独创的策划方法、手段等,也将使工程项目的策划效果有所改变。

(3)可操作性

工程项目的前期策划方案必须易于操作、便于实施。脱离市场、超越开发商能力的策划,只能是纸上谈兵。

**2. 工程项目前期策划的作用**

(1)工程项目前期策划能提高决策的准确度

工程项目前期策划是在对工程项目市场调研后形成的,有可靠的市场基础,可以作为工程企业的参谋,使企业及企业家决策更为准确,并避免项目在运作中出现大的偏差。

(2)工程项目前期策划能有效地整合资源

要开发好一个工程项目,需要调动很多资源协调发展,如概念资源、人力资源、物力资源、社会资源等。这些资源在工程项目策划尚未参与前,往往是分散的、凌乱的。工程项目前期策划能参与到各种资源中去,理清关系,整合资源,形成项目的优势。

(3)工程项目前期策划能增强项目竞争力

工程项目前期策划能在科学的市场分析的基础上,明确项目的特点和优劣势,并通过项目全过程的策划和资源的有效整合,突出项目的优势,增强项目市场竞争力。

**3. 工程项目前期策划的内容**

(1)项目定位策划

工程项目定位是在深入的市场分析的基础上,深刻剖析项目的特性,对项目进行设计、进而创造项目的特色,使之在工程投资者和消费者心目中占据突出的地位,留下鲜明的影响,并区别于竞争者,且满足目标客户的某种需要或偏好。工程项目的定位策划应依据差别化、个性化等原则进行工程项目的目标、区域、功能、客户、产品、价格、时间等的定位。

**(2)项目选址策划**

工程项目选址的实质是根据不同区域、不同用途的土地供给和工程产品的市场需求,确定工程项目的地点、功能、类型和规模。工程项目的选址策划应在充分了解、深入分析城市规划和工程市场的基础上,通过开发地位置、面积、地形地貌、气象条件、地质水文条件、征地拆迁条件、交通运输条件、环境保护条件、水电煤等基础设施条件、工作生活设施依托条件、施工条件、法律法规的约束条件等的分析,研究地块的开发价值、土地使用权获取的可能性及成本方法等,对项目选址提出建议。

**(3)项目分析论证**

工程项目投资具有高投入、高风险、长期性、单一性、系统性、时序性等特点,因而工程项目的前期分析和论证至关重要。工程项目应在多方案比选的基础上,推荐最佳方案。

**(4)项目规划策划**

工程项目规划策划是以项目的市场定位为基础,以满足目标市场的需求为出发点,对项目地块进行总体规划布局,确定建筑风格,紧紧围绕目标客户,选定主力户型,引导室内装修风格,并对项目的环艺设计进行充分提示。

例如,住宅项目的初步规划应包括总体介绍、建筑风格定位、主力户型选择、环境规划、装饰材料选择指导、社区文化规划与设计等内容。

①总体介绍,应包括项目背景、开发地块分析、建筑空间布局(如项目总体平面规划及其说明、项目功能分区示意及其说明等)、道路系统布局(如地块周边交通环境示意、地块周边基本路网、项目所属区域道路建设及未来发展状况、项目道路设置及其说明、项目主要出入口及主要干道设置、项目车辆分流情况说明、项目停车场布置等)、绿化系统布局(如项目绿化景观系统分析、主要绿化景观的布局等)、环境艺术系统布局、公共建筑与配套系统(如项目所在地周边市政配套设施现状及未来发展、项目配套功能配置及安排、公共建筑等外立面设计提示等)。

②建筑风格定位,应包括项目总体建筑风格的构思及建筑色彩计划、建筑单体外立面设计提示等。

③主力户型选择,应包括项目户型配置比例、户型设计提示(如建筑面积、功能分区、空间配置)等。

④环境规划及艺术风格提示,应包括项目总体环境规划及艺术风格构想、地块已有的自然环境利用规划、项目人文环境的营造、项目各组团环境概念设计(如组团内绿化及园艺设计、组团内共享空间设计、组团内雕塑小品设计提示、组团内椅凳造型设计提示、组团内宣传专栏及导视系统位置设定提示等)、项目公共建筑外部环境概念设计、社区灯光设计(公共建筑外立面灯光设计、项目公共绿化绿地灯光设计、项目道路系统灯光设计、项目室内灯光灯饰设计等)指导等。

⑤装饰材料选择指导,应包括本项目公共装饰材料选择指导及装修风格构思、样板房装修概念设计、项目营销中心装修风格提示、全装修住宅的装修标准提示等。

⑥社区文化规划与设计

**(5)项目形象策划**

工程项目形象包括工程项目的总体战略形象、社区文化形象、企业行为形象、员工形象及其项目视觉形象等。工程项目形象策划的目的是与其他项目相区别。例如,通过项目名称、标志等的设计,树立鲜明的形象。

(6)项目营销策划

工程项目营销策划是对未来将要进行的营销活动进行整体、系统的超前决策,其内容应包括规划入市时机、制定价格策略、广告策略(如广告主题安排、阶段划分、广告印刷品的设计等)、媒介策略(如媒体选择、媒介组合、投放频率及规模等)、渠道策略(如渠道类型、代理商推荐等)、人员销售策略(如销售员的选聘、培训、考核等)、公关活动策略等。

(7)物业管理策划

物业管理是工程项目品牌的内涵之一,工程项目策划应以物业管理早期介入为理念,进行项目全过程的物业管理策划,其内容应包括策划物业管理的早期介入、物业管理的成本费用、物业管理内容、物业管理组织及人员架构、物业管理规章制度、物业管理操作规程等。

**4. 项目前期策划应注意的问题**

(1)在整个过程中必须不断地进行环境调查,并对环境发展趋向进行合理的预测。环境是确定项目目标,进行项目定义,分析可行性的最重要的影响因素,是进行正确决策的基础。

(2)在整个过程中有一个多重反馈的过程,要不断地进行调整、修改、优化,甚至放弃原定的构思、目标或方案。

(3)在项目前期策划过程中阶段决策是非常重要的。在整个过程中必须设置几个决策点,对阶段性的工作结果进行分析、选择。

## 3.1.2　工程项目定位

**1. 工程项目定位的意义**

对建设市场进行细分后,建设企业可通过细分市场的规模、增长度、竞争状况、发展潜力、替代性、收益性、与企业自身的经营目标和资源优势的吻合度等的分析,确定目标市场。为了确保在目标市场的竞争力,建设企业还必须从项目的特性出发进行更深层次的剖析,进而创造项目的特色,使之在项目投资者和消费者心目中占据突出的地位,留下鲜明的印象,以区别于其他竞争者,并满足目标客户的某种需要或偏好。这就是工程项目的定位。简而言之,工程项目定位是对项目进行设计,使其在目标顾客心目中占有一个独特位置的行动和过程。

项目定位在工程策划中起着非常关键的作用,它不仅决定了项目的规划设计思路,而且是进行项目分析论证和营销策划的基础。同时,正确的项目定位能提高企业的市场占有率和品牌价值。

**2. 工程项目定位的原则**

工程项目定位主要有三个基本原则。

(1)受众导向原则

受众导向原则是指工程项目定位应与目标客户的需求相一致。工程企业只有确保项目定位信息能有效地传递给投资者、消费者,且定位信息与其需求相吻合,使之产生亲切感、认同感,才能将定位信息进驻其心灵,并最终使之接受产品,产生购买欲。

(2)差别化原则

差别化原则是指工程项目定位应能凸显项目的特定信息并满足目标客户的需求。随着工程商品的日益增加,唯有差别化,才能在林立的工程项目中引起投资者、消费者的注意。而当这种差别与投资者、消费者的需求相吻合时,就易被接受。工程企业可通过更人性化的规划设计、更高的质量、更合理的价格、更满意的服务和管理等途径体现项目的差别化。但脱离地块条件、区域环境等片面地追求差别化是不可取的。

（3）个性化原则

个性化原则是指工程项目定位既应体现项目的独有个性,还应满足客户的个性化需求。因此,工程项目的定位应有创新性、超前性。只是片面强调个性化,忽视区域工程市场的物业特点、生活习惯、收入水平,往往会导致定位失败。

**3. 工程项目定位的内容**

工程项目定位主要包括项目目标、功能定位、客户定位、产品定位、价格定位、时间定位等几个方面:

（1）项目目标

建设企业首先应明确项目的开发目标。项目目标多种多样,如促进品牌建设、扩大市场占有率、获取高额利润等,不同的项目目标决定了项目定位的差异。

（2）功能定位

建设企业应根据城市规划限制条件,按照最佳利用原则确定开发类型,明确项目功能,对资源进行综合利用,充分挖掘潜能。

（3）客户定位

建设企业应在市场分析的基础上,以有效需求为导向,初步确定目标客户,分析其消费能力,为产品定位和价格定位做好基础工作。

（4）产品定位

建设企业应在市场分析的基础上,根据土地和目标客户的具体情况,进行项目的初步设计,确定建筑风格、结构形式、房型、面积、建筑标准等产品内容。

（5）价格定位

建设企业应根据目标客户的有效支付能力和购买意愿,参照类似工程的市场价格,运用适当的方法,综合考虑市场价格的影响因素,确定本项目的租售价格。

（6）时间定位

建设公司应根据市场条件、企业经济实力和项目投资流量,分析和选择适当的开发及销售时机,提出可行的策划方案,保证项目的顺利进行。

建设企业可利用三层次因素分析法进行工程项目的定位。所谓三层次因素,是指依据影响项目开发地环境的范围而划分的市（区）层次的一般因素、社区层次的区域因素和开发地层次的个别因素。通过对市（区）层次的一级因素的分析,可以确定潜在的客户;通过对社区层次的区域因素的分析,可以明确项目的市场机会;而通过对开发地层次的个别因素的分析,可以凸显项目的特点和优劣势。这样,结合项目的规划设计、营销策划等,就可以突出项目的优势,增强项目的市场竞争力。

# 3.2　投资机会研究与可行性研究

## 3.2.1　投资机会研究

**1. 投资动机的产生**

从上层系统（如国家、企业）的角度,对一个项目决策不仅限于对一个有价值的项目构思的选择、目标系统的建立以及项目构成的确定,而且常常面临许多项目机会的选择。由于一个企业面临的项目机会可能很多(如许多招标工程信息,许多投资方向),但企业资源是有限的,不能四面出击抓住所有的项目机会,一般只能在其中选择自己的主攻方向,这时,就要进行投资机会研究。

一般而言,投资者拟进行项目投资,主要出于以下背景和动机:

(1)激烈的市场竞争,迫使投资者进行技术更新改造,研究开发新产品和适销对路的产品。

(2)为降低产品成本而实现最大利润,增加投资,扩大生产规模,达到经济规模。

(3)市场需求巨大,产品供不应求,丰厚的利润诱导投资商投资开发产品。

(4)为分散经营风险,改善投资经营结构,拓宽投资领域,全方位多元化投资经营。

(5)受国家宏观政策和外部投资环境的影响,转移投资方向,调整投资产业结构。

(6)利用高科技和独特的专利技术,研究开发新产品,填补空白,开辟潜在市场,获取超额投资利润。

(7)按有关部门和社会需要,利用某些优惠政策和有利条件,进行扶贫开发和社会事业项目建设。

(8)外资利用机遇良好,依据自我优势与条件,进行中外合资项目开发。

(9)发挥独特的资源优势和特定的投资优势,投资开发项目。

(10)优势互补,横向联合投资开发。

**2. 把握投资机会**

把握投资机会,主要依赖于掌握投资信息、科学分析预测和比较论证决策。

投资信息是指与项目投资活动相关联并对其产生影响制约作用的社会、经济及自然界的各种变化及特征的信息。可能蕴藏着投资潜力的信息与机会主要有:

(1)国家和地区的中短期社会经济发展战略规划、区域规划、行业规划等。

(2)国家的各项重大决议、新的产业政策、技术政策、信贷政策、利用外资政策、国家贸易政策及关税政策的调整等。

(3)重大项目的建成投产及其相关配套需求。

(4)国家重点开发建设地区和沿海经济特区的发展状况、产业特征、发展趋势。

(5)与本企业相似企业、相关企业的发展战略和投资动向。

(6)各个地区的经济基础、产业布局、地理位置、环境气候、人文背景的差异,特种资源的分布及其稀缺程度。

(7)本企业的人员、技术、资金优势条件。

(8)其他孕育投资机会的各类信息。

为保证投资信息准确可靠,必须进行市场调查和信息的科学整理及分析研究,以确保信息的时效性、系统性和连续性。

在掌握大量投资信息后,只有进行科学整理和认真综合分析,才能探测出各条信息背后是否潜伏着投资商机。通过投资信息洞察投资商机,客观上需要投资者具有敏锐的投资战略眼光和极强的综合分析预测能力。为防止错过好的投资商机,往往需要召集企业智囊团和投资分析专家,共同对投资信息进行分析预测研究,以捕捉各种投资商机。

在掌握投资信息,发现各种可能的投资商机后,紧接着是对这些可能的投资商机的真实性、可行性、优越性进行比较论证,筛选出一个或多个具有价值的投资商机方案。

## 3.2.2　可行性研究

### 1. 可行性研究的概念和作用

（1）概念

可行性研究是指对某工程项目在做出是否投资的决策之前，先对与该项目有关的技术、经济、社会、环境等所有方面进行调查研究，对项目各种可能的拟建方案认真地进行技术经济分析论证，研究项目在技术上的先进适宜、适用性，在经济上的合理、有利、可行性和建设上的可能性，对项目建成投产后的经济效益、社会效益、环境效益等进行科学的地区性预测和评价，据此提出该项目是否应该投资建设，以及时地选定最佳投资建设方案等结论性意见，为项目投资决策部门提供进行决策的依据。

（2）可行性研究的作用

①作为建设项目投资决策的依据。

②作为筹集资金和向银行申请贷款的依据。

③作为该项目的科研试验、机构设置、职工培训、生产组织的依据。

④作为向当地政府、规划部门、环境保护部门申请建设执照的依据。

⑤作为该项目工程建设的基础资料。

⑥作为对该项目考核的依据。

### 2. 可行性研究报告的编制要求

可行性研究作为项目的一个重要阶段，不仅起着细化项目目标的承上启下的作用，而且其研究报告是项目决策的重要依据。只有正确的符合实际的可行性研究，才可能有正确的决策。它的要求有：

（1）确保可行性研究报告的真实性和科学性。

（2）编制单位必须具备承担可行性研究的条件。

（3）可行性研究的内容和深度及计算指标必须达到标准要求。

（4）可行性研究必须经过多方案比较。

（5）可行性研究报告需要进行风险分析。

（6）可行性研究报告必须经签证与审批。

### 3. 可行性研究的工作程序

（1）可行性研究前的工作

除了前述的项目目标设计等以外，在可行性研究前还要完成：

①项目经理的任命。

②研究小组的成立或研究任务的委托。

③工作圈子的指定。

④研究深度和广度要求，以及研究报告内容的确定。

⑤可行性研究开始和结束时间的确定以及工作计划的安排。

（2）可行性研究的程序

通常，建设项目可行性研究的工作程序如图 3-1 所示。

### 4. 可行性研究的内容

（1）一般建设项目可行性研究的内容

建设项目可行性研究的内容，是指对项目有关的各个方面分析论证其可行性，包括建设项目在技术、财务、经济、商业、管理等方面的可行性。其中任一方面的可行性，都有其特定的具体内容，并随着项目的性质、特点和条件情况的不同而有所区别和侧重。不过，根据国内外可行性研究的工作实践可知，各类项目可行性研究的内容有很多相似之处，主要有：

①总论

主要说明建设项目提出的背景，投资的必要件和经济意义以及开展此项目研究工作的依据和研究范围。

②市场需求预测和拟建规模

市场需求预测是建设项目可行性研究的重要环节。如对市场需求情况不作调查和趋势分析，或调查分析不当、不准确，就会导致企业规模的错误决策。通过市场调查和预测，了解市场对项目产品的需求程度和发展趋势。其分析和预测的主要内容如下：

a. 项目在国内外市场的供需情况。通过市场调查和预测，摸清市场对该项目的目前和将来的需要量和当前的生产供应情况。

b. 项目的竞争和价格变化趋势。摸清目前的竞争情况和竞争发展趋势，注意预测可能出现的

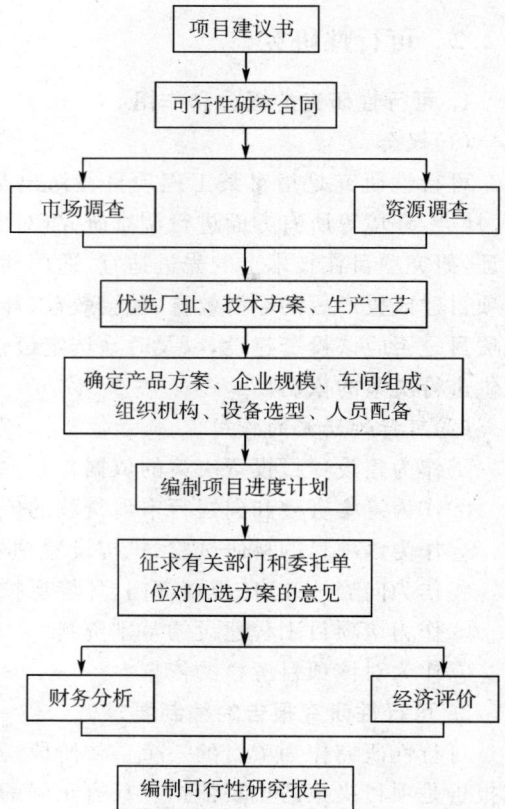

图 3-1 项目可行性研究的工作程序

最低销售价格，由此确定项目的允许成本，这又关系到项目的生产规模、设备选择、协作情况等。

c. 估计项目的渗透程度和生命力。对拟建项目可能达到的渗透程度及其发展变化趋势与现在和将来的销售量以及产品的生命期做出估计，并摸清进入国际市场的前景。

③资源、原材料、燃料和公用设施条件

研究资源储量利用条件、原料、辅助材料、燃料、电和其他输入品的种类、数量、质量、单价、来源和供应的可能性；所需公共设施的数量、供应方式和供应条件。

④专业化协作的研究

专业化协作便于采用先进工艺，提高设备利用率，缩短产品的生产周期，降低产品成本。研究专业化协作问题，主要是比较建立全能厂或专业化厂的单位产品投资和成本的大小。

⑤建厂条件和厂址方案

对建厂的地理位置和交通、运输、电力、水、气等基础资料以及气象、水文、地质、地形条件、废弃物处理、劳动力供应等社会经济自然条件的现状和发展趋势进行分析。对厂址进行多方案的技术经济分析和比较，并提出选择意见。

⑥项目的工程设计方案

项目的工程设计方案包括确定项目的构成范围，主要单项工程的组成，主要技术工艺和设备选型方案的比较，引进技术、设备的来源国别，公共辅助设施和厂内外交通运输方式的比较和初选，项目总平面图和交通运输的设计，全厂土建工程量估算等。

⑦环境保护

调查环境现状,预测项目对环境的影响,提出对"三废"处理的初步方案。估算"三废"排出量以及对其处理的运行费用。

⑧生产组织管理、机构设置、劳动定员、职工培训

可行性研究在确定企业的生产组织形式和管理系统时,应根据生产纲领、工艺流程来组织相适宜的生产车间和职能机构,保证合理地完成产品的加工制造、储存、运输、销售等各项工作,并根据对生产技术和管理水平的需要,来确定所需的各类人员和进行培训。

⑨项目的实施进度计划

建设项目实施中的每一阶段都必须与时间表相关联。复杂的项目实施则应采用网络图表示。

⑩投资估算、资金筹措和项目的经济评价

投资估算包括主体工程及与其有关的外部协作配套工程的投资,以及流动资金的估算,建设项目所需投资总额。资金筹措应说明资金来源、筹措方式、贷款偿付方式等。

项目的经济评价包括财务评价和国民经济评价,并应进行静态和动态分析,得出评价结论。

(2)联合国工业发展组织规定的可行性研究报告内容

按照联合国工业发展组织(UNIDO)出版的《工业可行性研究手册》,其可行性研究内容包括:

①实施要点(对各章节的所有主要研究成果的扼要叙述)

②项目背景和历史

a. 项目的主持者

b. 项目历史

c. 已完成的研究和调查的费用

③市场和工厂生产能力

a. 需求和市场

首先,该工业现有规模和生产能力的估计(具体说明在市场上领先的产品),以往的增长情况,今后的增长情况的估计(具体说明主要发展计划)。当地的工业分布情况,其主要问题和前景,产品的一般质量;其次,以往进口及其今后的趋势、数量和价格;再次,该工业在国民经济和国家政策中的作用和指标,与该工业有关的或为其指定的优先顺序和指标;最后,目前需求的大致规模,过去需求的增长情况,主要决定因素和指标。

b. 销售预测和经销情况

预期现有的及潜在的当地和国外生产者和供应者对该项目的竞争;市场的当地化;销售计划;产品和副产品年销售收益估计(本国货币/外币);推销和经销的年费用估计。

c. 生产计划

产品;副产品;废弃物(废弃物处理的年费用估计)。

d. 工厂生产能力的确定

可行的正常工厂生产能力;销售、工厂生产能力和原材料投入之间的数量关系。

④原材料投入(投入品的大致需要量,它们现有的和潜在的供应情况,以及对当地和国外的原材料投入的每年费用的粗略估计)

包括:原料;经过加工的工业材料;部件;辅助材料;工厂用物资;公用设施,特别是电力。

⑤厂址选择(包括对土地费用的估计)

⑥项目设计

a. 项目范围的初步确定。

b. 技术和设备按生产能力大小所能采用的技术和流程；当地和外国技术费用的粗略估计；拟用设备（主要部件）的粗略布置；生产设备；辅助设备；服务设施；备件、易损件、工具。

按上述分类的设备投资费用的粗略估计（本国货币和外币）。

c. 土建工程：土建工程的粗略布置，建筑物的安排，所要用的建筑材料的简略描述；场地整理和开发；建筑物和特殊的土建工程；户外工程；按上述分类的土建工程投资费用的粗略估算（本国货币/外币）。

⑦工厂机构和管理费用

a. 机构设置：生产；销售；行政；管理。

b. 管理费用估计：工厂的；行政的；财政的。

⑧人力

a. 人力需要的估计，细分为工人、职员，又分为各种主要技术类别（当地的及外国的）。

b. 按上述分类的每年人力费用估计，包括关于工资和薪金的管理费用在内。

⑨制订实施时间安排

a. 所建议的大致实施时间表。

b. 根据实施计划估计的实施费用。

⑩财务和经济评价

a. 总投资费用：周转资金需要量的粗略估计；固定资产的估计；总投资费用（由上述②至⑩所估计的各项投资费用总计得出）。

b. 项目筹资：预计的资本结构及预计需筹措的资金（本国货币/外币）；利息。

c. 生产成本（由上述②到⑩所估计的按固定和可变成本分类的各项生产成本的概括）。

d. 在上述估计值的基础上做出财务评价：清偿期限；简单收益率；收支平衡点；内部收益率。

e. 国民经济评价：初步测试（项目换汇率；有效保护）；利用估计的加权数和影子价格（外汇、劳力、资本）进行大致的成本——利润分析；经济方面的工业多样化；创造就业机会的效果估计；外汇储备估计。

# 3.3 工程项目评估及决策

## 3.3.1 建设工程项目评估概论

### 1. 建设工程项目评估的内涵

#### (1)建设项目评估的定义

项目评估，简单地说就是对项目的审查和估价。项目评估需要深入地分析和研究投资项目的优劣和不足之处，从而提出进一步改善的措施，寻求更加经济合理的投资方案，保证项目符合国民经济发展目标并取得良好的投资效益。因此，具体地说，建设项目评估就是由建设项目主管部门或贷款机构依据国家、行业和部门的有关部门政策、规划、法规及参数，对上报的建设项目可行性研究报告进行全面的审查与估价，即对拟建中的建设项目的必要性、可行性、合理性及效益、费用进行的再评价过程。

我国项目评估方法萌芽于 20 世纪 50 年代，现代意义的项目评估理论与方法产生于 20 世纪 80 年代。1980 年，我国在世界银行的合法席位得到了恢复；1981 年，我国成立了以转贷世界银行贷款为主要业务的中国投资银行；1983 年，中国投资银行推出了《工业贷款项目评估手册》（试行本),之后曾多次加以修订。与此同时,学术界对项目评估的理论和方法进行了深入的探讨,对我国项目评估理论与方法的建立和完善起到了积极的作用。80 年代中期以后,原国家计委、原国家经委、中国建设银行总行、中国国际工程咨询公司以及国务院有关部门先后公布了不同类型的项目评估方法,使得我国项目评估的理论、方法和实践都得到了快速的发展。进入 20 世纪 90 年代以来,我国项目评估理论和方法日趋成熟,得到越来越广泛的重视和应用,成为实现投资决策科学化、民主化和规范化的重要手段。

（2）项目评估与可行性研究之间的关系

建设项目评估与可行性研究是建设项目投资前期的两项重要的工作内容,两者存在着先后的逻辑关系;同时,它们在多个方面存在着一定的联系与区别。

①相同点

a. 学科性质相同。都是运用技术经济的理论与方法,分析具体项目的情况,从而决定投资命运的综合性学科。

b. 工作性质相同。都是项目发展周期中投资决策的一部分工作。

c. 工作目的相同。都是为减少或避免投资决策的失误,增强项目投资决策的科学性。

②不同点

a. 编制单位不同。可行性研究一般由建设单位、设计院或咨询公司承担;项目评估一般由贷款银行或咨询公司承担。

b. 开展时间不同。可行性研究在前,项目评估在后。项目评估是在建设单位提交可行性研究报告后才进行的,它以可行性研究报告为基础,对项目是否可行做出检查论证。

c. 分析角度不同。可行性研究一般由建设单位或设计部门承担,故带有业主或主管部门的意图;项目评估一般由咨询公司或贷款银行承担,他们站在国家、社会角度上看问题,故能比较客观、公正。

d. 分析的侧重点不同。可行性研究既重视技术,又重视经济方面的论证分析;项目评估较侧重于经济效益方面的论证分析。

由于项目评估者所处地位、职责和视野不同,故不是简单重复可行性研究的内容,而是进一步完善对建设项目的论证和分析。

**2. 建设项目评估的作用和意义**

（1）建设项目评估的作用

①对分项评估的补充和完善

项目评估是在项目分项评估的基础上进行的,但绝不是项目分项评估的简单汇总。项目评估尤其是大型项目的评估通常是按一定程序由几个或多个评估人员共同完成的。由于内容复杂,时间跨度大,评估中容易出现遗漏,甚至出现数据的前后矛盾。例如,一些评估人员在分项评估时往往只重视项目本身的必要性、可行性和预期效益,忽视对投资企业的分析,不知道其经营管理状况、领导班子的素质、技术力量、设备利用率、该项目对整个企业的影响、企业前景等具体情况如何;只分析项目立项建设的有利因素和好处,忽视项目立项建设的不利条件和缺点;只重视对近期市场的预测,忽视对项目建设投产后市场供求变化的动态分析。在总评估时,将各分项评估结果前后联系起来,可以及时发现和修正分项评估中的错误和遗漏,然后根据决策的需要进行纠正和补充分析研究,从而使整个评估更加完善。

②对分项评估的综合协调

项目评估工作是一项内容繁多、涉及面广的工作,是由多个子系统构成的一个复杂系统。应当看到,判断拟建项目是否可行是一个复杂的多层次的论证过程,需要评估的内容较多。从评估的角度来看,既有宏观评估,也有微观评估;从评估的内容来看,既有项目(或企业)概况评估、项目必要性评估、建设生产条件评估和技术评估,也有财务效益分析、国民经济效益分析,必要时还要进行社会效益分析;从评估的方法来看,既有定量方法,也有定性方法;从评估的指标来看,既有静态指标,也有动态指标。通过对项目各个分项内容的评估,可以从不同的角度了解项目的可行性程度。但同时也应当看到,各个分项内容具有一定的独立性,且具有较强的专业性,亦即尚未形成完整的结论性意见。因此,需要在各分项评估的基础上进行综合分析,提出结论性意见,给投资项目决策者提供一个简明直观的判断依据。

③对不同方案进行比较选择

通过评估,项目评估人员还可根据投资方案中存在的问题,提出一些改进性意见。国外开发银行在项目评估中总结出"更新组合"这样一个概念,即对项目的某些内容加以修改,重新组合项目。例如,某投资项目其他各分项内容评估的结论都认为项目是可行的,不足之处是该项目的财务效益较差(如财务净现值小于零、财务内部收益率小于基准收益率等)。进一步深入分析表明,该项目财务效益较差的原因是项目生产规模较小,没有达到规模经济。针对这一问题,项目评估人员可以提出"重新组合"的建议,扩大该项目的生产规模,使其财务效益得以提高,进而使项目可行。当然,生产规模的扩大,必然会涉及一系列的问题,如市场问题、技术问题,项目评估人员应当提出相应的解决措施。"重新组合"要求项目评估人员有较高的素质,确实能够提出切实可行的建议,使投资资金充分发挥其应有的效益。

④对项目得出综合性的评估结论

对项目从整体上形成一个科学的结论性意见是十分重要的。项目各分项评估的结论一般有两种情况:一是各分项评估的结论一致,即其结论都认为是可行的或不可行的;二是各分项评估的结论相反或具有一定的差异,如有的分项评估的结论认为项目是可行的,而有的分项评估的结论则认为项目是不可行的。这种"可行"与"不可行"在程度上也往往有一定的差异。第一种情况的总体结论比较容易得出,第二种情况的总体结论则不易得出,应当加以综合分析论证,才能得出正确的结论。在现实经济生活中,有不少项目属于第二种情况。因此,需要在各项目评估的基础上进行总评估,得出总体评估的综合性科学结论。

⑤对项目提出建设性的建议

项目评估是一项技术性强、涉及面广的活动,应当充分发挥项目评估人员的主观能动性,对项目提出一些建设性的建议。如前所述,项目评估工作是在可行性研究报告的基础上进行的,可行性研究报告是投资者取舍项目和有关政府部门审批项目的重要依据,也是项目评估工作的重要依据。项目评估人员应当对可行性研究报告进行全面细致的审查分析,提出自己的独立意见。但项目评估人员又不能完全拘泥于可行性研究报告,简单地提出项目可行与否的结论性意见。而是应当针对可行性研究报告中存在的问题,并结合项目的具体情况,作进一步的调查研究与分析论证,才能得出科学的结论。

(2)建设项目评估的意义

①项目评估是项目决策的重要依据。

②项目评估是干预基本建设招标投标的手段。

③项目评估可以剖析评价有关经济政策和经济管理体制。

可见,对项目进行总评估是十分必要的,是协调各个分项评估结论和提出综合评估结论的客观需要。

**3. 建设项目评估的分类**

（1）工程项目总评估

通常意义的建设项目评估，指的是项目审批单位在审批项目前对拟建项目可行性研究所做的再分析、再评估。在我国，项目评估报告是审批项目设计任务书的依据。按照有关规定，大中型项目由原国家计划委员会委托中国国际工程咨询公司评估。1985 年国务院发布的《关于控制固定资产投资规模的若干规定》中，正式将项目评估纳入基本建设程序中，作为项目前期工作的一个重要阶段。规定编制大中型项目设计任务书时，必须附可行性研究报告，并经过有资格的咨询公司评估，提出评估报告再由原国家计划委员会审批。在我国现行投资管理体制下，由于承担可行性研究的咨询、设计单位隶属于主管部门，加上其他一些因素制约，受主管部门和建设单位的影响，可行性研究报告难免有一定的局限性，项目评估则可以避免受主管部门和建设单位的影响，克服可行性研究的局限性。

建设工程项目评估包括各个分项评估的基本内容、基本方法和指标体系。实践证明，仅有分项评估是不够的，在此基础上还必须进行总评估，才能为投资决策提供可行的依据。总评估是项目评估全过程的最后一个阶段，是对拟建项目进行评估的总结，从总体上判断项目建设的必要性、技术的先进性、财务和经济的可行性，进而提出结论性意见和建议。因而，项目总评估是在建设项目的分项评估基础上，对项目进行全面权衡，从总体上把握项目的可行性和合理性，并提出方案选择和项目决策的结论性意见，撰写项目评估报告，为项目投资或贷款决策提供书面依据的综合性评估。

项目总评估的内容包括必要性评估结论、项目产品市场评估结论、建设条件和生产条件评估结论、技术评估结论，以及财务、经济可行性评估结论等。进行项目总评估一般遵循如下程序：整理有关资料、确定分项内容、进行分析论证、提出结论性建议、编写评估报告。编写项目评价报告的要求包括：结论要科学可靠，建议要切实可行，对关键内容要作重点分析，语言要简明精练。

（2）贷款项目评估

对申请银行贷款的项目，通常在可行性研究、初步设计的基础上，在贷款文件正式批发之前，贷款银行对项目单位的资信情况、项目建设的必要性、技术的合理性、财务效益和国民经济效益进行分析评价。但是，其他设计、咨询机构对贷款项目的评估不能代替贷款银行的评估；在现行体制下，即使是银行，非贷款银行的评估一律不能代替贷款银行的评估，这是由银行自主经营的性质决定的。

（3）项目后评估

这种评估不是根据项目性质不同来划分的，而是依据项目周期的不同时间阶段划分出来的。它是指当项目建成投产，达到设计生产能力后，对项目准备、决策、实施、试生产直到产后全过程进行的再评估。主要目的是：总结项目管理的经验教训，提高项目管理水平；提高项目决策的科学化水平；为国家投资计划、投资政策的制定提供依据；为金融部门及时调整信贷政策提供依据；可以对项目企业的经营管理进行诊断，促进项目运营效益的提高等。

**4. 建设项目评估的原则和依据**

（1）建设项目评估的原则

建设项目评估是投资决策的手段，投资决策机构、金融机构以评估的结论作为实施项目、决策项目和提供贷款的主要依据，所以，要力求保证项目评估结论的客观性。要做到客观、公正地评估项目，需要坚持以下原则：

①考察因素的系统性

决定一个投资项目是否可行的因素包括诸多方面，从大的方面讲，决定于市场因素、资源因素、技术因素、经济因素和社会因素等。另外，决定一个项目是否可行，不但包括项目内部因素，如项目的技术水平、产品质量、产出物和投入物的价格等；而且包括外部因素，如项目所需要的外部配套条件，国家的金融政策、税收政策和一定时期的区域规划等。所以，在进行项目评估时，必须全面系统考虑，综合平衡，考查项目的可行性。

②实施方案的最优性

投资决策的实质在于选择最佳投资方案，使投资资源得到最佳利用。项目评估应该符合投资决策的要求，进行投资方案的比较和选择。在进行项目评估时，应根据项目的具体情况拟定若干个有价值的方案，并通过科学的方法，分析、比较，选择最佳实施方案。

③选择指标的统一性

判断项目是否可行，或者选择最佳实施方案需要一系列的技术经济指标，而这些指标的确定是经过多年的潜心研究和实践验证的，指标体系是科学合理的。当然，在进行项目评估时，可以根据侧重点的不同，选择不同的指标，但应力争做到选择指标的统一性。如可以选择原国家计划委员会和建设部正式颁布实施的《建设项目经济评价指标和参数》。

④选择数据的准确性

项目评估实质上是对有关拟建项目的各个方面信息资料进行综合、加工、分析和评价的过程，数据来源可靠与否、准确与否，直接影响项目评价结论的客观性和公正性。所以，在项目评估时，一定要选择来源可靠、数据准确的信息。

⑤分析方法的科学性

在项目评估中，要进行大量的分析和评价，这就要求选择科学合理的分析和评价方法，既要考虑定性方法，又要考虑定量方法，更要考虑定性与定量相结合的方法。

**(2)建设项目评估的依据**

在现阶段，可作为项目评估主要依据的有：

①国家制定和颁布的经济发展战略、产业政策及投资政策。

②项目所在地区域的经济发展规划和城市建设规划。

③项目所在地的区域经济资源、地形、地质、水文、基础资料。

④有关部门颁布的工程技术标准和环境保护标准。

⑤有关部门制定和颁布的项目评估规范及参数。

⑥项目可行性研究报告和规划方案。

⑦各有关部门的批复文件，如项目建议书、项目可行性研究报告的批复。

⑧投资协议、合同和章程等。

⑨其他有关信息资料。

## 3.3.2 建设项目评估的内容

项目评估主要是从宏观角度研究项目开展的意义和作用。其内容包括以下几个部分：项目建设必要性评估、项目建设条件评估、项目技术方案评估、项目投资估算与筹资方案评估、项目财务效益评估、项目国民经济效益评估、项目不确定性及风险评估、建设项目环境影响评估、项目是否可行和方案是否优化的综合性意见等。下面分述如下：

**1. 项目建设必要性评估**

项目建设是否必要,是从项目的产出或发挥作用的角度判断项目是否有必要进行建设。项目的产出,按其具体用途划分,可能是生产资料或者消费资料,或者是某种基础设施提供的供生产或生活消费的公共服务,这类项目的作用就是能对社会增加产品和劳务的供应,有些改建和更新改造项目,本身并无产出,甚至也不增加企业的产出,但它的功能在维持和改造企业方面发挥着重要作用。因此,项目所能发挥的作用能否为社会和企业所需要,决定着项目建设是否必要。评估过程中应重点考察项目的建设是否符合国家的建设方针和投资方向。具有建设必要性的项目应具备以下条件:

(1)符合国家的产业政策。

(2)符合国民经济长远发展规划的要求。

(3)有利于国民经济结构和产业结构的调整。

(4)符合地区经济发展、布局和行业改造等方面的要求。

(5)有利于新技术和新产品的开发。

(6)有利于为社会提供短缺的商品。

(7)有利于提高产品质量。

(8)能否适应社会需要和市场需求,是否具备足够的消费市场。

(9)是否满足了改善投资结构和经营环境的需要。

(10)是否适应了企业改良的需要等。

**2. 项目建设和生产条件评估**

项目是否具备建设条件和生产条件,是从项目的投入和运营条件的角度判断项目顺利建设和正常生产的可能性。主要包括以下几方面的内容:

(1)项目建设条件分析

①项目建设资金分析,如建设资金来源的可能渠道,各渠道资金来源的可行性、可靠性和合理性等。

②建设力量分析,如对于大型项目、高新技术产业或技术复杂的项目,对设计、施工及施工承包单位的可能性等。

③建设物资供应分析,如建筑材料的供应能否满足项目建设的需要,国产设备的制造和供应能否满足工程施工进度的要求,进口设备的采购方式有无限制等。

④建设场地分析,如建设场地能否满足项目总平面布置的要求,土石方的工程量是否便于施工等。

(2)项目生产条件分析

①资源分析,如矿产资源的分析,水资源的分析,农产品资源的分析等。

②原材料供应分析,如对原材料供应的数量、质量、价格及运输储存等项内容的分析。

③燃料动力供应分析,如燃料种类的选择和供应问题,水的供应问题,电力供应问题和其他动力供应问题的分析。

(3)项目配套条件分析

①配套项目与拟建项目在技术上是否配套。

②配套项目与拟建项目在生产能力上是否配套。

③配套项目与拟建项目是否同步建设等。

（4）**项目厂址方案分析**

①厂址方案是否符合国家的区域经济发展的方针和政策。

②是否充分体现了接近市场和资源的原则。

③是否适当利用了区域投资的聚集效益。

④是否满足建设、生产和生活的需要。

⑤是否贯彻了节约用地的原则。

⑥是否从工程地质、水文地质、交通运输和电、气等配套条件等方面分析了所选择厂址的合理性。

⑦是否达到了环境保护的要求等。

**3. 项目的技术方案评估**

项目的技术方案是否可行，是从项目内部的技术因素角度判断项目的可行性。项目的技术方案是否可行是一个专业性很强的问题。对一个技术比较复杂的项目开展技术分析，是一项难度较大的工作，但必须依据先进适用性、安全可靠性和经济合理性的原则，抓住项目的基本技术和重点技术问题做出必要的判断，其主要内容有：

（1）**工艺分析**

①工艺流程是否均衡协调和整体优化。

②工艺种类是否与可能取得的主要原材料和加工对象的特性相适应。

③工艺性能是否具备适应市场变化的应变能力。

④工艺种类是否便于资源综合利用和利于环境保护。

（2）**设备分析**

①所选设备是否符合工艺流程的要求。

②各台设备之间的协作配套是否良好。

③设备系统的生产能力是否与项目设计生产能力相吻合。

④设备是否具有良好的互换性。

⑤设备性能是否可靠等。

对于进口设备，还要注意分析进口设备的必要性，进口设备之间的配套性，进口设备与国产设备之间的配套问题，进口设备与生产厂房之间的配套问题，进口设备的维修及零部件供应问题，进口设备的费用及支付条件等。

（3）**软件技术分析**

对引进软件技术的内容要结合其引进方式开展分析，主要包括：

①专利技术引进的分析。

②专有技术引进的分析。

③商标引进的分析。

④国外技术服务的分析。

（4）**项目的总平面规划分析**

根据项目总平面规划的总体协调原则进行分析。总平面布置的主要内容包括：

①功能区分布图。

②物料流程图。

③物料流量图。

④生产线路图。

　　⑤运输布置图。

　　⑥公用设施及消防布置图。

　　⑦内部通信布置图。

　　⑧实体布置图。

　　(5)项目的生产规模分析

　　生产规模是生产要素的集合,从其结果来看,则是这些生产要素能够生产出的产品数量。

　　①对生产规模的分析,首先要对制约生产规模的有关因素,如市场容量及产品竞争能力、建设生产及协作条件、项目采用技术及产品的特点、规模经济等进行具体分析。

　　②其次要通过技术经济分析方法比较,选择其中最佳的经济规模。

　　**4. 项目的投资效益评估**

　　(1)投资估算与资金筹措

　　包括拟建项目的整个投资的构成,各项投资估算,资金的筹措方式和各项来源的落实情况,对可行性研究报告中有关数据的修改理由。

　　(2)财务基础数据的估算

　　包括计算期、汇率、销售收入、销售税金及附加、总成本费用、利润、所得税的估算依据和结果,对可行性研究报告中有关数据的修改理由。

　　(3)财务效益分析

　　计算一系列技术经济指标,并用这些指标分析、评价项目财务角度的可行性。指标包括反映项目盈利能力的指标、反映项目清偿能力的指标和反映项目外汇效果和抗风险程度的指标。

　　(4)国民经济效益分析

　　鉴别和度量项目的效益和费用,调整价格,确定各项投入物和产出物的影子价格,计算相应的一系列技术经济指标,并用这些指标分析、评价项目国民经济角度的可行性。

　　(5)不确定性分析

　　进行盈亏平衡分析、敏感性分析和概率分析,分析拟建项目的风险程度,提出降低风险的措施。

　　**5. 项目是否可行和方案是否优化的综合性意见**

　　如果在评估中涉及各种方案的比较选择,还要总结出选择方案的结果。有时在项目可行性研究报告中往往提出若干个不同的方案。各个方案的投资额、资金筹措条件、建设条件和生产条件、技术水平、生产规模、收入、总成本费用以及产品质量均可能有所不同,进而导致财务效益、国民经济效益出现差异。在项目评估中,应对可行性研究中提出的各个方案或评估时拟定的若干个有价值的方案进行比较,从中选出最优方案。

　　经过综合分析判断,提出项目是否值得实施,或选择最优方案的结论性意见,并就影响项目可行性的关键性问题提出切实可行的建议。

### 3.3.3　建设项目评估的步骤和方法

　　**1. 建设项目评估的步骤**

　　项目评估工作是多层次、全方位的技术经济论证过程,涉及众多的学科,需要各方面的专家通力合作才能完成。项目评估的程序是开展项目评估工作应当依次经过的步骤。不同类型的项目,其投资额不同,涉及面不同,因而对其进行评估的程序也不完全一致。就一般项目而言,其评估的程序大致如下:

**(1)准备和组织**

对拟建项目评估,首先要确定评估人员,成立评估小组。评估小组的人员结构要合理,一般包括财务人员、市场分析人员、专业技术人员、土木工程人员和其他辅助人员。组成评估小组以后,组织评估人员对可行性研究报告进行审查和分析,并提出审查意见。最后,综合各评估人员的审查意见,编写评估报告提纲。

**(2)整理有关资料**

在进行项目总评估之前,项目评估小组的有关人员已分别对各分项内容进行了评估。在总评估阶段,应对各分项内容评估所得出的结论进行检查核实,整理归类,在此基础上初步整理出书面材料,并由评估小组集体讨论,为编写项目评估报告提供基础资料。

**(3)确定分项内容**

项目评估分项内容的确定是一项十分重要的工作,既要注意其规范性,也要注意项目自身的特点,并将二者有机地结合起来,亦即确定项目的分项内容时,要根据国家有关部门制定的评估办法中规定的标准来分类;同时又不能简单机械行事,应充分考虑项目的具体情况,对于大型或特大型投资项目,可额外增加一些分项内容;对于小型项目,则可以将有关分项内容加以合并,亦可取消一些分项内容。

**(4)进行分析论证**

在对搜集的资料进行整理以后,进行审核与分析。数据调查和分析重点在于对可行性研究报告的审查所提出的问题。评估人员可以与编制可行性研究报告的单位交换意见,也可以与建设单位或主管部门交换意见。在实践中,分析和论证不是一次完成的,可能要经过多次反复才能完成,特别是对一些大型项目或数据不易取得的项目,这一阶段是评估的关键,一定要充分掌握数据,并力争数据的准确和客观。在这一阶段,要做好分析对比和归纳判断两项工作。

可行性研究是项目评估的主要依据,项目评估主要是对可行性研究的审查和再研究。二者在确定分项内容、选用分析方法以及结论与建议等方面往往存在一定的差异。在这一阶段,应将二者进行对比分析,如发现错误,应予以纠正。

在对比分析的基础上,应进行归纳判断,亦即将各分项评估的结论分别归纳为几大类,以利于判断项目建设的必要性,技术的先进性,财务、经济等方面的可行性,同时也有利于方案的比较选择。

**(5)提出结论与建议**

提出结论与建议是项目评估最为重要的环节。评估人员根据各分项评估的结论,得出总体结论。当各分项评估的结论相一致时,则各分项评估的结论即为总评估的结论;当各分项评估的结论不一致时,则应进行综合分析,抓住主要方面,提出结论性意见。如有些项目从国民经济的角度来看是必要的,市场前景也比较乐观,但原材料和能源供应有困难,或项目所采用的技术比较落后,在未找出解决问题的办法之前,该项目应予以否决。项目评估人员还应当根据项目存在的问题,提出建设性建议,供投资者和有关部门参考。

**(6)编写评估报告**

在基本掌握所需要的数据以后即可进入评估报告的编写阶段。编写评估报告是项目总评估的最后一项工作,也是其最终成果,其编写要求和格式将在后面作详细的阐述。

**(7)论证和修改**

编写出项目评估报告的初稿以后,首先要由评估小组成员进行分析和论证,根据所提意见进行修改后方可定稿。有些评估机构,以这一阶段的定稿作为最终的评估报告报给决策部门或金融机构的信贷部门；有些评估机构，在这一阶段的定稿基础上召开专家论证会，由各方面专家再提出修改意见，最后定稿。

**2. 建设项目的评估方法**

建设项目总评估强调的是从总体、全局和综合的角度来论证项目的合理性和可行性，通常所采取的综合分析方法有以下几种：

（1）经验分析法

根据我国开展项目评估的经验，总评估时首先必须分析拟建项目是否必要，建设条件和生产条件是否具备。上述各个条件缺一不可，只要其中有一个条件不可行，就可确认该项目不可行。其次必须分析拟建项目的国民经济效益和社会效益。除有特殊要求的项目外，凡达不到规定标准的，一般可以判断为不可行。在有建设必要、具有条件、具有较高的国民经济效益和社会效益的前提下，如果其他方面有的不符合建设要求，需要具体分析。如果项目的国民经济效益好，但企业财务效益不佳，需要进一步分析是价格政策、税收政策造成的，还是企业规模不经济或设计不合理等内部原因造成的，在此基础上根据具体情况提出建议。如果项目本身的建设条件、生产条件具备，但配套项目暂未落实，需要向有关部门调查了解具体原因，在此基础上根据具体情况建议有关部门加快配套项目的建设，或推迟主体项目的建设时间。

（2）分等加权法

如果投资项目有多种方案，其中每种方案都有自己的长处和短处，为了综合地评价各种因素的作用，可采用分等加权的方法。这种方法首先要列出项目决策的各种因素，并按重要程度确定其权数。例如将相关配套项目建设方案这一影响因素的权数定为 1，再将其他各种因素与之相比较，分别确定其权数，如确定是否具有先进、适用、经济、安全可靠的工艺的权数为 2，筹资方案是否落实、贷款能否如期偿还的权数为 3，建设单位的资信情况为 4，是否具有较高的投资效益的权数为 5，是否具备建设条件的权数为 5，项目建设是否必要的权数为 6 等。权数要由有经验的专业管理人员、工程技术人员和领导干部共同研究确定。其次，要列出可供选择的各个厂址。如有甲、乙、丙、丁四种方案，究竟选择哪一个方案，需要权衡各种影响因素的利弊得失后才能确定。每个因素对各个方案的影响，可能有好有差，可按其影响的不同程度划分为几个等级，如最佳、较好、一般、最差，并相应地规定了各等级的系数为 4、3、2、1。如"是否具备建设条件和生产条件"这一因素，甲方案最佳，其系数为 4；乙方案较好，系数为 3；丙方案一般，系数为 2；丁方案最差，系数为 1。确定了权数和等级系数后，将两者相乘就可以计算出该因素下各方案的得分数，将每一个方案在各因素下所有得分相加，其中得分最多的就是所要选择的较佳方案。

（3）专家意见法

征求专家对方案总评估的意见有两种方法：一种是请专家来开会讨论，在充分发表意见的基础上逐渐达到对方案总评估的共同认识，最后形成结论性的意见。另一种是特尔菲法。这种方法是先向有关专家提供各方案的分项评估结论及其必要的背景材料，请专家分别写出方案比较和总评估的书面意见；然后把这批专家的意见集中整理（不署名）后，再请第二批专家加以评论，也分别写出自己的书面意见，把这些评论和意见整理（也不署名）后，反馈给第一批专家，请他们再发表意见。经过几次反馈后，往往能使预测比较深入、正确。这种方法有利于避免专家间不必要的相互影响和迷信权威的不足。

（4）多级过滤法

对于具体建设项目的评估与决策，实际上是一个多目标的优化和选择过程。不同的建设方案，往往表现出针对不同方面目标的优劣程度上的差异，使得项目方案的选择有了一定的难度。

多级过滤法就是将建设项目所要满足的所有目标按照重要程度进行排序,然后就各个方案针对各项目标能否满足做出判断,能够通过目标最多的方案就是最佳方案,从而对建设项目的优劣做出评估。

(5)一票否决法

一票否决法是将建设项目所要满足的所有目标根据其重要程度划分为两类:一类是必须满足的目标,如环境目标、社会效益目标、国民经济效益目标等,这类目标具有严格的标准,一旦项目不能满足其中的任何一个目标,项目的可行性就被否定;第二类是非强制性目标,即容许在一定范围内变动的目标,这类目标一般为次要目标。这样,可以对建设项目依次评判其能否满足所有必须满足的指标,如果出现不能满足的目标,项目便被否决;如果这类目标全部满足,在此基础上,再根据项目满足第二类目标的程度,对项目做出最终的评估,由于一票否决法与多级过滤法具有一定的类似性,因此,实际评估中经常将两种方法结合起来应用。

**3. 建设项目评估的要求及评估报告**

(1)编写项目评估报告的要求

①结论要科学可靠。项目评估是一项十分严肃的工作,小则关系到投资者的切身利益,大则关系到地区或国家的发展,项目评估人员应坚持科学、公正的态度,实事求是地评估项目,在此基础上进行总评估,提出科学的结论。

②建议要切实可行。在总评估中,项目评估人员还应当根据项目的具体情况,提出切实可行的建议,以确保项目的顺利实施和按期投入运行。

③对关键内容要做出重点分析。通过总评估可以发现,某些关键性的内容对于项目的正常实施与投产运营具有十分重要的作用。对于这类内容,项目评估人员要予以特别重视,在总评估中要对此作重点分析,以便引起投资者与有关部门的重视。

④语言要简明精练。总评估具有总结的性质,没有必要面面俱到,而应当简明扼要。语言要精练,避免使用高度专业化的术语,以便于决策人员准确理解。为了表达准确、科学,应尽量使用数据和指标说明问题,对于难以量化的内容,要作定性分析,用文字加以说明。

(2)建设项目评估报告的格式

项目评估报告是项目评估工作人员汇总评估结果的书面文件,也是项目投资决策的重要依据。评估报告的格式应视项目的类型、规模以及复杂程度等有所不同。对于大型的复杂项目,要编写详细的评估报告;对于小型的简单项目,可编写简要评估报告。一个项目的评估报告一般包括以下几个部分:

①项目评估报告的正文。评估报告在正文之前一般应有一个"提要",简要说明评估报告的要点,包括企业和项目概况、项目的必要性、市场前景、主要建设内容、生产规模、总投资和资金来源、财务效益、国民经济效益、项目建议书、可行性研究报告和其他有关文件的批复时间和批文号等。其目的就是使阅读者对项目的总体情况有一个大致的了解。

在"提要"之后,一般应按如下顺序编写评估报告:

a. 投资者概况。主要论述投资者的企业法人资格、注册资本、法定地址、在所在行业的地位、信誉、资产负债情况、人员构成、管理水平、近几年经营业绩和投资者的发展规划与拟建项目的关系等,考察投资者是否有实施同类项目的经验,以判断投资者是否具备实施拟建项目的能力。

b. 项目概况。主要论述项目提出的背景和依据、项目的地理位置、主要负责人、注册资本、产品方案和生产规模以及投资效益情况。

c. 项目建设必要性分析。要从宏观和微观两方面分析,以考察拟建项目是否有实施的必要,如果是多方案比较,还要进一步说明选择实施方案与项目建设必要性有何关系。

d. 市场分析。要求对现有市场必须进行充分的论证。所考察的市场范围决定于项目产品销售市场覆盖面,通过项目产品竞争能力的分析,判断项目产品是否有市场,建议项目适宜的生产规模。

e. 建设条件分析。考察项目的选址、工程地质、水文地质、交通运输条件和水、电、气等配套条件;另外,还要考察工程项目实施的计划和进度。

f. 生产条件分析。考察项目所需投入物的来源、运输条件、价格等方面的因素,包括项目所需要的矿产资源、主要原材料、辅助材料、半成品、零配件、燃料和动力等的产地、用量、供应厂家、运输方式、质量和供应的保证程度以及价格合理性等。

g. 生产技术、工艺技术和设备分析。包括拟建项目所需技术的总体水平、技术的来源、项目总图布置、生产工艺流程和设备选型分析、生产规模和产品方案分析。另外,还要考虑环境保护问题。

h. 组织机构和人员培训。包括拟建项目的组织机构设计和人员的来源配套及培训计划。

i. 投资估算与资金筹措。包括拟建项目的整个投资的构成,各项投资估算,资金的筹措方式、计划和各项来源的落实情况。对可行性研究报告中的有关数据的修改理由。

j. 财务基础数据的估算。包括计算期、汇率、销售收入、销售税金及附加、总成本费用、利润、所得税的估算依据和结果,对可行性研究报告中的有关数据的修改理由。

k. 财务效益分析。计算一系列技术经济指标,并用这些指标分析、评价项目财务角度的可行性。指标包括反映项目盈利能力的指标、反映项目清偿能力的指标和反映项目外汇效果的指标。

l. 国民经济效益分析。鉴别和度量项目的效益和费用,调整价格,确定各项投入物和产出物的影子价格,计算相应的一系列技术经济指标,并用这些指标分析、评价项目国民经济角度的可行性。

m. 不确定性分析。进行盈亏平衡分析、敏感性分析和概率分析,分析拟建项目的风险程度,提出降低风险的措施。

n. 总评估。提出项目是否值得实施,或选择最优方案的结论性意见,并就影响项目可行的关键性问题提出切实可行的建议。

②项目评估报告的主要附表。项目评估报告中的主要附表包括投资估算、资金筹措、财务基础数据、财务效益分析和国民经济效益分析的各种基本报表和辅助表格。

③项目评估报告的附件。项目评估报告的附件主要包括以下几个方面:

a. 有关项目资源、市场、工程技术等方面的图表、协议、合同等。

b. 各种批复文件,如项目建议书、可行性研究报告批复文件、规划批复文件(如选址意见书等)等。

c. 证明投资者经济技术和管理水平等方面的文件,包括投资者的营业执照、近几年的主要财务报表、资信证明材料等。

# 3.4 案例:"佳园二期"住宅小区项目可行性研究报告

## 3.4.1 总论

**1. 项目建设背景**

根据 A 市城市规划发展需要以及白龙路片区控制性规划要求,B 房地产开发公司已同 A 市 D 厂以定点拆迁的方式达成协议,获得该厂 33333.5 平方米生产用地。开发建设用地及土地用途性质的变更手续由 A 市土地管理局和市规划局办理。根据城市规划和该市对产业结构调整的有关要求,A 市 D 厂搬迁至高新技术开发区内。

该项目初步方案设计已经完成,"佳园二期"项目建议书已经省计委批准,各项前期工作和规划报批方案工作已相继开展。

**2. 项目概况**

(1)项目名称:"佳园二期"项目。

(2)建设地点:A 市白龙路。

(3)建设单位:B 房地产开发公司。

(4)企业性质:国有。

(5)经营范围:主营:房地产开发经营。兼营:建筑材料、装饰材料、室内外装饰。

(6)公司类别:专营企业。

(7)资质等级:城市综合开发二级。

(8)企业概况:B 房地产开发公司是独资国有房地产开发企业,成立于 1993 年。十多年来,该公司成功开发了多个项目,总开发面积 24 万平方米,形成一定的开发规模,积累了城市住宅小区开发经验,并创出了佳园小区品牌效应。"佳园二期"是该公司开发的高标准精品住宅小区。

(9)工程概况:"佳园二期"项目占地 33333.5 平方米,总建筑面积 76100 平方米,其中多层住宅 50960 平方米,联排低层住宅 10140 平方米,地下停车库 15000 平方米。经估算,工程总投资 17623 万元,每平方米造价 2316 元。

(10)资金来源:本项目建设资金完全由 B 房地产开发公司自筹,不足投资通过预售房款解决。根据收益计算,所得税前项目的财务内部收益率为 19.8%,财务净现值($I_c$=15%)517 万元,投资回收期 2.9 年。投资利润率 17.8%,利税率 26.2%,计算期内国家税收 2629 万元。财务分析结果表明,项目的社会效益和经济效益较好。

**3. 可行性研究报告编制依据**

(1)省计委计投[2000]XX 号文《关于"佳园二期"项目建议书的批复》。

(2)B 房地产开发公司与 A 市 D 厂签订的《国有土地转让造成房屋拆迁、停产损失的补偿合同》以及《国有土地使用权转让合同》。

(3)A 市规划设计院《白龙路沿线控制性详细规划》。

(4)A 市理工大学建筑工程学院设计研究院《"佳园二期"项目初步规划方案》。

(5)白龙寺片区地质勘探资料。

(6)A 市规划局《A 市土地使用变更通知书》。

(7)省审计事务所验资证明。

(8)A 市城市合作银行资金证明。

（9）国家计委《建设项目经济评价方法与参数（第二版）》。

（10）建设部《房地产开发项目经济评价方法》。

**4. 可行性研究报告研究范围**

根据"佳园二期"项目建议书批复和初步规划方案，本研究工作范围主要是住宅市场分析及营销战略，建设规模及功能，住宅及公用工程建设方案，投资估算与资金筹措，项目经济效益评价等。

**5. 研究结论及建议**

本项目属房地产住宅开发项目，符合国家城镇住宅开发建设产业政策，开发用地变更及项目建设规划手续已在办理，建设资金完全自筹，现场建设条件具备。针对商品房升级换代，住宅建设由低档走向高档的发展趋势和 A 市已有一部分收入较高的住房消费群体，户型规划为中高档住宅，根据对 A 市住宅市场分析预测，项目开发有市场销路。财务分析结果表明，项目经济效益可行。本项目开发土地利用 A 市 D 厂生产用地，对盘活国有资产，推进国有企业产业结构调整，有明显的社会效益。

从目前房地产市场分析，商品住宅结构性的矛盾还很突出，建议在下一步方案规划时，对初步确定的住宅户型和功能标准再作进一步的市场调研，尤其是面积较大的联排商品房，如完全作为住宅，要根据市场变化做出更为准确的市场定位，调整户型或面积，并做好工程建设规划，加强楼盘营销工作，降低开发建设成本，尽量减小项目风险。

**6. 主要经济技术指标**

"佳园二期"项目主要经济技术指标见表 3 - 1。

表 3 - 1　"佳园二期"项目主要经济技术指标

| 序号 | 项目名称 | | 单位 | 指标 |
|---|---|---|---|---|
| 1 | 总占地面积 | | $m^2$ | 33333.5 |
| 2 | 总建筑面积 | | $m^2$ | 76100 |
| 3 | 建筑容积率 | | | 1.4 |
| 4 | 小区绿化率 | | % | 40 以上 |
| 5 | 户均面积 | 多层住宅 | $m^2$/户 | A 型 100、B 型 160 |
| | | 联排低层住宅 | $m^2$/户 | 260 |
| 6 | 地下停车库车位 | | 30$m^2$/车位 | 500 个 15000$m^2$ |
| 7 | 综合售价 | 多层住宅 | 元/$m^2$ | 2950 |
| | | 联排低层住宅 | 元/$m^2$ | 3850 |
| 8 | 地下停车库 | | 元/位 | 7500 |
| 9 | 建设投资 | | 万元 | 17623 |
| 10 | 每平方米建设投资 | | 元 | 2316 |
| 11 | 投资利润率 | | % | 17.7 |
| 12 | 全部投资财务内部收益率（税前） | | % | 18.7 |
| 13 | 全部投资财务净现值（税前） | | 万元 | 379 |
| 14 | 全部投资投资回收期（税前） | | 年 | 2.9 |

### 3.4.2 住宅市场分析与营销战略

**1. 当前住宅市场现状**

进入 2000 年以来,在加快住宅建设和深化城镇住房制度改革的推动下,以住宅为主体的房地产市场,总体上呈现平稳发展的态势。主要表现在:

(1)商品房开发投资稳步回升。1992 年房地产业超速发展;1993 年下半年起国家进行宏观调控,至 1995 年以后,房地产开发投资一度出现增速减缓的趋势;1997 年以后,商品房投资逐步增加。

(2)在住房分配货币化和各地促进房地产市场政策推动下,居民对住房消费的投入迅速增加,购房积极性大大提高,新的消费热点正在逐步形成。

(3)住房公积金制度逐步完善,个人住房消费贷款迅猛发展。近几年来,住房消费信贷迅速发展起来,有力地支持了居民房,成为启动房地产市场的一大亮点。

(4)房地产二、三级市场联动效应突出,三级市场渐趋活跃。房地产二、三级市场联动从理论探讨转向广泛的实践,房屋置换活动蓬勃展开,必将成为住宅市场的一个热点。

**2. A 市商品房现状与市场需求**

A 市城市住宅建设速度加快,城市居民人均居住面积 1998 年达到了 10.98 平方米,位居全国大中城市前列。但商品房住宅在居民住房中所占的比例不大,家庭每户总建筑面积还比较小。从 A 市城市居民住房构成现状来看,商品住宅市场蕴藏着巨大的需求潜力。根据有关市场调查资料,A 市目前有 26%的市民住房是"单位借房",约 39%属"房改房",19%是"私房",只有 16%的住房是居民"购买的商品房"。从以上现象可以看出,目前商品房在 A 市市民住宅构成中所占的比例仍然很小,商品房的消费潜力和商品住宅的市场空间很大。随着住房制度改革的进一步深入,住房分配货币化,住房消费信贷扩展和住房二级市场的开放,商品住宅将成为居民主要的住房来源。

再从每户住房总建筑面积来看,居民住房 60 平方米(指建筑面积,下同)以下的占 38.96%,60~80 平方米的占 33.8%,81~100 平方米的占 14.82%,101~120 平方米的占 8.02%,121~140 平方米和 141 平方米以上的分别只占 2.82%和 1.57%,有近 87.58%的家庭住房面积在 100 平方米以下。随着居民生活水平的提高,收入的增加,部分高收入人群要求住房宽敞、舒适、功能齐备及居住环境典雅,每套住宅面积在 100 平方米以上住房户数将比现在有较大的提高,住房的升级换代蕴藏巨大的消费潜力。

**3. "精品住宅"的市场需求及发展**

"人与自然和谐发展"是 21 世纪对城市新型住宅小区的呼唤,也是今后对城市住宅小区开发建设的要求。随着 A 市城市居民收入的日益增加,物质文化生活水平不断提高,居住条件也从只要求户内宽敞、舒适,转移到对住宅的功能、品质、科技含量等方面来,不仅要求规划合理,建筑容积率低,而且要求绿地率高。根据 A 市城市经济社会发展,以及商品房今后发展趋势预测,这类"精品住宅"将有不小的市场消费需求,并将逐步成为城市居民今后商品住房的重要选择条件。

**4. 当前住宅市场面临的矛盾和问题**

目前,以住宅为主体的房地产市场在发展过程中面临着一些深层次的矛盾,结构性、阶段性、体制性供给过剩的现象突出,市场有效需求不足。主要表现在以下三个方面:

(1)商品房空置量继续上升,消化空置房压力加大。据有关资料统计,A 市空置商品房已达 80 余万平方米,一些建设标准低,施工质量差,户型不合理,设施或居住环境不良的商品房空置率还将进一步增加。

（2）住房制度改革未能达到预期进度，各种政策的落实未能实际到位，住宅市场消费需求的良性循环要有一个较长的形成过程。

（3）市场发育程度整体水平偏低，地区之间发展严重不平衡。"佳园二期"住宅开发也面临住宅市场供大于求的矛盾。虽然随着福利房的取消，房地产二、三级市场逐步开放，居民收入水平逐步提高，为商品房市场的发育打下了一定的基础，但目前结构性供给过剩与市场有效需求不足的矛盾十分突出，导致本项目的开发有一定的市场风险。

**5. 营销战略**

根据上述分析和本项目市场定位，制定以下营销战略：

（1）**确定项目整体形象**

"佳园二期"与"佳园一期"地块相连。"佳园一期"小区已成功开发，其品牌形象得到了 A 市市民和政府的认同，在 A 市房地产市场有一定影响，建立了一定信誉。"佳园二期"处于 C 民族园片区，地段位置优越，小区整体形象根据"人与自然"这一主题，强调综合环境和居住生活方式协调，注重消费者人际、精神和心理上的需求和沟通，人与自然的和谐，从规划、设计、营销、管理等方面突出该住宅小区主体形象，营造 21 世纪高素质物业，开发继"南国佳园"之后又一个精品住宅小区。

（2）**"卖点"分析**

"佳园二期"住宅小区凭借其优越的地段位置和区位优势，小区住宅销售的"卖点"主要是：

①小区规划不是简单的绿化，而是按"园林化"概念规划建设，因此有突出的环境特点。此外，开发商重视小区住宅多样化户型和房屋外观的设计，先期发售的佳园小区最成功的"卖点"或销售的"热点"就在于此。

②配套设施要能提供全面、综合的配套服务，注重消费者生活居住多方面的需求与沟通。

③物业管理在佳园小区的基础上更加完善化，服务更加周到全面，管理高质量、高水平。

④小区住宅设计引入"智能化"新概念，使住宅小区按"精品化"的标准档次规划设计和经营管理。除以上因素外，小区"卖点"还有消费者最为关心的价格、地段、开发商信誉以及市场定位等。

（3）**营销推广策略**

高素质的物业开发，除了高水平的规划、设计外，还需要有一套行之有效的市场营销策略和手段，高标准地经营和管理，以确保项目有市场销路，开发商有合理的收益。根据本项目市场定位和开发特点，拟采用以下营销推广策略：

①广告宣传策略

由于佳园小区的成功开发与经营，B 房地产开发公司已在 A 市消费者心目中建立了良好的信誉，对后期项目的开发销售较为有利。"佳园二期"项目要针对确定的目标群体，按计划、分阶段，系统地对小区的整体形象和"卖点"集中进行广告宣传。广告媒体包括：现场售楼部、工地现场、报纸、电视台、新闻发布会、各种宣传资料、户外及路牌广告等，具体宜采用的宣传媒体和方式应根据其效果和费用而定，广告宣传费用列入项目开发成本。

②促销策略

a. 促销的阶段性策略。一般按以下阶段促销：销售准备阶段、首次公开展销和跟进销售阶段、二次公开展销及跟进销售阶段、三次公开展销及跟进销售阶段、扫尾阶段销售。根据不同的销售阶段，制定不同的销售策略。

b. 销售对象及销售时机。本项目销售对象主要是：希望更换商品房的消费者、收入较高或中高收入的消费者、驻 A 市办事机构商用或商住消费者、其他消费者。最佳销售时机根据小区广告宣传效果、试销情况以及市场情况而定。

c. 促销手段。拟采用多种促销手段,包括:广告宣传、内部认购、人员直销、举办展销会、集团认购、有针对性(销售对象)地举办展销会、灵活多样的付款方式、工程质量和进度及完善的小区物业管理承诺、售楼现场样板房促销、其他促销手段。

(4)定价策略

①价格定位

a. 根据 A 市 2000 年 1、2 月楼盘销售情况分析,中高档住宅售价每平方米在 2480～3880 元之间;别墅式高级住宅每平方米 3200～3900 元之间。由于各楼盘区位、环境、配套等均有差别,开发成本仅作参考。

b. 南国佳园第一期的销售价为 2030～2580 元/平方米,最高价为 3、4 楼,最低价是 7 楼。复式楼砖混结构为 2380 元/平方米,框架结构为 2580～3088 元/平方米。"佳园二期"价格定位为中高档住宅,考虑上述因素,多层住宅价格每平方米定在 2800～3000 元之间,联排低层住宅每平方米定在 3500～3900 元之间,可分别取 2950 元和 3850 元,地下停车位每个 75000 元。

②价格优惠策略。拟采用以下策略:付款方式优惠、集团购买优惠、选择购买优惠、特殊消费对象优惠、其他优惠措施。

③价格浮动策略。宜采用浮动售价:展销会期促销优惠价、限期销售优惠浮动价、正常销售期浮动价、其他浮动措施。

④定价方式。主要按期房价、现房价、综合价、集团购买价,并考虑楼层差、朝向差、地段位置差。定价方式突出小区"卖点"和住宅小区内环境、地段位置、楼层及朝向等购房因素的差异。

## 3.4.3 项目选址及建设条件

### 1. 项目选址

1999 年以后,C 民族园作为永久性公园,园区依山傍水,环境得天独厚,今后 A 市将严格控制这一地区规划,区内建设以园林旅游、休闲娱乐和较高档次的住宅为主,发展为 A 市的一个时尚新社区,其周边环境还将进一步改善。C 民族园片区内开发用地成为开发商竞相争夺的宝地,不可多得。"佳园二期"项目在此选址具有明显的区位优势和较好的开发建设条件。

### 2. 建设条件

(1)位置优越

"佳园二期"项目建设地块位于 C 民族园 1 公里处白龙路主干道西侧,空气清新,水质优良,周围是龙华路、昙小路,主干道白龙路向前直通市中心区。沿白龙路一带的住宅区,是该市较早开发的商品住宅片区。区内人口众多(仅新迎小区人口就有 10 万人),商业网点密布,呈现一派繁荣景象,与 C 民族园片区优雅、清新、和谐、宁静的环境形成鲜明的对比。随着"人与自然和谐发展"居住观念的建立,中高档住宅的更新换代将成为新的趋势,依托 C 民族园一流的社区环境,佳园二期住宅开发建设具有无可比拟的区位优势。

(2)交通方便

已建成的主干道白龙路和龙华路、昙小路、金博路、穿金路形成小区四通八达的交通网络。公共汽车由 A 市的东、南、西三个方向开往佳园小区,坐车由佳园小区至市中心只需 10 分钟,到火车站 15 分钟,到 A 市机场 20 分钟。白龙路连接环城东路和白塔路延长线,紧接春城路直达 A 市机场。由另一条主干道穿金路可连接 A 市南北方向交通动脉——北京路,并与东西方向交通干线的人民路交汇,往南是火车站,往西至西市区,交通十分便捷。

(3)建设厂区"五通"条件具备

C 民族园片区市政设施有:道路工程、排水工程、供水管网、电信管网、电力沟、路灯工程、煤气管网、道路绿化工程等。形成完善的路、水、电、气、通讯等市政设施。

供水:设施自来水管网供水。接入干管为 DN300—DN800。从佳园一期预留口引入。

供电:D 厂有现成的变电所($2 \times 315KV \cdot A$),电源不需重新引入。

煤气:佳园一期建有开闭所,从预留口接入。

地质勘探:该地块与佳园一期相连,相邻地块已按多层建筑做过地质勘探。

通信:直接由 A 市市话通信网接入。

场地:建设场地为 D 厂内生产用地,土地平整,需要拆迁。

(4)住宅小区商业及文化教育配套设施齐全

"佳园二期"与南国佳园小区、云山小区、白龙小区、世界花苑构成白龙寺住宅片区,区内商业、教育设施完备,交行、农行、建行在该区均设有营业网点,龙聚商场、新世纪购物广场是小区的购物中心,附近有白龙幼儿园、云山小学等初等教育园地,西南林学院、A 市理工大学建筑学院等院校也在该区周围,形成了良好的文化氛围。

(5)土地征用情况

开发土地以定点拆迁方式获得 A 市 D 厂生产用地 33333.5 平方米,未用转让变更方式办理用地手续。

### 3.4.4　建设规模及功能标准

**1. 建筑面积和内容**

根据省计委立项批复,佳园二期项目建设为商品住宅小区,初步规划总建筑面积 76100 平方米,其中住宅建筑面积 50960 平方米,联排低层住宅建筑面积 10140 平方米,地下停车库 15000 平方米。

**2. 功能设施标准**

(1)建筑使用功能

2000 年城市住宅流行模式为:家庭向小型化发展,户规模以 3 口为主,两代人家希望分离居住,但要靠近;居住环境质量有较大的改善和提高,城市公共交通、地铁和私人汽车有一定发展;学校和托儿所与住宅距离较近,能满足服务半径步行距离的要求;公共服务设施逐步完善,满足居民文化和购物等要求,环境绿化有较大提高。

2000 年住宅的套型模式:各空间的功能更加明确,设备和装修上更加体现个性,其舒适、配套及与环境协调是发展趋势;套型的灵活性和适应性要求更高,并使空间有可能再划分;套型基本面积达到国家预定的目标。

根据这一趋势,"佳园二期"住宅建筑功能和配套设施按相应的标准规划设计。

(2)设施标准

住宅的室内环境,设备与设施,以及消防、安全防护等基本要求须符合《ＸＸ省城市住宅建设标准》和有关规范,并按中高档住宅有关标准设计。

①住宅装饰及设施标准:住宅为初装修,厨房、卫生间一次装修完成。其中,外墙:高级外墙涂料;内墙:厨、卫为彩釉面砖,其余为飞粉;顶棚:厨、卫为塑料扣板吊顶,其余为飞粉;地面:厨、卫为防滑地砖,其余为无砂地坪;门窗:高级塑钢窗带纱窗;分户门:复合防盗门;户内门:实木镶

板门,实木填芯蒙板门;厨房设施:洗涤盆;卫生间设施:台下盆或立柱盆、坐便器、浴盆;阳台:铝合金封闭式阳台;其他:楼梯间踏步为面砖,墙面喷塑,塑料扶手。

②小区配套设施:小区设有院内花园、草地、水池、休息厅、网球场、地下停车库、室外消防、配电房、公共照明、电子防盗系统、通风及火灾报警系统、闭路电视及通信系统以及保安监视系统等。

（3）住宅户型规划

根据"佳园二期"区位环境和住宅市场需求,初步规划为以下3种户型:

多层住宅A户型:每户建筑面积100平方米。

多层住宅B户型:每户建筑面积160平方米。

联排低层住宅C户型:每户建筑面积260平方米。

多层住宅A、B两种户型各196套;联排低层住宅39套。

以上户型在下一步单体设计时,还应根据消费对象需求,综合考虑住宅使用功能与空间组合、家庭人口、人际关系、职业特征等因素,每套住宅有卧室、起居室、厨房、卫生间、储藏室及阳台、餐厅和书房。各种功能空间如卧室(单双人间)、起居室(厅)、厨房、卫生间等的使用面积满足规定的要求。联排高级住宅主要考虑商住两用,故此按办公和居住两用功能安排。

**3. 工程项目一览表**

(略)

## 3.4.5 建设方案

**1. 建设场地环境**

**(1)地形**

建设场地为D厂厂区现状不规则矩形地块,东北宽,西南窄,地形平坦。根据"佳园一期"地质勘察报告钻孔位置和高程数据,地块高程约为1901.41～1902.42米,高程差为1米左右。

**(2)场地自然条件**

①地貌:场地位于A市盆地东北部,地貌上属河流堆积成因形成的堆积准平原地貌,原始阶地地形明显。表层现况为建筑物及回填土层。

②水文地质:根据"佳园一期"地质勘察结果,场区内地下水位高程为1900.60～1901.76米,地下水埋深－1.82～－0.81米。根据场地水质分析结果资料,建筑场区范围内地下水的化学类型对建筑混凝土无腐蚀性,对钢筋混凝土结构中的钢筋无腐蚀性。

③地震烈度:根据建设部建抗(1993)13号《关于执行"中国地震烈度区划图(1990)"有关规定的通知》和省建抗(1993)44号《关于抗震设防烈度有关规定的通知》,本工程按A市地区标准,设防烈度要求为8度。

④地基土工程地质评价:依据《岩土工程勘察规范》(GB50021—94)、《建筑地基基础设计规范》(GBJ 7—89)、《建筑抗震设计规范》(GBJ11—89)、《土的分类标准》(GBJ145—90)。根据佳园小区地质勘察报告,地基土主要有人工填土、耕填土和冲洪积、湖积(沼)相堆积层组成,地质物理力学性质一般或较好,周围场地内无不良地质现象。场地土类型属中软场地土,场地类别为Ⅲ类建筑场地。

**2. 总体规划布局**

**(1)片区规划**

A市规划局已对白龙路沿线C民族园片区做过控制性详细规划,以园林旅游、休闲娱乐和高档住宅为主。目前,该片区市政配套设施齐全,周边环境还将进一步改善。

（2）小区整体规划设计原则

①高绿化低密度。

②综合服务配套设施齐全。

③户型设计适应"升级换代"居住要求。

④体现小区独特的整体建筑风格。

（3）总平面布局

"佳园二期"总平面略呈 T 形布局，由 4 个地块形状较为规则大小不同的庭院式住宅建筑群组合而成，中心花园布置在小区中部，下设地下停车库，利用不规则地形布置网球场和休息厅，小区设南北两个主出入口。在小区总平面规划范围内，合理布局区内空间，与"南国佳园小区"内空间视觉相呼应，风格相协调。

（4）交通组织

小区交通由小区出入主通道、小区次干道和小区道路组成，道路宽度和消防通道按城市住宅小区建设标准规划，地下停车出口和入口分别设于小区北面主出入口，紧接北面 20 米宽区域规划路。

（5）规划指标

根据"佳园二期"初步方案及建设规模，规划指标见表 3-2。

**3. 建筑方案设计**

本工程设计涉及建筑、结构、防火、节能、隔声、采光、照明、给排水、通风、燃气、电气等各种专业，设计时需遵循有关的规范规定，单体设计时还应符合国家现行的有关强制性标准的规定。"佳园二期"项目建筑技术经济指标见表 3-2。

（1）建筑方案总体构思

建设地块紧连"98 佳园小区"，背靠 C 民族园，位置居园区中北部。基本要求是：建筑方案总体构思紧紧把握"人与自然和谐发展"这一中心主题，创造符合时代精神面貌的现代化建筑和优美环境的精品住宿小区，并与"南国佳园小区"相呼应，与周边建筑环境协调统一。

同时考虑到，由于社会经济的发展，人们审美观念也随之变化，对现代建筑功能环境的要求以及建筑技术、材料也提出了高的要求，因此，小区的建筑风格和形式还应注意不受传统风格的影响或限制，拟采用简练的现代构成手法，体现建筑的时代气息和 21 世纪新的居住理念。

（2）平面设计

①住宅。根据使用功能，住宅采用框架结构大空间布局，条式结构可根据消费需求在设计时灵活组合，调整住宅平面空间构成。住宅单体平面设计符合

表 3-2 "佳园二期"项目建筑技术经济指标

| 序号 | 项目 | 指标 |
|---|---|---|
| 1 | 总用地面积 | 33333.5m² |
| 2 | 总建筑面积 | 76100m² |
| 3 | 地下建筑面积（地下停车场） | 15000m² |
| 4 | 地上建筑面积 | 61100m² |
| | 其中：多层住宅 | 50960m² |
| | 联排低层高档住宅 | 10140m² |
| 5 | 建筑层数：地上 | 2～7层 |
| | 地下 | 1层 |
| 6 | 建筑总高 | 7～22m |
| 7 | 建筑层高：地上 | 2.8～4m |
| | 地下 | 3.6m |
| 8 | 建筑容积率 | 1.4m |
| 9 | 绿地率 | 40%以上 |
| 10 | 停车：地上 | 不停车 |
| | 地下 | 500辆 |

国家住宅建设基本标准和有关规范要求。住宅经济技术指标见表3-3。

表3-3 "佳园二期"项目住宅经济技术指标

| 序　号 | 指标名称 | 单　位 | 指　标 |
|---|---|---|---|
| 1 | 套内使用面积 | m²/套 | 80、128、208 |
| 2 | 住宅标准层总使用面积 | m² | 48880 |
| 3 | 住宅标准层总建筑面积 | m² | 61100 |
| 4 | 住宅标准层使用系数 | % | 80 |
| 5 | 套内建筑面积 | m²/套 | 100、160、260 |
| 6 | 户内平均居住人数 | 人/户 | 3.2 |
| 7 | 居住户数 | 户 | 431 |
| 8 | 居住人数 | 人 | 1379 |

②公用建筑。中心花园广场地下设一层车库,地下车库出入口均为小区北面主出入口,地下车库的采光、通风、防潮、排水及安全防护措施,符合现行行业标准《汽车库建筑设计规范》(JGJ100)的有关规定。物业管理会所、配电室、休息厅等建筑物均建于地上。室外有消防环形车道、中心广场和庭院绿化带、建筑小品等。

(3)立面设计

立面造型设计突出现代住宅建筑特色,考虑与"佳园一期"和周围城市环境协调,表现简洁明快,有一定力度,使园区建筑轮廓线条优美和富于变化,并与规划区内优雅、和谐、宁静的环境既协调统一,又具有鲜明的个性。

(4)结构设计

根据"佳园一期"地质勘察报告和本项目工程初步规划,工程基础和上部结构设计拟采用以下类型:

①基础选型及处理

a. 桩基础:桩基础应根据地基条件、软土层的分布、桩的承载性质和成桩质量,并根据实际地质勘探结果,确定成桩方法和工艺,以保证成桩质量。

b. 深层搅拌桩:采用深层搅拌加固地基,并按规定养护、测量,搅拌桩单桩还应通过试桩确定。

②上部结构

"佳园二期"建筑群地上部分由多层住宅、联排低层高挡住宅及公用建筑组成,地上建筑物为框架和混合结构;地下停车库为钢筋混凝土柱或墙。防震工程按8度设防。

## 3.4.6　投资估算与资金筹措

### 1. 投资估算

根据建设单位提供的"佳园一期"土建工程基础数据,按本项目设计方案确定的建筑面积、结构、建设标准,以及可行性研究财务评价有关取费要求,估算总投资造价见表3-4。

表 3 - 4　"佳园小区"项目投资估算　　　　　单位：万元

| 序号 | 项目 | 开发产品成本 | 分期计划进度 | | | |
|---|---|---|---|---|---|---|
| | | | 1 | 2 | 3 | 4 |
| 1 | 土地费用 | 4500 | 4500 | | | |
| 2 | 前期工程费 | 647 | 647 | | | |
| 3 | 基础设施建设费 | 2054 | 600 | 1454 | | |
| 4 | 建筑安装工程费 | 7132 | 1090 | 5400 | 642 | |
| 5 | 公共配套设施建设费 | 280 | 50 | 100 | 130 | |
| 6 | 开发间接费 | 109 | 25 | 35 | 35 | 14 |
| 7 | 管理费用 | 285 | 90 | 90 | 90 | 15 |
| 8 | 销售费用 | 713 | 50 | 250 | 250 | 163 |
| 9 | 开发期税费 | 130 | | 130 | | |
| 10 | 其他费用 | 544 | 90 | 90 | 364 | |
| 11 | 不可预见费 | 1230 | | 400 | 500 | 330 |
| | 合　计 | 17623 | 7142 | 7949 | 2011 | 522 |

**2. 资金筹措**

本项目建设资金完全由建设单位自筹，B 房地产开发公司使用自有资金 8000 万元作为项目资本金；按国家对商品房销售有关规定，不足资金可以从预售房款中解决，实行滚动开发，本项目需利用分期预售房款总计约 9623 万元。

## 3.4.7　经济效益分析

**1. 住宅销售价格**

根据工程所处位置、周围环境条件和房地产市场的趋势预测，考虑房地产销售风险和工程建设成本等综合因素，多层住宅按每平方米 2950 元；低层联排高档住宅按每平方米 3850 元；平均每建筑平方米售价 3001 元。地下停车库每个车位 75000 元，按 80% 即 400 个车位销售计。

**2. 销售进度及付款计划**

本项目计划在 3 年内完成销售，各年销售计划见表 3 - 5 表。

表 3 - 5　各年建筑销售计划表（%）

| 项　目 | 合　计 | 第 1 年 | 第 2 年 | 第 3 年 |
|---|---|---|---|---|
| 多层住宅 | 100 | 15 | 60 | 25 |
| 联排低层高档住宅 | 100 | 10 | 60 | 30 |
| 地下停车场 | 100 | 10 | 60 | 30 |

所有业主均在两年内付清房款,签合同当年付一半,第二年再付一半。

考虑小区临时停车的需要,20%的地下停车库车位,用于租赁,由小区物业公司经营和管理。投入经营后第一年60%出租率,每个停车位每月280元;第二年以后出租率为100%,第二年至第五年,停车位每月300元,五年以后每月400元。

### 3. 税费率

本报告采用的各种税费率见表3-6。

表 3 - 6　税费率表(%)

| 税 费 项 目 | 税费率 | 税 费 项 目 | 税费率 |
|---|---|---|---|
| 营业税 | 5 | 土地增值税 | 30、40、50超率累进 |
| 城市维护建设税 | 7 | 公益金 | 5 |
| 教育费附加费 | 3 | 法定盈余公积金 | 10 |
| 企业所得税 | 33 | 任意盈余公积金 | 8 |
| 房产税(按租金) | 12 | 不可预见费 | 7.5 |

### 4. 盈利能力分析

项目在计算期内经营收入22089万元,可获利润总额3132元,扣除所得税1034万元、公益金105万元、公积金210万、任意盈余公积金168万元后,还有1616万元可分配利润。项目缴纳的经营税金为1215万元,企业所得税为1034万元,土地增值税为380万元,合计缴纳税金2629万元。

项目全部投资内部收益率(所得税前)为19.8%,在预期可接受的内部收益率为15%时净现值可达517万元,投资回收期为2.9年。资本金内部收益率为13.1%。

商品房投资利润率=利润总额/总投资×100%=3132/17623×100%=17.8%

商品房资本金净利润率=税后利润/资本金×100%=2099/8000×100%=26.2%

### 5. 清偿能力分析

本项目所需资金全部均由开发商自筹,未向金融机构借款,因此不存在还款问题。

### 6. 资金平衡分析和资产负债分析

在项目计算期内,各期资金的来源与运用是平衡有余的。由于项目未借款,在适当安排利润的情况下,资产负债率可以一直保持为零,在项目计算期内,项目的资产负债结构是很好的。(注:由于篇幅有限,资金平衡分析、资产负债分析本文未予以充分论述)

### 7. 敏感性分析

将开发产品投资、售房价格、租房价格和预售款回笼进度等因素作为不确定性因素进行敏感性分析,分析结果表明开发产品投资和售房价格两个因素对项目的效益最为敏感。如果开发产品投资和售房价格分别向不利方面变动10%,全部投资内部收益率将分别下降至6.3%和4.8%,净现值分别下降至-857万元和-927万元,均为负值;投资回收期则增加到3.5和3.7年;租房价格和预售款回笼进度对收益的影响相对不敏感。根据测算,敏感因素的变动均不应超过基本方案6%左右的范围,否则,项目收益风险较大。敏感性分析详见表3-7。

表 3 - 7 敏感性分析表

| 序号 | 项目 | 变动幅度 (%) | 内部收益率 (%) | 净现值 (万元) | 投资回收期 (年) |
|------|------|------|------|------|------|
| 0 | 基本方案 | | 19.8 | 517 | 2.9 |
| 1 | 开发产品投资 | ＋10 | 7.7 | －867 | 3.5 |
| | | －10 | 35.3 | 1901 | 2.7 |
| 2 | 售房价格 | ＋10 | 33.9 | 1961 | 2.7 |
| | | －10 | 6.5 | －927 | 3.7 |
| 3 | 预售款回笼进度 | ＋10 | 21.1 | 616 | 2.9 |
| | | －10 | 17.0 | 246 | 3.3 |
| 4 | 租房价格 | ＋10 | 19.9 | 523 | 2.9 |
| | | －10 | 19.8 | 510 | 2.9 |

**8. 临界点分析**

为考察对开发产品效益有影响的因素变化的极限承受能力,对开发产品投资、售房价格、土地费用和售房面积等因素作临界点分析,若期望的内部收益率为 15%,则项目投资的临界点为 18281 万元,增加 654 万元;每平方米售房价格的临界点为 2894 元,下降 107 元;土地费用的临界点为 5069 万元,增加 569 万元;售房面积的临界点为 70335 平方米,减少 2765 平方米(见表 3-8)。

表 3 - 8 临界点分析表

| 敏感因素 | 基本值 | 临界点 | |
|------|------|------|------|
| 全投资税前内部收益率 | 19.8% | 期望值 | 15.0% |
| 开发产品投资(万元) | 17623 | 最高值 | 18281 |
| 售房价格(元/平方米) | 3001 | 最低值 | 2894 |
| 土地费用(万元) | 4500 | 最高值 | 5069 |
| 售房面积(平方米) | 73100 | 最低值 | 70335 |

## 3.4.8 风险分析及对策

**1. 市场风险分析**

(1)从 A 市目前住宅市场来看,出现了住房供过于求的情况,据统计,目前已积压商品房达 80 万平方米。除了市场有效需求不足,改革滞后,福利分房与货币分房双轨并行,购房者举棋不定,房价超过消费者的承受能力等原因外,小区位置偏僻,设施不配套,交通不方便,住宅小区环境不尽如人意,缺乏良好的居住环境是其重要原因。

本项目市场定位为中高档住宅,项目在区位、配套设施、交通、小区环境等方面有较大的市场需求优势,但在销售价格方面有一定风险。按照国际惯例,房价一般是居民家庭年收入的 3～6 倍,而目前 A 市房价每平方米售价为 1500～2000 元之间(中低档商品房),一套建筑面积 65 平方米的住房平均售价达 9.75 万元～13 万元之间,相当于家庭年收入的 7.2 倍至 9.6 倍,难以形成有效需求。本项目销售房价是这一标准的近 2 倍,目前 A 市先富者毕竟是少数,需求有限,销售有一定市场风险。

虽然目前 A 市房地产市场总的趋势是供大于求,价格走低,销售相对低迷,但随着国家采取的反通货紧缩政策的成功,扩大内需取得成效,居民实际购买力处于上升趋势,从长远看商品房的销售前景看好。为保证项目成功,开发商应提高工程质量,通过降低开发成本,减小市场风险。

(2)做好方案规划。项目市场定位是建立在住宅小区合理的规划基础上,包括小区总体规划、配套环境规划、户型规划等。应杜绝规划设计单调、缺乏完善的配套功能的方案规划,从方案的规划上和户型的设计上赢得消费者,减小项目的市场风险。

**2. 经营管理风险分析**

(1)本项目主要应加强市场营销工作,做好商品房销售,加大促销力度,多渠道、多种方式推广促销,尽快销售,才能最大限度地减少项目市场销售风险。

(2)在项目实施中还应优化设计,采取切实可行的工程技术措施和施工方案,在施工管理中,控制各项开发建设成本费用,降低投资成本。从财务评价分析数据可以看出,工程投资降低 1%,将比基本方案增加净现值 139 万元,增长 36.5%;反之,利润减少,销售收益率下降。因此,降低工程造价,控制投资成本,也是降低本项目风险的因素之一。

(3)做好物业管理和售后服务工作。

**3. 金融财务风险分析**

本项目资金完全自筹,不从银行贷款。但从自有资金使用成本和开发资金回收考虑时减少占用资金回收风险,应采用多种付款方式促销,包括:(1)一次性付款方式;(2)分期付款方式;(3)七成银行按揭方式;(4)建筑分期付款+银行按揭;(5)特惠免息分期付款;(6)全部按揭限期分期付款等多种付款方式,使开发资金按预期回笼,从而消减金融财务风险。

## 思 考 题

1. 简述项目发展周期及其发展阶段。
2. 简述我国投资前期研究的阶段划分及其内容。
3. 可行性研究的含义及其意义是什么?
4. 可行性研究的主要作用是什么?
5. 简述可行性研究报告的主要编写内容与编写要求。
6. 简述建设项目评估的概念和种类。
7. 简述建设项目评估的依据及主要内容。
8. 简述可行性研究与项目评估的关系。
9. 工程项目的目标因素是由什么决定的?
10. 工程项目的目标分哪几个层次?
11. 简述工程项目可行性研究的主要内容。

# 第4章 工程项目进度管理

在市场经济的条件下,时间就是金钱,效率就是生命。一个项目能否在预定的时间内完成,这是工程项目管理最为重要的问题之一,也是进行工程项目管理工作所追求的目标之一。工程项目进度管理就是采用科学的方法确定进度目标,编制进度计划和资源供应计划,进行进度控制,在与质量、费用目标协调的基础上,实现工期目标。工期、费用、质量构成了项目的三大目标。其中,费用发生在项目的各项作业中,质量取决于每个作业过程,工期则依赖于进度系列上时间的保证。这些目标均能通过进度控制加以掌握。所以,进度控制是工程项目管理工作的重要内容。

## 4.1 工程项目进度管理系统

### 4.1.1 基本概念

#### 1. 工程项目活动

工程项目活动是指为完成工程项目而必须进行的具体的工作。在工程项目管理中,活动的范围可大可小,一般应根据工程具体情况和管理的需要来定。例如,可将混凝土拌制、混凝土运输、混凝土浇筑和混凝土养护各定义为一项活动,也可将这四项活动综合定义为一项活动——混凝土工程。工程项目活动是编制进度计划、分析进度状况和控制进度实施的基本工作单元。

#### 2. 工程进度与工期

(1)工程进度

所谓进度,是指活动或工作进行的速度,工程进度就是工程进行的速度。工程项目进度计划则是根据已批准的建设文件或签订的承发包合同,对工程项目的建设进度所做的具体安排。根据工作内容,进度计划可分为设计进度计划、施工进度计划和物资设备供应进度计划等。

由于工程项目对象系统(技术系统)的复杂性,常常很难选定一个恰当的、统一的指标来全面反映工程的进度。有时时间和费用与计划都吻合,但工程实物进度(工作量)却未达到目标,造成了项目后期必须投入更多的时间和费用。在现代工程项目管理中,人们赋予进度以综合的含义,它将工程项目的任务、工期、成本有机地结合起来,形成一个能全面反映工程项目实施状况的综合指标。同时,进度控制也不只是传统的工期控制,它将工期与工程实物、成本、劳动消耗、资源利用等统一起来。

(2)工期

工期分建设工期与合同工期。

建设工期是指工程项目从正式开工到全部建成投产或交付使用所经历的时间。建设工期一般应有明确的起止年月,是具体安排建设计划的依据。

合同工期则是从承包商接到监理工程师开工通知令的日期算起,到完成合同规定任务为止的一段时间。监理工程师发布开工通知令的时间和工程竣工的时间在投标书附件中都有详细规定,但合同工期除了该规定的天数外,还应考虑到因工程内容或工程量的变化、自然条件的变化、业主违约以及应由业主承担的风险等不属于承包商责任事件的发生而允许延长的天数。

**3. 工程进度指标**

工程项目进度指标的确定对工程进度的表达、计算、控制有很大影响。由于一个工程项目有不同的子项目、工作包,它们的工作内容和性质不同,因此,选择一个统一的、适用于所有工程活动的计量单位在实际工作中就非常必要。下面介绍几个常见的工程进度指标。

(1)持续时间

持续时间是进度的重要指标。人们常用已完成的工期与计划工期相比较来描述工程完成程度。例如某工程计划工期二年,现已进行了一年,就说工期已达 50%;一个工程活动,计划持续时间为 30 天,现已进行了 15 天,可以说已完成工期的 50%。但都不能说工程进度已达 50%。因为工作的效率和速度不是一个直线,工期与将任务、工期、成本有机结合起来的进度是不一致的。通常,工程项目开始时工作效率很低、进度很慢,到工程中期投入最大、进度最快,而后期投入较少。所以工期进行一半,并不能表示进度达到了一半,何况在已进行的工期中还存在着各种停工、窝工、干扰等现象,实际工作效率要远低于计划效率。

(2)工程活动的结果(状态或数量)

这主要针对生产对象和工程活动都很简单的专门领域。例如,对设计工作可按资料数量(图纸、规范等)来描述,对混凝土工程可按体积(墙、基础、柱)来描述,对设备安装可按吨位来描述,对管道、道路可按长度来描述,对预制件可按数量、重量或体积来描述,对运输量常以吨·公里来描述,对土石方用体积或运载量来描述。当项目的任务仅为完成这些分部工程时,以它们作指标能够反映实际,易于理解。

(3)已完成工程的价值量

这是常用的进度指标,它是用相应的合同价格(单价)或预算价格计算出已经完成的工作量,将不同种类的分项工程用货币的形式统一起来,能够较好地反映工程的进度状况。

(4)资源消耗指标

最常用的有劳动工时、机械台班、成本的消耗等,这些指标具有较好的可比性,即各个工程活动甚至整个工程项目都可用它们作为指标,从而统一了分析尺度。但在实际应用中要注意以下问题:

①投入资源数量和进度有时会有背离,产生误导。例如某活动计划需 100 工时,现已用了 60 工时,但不能说进度已达 60%。

②实际工作量和计划常常存在着差别。如计划 100 工时,由于工程变更、工作难度增加、工作条件变化,实际上应该需要 120 小时。现完成 60 工时,实际上仅完成了 50%,而不是 60%。所以,只有当计划正确,并按预定的效率施工时才得到正确的结果。

③一般常用成本支出来反映工程进度,但要考虑剔除以下因素:

a. 不正常原因造成的成本损失,如返工、窝工、停工等。

b. 由于价格原因(如材料涨价、工资提高)造成的成本增加。

c. 工程或工作范围的变化造成的影响。

**4. 工程进度控制与进度管理**

(1)工程进度控制

是指在规定的建设工期或合同工期内,以工程进度计划为依据,对工程建设的实际进度进行检查、发现偏差、及时分析原因、调整进度计划和采取纠偏措施的过程。在工程项目实施过程中,业主或监理工程师、承包商均有进度控制的工作内容,但他们的控制目标、控制依据和控制手段却存在着一定的差别。进度控制是一项系统工程,对于业主或监理工程师的进度控制,涉及勘察设计、施工、土地征用、材料设备供应、安装调试等多项内容,各方面的工程都必须围绕着一个总进度计划有条不紊地进行;而对于承包商的进度控制,则涉及施工合同、环境、施工条件、施工方案、劳动力和各种施工物资的组织与供应等多项内容,应围绕合同工期,选择和运用一切可能利用的管理手段,实现合同文件所规定的工期目标。

(2)工程进度管理

是指编制工程项目进度计划、实施进度计划、检查实施效果、进度协调和采取措施等的总称。显然,从工作范围这一角度看,工程进度管理涵盖了工程项目进度控制。

## 4.1.2　工程项目进度管理系统

### 1. 工程项目进度管理的影响因素

工程项目进度控制是一个动态过程,影响因素多、风险大,应当认真分析和预测,采取合理措施,在动态管理中实现进度目标。影响工程项目进度控制的因素主要来自下列几方面。

(1)业主

业主提出的建设工期目标的合理性,业主在资金及材料等方面的供应进度,业主各项准备工作的进度以及业主对项目管理的有效性等,都会对工程项目的进度控制产生影响。例如,当业主或业主代表(监理单位)发了开工令后,施工场地还未能完全交付给施工单位施工,或属于业主应办而未办的前期工作和手续等。

(2)勘察设计单位

其影响因素主要包括勘察设计目标的确定、可投入的力量及其工作效率、各专业设计之间以及业主与设计单位之间的配合等。

(3)承包商

其影响因素主要包括施工进度目标的确定、施工组织设计编制、投入的人力及施工设备的规模,以及施工管理水平等。例如,在某开发区的一个工程中,承包商在编制技术方案时为节省施工措施费用,采用喷粉桩代替防渗墙作止水幕墙,结果止水效果不佳,造成工期延误。

(4)建设环境

其影响因素包括建筑市场状况、国家财政经济形势、建设管理体制、当地施工条件(气象、水文、地形、地质、交通、建筑材料供应)等。在施工过程中如果遇到气候、水文、地质及周围环境等方面的不利因素时,由于处理地下的障碍、隐患和文物,就必然会影响到工程项目的进度。例如,某工程的建设地点在黄埔开发区,由于施工场地是淤泥冲积层,地下水位高,承包商根据图纸进行人工挖孔桩施工,在施工期间不断地发生流砂、塌方等事故,不但给施工人员带来了生命安全问题,还给承包商带来了工期和费用的损失。

上述影响因素是客观存在的,但有许多是人为因素造成,因而是可以预测和控制的。因此,参与工程项目建设的各方都应加强对各种影响因素的分析、研究和控制,确保工程项目进度管理目标的实现。

### 2. 工程项目进度管理的周期

进度管理周期贯穿工程建设项目进度控制的全过程,历经建设项目的可行性研究、设计、施工和竣工验收等各个阶段,每一阶段均与进度控制密切相关。

可行性研究阶段要对项目建设进度进行论证,提出实施进度(工期)的建议。它是评估工程项目的时间依据,也是对工程项目进行决策的重要依据之一。

设计阶段要对实施进度作具体规划,进行设计工作的进度控制,对设计方案和施工进度作出预测,将可行性研究报告的建设工期和实施进度进行对比,对设计文件作出合理评价。

施工阶段是进度管理的"操作过程",要严格按进度计划实施,对造成计划偏离的各种干扰因素要予以排除,以保证进度目标的实现。在对项目实施进度管理中,施工进度在整个项目实施进度中占主导地位,所以应特别重视工程项目施工阶段的进度控制。

**3. 工程项目进度计划的管理**

进度管理首先是进度计划的管理。工程项目越复杂、专业分工越精细,就越需要全面的综合管理,需要有一个总体的实施进度计划,否则不可能对整个工程项目的建设进度进行合理有效的控制和管理。常见的工程项目进度计划如下:

(1)工程项目综合进度计划

工程项目综合进度计划是一项综合性的进行进度控制的重要计划。首先,要将项目所有的作业单项按前后顺序排列,明确其相互制约的逻辑关系;然后,计算出每一作业单项所需的工时数,确定各单位工程所需的工期,从而得出整个工程项目所需的总工期,并确保达到计划目标所确定的合理工期。如达不到合同工期要求,要采取有效措施,如改进施工方法、运货途径、增加工作班次等,进行合理调整,同时也要注意控制费用。

(2)工程项目设计进度计划

工程项目设计进度计划是按设计项目对各设计单元进行编号,由有关专业设计组对各设计单元的图纸设计的工作量及其所需的辅助工作量进行估算;然后根据施工进度要求提供图纸的日期,依据设计工作中各专业的工作顺序,安排各个设计单元的进度计划,保证及时供应图纸。

(3)工程项目采购工作进度计划

工程项目采购工作进度计划是根据工程项目的产品工艺流程图、电气仪表系统图等,编制出项目所需的设备清单并编号,按照工程项目总进度计划中对各项设备到达现场的时间要求,确定出各项设备到达施工现场的具体日期。

(4)工程项目施工进度计划

首先,按照预算中各作业单项所需消耗的工时数、计划投入的劳动力和工作班数,求出各作业单项所需的施工工期;然后,按照施工工序的要求,制定出整个工程的施工进度计划,编制出工程项目年度、季度计划和月、旬作业计划。在整个工程的施工进度计划中,对一些关键性的日期,如某分包工程的完工日期、某单位工程的竣工日期、动力车间的供电日期等,应在项目进度计划中标出,使之符合合同工期的要求。

(5)竣工验收和试生产计划

根据工程进度计划和有关方面的资料,在工程竣工后,安排出竣工验收、设备运转试验及生产等一系列活动的日期,以此作为各方共同的工作目标,以便各方做好人力、物力和财力等方面的安排。

根据工程项目的特点,进度计划大都采用图和表的形式来表达将要进行的工作。

**4. 工程项目实施阶段的进度管理**

在工程项目实施阶段,进度管理一般是由业主委托监理单位对工程项目进行进度计划和进度控制。监理单位根据监理合同分别对设计单位、承包商的进度控制实施监督,建设各方按各自编制的进度计划实施,接受监理单位的监督,实施进度控制。

## 4.1.3 工程项目进度管理的特点

工程项目具有规模大、一次性和结构与技术复杂等特点,无论是进度编制,还是进度控制,均

有它的特殊性,主要表现在:

**1. 进度管理是一动态过程**

一个大型建设项目的工期,少则几年,多则十几年。一方面,在这样长的时间里,工程建设环境在不断变化;另一方面,实施进度和计划进度会发生偏差。因此,在工程项目进度控制中要根据进度目标和实际进度,结合工程实际情况,不断调整进度计划,并采取一些必要的控制措施,排除障碍,确保进度目标的实现。

**2. 进度管理是一项复杂的系统工程**

进度计划按工作内容可分为整个项目的总进度计划、单位工程进度计划、分部分项工程进度计划等;按生产要素可分为投资计划、物资设备供应计划等。因此,进度计划十分复杂。而进度控制更复杂,它要管理整个计划系统,而绝不仅仅局限于控制项目实施过程中的施工计划。

**3. 进度管理有明显的阶段性**

对于设计、施工招标、施工等阶段均有明确的开始与完成时间以及相应的工作内容。由于各阶段的工作内容不同,因而有不同的控制标准和协调内容。每一阶段进度完成后都要对照计划作出评价,并根据评价结果作出下一阶段的进度安排。

**4. 进度计划具有不均衡性**

对于施工进度来说,由于外界环境的干扰、工作环境的变化以及施工内容和难度上的差别,年、季、月、日间很难做到均衡施工,这就增加了进度管理的难度。

**5. 进度管理风险性大**

由于建设项目单一性和一次性的特点,进度管理是一项不可逆转的工作,因而风险较大。这就要求管理人员在进度管理中既要沿用前人的管理理论知识,又要借鉴同类工程进度管理的经验和成果,同时还要根据当前工程的特点,对项目进度进行创造性的科学管理。

# 4.2　工程项目进度计划的编制

对于一个工程项目,其进度安排是否合理,在实施过程中是否能按计划执行,这直接关系到工程项目经济效益的发挥。因此,在编制进度计划过程中必须考虑并解决局部与整体、当前与长远,以及各个局部之间的关系,以确保工程项目从前期决策到试投产全过程的各项工作都能按照计划顺利完成。

## 4.2.1　编制工程项目进度计划的依据和基本要求

**1. 编制工程项目进度计划的依据**

(1)工程项目承包合同。工程项目的承包合同(或招标投标文件)中有关工期、质量、资金的要求,是确定进度计划最基本的依据,合同规定的工程开、竣工日期,必须通过进度计划来落实。

(2)工程项目设计进度。

(3)工程项目的施工组织设计。工程项目的施工组织设计与工程项目进度计划的编制是互为影响的。编制施工组织设计时应考虑整个工程项目和主要工程项目的进度要求,而编制施工进度计划时也应考虑工程项目实施方法的确定、施工机械的选择及现场的施工布置等因素的影响。

(4)有关的法规、技术规范、标准和政府指令。与工程项目有关的法规、技术规范、标准及政府部门下达有关建设的各种指标、指令、批示等都会影响到工程项目进度计划的编制和实施。

（5）承包商的生产经营计划。工程项目进度计划应与承包商的经营方针相协调，满足生产经营计划的要求。

（6）承包商的管理水平和设备。承包商及分包商的企业管理水平、人员素质与技术水平、工程项目机械的配备与管理等资料，都会对工程项目进度计划的实施产生影响。

（7）其他有关的工程项目条件。

**2. 编制工程项目进度计划的基本要求**

（1）要运用现代科学管理方法编制进度计划，以提高计划的科学性，确保进度计划的顺利实施。

（2）要充分落实编制进度计划的条件，避免因过多的假定而使计划失去指导作用。

（3）对大型、复杂、工期长的项目应分期、分段编制进度计划，以保持指导项目实施的前锋作用。

（4）进度计划应保证项目实现工期目标。

（5）保证项目进展的均衡性和连续性。

（6）进度计划应与费用、质量等目标相协调，要做到既有利于工期目标的实现，又有利于费用、质量、安全等目标的实现。

项目进度计划的编制通常是在项目经理的主持下，由各职能部门、技术人员、项目管理专家及参与项目工作的其他相关人员等共同参与完成。

## 4.2.2　工程项目进度计划的编制程序

工程项目进度计划应以已签署的合同工期为控制目标来制定。首先要根据项目工期制定出项目的阶段性进度控制目标和进度控制措施；然后，对项目进行分解，将整个工程逐层分解为若干个工作单元，按逻辑顺序排列，以图或表的形式来确定其相互制约关系。因进度计划是项目计划的关键，而工期又是进度计划的核心，所以要根据工程项目的估算，确定每一工作单元的工程量、所需的工作持续时间和资源量，绘制工程项目施工网络图，编制初始网络进度计划，确定各种主要工程项目资源的计划用量，最后进行进度计划优化程度判别与调整。

**1. 收集、分析有关资料**

在编制工程项目进度计划之前，应收集有关建设项目的各种资料，分析影响进度计划的各种因素，为编制进度计划提供依据。收集的主要资料有：

（1）设计文件、有关的法规、技术规范、标准和政府指令。

（2）工程项目的现场勘测资料。

（3）收集工程项目所在地区的气温、雨量、风力及地震等有关资料。

（4）工程项目所在地区的各种资源状况，包括资源品种、质量、单价、运距、产量、供应能力及方式等。

（5）工程项目所在地区附近的铁路、公路、航运运输情况，包括其位置、运输能力、卸货及存贮能力等。

（6）水、电的供应方式及供应能力等状况。

（7）当地劳动力的供应情况。

（8）物资采购、设备供货计划。

（9）已建成的同类或相似工程项目的实际工期。

（10）其他资料。

**2. 选择施工技术方案,确定施工顺序及工作的逻辑关系**

不同的施工项目,其工作内容和工作之间的关系不同;相同的施工项目,采用不同的施工技术方案,工作之间的关系也不尽相同。因此,在编制进度计划之前,首先应选择工程项目技术方案。

工作的逻辑关系主要由两个方面决定:一方面是工作的工艺关系,即工程项目工艺要求的先后顺序关系。在作业内容、施工技术方案确定的情况下,这种工作逻辑关系是确定的。另一方面是组织关系,即对于工艺上没有明确规定先后顺序关系的工作,由于考虑到其他因素(如工期、工程项目设备、资源限制等)的影响而组织编排的先后顺序关系。一般来说,确定工程项目顺序时,主要考虑以下几点:

(1)在保证工期及工程项目实施工艺逻辑关系的前提下,实行分期施工,以便提前投产收益。一般来说,在条件允许的情况下,工程项目的作业面越多,工期越有保证。

(2)工程项目由若干施工单元组成,在确定它们的施工顺序时,应优先安排下列项目:

①按工程项目实施工艺要求,先期投入生产或起主导作用的施工设备。

②工程量大、施工难度大、需要时间长的项目,如水利水电枢纽发电系统的施工。

③工程项目场内外的运输系统、动力系统。

④工程项目辅助工程,如项目的工作车间等。

应当指出,上述确定工程项目顺序的原则不是一成不变的,应对具体问题具体分析。

(3)工程项目的管理目标

工程项目管理的重要任务是对项目的目标(投资、进度、质量)进行有效的控制。对于项目进度控制的目标,有些工程项目比较清楚,是单一的管理目标,而多数工程项目则是以一个目标为主兼顾多个目标的目标体系。也有一些工程项目开始施工时,项目进度控制的目标还较模糊,这时应及时分析工程项目的背景、目的及工程项目的经济效益与社会效益,研究实现进度控制目标的标准、条件、可能性,建立进度控制目标体系。在分析研究成果的基础上,对进度控制目标体系按主次关系进行排队,确定实现目标的先后顺序,明确实现目标的控制标准。

**3. 分解工程项目,明确进度控制的管理目标**

工程项目进度计划的编制,需要从项目实施计划的整体性出发,根据系统工程的观点,将一个工程项目按项目结构或项目进展阶段逐级分解成若干个子项目(或称工作单元),编制出各子项目的进度计划和整个工程项目的总进度计划,从而明确进度控制的管理目标。在分解结构中,子项目计划具有相对独立的作业,项目参与者责权分明,易于管理。分解工程项目要从工程项目整体出发,明确建设参与者(业主、承包商、监理工程师等)的各自责任,使之有计划地实施。如图4-1所示为按项目结构进行分解的项目网络计划系统,图4-2为按项目进展阶段进行分解的项目网络计划系统。

对于不同种类、性质、规模的项目,从不同的角度,其结构分解的方法和思路有很大的差别,但分解过程却很相近,其基本思路是:以项目目标体系为主导,以工程技术系统范围和项目的总任务为依据,由上而下,由粗到细地进行,一般经过如下几个步骤:

(1)将项目分解成单个,定义清楚且任务、范围明确的子项目(工作单元)。

(2)研究并确定每个子项目的特点、结构规则、实施结果以及完成它所需要的活动,以作进一步的分解。

(3)将各层次结构单元(直到最低层的工作包)收集于检查表上,评价各层次的分解结果。

(4)用系统规则将项目单元分组,构成系统结构图(包括子结构图)。

（5）分析并讨论结构分解的完整性。

（6）由决策者决定结构图，并形成相应的文件。

（7）建立项目的编码规划，对分解结果进行编码。

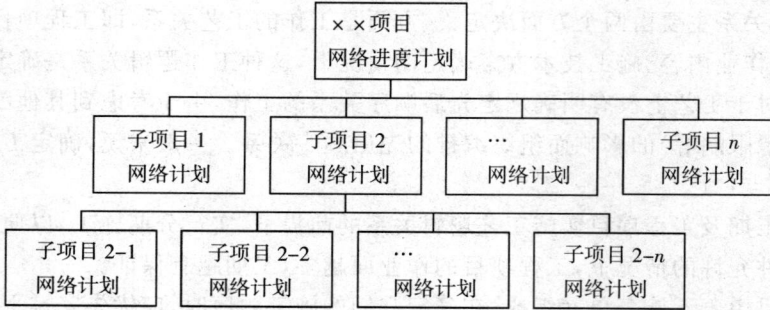

图 4-1　按项目结构进行分解的网络计划系统

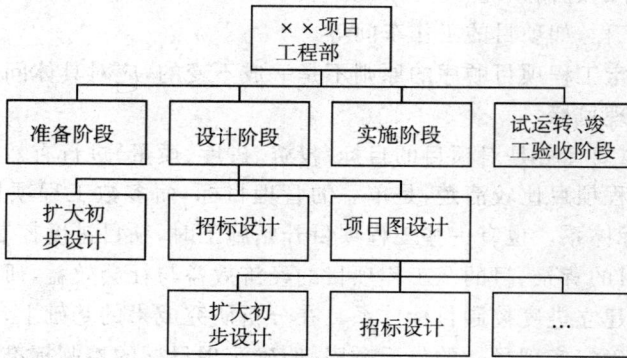

图 4-2　按项目进展阶段进行分解的网络计划系统

**4. 项目工程量、工作持续时间和资源量的计算**

计算项目的工程量，确定项目工作持续时间和资源量是编制网络计划和对计划进行定量分析的基础。工程项目进度计划的准确性与工程项目的工程量、工作持续时间、资源量计算密切相关。

在计算项目的工程量时，工程量的计算精度与设计深度密切相关。当没有给出工程项目的详细设计资料时，可以根据类似工程或概算指标估计工程量；当有工程项目的设计施工图纸时，可以根据设计施工图纸，并考虑工程项目分期、分段等因素，计算出相应的工程量。

在工程项目进度计划中，各项工作的作业时间是计算项目计划工期的基础。在项目工程量一定的情况下，工作持续时间与安排在工作上的设备水平、设备数量、效率，人员技术水平、人员数量等有关。

**5. 编制工程项目工作明细表**

为便于网络图的绘制、时间参数计算和网络计划优化，在前述几项工作的基础上编制工程项目工作明细表，如表 4-1 所示。

表 4 - 1 工程项目工作明细表

| 代号 | 工作名称 | 工作量 | | 资源量 | | 持续时间 | 紧前工作 | 紧后工作 | 备注 |
|------|----------|--------|------|--------|------|----------|----------|----------|------|
| | | 数量 | 单位 | 人工 | 台班 | | | | |
| A | 施工准备 | | | | | | | | |
| B | 施工道路 | | | | | | | | |
| … | … | | | | | | | | |

**6. 编制初始网络进度计划**

对形成的初始网络计划,要综合考虑工程项目的工艺逻辑关系和组织逻辑关系,对图中存在的不合理逻辑关系要进行修正,使网络图在工艺顺序和组织顺序上都能正确地表达出工程项目实施方案的要求,从而形成能指导项目实施的网络进度计划。

在草拟初始进度计划时,一定要抓住关键,分清主次关系,合理安排,协调配合。初始工程项目的总进度计划拟定以后,要审查施工工期是否符合规定要求。对于满足施工工期要求的初始总进度计划,按时间坐标计算各工种工程量和主要资源用量。对出现的施工强度高峰和资源用量高峰进行调整,要削减峰值,以满足均衡施工的要求,使之成为可行计划。

**7. 确定各种主要工程项目资源的计划用量**

根据时间坐标网络图中施工工序所需的主要施工资源的计划用量,绘制不同资源的动态曲线和累计曲线图,形象描述资源用量计划。

**8. 工程项目进度计划优化与调整**

(1)施工工期

检查工程项目进度计划中的计划工期是否超过规定的合同工期目标。如果超过,则应在计划中增加关键工序的施工强度,缩短关键工序的持续时间,使整个进度计划的计划工期满足合同工期的要求。如工程项目的计划工期远小于合同工期,则应考虑降低工程项目投资,减少劳动力或机械设备数量,降低施工强度,适当延长关键工序的持续时间,使整个项目的计划工期接近合同工期。工程项目的进度计划经调整满足工期控制目标后,才可作为项目实施的进度计划。

(2)工程项目资源

检查工程项目主要资源的计划用量是否超过实际可能的投入量(拥有量),如果超过计划用量,则必须进行调整。调整的方法是在满足工期目标的基础上,利用非关键工序的时差,错开施工高峰,削减资源用量高峰;或改变施工方法,减少资源用量。这时要增加、减少或改变某些工序逻辑关系,经调整重新绘制施工进度计划网络图,经过不断的调整,直到资源计划用量满足实际拥有量。

(3)费用

在满足工期目标及资源目标的条件下,检查工程项目进度计划的费用是否超过施工承包的合同价。在正常条件下,缩短工期会引起直接费用增加和间接费用减少;反之,延长工期则会引起直接费用减少和间接费用增加。工期费用优化是在考虑工期目标的条件下,找出与工程项目最低费用对应的工期或既定工期条件下的工程项目最低费用,即在工程项目进度计划中考虑间接费用随着工期缩短而减少的影响,找出既使计划工期缩短而又使得直接费用增加额最少的工序,缩短其持续时间。经过多次调整,比较分析不同工期的直接费用和间接费用,求出工期—费用的优化关系。调整后的工程项目网络计划及其时标网络进度计划,用于指导施工及控制进度计划。

　　工程项目进度计划的可行性及优化程度,除了考虑工期、资源、费用三个目标外,还应考虑是否满足质量标准、安全计划、现场临时设施、施工辅助设施的规模与布置、各种材料及机械的供应计划编制程序等其他因素。

　　工程项目进度计划编制程序如图 4-3 所示。

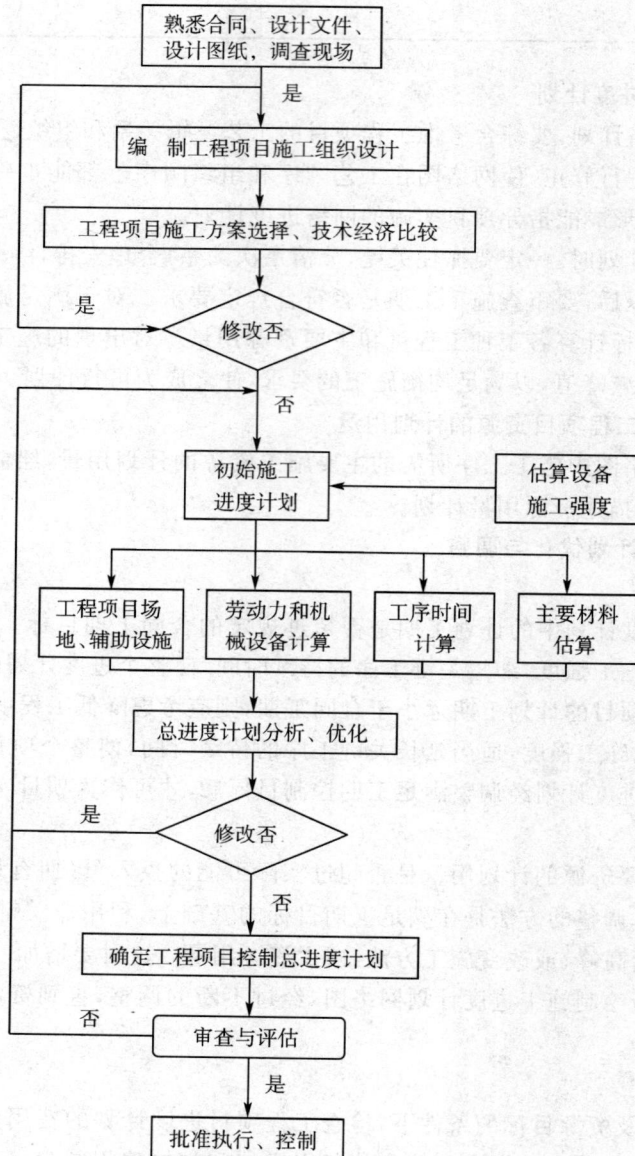

```
           ┌──────────────────┐
           │ 熟悉合同、设计文件、  │
           │ 设计图纸,调查现场   │
           └────────┬─────────┘
                    │ 是
           ┌────────┴─────────┐
           │ 编 制工程项目施工组织设计 │
           └────────┬─────────┘
           ┌────────┴─────────┐
           │ 工程项目施工方案选择、技术经济比较 │
           └────────┬─────────┘
         是 ◇────────┴────────◇
           │      修改否        │
           ◇─────────┬────────◇
                     │ 否
           ┌─────────┴──────┐        ┌──────────┐
           │ 初始施工       │◄───────│ 估算设备   │
           │ 进度计划       │        │ 施工强度   │
           └─────────┬──────┘        └──────────┘
      ┌──────┬───────┼────────┬────────┐
  ┌───┴───┐┌─┴────┐┌─┴───┐┌──┴───┐
  │工程项目场││劳动力和││工序时间││主要材料│
  │地、辅助设施││机械设备││计算  ││估算  │
  │      ││计算  ││    ││    │
  └───┬───┘└──────┘└─────┘└──────┘
      ┌───┴──────────┐
      │ 总进度计划分析、优化 │
      └───┬──────────┘
    是 ◇───┴────◇
      │  修改否   │
      ◇────┬───◇
           │ 否
      ┌────┴──────────┐
      │ 确定工程项目控制总进度计划 │
      └────┬──────────┘
    否 ┌───┴────┐
       │ 审查与评估 │
       └───┬────┘
           │ 是
       ┌───┴────┐
       │ 批准执行、控制 │
       └────────┘
```

图 4-3　工程项目进度计划编制程序框图

## 4.2.3　工程项目进度计划的编制方法

　　不同类型的工程进度计划,编制方法会有所不同。对子项目数量较少、逻辑关系简单的进度计划,常用横道图法编制,如控制性总进度计划、实施性分部或分项工程的进度计划。但是,当子项目数量较多时,横道图对子项目之间的逻辑关系就难以清楚地表达出来,进度计划的调整就比较麻烦,进度计划的重点也就难以确定,而网络图法则可以弥补上述不足。因此,当子项目数量较多、逻辑关系较为复杂时,工程上常用网络图法编制进度计划。网络图法有关键线路法、计划评审技术、图示评审技术、决策网络计划法和风险评审技术等几种类型,下面介绍关键线路法和计划评审技术。

**1. 关键线路法**

关键线路法又可分双代号网络图法、双代号时标网络法、单代号网络法、单代号搭接网络法等。

**(1)双代号网络图法**

双代号网络图时间参数和计算工期的计算公式

令整个进度计划的开始时间为第 0 天,且节点编号有 $0 < h < i < j < k$。

①最早开始时间 $ES_{i-j}$(活动 $i-j$ 最早可能开始的时间)

令
$$ES_{i-j} = 0 \qquad i = 1 \tag{4-1}$$

则
$$ES_{i-j} = \max(ES_{h-i} + D_{h-i}) \tag{4-2}$$

式中:$ES_{h-i}$——活动 $i-j$ 各紧前活动的最早开始时间;

　　　$D_{h-i}$——活动 $i-j$ 各紧前活动的持续时间。

②最早完成时间 $EF_{i-j}$(活动 $i-j$ 最早可能结束的时间)
$$EF_{i-j} = ES_{i-j} + D_{i-j} \tag{4-3}$$

③计算工期 $T_c$:
$$T_c = \max(EF_{i-n}) \tag{4-4}$$

式中:$EF_{i-n}$——终节点前活动 $i-n$ 的最早完成时间

　　　$n$——网络计划图的终节点。

④最迟完成时间 $LF_{i-j}$(活动 $i-j$ 最迟必须结束的时间)
$$LF_{i-j} = T_P \qquad j = n \tag{4-5}$$
$$LF_{i-j} = \min(LF_{j-k} - D_{j-k}) \tag{4-6}$$

式中:$T_P$——计划工期;

　　　$LF_{J-K}$——活动 $i-j$ 的各紧后活动的最迟完成时间。

⑤最迟开始时间 $LS_{i-j}$(活动 $i-j$ 最迟必须开始的时间)
$$LS_{i-j} = LF_{i-j} - D_{i-j} \tag{4-7}$$

⑥总时差 $TF_{i-j}$(活动 $i-j$ 在不影响总工期的条件下可以延误的最长时间)
$$TF_{i-j} = LS_{i-j} - ES_{i-j} \tag{4-8}$$

或
$$TF_{i-j} = LF_{i-j} - EF_{i-j} \tag{4-9}$$

⑦自由时差(活动 $i-j$ 在不影响紧后活动最早开始时间的条件下,允许延误的最长时间)
$$FF_{i-j} = ES_{j-k} - ES_{i-j} - D_{i-j} \tag{4-10}$$

或
$$FF_{i-j} = ES_{j-k} - EF_{i-j} \tag{4-11}$$

根据上述公式,通过计算将时间参数标注在双代号网络图上,如图 4-4 所示。由图中计算结果可知,当计划工期和计算工期相等时,总时差为 0 的活动为关键活动,关键活动依次相连即为关键线路。

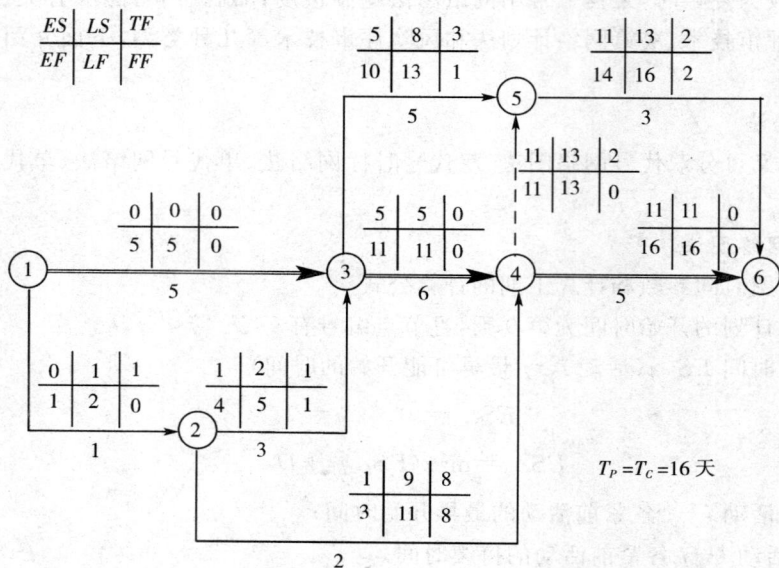

图 4-4 网络时间参数计算示例

**(2)双代号时标网络法**

双代号时标网络计划是以水平时间坐标为尺度表示工作时间的网络计划。它将双代号网络图和横道图结合起来,既能表达出活动的逻辑关系,又能表达出活动的持续时间。

如图 4-5 所示,在时间坐标下,实线表示活动,波浪线表示自由时差。虚活动可以用虚箭线表示,但垂直于水平坐标。在时标网络图中,进度计划按最早时间编制,节点中心必须对准时标的刻度线,时间长度是以所有符号在时标表上的水平位置及其水平投影长度表示的,与其所代表的时间值所对应。

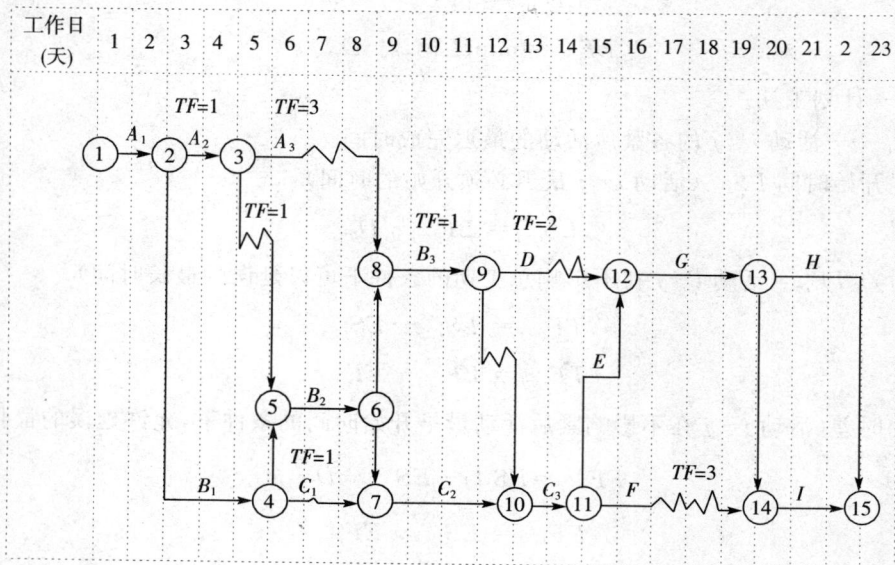

图 4-5 时标网络图

在时标网络计划中,凡是不出现波浪线的线路,即为关键线路;终节点与始节点所在位置的时间差值为计算工期;波浪线在坐标轴上水平投影的长度即为活动的自由时差,活动的总时差可从右到左逐个推算,其公式为:

$$TF_{i-j} = \min \{ TF_{j-k} + FF_{i-j} \} \qquad (4-12)$$

式中:$TF_{j-k}$——活动 $i-j$ 的紧后工作的总时差;

　　　$FF_{i-j}$——活动 $i-j$ 的自由时差。

**(3)单代号网络图法**

单代号网络图时间参数计算的方法和双代号网络图相同,计算最早时间从第一个节点算到最后一个节点;计算最迟时间从最后一个节点算到第一个节点。有了最早时间和最迟时间,即可计算时差和分析关键线路。

在单代号网络计划中,除标注出各个工作的 6 个主要时间参数外,还应在箭线上方标注出相邻两工作之间的时间间隔,如图 4-6 所示。时间间隔是工作的最早完成时间与其紧后工作最早开始时间之间的差值。工作 $i$ 与其紧后工作 $j$ 之间的时间间隔用 $LAG_y$ 表示。

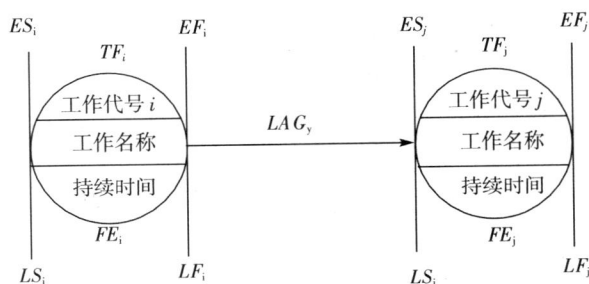

图 4-6　单代号网络计划时间参数

**(4)单代号搭接网络法**

不论是双代号网络图还是单双代号网络图,它们均只能描述活动之间的先后连接关系,活动之间的这种搭接关系用它们来描述就比较麻烦,计算也不方便。20 世纪 70 年代开始,许多学者就采用多种方法对活动的这种搭接关系进行描述,其中单代号搭接绘图法较为典型,用这种方法得到的有向图称为单代号搭接网络图。

单代号搭接网络的逻辑关系是由相邻两活动之间的时距决定的,时距是活动之间不同顺序关系所决定的时间差值。单代号搭接网络将活动的基本搭接关系分为 5 种,即:

①结束到开始(Finish To Start,FTS)

图 4-7(a)、(b)表示活动 $i$ 结束 2 天后活动 $j$ 才开始,其时距即为 2 天,记为 $FTS_{i-j}=2$ 天。

(a) FTS 关系的横道图表示　　　　(b) 某油玻工程 FTS 关系的单代号搭接网络表示

图 4-7　FTS 型关系表示方法

②开始到开始(Start To Start,STS)

图 4-8(a)、(b)表示活动 $i$ 开始 2 天后活动 $j$ 才开始,其时距即为 2 天,记为 $STS_{i-j}=2$ 天。

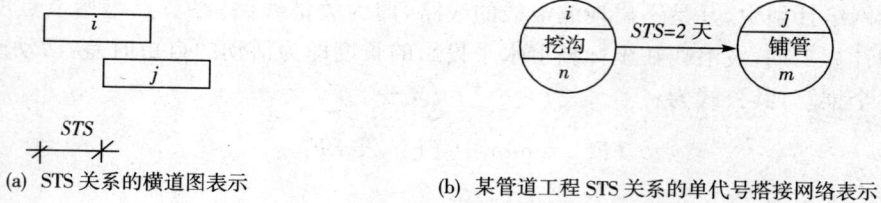

(a) STS 关系的横道图表示　　　　(b) 某管道工程 STS 关系的单代号搭接网络表示

图 4 - 8　STS 型关系表示方法

③结束到结束(Finish To Finish,FTF)

图 4 - 9(a)、(b)表示活动 $i$ 完成 2 天后活动 $j$ 才完成,其时距即为 2 天,记为 $FTF_{i-j}=2$ 天。

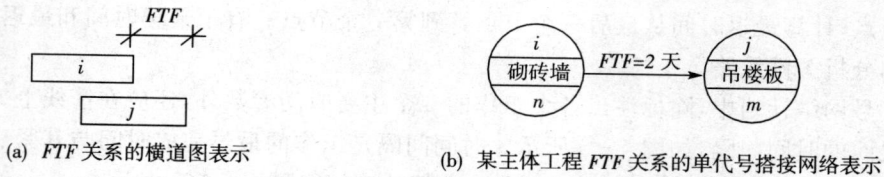

(a) FTF 关系的横道图表示　　　　(b) 某主体工程 FTF 关系的单代号搭接网络表示

图 4 - 9　FTF 型关系表示方法

④开始到结束(Start To Finish,STF)

图 4 - 10(a)、(b)表示活动 $i$ 开始 8 天后活动 $j$ 才完成,其时距即为 8 天,记为 $STF_{i-j}=8$ 天。

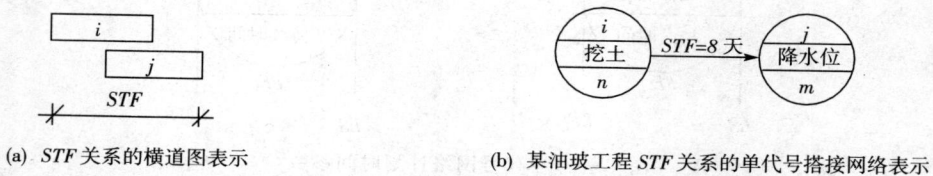

(a) STF 关系的横道图表示　　　　(b) 某油玻工程 STF 关系的单代号搭接网络表示

图 4 - 10　STF 型关系表示方法

⑤混合搭接

以上四种搭接时距是最基本的搭接关系,有时只用一种搭接时距不能完全表明相继进行的两项工作 $i$ 与 $j$ 的搭接关系,这时需要用两种基本时距组合才能表明搭接关系。其中 $STS_{i-j}$ 和 $FTF_{i-j}$ 组合应用较多,即表示前面工作和后面工作的时间间隔除了受到开始到开始的限制外,还要受到完成到完成的时间间隔限制,称为混合搭接时距。其关系如图 4 - 11 所示。

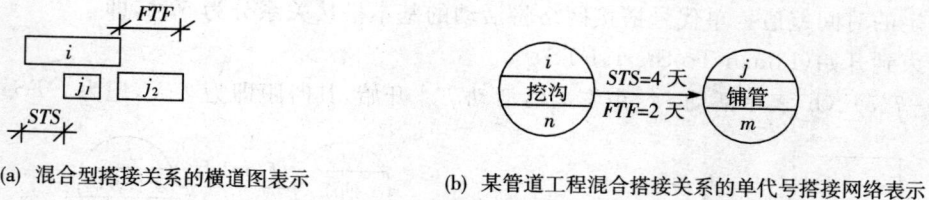

(a) 混合型搭接关系的横道图表示　　　　(b) 某管道工程混合搭接关系的单代号搭接网络表示

图 4 - 11　混合搭接关系表示方法

混合连接关系的时间参数计算公式如下。

最早时间计算：

$$ES_j = ES_i + STS_{i-j} \tag{4-13}$$

$$EF_j = ES_j + D_j \tag{4-14}$$

$$EF_j = EF_i + FTF_{i-j} \qquad\qquad (4-15)$$

$$ES_j = EF_j - D_j \qquad\qquad (4-16)$$

结果取上面两组中的大者。最迟时间计算：

$$LS_i = LS_j - STS_{i-j} \qquad\qquad (4-17)$$

$$LF_i = LS_i + D_i \qquad\qquad (4-18)$$

$$LF_i = LF_j - FTF_{i-j} \qquad\qquad (4-19)$$

$$LS_i = LF_i - D_j \qquad\qquad (4-20)$$

结果取上面两组中小者。

根据上述公式,可对单代号搭接网络进行计算,如图 4 - 12 所示。

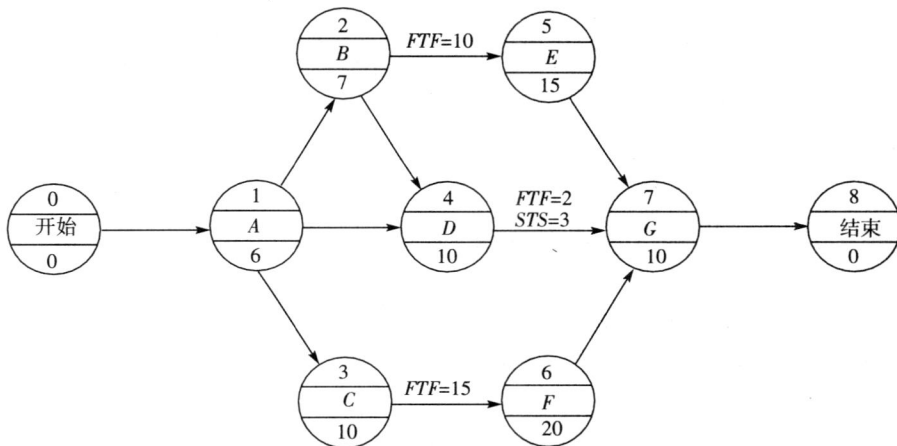

图 4 - 12　单代号搭接网络计划时间参数示例

**2. 计划评审技术**

计划评审技术(PERT)是一种解决活动间逻辑关系肯定但活动持续时间非肯定的网络计划技术。它主要用来分析各项活动按规定时间完成的可能性,以便管理人员监督、分析和调整工程项目的进行过程,实现进度目标。

(1)PERT 主要假定

①每项活动是随机独立的,且服从正态分布。

②在这种活动之间逻辑关系肯定、活动持续时间非肯定的网络图中,仅有一条线路占主导地位。

③对这种活动之间逻辑关系肯定、活动持续时间非肯定的网络图,其关键线路持续时间服从正态分布。

(2)PERT 应用步骤

①绘制网络图(与双代号网络图相同)。

②活动持续时间随机分析。

③计算活动最早时间的期望值。

④计算活动最迟时间的期望值。

⑤计算活动的总时差。

⑥计算各节点或各活动按计划完成的完工概率。

⑦确定关键线路。

**(3)PERT 网络计划完工概率计算**

PERT 网络的活动持续时间具有随机性,因此,线路持续时间也具有随机性。常用"三时估计法"确定期望活动持续时间 $D_{i-,j}$ 及其方差 $\sigma_{i-,j2}$,如公式(4-21)和(4-22)。得到期望活动持续时间后,可采用和关键线路相同的方法,计算各活动的期望时间参数和期望计算工期,并找出关键线路。由 PERT 的假定,可得期望关键线路持续时间 $T_e$ 及其标准差 $\sigma_T$ 的计算公式:

$$T_e = \sum_{i=1}^{n} D_{i-j} \tag{4-21}$$

$$\sigma_T = \sqrt{\sum_{i=1}^{n} \sigma_{i-j}^2} \tag{4-22}$$

式中:$i,j$ 为 PERT 网络节点编号,且有 $i < j$。

PERT 假定关键线路持续时间服从正态分布,因此,可由下式先计算出难度系数 $\lambda$,然后查正态分布表,得到 PERT 网络计划的完工概率。

$$\lambda = \frac{T_s - T_e}{\sigma_T} \tag{4-23}$$

式中:$\lambda$——难度系数,由此查正态分布表,可得 PERT 网络完工概率;

  $T_s$——规定工期;

  $T_e$——关键线路期望持续时间;

  $\sigma_T$——关键线路期望持续时间的标准差。

# 4.3 工程项目进度计划的优化

在现代工程项目管理中,仅仅满足于编制出项目进度计划,并以此来进行资源调配和工期控制是远远不够的,还必须依据各种主、客观条件,在满足工期要求的同时,合理安排时间与资源,力求达到资源消耗合理和经济效益最佳这一目的,这就是进度计划的优化。在用横道图表示的水平进度计划中,由于工作间的逻辑关系表示不清,而有关时间参数和关键线路的信息也得不到反映,所以进行优化十分困难,只能凭经验进行局部优化调整。当采用网络计划时,可以利用工作所具有的时差进行相关调整,从而使项目进度计划的优化得以实现,但其优化是建立在多次反复计算的基础上,工作量很大,过程十分繁琐,稍复杂一点的网络计划(如超过 50 个工作),用手算就已近乎不可能,所以,网络进度计划的优化主要是通过计算机来完成的。

根据网络计划优化条件和目标不同,分为工期优化、费用优化和资源优化。

## 4.3.1 工期优化

### 1. 工期优化的概念

工期优化就是调整进度计划的计算工期,使其在满足要求工期的前提下,达到工期最为合理的目的。项目工期并不是越短越好,因为项目工期过短,会造成项目费用的大量增加。所以工期优化并不是单纯缩短工期,而是在满足要求工期的前提下,使项目计划工期尽量保持在合理工期的范围之内。当要求工期比较合理或是不容改动时,工期优化就包含两个方面内容:一是网络计划的计算工期超过要求工期,就必须对网络计划进行优化,使其计算工期满足要求工期,且保证因此而增加的费用要最少;二是网络计划的计算工期远小于规定工期,这时也应对网络计划进行优化,使其计算工期接近于要求工期,以达到节约费用的目的。在项目进度计划的工期优化中,前者最为常见,后者则较为少见。

**2. 缩短工期的主要方法**

**(1)强制缩短法**

采取措施使网络计划中的某些关键工作的持续时间尽可能缩短,这是工期优化最常用的方法。强制缩短法的一个重要问题就是选择哪些工作,压缩其持续时间以达到缩短工期的目的。常用的方法有:

①顺序法。先开始进行的关键工作先压缩,依次进行直至最后。

②加权平均法。按关键工作持续时间长短的百分比进行压缩。

③选择法。由计划编制者有目的地选择某些关键工作的持续时间进行压缩。

前两种方法未考虑压缩持续时间所造成的资源和费用的增加等因素,而选择法考虑了这一问题。所以,选择法是工期优化的一种较为理想也是最常用的方法。

**(2)调整工作关系**

根据项目的可能性,将某些串联的关键工作调整为平行作业或交替作业。

**(3)关键线路的转移**

利用非关键工作的时差,用其中的部分资源加强关键工作,以缩短关键工作的持续时间,使工期缩短。采用这一措施,关键线路可能会不断地发生转移。

**3. 工期优化的步骤**

我们知道,对网络计划工期有影响的只是关键工作,网络计划工期的优化就是通过改变关键工作持续时间的方式来实现的。下面介绍压缩网络计划工期的方法,其步骤如下:

(1)找出网络计划中的关键线路,并计算出网络计划总工期。

(2)计算应压缩的时间。

(3)选定最先压缩持续时间的关键工作。选择时应考虑如下因素:

①缩短持续时间后,应对项目质量和安全影响不大。

②有充足的备用资源。

③缩短持续时间所需增加的费用相对较少。

(4)确定压缩时间:将选定的关键工作的持续时间压缩至"允许的"最短时间。这里所谓的"允许",是指要尽量保持关键工作的地位,因其一旦被压缩成非关键工作后,再继续压缩其持续时间,对缩短工期就已失去作用。在实际应用中,如需要将某一关键工作压缩成非关键工作时,应对新出现的关键工作再次进行压缩。

(5)压缩另一关键工作:若压缩后的计算工期仍不能满足要求工期的要求,则按上述原则选定另一个关键工作并压缩其持续时间,直至满足要求工期为止。当将所有的关键工作的持续时间都压缩至"允许的"最短持续时间,仍不能满足要求工期时,说明原网络计划的技术、组织方案不合理,应重新进行修正、调整。当然,也有可能是要求工期不现实,这时应对要求工期重新进行审定。

在优化过程中如出现多条关键线路时,必须对各条关键线路的持续时间同时压缩至同一数值。否则,就不可能起到缩短工期的作用。

有时,也有需要延长网络计划工期的要求,使其接近要求工期。其优化方法与上述压缩网络计划工期的优化方法,在步骤上基本一样,也是反复选定一关键工作增加其持续时间,或是增加非关键工作持续时间使其成为关键工作,并超过原相应关键工作的持续时间,以达到增加网络计划工期的目的。

### 4. 工期优化示例

[例 4 - 1]

已知网络计划如图 4 - 13 所示。箭线的下方,括号外为正常持续时间,括号内为允许最短持续时间。假定要求工期为 100 天。根据实际情况并考虑有关因素后,缩短顺序为 $B$、$C$、$D$、$G$、$H$、$I$、$A$。试对该网络计划进行优化。

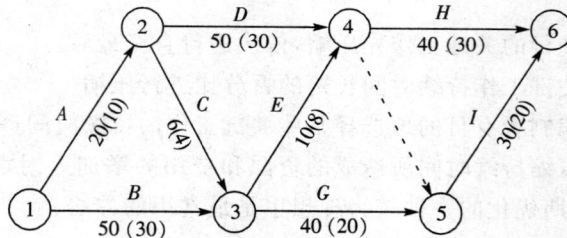

图 4 - 13   初始网络计划

[解]

① 确定出关键线路及正常工期 $Tc = 120$ 天,如图 4 - 14 所示。

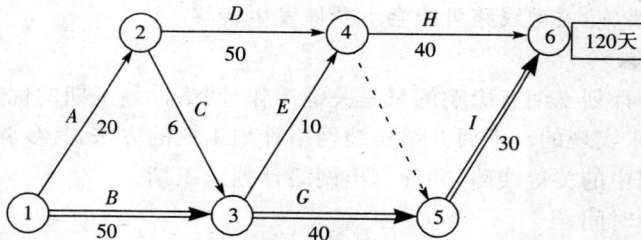

图 4 - 14   找出关键线路

② 由式(4 - 41)得出应缩短时间为:$\triangle T = Tc - Tr = 120 - 100 = 20$ 天

③ 根据已知条件,先将 $B$ 缩至极限工期,关键线路变为 $A - D - H$(图 4 - 15)。

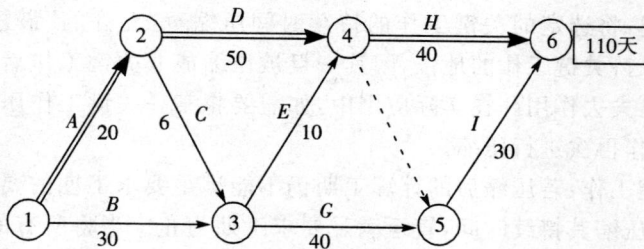

图 4 - 15   将 $B$ 缩至 30 天后的网络

④ 将 $B$ 的持续时间增至 40 天,关键线路变为 $A - D - H$ 和 $B - G - I$,而 $B$ 仍为关键工作(图 4 - 16)。

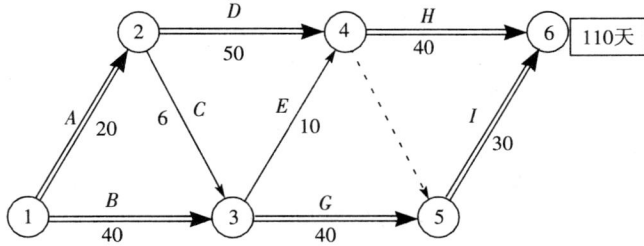

图 4-16　将 B 增到 40 天后的网络计划

⑤根据已知缩短程序，将 $D$、$G$ 各压缩 10 天，使工期达到 100 天的要求工期（如图 4-17 所示），而关键线路依然为 $A-D-H$ 和 $B-G-I$。

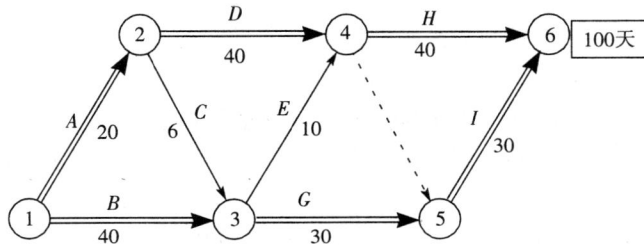

图 4-17　压缩 $D$、$G$ 而达到要求工期的优化网络计划

## 4.3.2　费用优化

### 1. 项目实施费用与工期的关系

项目实施费用通常可分为直接费用和间接费用两部分。直接费用包括材料费、人工费、设备购置与使用费等直接用于项目实施的费用。间接费用是指在项目实施过程中的组织、管理等工作所需要的费用。一般情况下，项目费用与工期的关系如图 4-18 所示，间接费用与项目工期大致成正比关系，它将随工期的延长而递增；直接费用与工期呈一曲线关系，通常情况下，它会随工期的缩短而增加，但工期不正常延长时，其费用也会增加。项目的总费用是直接费用和间接费用之和。所以，它与工期的关系也是一条曲线，此曲线上有一总费用最低点 $N$，它所对应的工期就是最优工期。

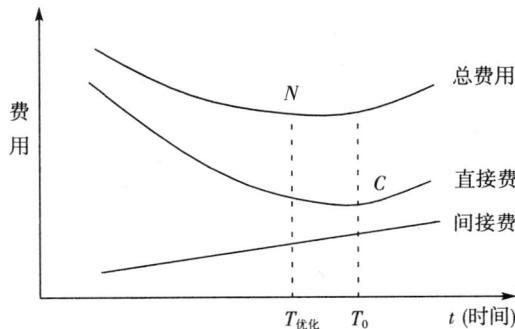

图 4-18　项目总费用与工期的关系

### 2. 费用优化的步骤

费用优化又叫时间成本优化，它是通过进度计划的调整，使工期接近最优工期，以实现项目

实施总费用最少的目的,费用优化的步骤如下:

(1)计算项目实施总直接费

项目总直接费等于该项目全部工作的直接费之和。

(2)计算各工作的费用率

费用率是直接费费用率的简称,是一项工作每缩短一个单位时间所需增加的直接费。它等于最短时间直接费和正常时间直接费之差,再除以正常持续时间与最短持续时间之差的商值,即:

$$\Delta C_{i-j} = \frac{CC_{i-j} - CN_{i-j}}{DN_{i-j} - DC_{i-j}} \tag{4-24}$$

式中:$\Delta C_{i-j}$——工作 $i-j$ 的费用率;

$CC_{i-j}$——工作 $i-j$ 持续时间为最短时间时所需的直接费;

$CN_{i-j}$——工作 $i-j$ 持续时间为正常时间时所需的直接费;

$DN_{i-j}$——工作 $i-j$ 的正常持续时间,即在合理组织条件下,完成一项工作所需要的时间;

$DC_{i-j}$——工作 $i-j$ 的最短持续时间,即在最理想的条件下完成工作所需的持续时间。

(3)确定间接费率

间接费率是间接费费用率的简称,它指一项工作缩短单位持续时间所减少的间接费。工作 $i-j$ 的间接费率表示为 $\Delta CI_{i-j}$,它一般都是由各单位根据工作的实际情况而加以确定的。

(4)确定关键线路并计算总工期

(略)

(5)确定缩短持续时间的关键工作

取费用率(或组合费用率)最低的一项关键工作或一组关键工作作为缩短持续时间的对象。

(6)确定持续时间的缩短值

确定持续时间缩短值的原则是:在缩短时间后该工作不得变为非关键工作,其持续时间也不得小于最短持续时间。

(7)计算缩短持续时间的费用增加值

(略)

(8)计算总费用

工作持续时间缩短后,工期会相应缩短,项目的直接费会增加,而间接费会减少,所以其总费用应为:

$$C_t = C_{t+\Delta t} + \Delta t [\Delta C_{i-j} - \Delta CI_{i-j}] \tag{4-25}$$

式中:$C_t$——将工期缩至 $T$ 时的总费用;

$C_{t+\Delta t}$——工期为 $T + \triangle T$ 的总费用;

$\Delta t$——工期缩短值;

$\Delta C_{i-j}$——缩短持续时间工作的费用率;

$\Delta CI_{i-j}$——缩短持续时间工作的间接费率。

(9)缩短新的关键工作并计算其费用

确定新的应缩短持续时间的关键工作(或一组关键工作),并按上述(6)、(7)、(8)的步骤计算新的总费用。如此重复,直至总费用不可再降低为止。

为使优化过程表述清晰,可将其过程列于表 4-2 所示的表中。

表 4-2　优化过程表

| 缩短次数 | 被缩工作 | | 费用率或组合费用率 | 费率差 | 缩短时间 | 缩短费用 | 总费用（千元） | 工期 |
|:---:|:---:|:---:|:---:|:---:|:---:|:---:|:---:|:---:|
| | 代号 | 名称 | | | | | | |
| 1 | 2 | 3 | 4 | 5 | 6 | 7 | 8 | 9 |

## 3. 费用优化示例

**[例 4-2]**

已知网络计划如图 4-19 所示。箭线的上方，括号外为正常时间直接费，括号内为最短时间直接费；箭线的下方，括号外为正常持续时间，括号内为最短持续时间。试对其进行费用优化。间接费率分别为：0.12 千元/天；0.226 千元/天。

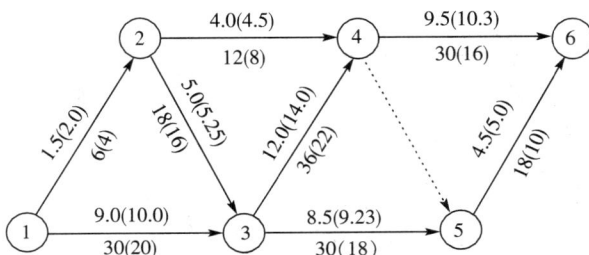

图 4-19　初始网络计划

**[解]**

①算出工程总直接费：

$$\sum C = 1.5 + 9.0 + 5.0 + 4.0 + 12.0 + 8.5 + 9.5 + 4.5 = 54.0 \text{ 千元}$$

②算出工作的费用率

$$\Delta C_{1-2} = \frac{CC_{1-2} - CN_{1-2}}{DN_{i-j} - DC_{1-2}} = \frac{2.0 - 1.5}{6 - 4} = 0.25 \text{ 千元/天};$$

$$\Delta C_{1-3} = \frac{10.0 - 9.0}{30 - 20} = 0.10 \text{ 千元/天};$$

$$\Delta C_{2-3} = \frac{5.25 - 5.0}{18 - 16} = 0.125 \text{ 千元/天};$$

$$\Delta C_{2-4} = \frac{4.5 - 4.0}{12 - 8} = 0.125 \text{ 千元/天};$$

$$\Delta C_{3-4} = \frac{14.0 - 12.0}{36 - 22} = 0.143 \text{ 千元/天};$$

$$\Delta C_{3-5} = \frac{9.32 - 8.5}{30 - 18} = 0.068 \text{ 千元/天};$$

$$\Delta C_{4-6} = \frac{10.3 - 9.5}{30 - 16} = 0.057 \text{ 千元/天};$$

$$\Delta C_{5-6} = \frac{5.0 - 4.5}{18 - 10} = 0.062 \text{ 千元/天};$$

③找出网络计划中的关键线路并计算出计算工期，如图 4-20 所示。

④第一次缩短关键线路上费用率最低的工作为 4-6，将其缩短至最短持续时间，再找出关键线路，如图 4-21 所示。

原关键工作 4-6 变成了非关键工作，将其持续时间延长至 18 天，使之仍为关键工作（见图

4-22)。

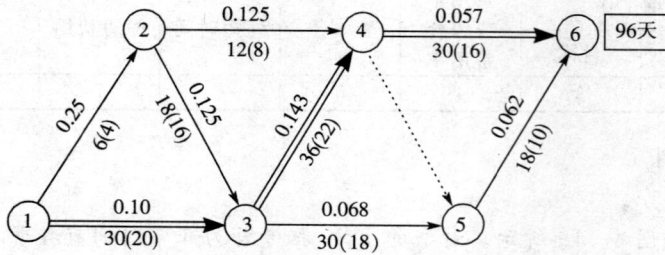

图4-20 初始网络计划

（箭线上方的数字为费用率）

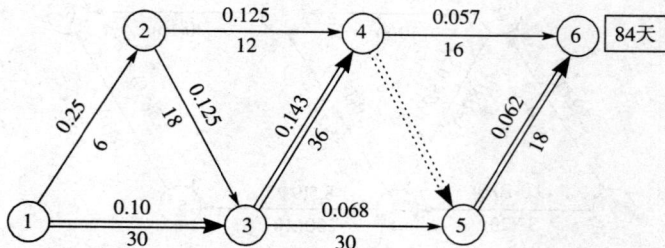

图4-21 缩短工作4-6

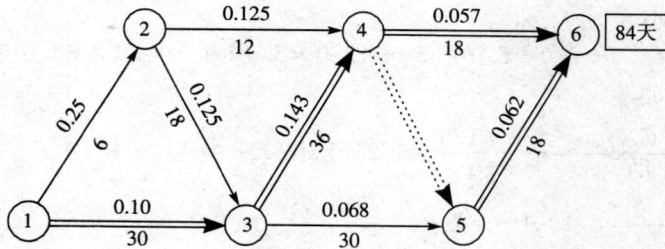

图4-22 延长工作4-6

故得第一次缩短工期为84天,费用率为0.057千元;费率差为0.057-0.120=-0.063,工作4-6的持续时间缩短(亦即工期缩短)30-18=12(天)。

⑤第二次缩短由于需同时缩短关键工作4-6、5-6,才能有效地缩短工期,两个工作的组合费用率为0.057+0.062=0.119(千元/天),大于工作1-3的费用率0.10(千元/天),故决定缩短工作1-3,将其缩短至最短工期,缩短后的网络计划如图4-23所示。

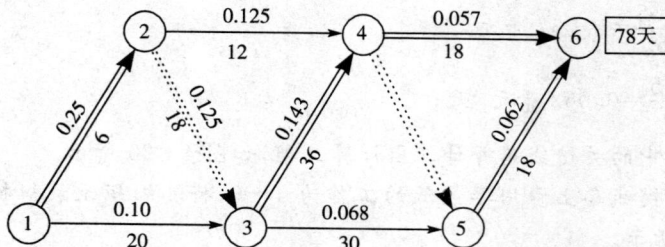

图4-23 压缩工作1-3

原关键工作 1—3 变成了非关键工作,将其持续时间延长至 24 天,使之仍为关键工作(见图 4—24)。

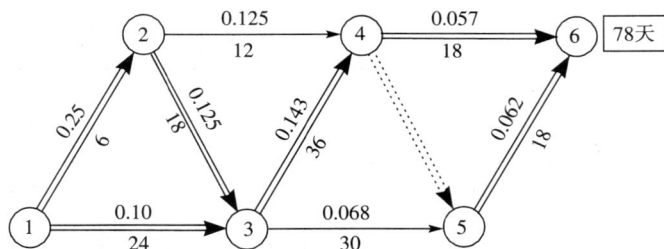

图 4—24　延长工作 1—3

故得第二次缩短后工期为 78 天,费用率为 0.10(千元/天),费率差为 0.10—0.120＝—0.02,工作 1—3 的持续时间缩短(亦即工期缩短)30—24＝6(天)。

⑥第三次缩短

如图 4—24 所示,共有四个方案,具体方案和相应费用率如下:

方案一:同时缩短 1—2、1—3,组合费用率:0.35(千元/天);

方案二:同时缩短 2—3、1—3,组合费用率:0.225(千元/天);

方案三:缩短 3—4,费用率:0.143(千元/天);

方案四:同时缩短 4—6、5—6,组合费用率:0.119(千元/天)。

决定采用费用率最低的方案四,将 4—6、5—6 缩至该两个工作最短持续时间的最大值,即工作 4—6 的最短工期 16 天。

此后,如要再缩短,应采用第三方案,组合费用率为 0.143 千元/天,大于间接费率 0.12 千元/天,费率差成为正值,总费用呈上升趋势,故第三次缩短后,就是当间接费率为 0.12 千元/天时的费用最低的优化工期了。优化后的网络计划如图 4—25 所示,反映优化过程的优化如表 4—3 所示。

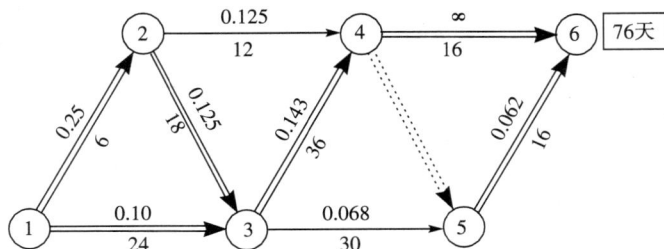

图 4—25　缩短工作 4—6,5—6

表 4—3　优化过程表

| 缩短次数 | 被缩工作 | | 费用率或组合费用率 | 费率差 | 缩短时间 | 缩短费用 | 总费用(千元) | 工期 |
|---|---|---|---|---|---|---|---|---|
| | 代号 | 名称 | | | | | | |
| 1 | 2 | 3 | 4 | 5 | 6 | 7 | 8 | 9 |
| 0 | — | — | — | — | — | — | 54.000 | 96 |
| 1 | 4—6 | — | 0.057 | —0.063 | 12 | —0.756 | 53.244 | 84 |
| 2 | 1—3 | — | 0.100 | —0.020 | 6 | —0.120 | 53.124 | 78 |

| 缩短次数 | 被缩工作 | | 费用率或组合费用率 | 费率差 | 缩短时间 | 缩短费用 | 总费用（千元） | 工期 |
|---|---|---|---|---|---|---|---|---|
| | 代号 | 名称 | | | | | | |
| 3 | 4—6,5—6 | — | 0.119 | —0.001 | 2 | —0.002 | 53.122 | 76 |
| 4 | 3—4 | — | 0.143 | 0.023 | — | — | — | — |

[注] 费率差等于费用率减间接费率'0.120 千元/天

若间接费率为 0.226 千元/天,则应继续优化至不能再缩短为止。此时,第一次缩短后费率差变为:0.057—0.226＝—0.169 千元/天;第二次缩短后的费率差变为:0.100—0.226＝—0.126千元/天;第三次缩短后的费率差变为:0.119—0.226＝—0.107 千元/天。

以后几次缩短如下:

⑦第四次缩短

如图 4—25 所示,共有四个缩短方案,具体方案内容和相应费用率与第三次缩短相同,只是工作 4—6 已缩至最短工期,不能再缩短,故第四方案的组合费用率变为无穷大。此时,方案三的费用率最低,故决定将 3—4 缩短至最短持续时间,如图 4—26 所示。

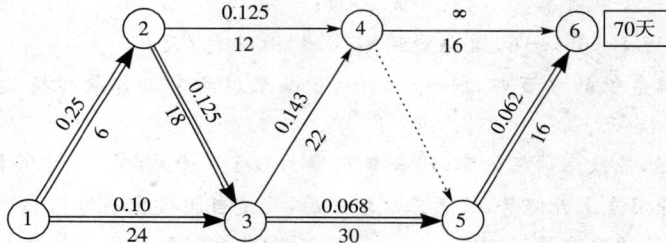

图 4—26 缩短工作 3—4

原关键工作 3—4、4—6 变成了非关键工作,故需将 3—4 持续时间延长至 30 天,使 3—4、4—6 仍为关键工作(图 4—27)。

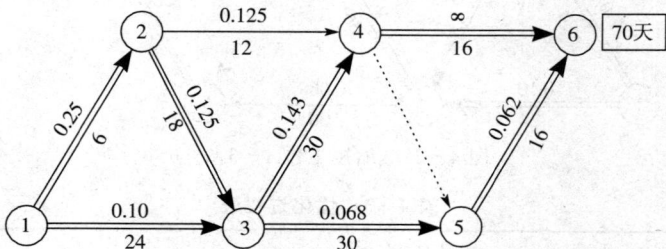

图 4—27 延长工作 3—4

故得第四次缩短后工期为 70 天。费用率为 0.143 千元/天,费率差为 0.143—0.226＝—0.083(千元/天)。工作 3—4 的持续时间缩短(亦即工期缩短)36—30＝6(天)。

⑧第五次缩短

如图 4—27 示,共有四个缩短方案,具体方案和相应的费用率如下:

方案一:同时缩短 1—2、1—3,组合费用率:0.35 千元/天;

方案二:同时缩短 2—3、1—3,组合费用率:0.225 千元/天;

方案二:同时缩短 2—3、1—3,组合费用率:0.225 千元/天;

方案三:同时缩短 3—4、3—5,组合费用率:0.211 千元/天;

方案四:同时缩短 3—4、5—6,组合费用率:0.205 千元/天。

决定采用组合费用率最小的方案四,将 3—4、5—6 的持续时间缩短,由于工作 5—6 只能缩短 6 天,故 3—4 也同样缩短 6 天。此时虚工作 4—5 变成了非关键的虚工作。但由于虚工作只起联系作用,故可行,如图 4—28 所示。得第五次缩短后工期为 64 天。费用率为 0.205 千元,费率差为 0.205—0.226＝—0.021(千元/天)。工作 5—6 的持续时间缩短 16—10＝6(天),工作 3—4 的持续时间亦缩短 30—24＝6(天),即工期缩短 6 天。

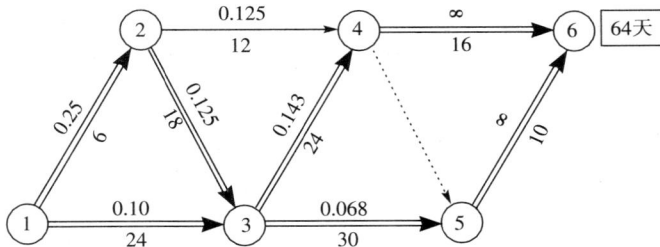

图 4—28　延长工作 3—4,5—6

⑨第六次缩短

如图 4—28 所示,共有四个缩短方案,具体方案内容和相应的组合费用率与第五次缩短相同。由于此后未出现新的关键工作,故可按组合费用率从小到大逐次缩短,具体作法如下:

a. 工作 5—6 已不能再缩短,故第四方案的组合费用率为无穷大,此时,方案三的组合费用率最低,故决定缩短 3—4、3—5。由于工作 3—4 只能缩短 2 天,故 3—5 也同样缩短 2 天,组合费用率为 0.211 千元/天,费率差为 0.211—0.226＝—0.015(千元/天)。

b. 工作 3—4 已不能再缩短,故第三方案的组合费用率为无穷大,此时,方案二的组合费用率最低,故决定缩短 2—3、1—3。由于工作 2—3 只能缩短 2 天,故 1—3 也同样缩短 2 天,组合费用率为 0.225 千元/天,费率差为 0.225—0.226＝—0.00l(千元/天)。

c. 工作 2—3 已不能再缩短,故第二方案的组合费用率为无穷大。此时,只能用第一方案,即缩短 1—2、1—3,组合费用率为 0.35 千元/天,费率差 0.35—0.226＝0.124(千元/天),为正值,总费用呈上升趋势,故按第二方案缩短后,即得总费用最低的费用优化工期,如图 4—29 和表 4—4 所示。

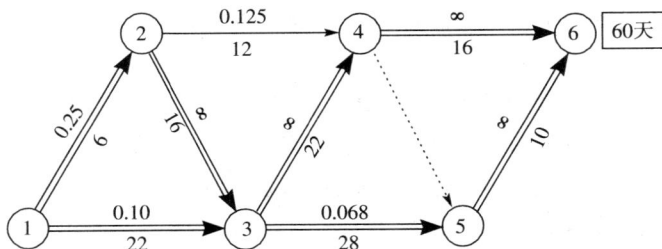

图 4—29　费用最低的优化网络计划

表 4-4　优化过程表

| 缩短次数 | 被缩工作 | | 费用率或组合费用率 | 费率差 | 缩短时间 | 缩短费用 | 总费用（千元） | 工期 |
| --- | --- | --- | --- | --- | --- | --- | --- | --- |
| | 代号 | 名称 | | | | | | |
| 1 | 2 | 3 | 4 | 5 | 6 | 7 | 8 | 9 |
| 0 | — | — | — | — | — | — | 54.00 | 96 |
| 1 | 4-6 | — | 0.057 | -0.169 | 12 | -2.028 | 51.97 | 84 |
| 2 | 1-3 | — | 0.100 | -0.126 | 6 | -0.756 | 51.22 | 78 |
| 3 | 4-6<br>5-6 | — | 0.119 | -0.107 | 2 | -0.214 | 51.00 | 76 |
| 4 | 3-4 | — | 0.143 | -0.083 | 6 | -0.498 | 50.50 | 70 |
| 5 | 3-4<br>5-6 | — | 0.205 | -0.021 | 6 | -0.126 | 50.38 | 64 |
| 6 | 3-4<br>3-5 | — | 0.211 | -0.015 | 2 | -0.028 | 50.35 | 62 |
| 7 | 2-3<br>1-3 | — | 0.225 | -0.001 | 2 | -0.002 | 50.35 | 60 |
| 8 | 1-2<br>1-3 | — | 0.350 | +0.124 | — | — | — | — |

## 4.3.3　资源优化

### 1. 资源优化的概念

（1）资源优化的种类

所谓资源,就是完成项目所需的人力、材料、设备和资金的统称。我们这里所讲的资源优化,不是指通过优化,将完成项目所需的资源减至最少,那是项目实施组织设计所应解决的问题。在进度管理范畴内,资源优化要解决的是下述两方面的问题:一是在提供的资源有所限制时,要使每个时段的资源需用量都满足资源限量的要求,并使项目实施所需的时间最短;二是当工期固定时,怎样使资源安排得更为均衡合理。前者称为"资源有限—工期最短"的优化;后者则称为"工期固定—资源均衡"的优化。

（2）资源强度、资源需用量和资源限量

在进行资源优化时,经常要用到资源强度、资源需用量和资源限量这几个概念。

资源强度:是指在完成一项工作时,每单位时间内所需的资源量。工作 $i-j$ 的资源强度用 $r_{i-j}$ 表示。

资源需用量:是指项目进度计划中,某一单位时间内进行各项工作所需某种资源数量之和。如以天为单位时间,则第 $t$ 天的资源需用量用 $Q_t$ 表示。

资源限量:是指单位时间内可提供使用的某种资源的最大数量,用 $Q$ 表示。

### 2. 资源有限—工期最短的优化

"资源有限—工期最短"优化,又叫"资源计划安排法"。其优化过程就是不断调整进度计划安排,使得在工期延长最短的条件下,逐步达到满足资源限量的目的。

"资源有限—工期最短"的优化,可按下述步骤进行。

（1）计算网络计划每天资源需用量 $Q_t$

（略）

（2）检查资源需用量是否超过资源限量

检查应从网络计划的开始之日起,逐日进行。如在整个工期内每天的资源需用量均能满足资源限量要求,现有的网络计划即已为优化方案,无需再进行优化;如有不满足资源限量要求的情况,则必须对该网络计划进行优化。

（3）调整超出资源限量时段的工作安排

每天资源需用量相同的时间区段即称为一个时段。对于超过资源限量的时段,必须逐段进行调整以满足资源限量要求。调整方法是在该时段内同时进行的几项工作中,拿出一项安排在另一项完成后进行,即是使这两项工作从平行作业关系变为依次作业关系,从而减少该时段的资源需用量。此时,项目进度计划的工期将相应延长,其延长的工期等于：

$$\Delta D_{m-n,i-j} = EF_{m-n} - LS_{i-j} \qquad (4-26)$$

式中：$\Delta D_{m-n,i-j}$——将工作 $i-j$ 安排在工作 $m-n$ 之后进行时,项目进度计划工期延长的时间。

$EF_{m-n}$——工作 $m-n$ 的最早完成时间

$LS_{i-j}$——工作 $i-j$ 的最迟开始时间

（4）确定有效调整方案

当一个时段有好几项同时进行的工作时,其中任何一项工作都可安排到其他任何一项工作后进行,所以其调整的方案是很多的。但这些调整方案中,有的可使该时段资源需用量减少到满足资源限量的要求,这方案即为有效调整方案。而有的并不能满足这一要求,这样的调整方案便是无效调整方案。一个时段可有一个或多个有效调整方案。进行优化时,应将所有有效调整方案都寻找到并确定下来。

（5）调整其他超出资源限量时段

以上一时段每一个有效调整方案为基础,对下一超过资源限量的时段进行调整。如此不断调整,直至全部时段的资源需用量等于或小于资源限量为止。

（6）确定最优方案

在所有有效调整方案中,工期最短的方案即为最优方案。

**3. 工期固定—资源均衡的优化**

"工期固定—资源均衡"的优化过程,是不断调整进度计划安排,以实现在保持工期不变的前提下,资源需用量尽可能均衡的目的。

（1）衡量资源均衡性的指标

所谓资源分布的均衡性,就是力求每天的资源需用量尽量接近平均值,避免出现短时期内的高峰和低谷。它可用不均衡系数、极差值及均方差等指标来衡量。

①不均衡系数 $K$

$$K = \frac{Q_{max}}{Q_m} \qquad (4-27)$$

式中：$Q_{\max}$——最高峰日期的每天资源总需用量;

$Q_m$——资源每天平均需用量。其值为：

$$Q_m = \frac{1}{T}\sum_{t=1}^{T} Q_t \qquad (4-28)$$

式中：$T$——总工期；

$Q_t$——第 $t$ 天的资源需用量。

资源需用量不均衡系数 $K$ 愈小，资源需用量均衡性愈好。

②极差值 $\Delta Q$

$$\Delta Q = \max\left[\,|Q_t - Q_m|\,\right] \tag{4-29}$$

式中：$Q_t$、$Q_m$ 的物理意义同式（4-27）与（4-28）的定义。

资源需用量极差值愈小，资源需用量均衡性愈好。

③均方差 $\sigma^2$

$$\sigma^2 = \frac{1}{T}\sum_{t=1}^{t}(Q_t - Q_m)^2 \tag{4-30}$$

将式（4-28）代入后化简可得：

$$\sigma^2 = \frac{1}{T}\sum_{t=1}^{T}Q_t^2 - Q_m^2 \tag{4-31}$$

式中各物理量的意义同以上各式。资源需用量均方差值愈小，其均衡性愈好。

**（2）判断公式**

在进行资源均衡优化时，主要是利用一些工作所具有的时差，将其作业时间予以调整，使每天的资源需用量发生变化，从而达到资源均衡的目的。但工作作业时间移动后，资源均衡性是否一定会得到改善呢，则需通过判断公式来判定。

由式（4-31）可知，资源每天平均需用量 $Q_m$ 与工期 $T$ 皆为常数，$\sum\limits_{t=1}^{T}Q_t^2$ 当变小时，均方差 $\sigma^2$ 也会变小，即资源均衡性会得到改善。

现将工作 $k-l$ 的开始时间调后一天（右移一天），即从第 $i$ 天开始调为 $i+1$ 天开始，其完成时间由第 $j$ 天变为第 $j+1$ 天。此时，调后与调前的 $\sum\limits_{t=1}^{T}Q_t^2$ 差值△为：

$$\Delta = 2r_{k-l}(Q_{j+1} - Q_i + r_{k-l}) \tag{4-32}$$

当△为正值，表明工作右移一天后 $\sum\limits_{t=1}^{T}Q_t^2$ 会变大，其对应的均方差 $\sigma^2$ 也变大，资源均衡性会恶化。反之，当△为负值时，资源均衡性将得到改善。所以，我们只需判断△值的正负，即可知资源均衡性是否会得到改善。

进一步分析式（4-32）可知，资源均衡性得到改善（即△为负值）的条件为：

$$Q_i > Q_{j+1} + r_{k-l} \tag{4-33}$$

式中：$Q_i$——调前第 $i$ 天的资源总需用量。$i$ 为欲调整工作的开始时间。

$Q_{j+1}$——调前第 $j+1$ 天的资源总需用量。$j$ 为欲调整工作的完成时间

$r_{k-l}$——欲调整工作 $k-l$ 的资源强度。

式（4-32）即为工作 $k-l$ 右移一天（开始时间推后一天），能使资源均衡性得到改善的判断公式，即当工作 $k-l$ 开始那天的资源总需用量大于其完成那天的后一天资源总需用量与该工作资源强度之和时，工作 $k-l$ 右移一天能使资源均衡性得到改善。

**（3）优化步骤**

①确定调整的工作

为保证进度计划的总工期不变，所以关键工作及无总时差的工作，其工作时间不得后移，只

有具有总时差的工作才能考虑后移。

选定调整工作应从网络计划的终点节点开始,按工作完成节点的编号值,依从大到小的顺序逐个选定,同一完成节点有多个可调整工作时,开始时间较迟的工作先进行调整。

②判断调整效果

利用式(4-32)判断所选定工作后移一天后,对资源均衡性的影响,如能改善,则后移一天,并判断再后移一天的影响,如此重复,直至不能后移或工作总时差已用完为止。

③选定新的调整工作并进行调整

按步骤①、②所述方法再选定新的可调整工作并进行调整直到所有可调整工作都调整完毕。

④再次调整

为使资源均衡性最优,在对所有可调整工作调整完成后,要从终点节点开始,从右至左再进行调整,如此反复,直到所有工作的位置都不能再移动为止。

## 4.4　工程项目进度的控制

编制进度计划的目的,就是指导项目的实施,以保证实现项目的工期目标。但在进度计划实施过程中,由于主客观条件的不断变化,计划亦需随之改变。凭借一个最优计划而一劳永逸是不可能的。因此,在项目进行过程中,必须不断监控项目的进程以确保每项工作都能按进度计划进行;同时必须不断掌握计划的实施状况,并将实际情况与计划进行对比分析,必要时应采取有效的对策,使项目按预定的进度目标进行,避免工期的拖延。这一过程称之为进度控制。该过程可用图4-30加以描述。

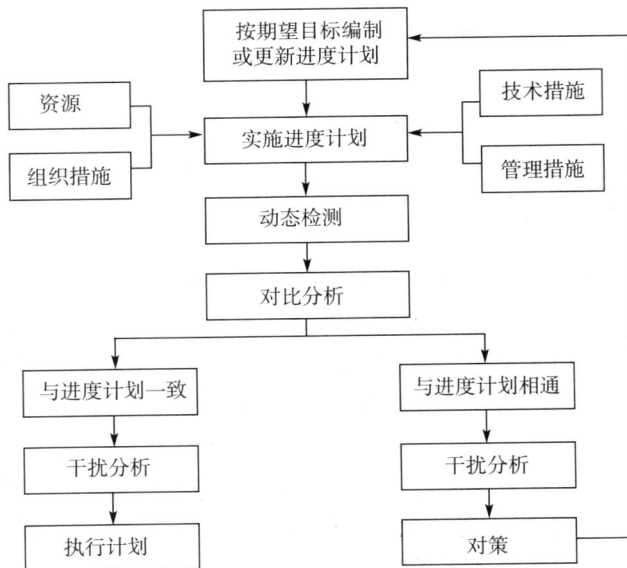

图 4-30　项目进度控制过程

项目进度控制的主要方法是规划、控制和协调。规划是指确定项目总进度控制目标和分进度控制目标,并编制其进度计划;控制是指在项目实施全过程中进行的检查、比较及调整;协调是指协调参与项目的各有关单位、部门和人员之间的关系,使之有利于项目的进展。有效进行项目进度控制的关键是监控实际进度,及时、定期地将实际进度与计划进度进行比较,及时采取纠正措施。项目的进度控制就是在既定工期内,编制出最优的进度计划,在执行计划的过程中,经常检查项目的实际进度情况,并将其与计划进度相比较,若出现偏差,及时分析偏差产生的原因以及偏差对工期的影响程度,采取必要的调整措施,更新原计划。这一过程如此不断地循环,直至项目完成。

### 4.4.1 进度控制原理

**1. 动态控制原理**

项目进度控制是随着项目的进行而不断进行的,是一个动态过程,也是一个循环进行的过程。从项目开始,实际进度就进入了运行的轨迹,也就是计划进入了执行的轨迹。实际进度按计划进行时,实际符合计划,计划的实现就有保证;实际进度与进度计划不一致时,就产生了偏差,若不采取措施加以处理,工期目标就不能实现。所以,当产生偏差时,就应分析偏差的原因,采取措施,调整计划,使实际与计划在新的起点上重合,并尽量使项目按调整后的计划继续进行。但在新的因素干扰下,又有可能产生新的偏差,又需继续按上述方法进行控制。进度控制就是采用这种动态循环的控制方法。

**2. 系统原理**

进行项目的进度控制,首先应编制项目的各种计划,包括进度计划、资源计划等,计划的对象由大到小,内容从粗到细,形成了项目的计划系统。项目涉及各个相关主体、各类不同人员,这就需要建立组织体系,形成一个完整的项目实施组织系统。为了保证项目进度,自上而下都应设有专门的职能部门或人员负责项目的检查、统计、分析、调整等工作。当然,不同的人员负有不同的进度控制责任,分工协作,形成一个纵横相连的项目进度控制系统。所以,无论是控制对象,还是控制主体,无论是进度计划,还是控制活动都是一个完整的系统。进度控制实际上就是用系统的理论和方法解决系统问题。

**3. 封闭循环原理**

项目进度控制的全过程是一种循环性的例行活动,其活动包括编制计划、实施计划、检查、比较与分析、确定调整措施、修改计划,形成了一个封闭的循环系统。进度控制过程就是这种封闭循环不断运行的过程。

**4. 信息原理**

信息是项目进度控制的依据。项目进度计划的信息从上到下传递到项目实施相关人员,以使计划得以贯彻落实;而项目实际进度信息则自下而上反馈到各有关部门和人员,以供分析并作出决策、调整,以使进度计划仍能符合预定工期目标。这就需要建立信息系统,以便不断地进行信息的传递和反馈。所以,项目进度控制的过程也是一个信息传递和反馈的过程。

**5. 弹性原理**

项目一般工期长且影响因素多。这就要求计划编制人员能根据统计经验估计各种因素的影响程度和出现的可能性,并在确定进度目标时进行目标的风险分析,使进度计划留有余地,即使得计划具有一定的弹性。在进行项目进度控制时,可以利用这些弹性,缩短工作的持续时间,或改变工作之间的搭接关系,以使项目最终能实现项目的工期目标。

**6. 网络计划技术原理**

网络计划技术不仅可以用于编制进度计划,而且可以用于计划的优化、管理和控制。网络计划技术是一种科学、有效的进度管理方法,是项目进度控制,特别是复杂项目进度控制的完整的计划管理和分析计算的理论基础。

### 4.4.2　进度计划的实施

进度管理的首要工作是制订各种计划。显然,仅有好的计划而不付诸实施,再好的计划也是一纸空文。因此,要使计划起到其应有的效应,就必须采取措施,使之得以顺利实施。可以说,计划是实施的开始,实施是计划的必然。

**1. 实施的阻力**

进度计划在实施过程中,必然会遇到各种阻力,这就需要根据项目的具体情况预测、分析可能会遇到的障碍,提出消除这些障碍的措施并加以实施。

实施的阻力来自多方面,但主要有以下几方面:

(1)人员

项目实施人员未能认识到计划的必要性,认为计划仅是形式而并不完全按计划执行或完全不按计划执行,从而造成实施与计划脱节。

(2)资源

项目中使用的资源,如材料、设备、劳力、资金等不能按计划提供,或提供资源的数量、质量不能满足要求。

(3)环境

受不利的环境因素的影响,如不良的气候条件、不可预见的地质条件等自然条件的影响,阻碍了计划的执行。

**2. 计划实施的准备工作**

计划实施的准备工作主要包括建立组织机构、编制实施计划、培训有关人员。

(1)建立组织机构

为保证进度计划得以顺利实施,必须要有必要的组织保证。组织机构主要作用在于制定实施计划,落实计划实施的保证措施,监测计划的执行情况,分析与控制计划执行状况。概括地说,该组织机构的作用就是实施工期控制。组织机构的形式、规模等应根据项目的具体条件确定,无统一模式。但应做到使工期控制和管理工作层层有人抓,环环有人管。

(2)编制实施计划

项目实施复杂多变,所以进度计划的编制,不可能考虑到项目进展过程中的所有变化,不可能一次安排好未来项目实施的全部细节。因此可以说,进度计划是比较概括的,还应有更为符合实际的实施性计划加以补充。根据计划时间的长短,实施计划包括年度、季度、月度计划等。

(3)培训

为提高计划实施的有效性,应根据项目的特点,对各类人员分层次、分期培训,以提高项目参与者的素质,为进度控制打下良好的基础。

**3. 保证措施**

项目进度受到了众多因素的制约,因此,必须采取一系列措施,以保证项目能满足进度要求。措施是多方面的,项目不同,条件不同,措施亦不相同。但无论什么项目,以下措施都是必要的:

(1)进度计划的贯彻

进度计划的贯彻是计划实施的第一步,也是关键的一步。其工作内容包括:

①检查各类计划,形成严密的计划保证系统

为保证工期的实现,应编制各类计划。这些计划的关系是:高层次的计划是低层次计划的编制依据;低层次计划是高层次计划的具体化。在贯彻执行这些计划时,应首先检查计划本身是否协调一致,计划目标是否层层分解,互相衔接。在此基础上,组成一个计划实施的保证体系,以任务书的形式下达给项目实施者,以保证实施。

②明确责任

项目经理、项目管理人员、项目作业人员,应按计划目标明确各自的责任、相互承担的经济责任、权限和利益。

③计划全面交底

进度计划的实施是项目全体工作人员的共同行动,要使相关人员都明确各项计划的目标、任务、实施方案和措施,使管理层和作业层协调一致,将计划变为项目人员的自觉行动。要做到这一点,就应在计划实施前进行计划交底工作。

(2)调度工作

调度工作是实现项目工期目标的重要手段。其主要任务是掌握项目计划实施情况,协调各方面关系,采取措施解决各种矛盾,加强薄弱环节,实现动态平衡,保证完成计划和实现进度目标。调度是通过监督、协调、调度会议等方式实现的。

(3)抓关键工作

关键工作是项目实施的主要矛盾,应紧抓不懈。可采取以下措施:

①集中优势按时完成关键工作。为保证关键工作能按时完成,可采取组织骨干力量、优先提供资源等措施。

②专项承包。对关键工作可采用专项承包的方式,即:定任务、定人员、定目标。

③采用新技术、新工艺。技术、工艺选择不当,就会严重影响工作进度。采用一项好的、先进的技术或工艺能起到事半功倍的作用。所以,只要被证明是成功的新技术、新工艺,都应积极采用。

(4)保证资源的及时供应

应按资源供应计划,及时组织资源的供应工作,并加强对资源的管理。

(5)加强组织管理工作

根据项目特点,建立项目组织和各种责任制度,将进度计划指标的完成情况与部门、单位和个人的利益分配结合起来,做到责、权、利一体化。

(6)加强进度控制工作

进度控制是保证项目工期必不可少的环节,应贯穿于项目进展的全过程。

## 4.4.3 项目进度的动态监测

在项目实施过程中,为了收集反映项目进度实际状况的信息,以便对项目进展情况进行分析,掌握项目进展动态,应对项目进展状态进行观测。这一过程就称为项目进度动态监测。对于项目进展状态的观测,通常采用日常观测和定期观测的方法进行,并将观测的结果以项目进展报告的形式加以描述。

### 1.日常观测

随着项目的进展,不断观测进度计划中所包含的每一项工作的实际开始时间、实际完成时间、实际持续时间、目前状况等内容,并加以记录,以此作为进度控制的依据。记录的方法有实际进度前锋线法、图上记录法、报告表法等。

(1)实际进度前锋线记录法

实际进度前锋线,是一种在时间坐标网络中记录实际进度情况的曲线,简称为前锋线。它表达了网络计划执行过程中,某一时刻正在进行的各工作的实际进度前锋的连线,如图 4 - 31 所示。

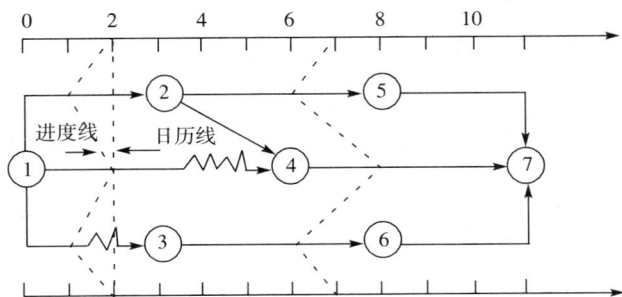

图 4 - 31　实际进度前锋线

**(2)图上记录法**

当采用非时标网络计划时,可直接在图上用文字或符号记录。

如图 4 - 32 所示,用点划线代表实际进度,在网络图中标出;

如图 4 - 33 所示,在箭线下方标出相应工作的实际持续时间,在箭尾节点下方和箭头节点下方分别标出工作的实际开始和实际结束时间;

如图 4 - 34 所示,在网络图的节点内涂上不同的颜色(或灰度)或用斜线表示相应工作已经完成。

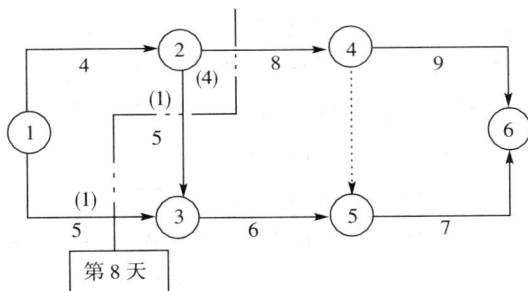

图 4 - 32　双代号实际进度的记录

(括号内的数值表示检查时,其工作尚需的作业时间)

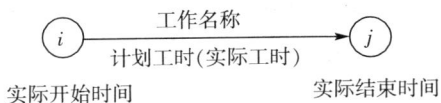

图 4 - 33　实际工作时记录

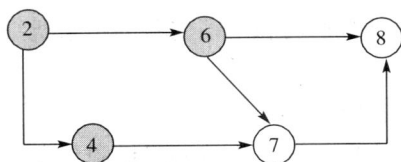

图 4 - 34　已完工作的记录

(表示工作 2—6 和工作 2—4 已完成)

若进度计划是横道图,则可在图中用不同的线条或颜色分别表示计划进度和实际进度。随着项目的完成,可绘制实际进度网络图,表达各工作的实际开工、完工时间,并将项目进展中出现的问题、影响因素等反映在图中。绘制实际进度网络图,可明显表达实际与计划不相符合的情况,有助于计划工作的总结和资料的积累。

（3）报告表法

将实际进度状况反映在表上，即为报告表法。报告表的形式各异，所含内容亦各不相同。

**2. 定期观测**

定期观测是指每隔一定时间对项目进度计划执行情况进行一次较为全面、系统的观测和检查。间隔的时间因项目的类型、规模、特点和对进度计划执行要求程度的不同而异，可以将一日、双日、五日、周、旬、半月、月、季、半年等做为一个观测周期。观测、检查的内容主要有以下几个方面：

（1）观测、检查关键工作的进度和关键线路的变化情况，以便采取措施调整或保证计划工期的实现。

（2）观测、检查非关键工作的进度，以便更好地发掘潜力，调整或优化资源，保证关键工作按计划实施。

（3）检查工作之间的逻辑关系变化情况，以便适时进行调整。

（4）有关项目范围、进度计划和预算变更的信息。这些变更可能是由客户或项目团队引起，也可能是由某种不可预见事件的发生所引起。

定期观测、检查有利于项目进度动态监测的组织工作，使观测、检查具有计划性，成为例行性工作。定期观测、检查的结果应加以记录，其记录方法与日常观测记录相同。定期检查的重要依据是日常观测、检查的结果。

**3. 项目进展报告**

项目进度观测、检查的结果通过项目进展报告的形式向有关部门和人员报告。项目进展报告是记录观测检查的结果、项目进度现状和发展趋势等有关内容的最简单的书面形式报告。项目进展报告根据报告的对象不同，确定不同的编制范围和内容，一般分为：项目概要级进展报告、项目管理级进展报告和业务管理级进展报告。项目概要级进展报告是以整个项目为对象说明进度计划执行情况的报告；项目管理级进展报告是以分项目为对象说明进度计划执行情况的报告；业务管理级进展报告是以某重点部位或重点问题为对象所编写的报告。

项目进展报告的内容主要包括项目实施概况、管理概况、进度概要，项目实际进度及其说明，资源供应进度，项目近期趋势（包括从现在到下次报告期之间将可能发生的事件等内容），项目费用发生情况，项目存在的困难与危机（困难是指项目实施中所遇到的障碍，危机是指对项目可能会造成重大风险的事件）。常见的项目进展报告的形式如下：

（1）日常报告

根据日常监测和定期监测的结果所编制的进展报告即为日常报告，这是项目进展报告的常用形式。

（2）例外报告

这是为项目管理决策所提供的信息报告。

（3）特别分析报告

它是就某个特殊问题所形成的分析报告。

项目进展报告的报告期应根据项目的复杂程度和时间期限以及项目的动态监测方式等因素确定，一般可考虑与定期观测的间隔周期相一致。一般来说，报告期越短，早发现问题并采取纠正措施的机会就越多。如果一个项目远远偏离了控制，就很难在不影响项目范围、预算、进度或质量的情况下实现项目目标。明智的做法是增加报告期的频率，直到项目按进度计划进行。

### 4.4.4　比较分析与项目进度更新

在项目进展中,有些工作或活动会按时完成,有些会提前完成,而有些工作或活动则可能会延期完成,所有这些都会对项目的未完成部分产生影响。特别是已完成工作或活动的实际完成时间,不仅决定着网络计划中其他未完成工作或活动的最早开始与完成时间,而且决定着总时差。必须注意的是,并非所有不按计划完成的情况都会对项目总工期产生不利影响。有些可能会造成工期拖延,有些则可能有利于工期的实现,有些对工期不产生影响。这就需要对实际进展状况进行分析比较,弄清它对项目可能会产生的影响,以此作为项目进度更新的依据。

由于各种因素的影响,项目进度计划的变化是绝对的,不变是相对的。进度控制的核心问题就是能根据项目的实际进展情况,不断地进行进度计划的更新。可以说,项目进度计划的更新既是进度控制的起点,也是进度控制的终点。

**1. 比较与分析**

将项目的实际进度与计划进度进行比较分析,评判它对项目工期的影响,确定实际进度与计划不相符合的原因,进而找出对策,这是进度控制的重要环节之一。进行比较分析的方法常见的有以下几种。

**(1)横道图比较法**

横道图比较法是将在项目进展中通过观测、检查、搜集到的信息,经整理后直接用横道线并列标于原计划的横道线一起,进行直观比较的方法。

表 4-5 中对某钢筋混凝土基础工程的施工实际进度计划与计划进度进行了比较。表中黑粗实线表示计划进度,双线部分则表示工程施工的实际进度。从比较表中可以看出:第 8 天末进行施工进度检查时,挖土方工作已经按期完成;支模板的工作比计划进度拖后 1 天,施工任务拖后了 17%;绑扎钢筋工作已完成了 44% 的任务,施工实际进度与计划进度一致。

表 4-5　某钢筋混凝土施工实际进度与计划进度比较表

| 工作编号 | 工作名称(天) | 工作时间 | 施工进度 | | | | | | | | | | | | | | | | |
|---|---|---|---|---|---|---|---|---|---|---|---|---|---|---|---|---|---|---|---|
| | | | 1 | 2 | 3 | 4 | 5 | 6 | 7 | 8 | 9 | 10 | 11 | 12 | 13 | 14 | 15 | 16 | 17 |
| 1 | 挖土方 | 6 | | | | | | | | | | | | | | | | | |
| 2 | 支模板 | 6 | | | | | | | | | | | | | | | | | |
| 3 | 绑扎钢筋 | 9 | | | | | | | | | | | | | | | | | |
| 4 | 浇混凝土 | 6 | | | | | | | | | | | | | | | | | |
| 5 | 回填土 | 6 | | | | | | | | | | | | | | | | | |

检查日期

通过上述记录与比较,找出了实际进度与计划进度之间的偏差,以便控制者采取有效措施调整进度计划。这种方法是人们在施工中进行施工项目进度控制最常用的一种既简单又熟悉的方法。它适用于施工中各项工作都是按均匀速度进行,即每项工作在单位时间内所完成的任务量是各自相等的。项目完成的任务量可以用实物工程量、劳动消耗量和工作量三种物理量表示,为了方便比较,一般用实际完成量的累计百分数与计划应完成量的累计百分数进行比较。

**(2)实际进度前锋线比较法**

实际进度前锋线比较法是从计划检查时间的坐标点出发,用点划线依次连接各项工作的实际进度点,最后到计划检查时间的坐标点为止,形成前锋线。根据前锋线与工作箭线交点的位置来判断项目实际进度与计划进度的偏差,如图 4-31 所示。

实际进度前锋线可用于判断相关工作的进度状况,同时可用于判断整个项目的进度状况。

①判断相关工作的进度状况

由实际进度前锋线图可以直接观察出工作的进展情况并作出判断。从图 4-31 可以看出,在第 7 天进行检查时,工作 2-5 和 3-6 比原计划拖后 1 天,而工作 4-7 则比原计划提前了 1 天。

②判断项目的进度状况

根据实际进度前锋线可以判断工作状况对项目进度的影响。如果该工作是关键工作,则该工作提前或滞后都会对项目工期产生影响,如图 4-31 所示,工作 2-5 是关键工作,所以该工作滞后 1 天,将会使项目工期滞后 1 天;如果该工作是非关键工作,则应根据其总时差的大小,判断其提前或拖后对项目工期的影响。一般来说,非关键工作的提前不会造成项目工期的提前;非关键工作如果滞后,且滞后的量在其总时差范围之内,则不会影响总工期;但若超出总时差的范围,则会对总工期产生影响,若单独考虑该工作的影响,其超出总时差的数值,就是工期拖延量。需要注意的是,在某个检查日期,往往并不是一项工作的提前或拖后,而是多项工作均未按计划进行,这时则应考虑其交互作用。

(3) S 型曲线比较法

S 型曲线比较法是以横坐标表达进度时间、纵坐标表示累计完成任务量绘制出的一条按计划时间累计完成任务量的 S 型曲线,将项目的各检查时间实际完成的任务量与 S 型曲线进行实际进度与计划进度相比较的一种方法。S 型曲线反映了随时间进展累计完成任务量的变化情况,如图 4-35 所示。

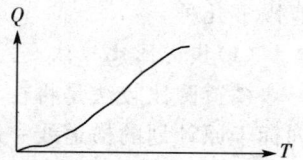

图 4-35  S 型曲线

①S 型曲线绘制

S 型曲线的绘制步骤:

第一步:计算每单位时间内计划完成的任务量

第二步:计算时间 $j$ 的计划累计完成的任务量

即:

$$Q_j = \sum_{i=1}^{j} q_i \tag{4-34}$$

式中:$Q_j$——某时间 $j$ 计划累计完成的任务量;

$q_i$——单位时间 $i$ 的计划完成任务量。

第三步:按各规定时间的 $Q_j$ 值,绘制 S 型曲线。

②S 型曲线比较

S 型曲线比较法是在图上直观地进行项目实际进度与计划进度的比较。通常,在计划实施前绘制出计划 S 型曲线,在项目进行过程中,按规定时间将检查的实际完成情况,绘制在与计划 S 型曲线同一张图中,即可得出实际进度的 S 型曲线,如图 4-36 所示。比较两条 S 型曲线,即可得到相关信息。

a. 项目实际进度与计划进度比较。当实际进展点落在计划 S 型曲线左侧时,表明实际进度超前;若在右侧,则表示拖后;若正好落在计划曲线上,则表明实际与计划一致。

b. 项目实际进度与计划进度之间的偏差。如图 4-36 所示,$\triangle T_a$ 表示 $T_a$ 时刻实际进度超前的时间;$\triangle T_b$ 表示 $T_b$ 时刻实际进度拖后的时间。

c. 项目实际完成任务量与计划任务量之间的偏差:

如图 4-36 所示,$\triangle Q_a$ 表示 $T_a$ 时刻超额完成的任务量;$\triangle Q_b$ 表示在 $T_b$ 时刻少完成的任务量。

d. 项目进度预测。如图 4-36 所示,项目后期若按原计划速度进行,则工期拖延预测值为 $\triangle T_c$。

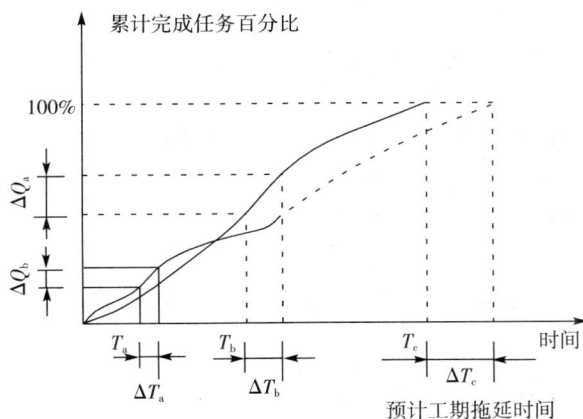

图 4-36　S 曲线比较图

**(4)"香蕉"型曲线比较法**

"香蕉"型曲线是两条 S 型曲线组合而成的闭合曲线。对于一个项目的网络计划,在理论上总是分为最早和最迟两种开始和完成时间。因此,任何一个项目的网络计划,都可以绘制出两条 S 型曲线,即以最早时间和最迟时间分别绘制出相应的 S 型曲线,前者称为 ES 曲线,后者称为 LS 曲线。如图 4-37 所示。"香蕉"型曲线的绘制方法与 S 型曲线相同。

在项目实施过程中,根据每次检查的各项工作实际完成的任务量,计算出不同时间实际完成任务量的百分比,并在"香蕉"型曲线的平面内绘出实际进度曲线,即可进行实际进度与计划进度的比较。

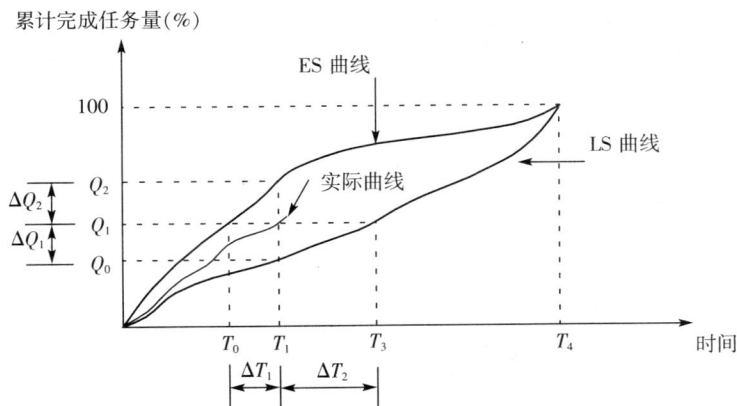

图 4-37　"香蕉"型曲线比较图

"香蕉"型曲线比较法主要进行如下两个方面的比较:

①时间一定,比较完成的任务量。当项目进展到 $T_1$ 时,实际完成的累计任务量为 $Q_1$,若按最早时间计划,则应完成 $Q_2$,可见,实际比计划少完成:$\triangle Q_2 = Q_1 - Q_2 < 0$;

若按最迟时间计划,则应完成 $Q_0$,实际比计划多完成 $\triangle Q_1 = Q_1 - Q_0 > 0$。

由此可以判断,实际进度在计划范围之内,不会影响项目工期。

②任务量一定,比较所需时间。当项目进展到 $T_1$ 时,实际完成累计任务量 $Q_1$,若按最早时间计划,则应在 $T_0$ 时完成同样任务量,所以,实际比计划拖延,其拖延的时间是:

$\triangle T_1 = T_1 - T_0 > 0$;若按最迟时间计划,则应在 $T_2$ 时完成同样任务量,所以,实际比计划提前,其提前量是:$\triangle T_2 = T_1 - T_2 < 0$。

可以判断:实际进度未超出计划范围,进展正常。

**(5)列表比较法**

采用无时间坐标网络计划时,在计划执行过程中,记录检查时刻正在进行的工作名称、已耗费的时间及尚需要的时间,然后列表计算有关参数,根据计划时间参数判断实际进度与计划进度之间的偏差。这种方法就称为列表比较法。

列表比较法的分析比较步骤:

第一步:计算检查时刻正在进行的工作 $i-j$ 尚需作业时间 $D'_{i-j}$

$$D'_{i-j} = D_{i-j} - D''_{i-j} \qquad (4-35)$$

式中:$D''_{i-j}$——工作 $i-j$ 检查时已进行的时间。

第二步:计算工作 $i-j$ 检查时至最迟完成时间尚剩时间 $T_{i-j}$

$$T'_{i-j} = LF_{i-j} - T_a \qquad (4-36)$$

式中:$T_a$——检查时间。

第三步:计算工作 $i-j$ 尚有总时差 $TF'_{i-j}$

$$TF'_{i-j} = T'_{i-j} - D'_{i-j} \qquad (4-37)$$

第四步:列表分析工作实际进度与计划进度的偏差,将上述计算结果列入表中,并进行判断:如果工作尚剩总时差与原有总时差相等,则表明该工作的实际进度与计划进度一致。

如果工作尚剩总时差小于原有总时差,但大于 0,则表明该工作的实际进度比计划进度拖后,产生偏差值为两者之差,但不影响总工期。

若尚剩总时差小于 0,则表明对总工期有影响,应进行进度计划更新。

例如,某网络计划如图 4-38 所示,当项目进展到第 10 天时进行检查,检查的结果标于图中。试分析项目进度状况。

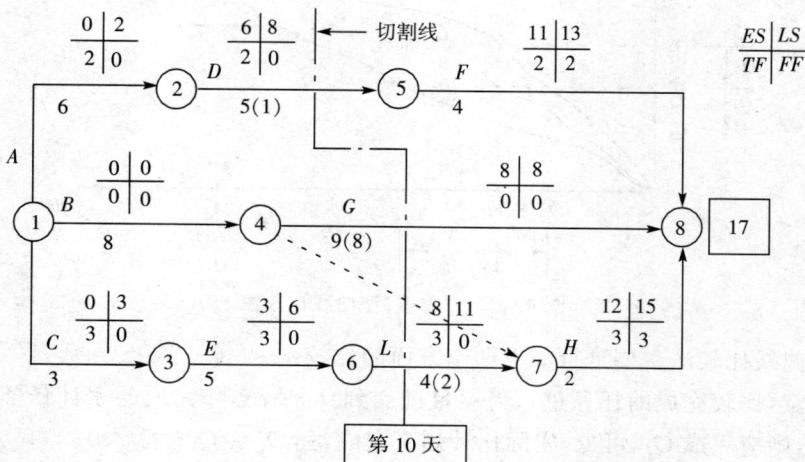

图 4-38 某项目网络计划

(括号内的数字是第 10 天检查时工作尚需时间)

　　根据检查结果及原网络参数计算相关工作的尚有时间、尚需时间、尚剩总时差等数值,列入表 4—6 中。根据表中所列数值对项目进度状况加以判断,并将结果列于表中。

表 4 - 6　项目进度比较分析表

| 工作编号 | 工作代号 | 检查时尚需时间 | 到计划最迟完成前尚有时间 | 原有总时差 | 尚剩总时差 | 判断 |
|---|---|---|---|---|---|---|
| 2—5 | D | 1 | 13—10=3 | 2 | 3—1=2 | 正常 |
| 4—8 | G | 8 | 17—10=7 | 0 | 7—8=—1 | 拖期 1 天 |
| 6—7 | L | 2 | 15—10=5 | 35 | 5—2=3 | 正常 |

**2. 项目进度更新**

　　根据实际进度与计划进度比较分析结果,以保持项目工期不变、保证项目质量和所耗费用最少为目标,作出有效对策,进行项目进度更新,这是进行进度控制和进度管理的宗旨。项目进度更新主要包括两方面工作,即分析进度偏差的影响和进行项目进度计划的调整。

　　(1)分析进度偏差的影响

　　通过前述进度比较方法,当出现进度偏差时,应分析该偏差对后续工作及总工期的影响,主要从以下几方面进行分析:

　　①分析产生进度偏差的工作是否为关键工作,若出现偏差的工作是关键工作,则无论其偏差大小,对后续工作及总工期都会产生影响,必须进行进度计划更新;若出现偏差的工作为非关键工作,则需根据偏差值与总时差和自由时差的大小关系,确定其对后续工作和总工期的影响程度。

　　②分析进度偏差是否大于总时差。如果工作的进度偏差大于总时差,则必将影响后续工作和总工期,应采取相应的调整措施;若工作的进度偏差小于或等于该工作的总时差,表明对总工期无影响,但其对后续工作的影响,需要将其偏差与其自由时差相比较才能作出判断。

　　③分析进度偏差是否大于自由时差。如果工作的进度偏差大于该工作的自由时差,则会对后续工作产生影响,如何调整,应根据后续工作允许影响的程度而定;若工作的进度偏差小于或等于该工作的自由时差,则对后续工作无影响,进度计划可不作调整更新。

　　经过上述分析,项目管理人员可以确认应该调整产生进度偏差的工作和调整偏差值的大小,以便确定应采取的调整更新措施,形成新的符合实际进度情况和计划目标的进度计划。

　　(2)项目进度计划的调整

　　项目进度计划的调整,一般有以下几种方法:

　　①关键工作的调整

　　关键工作无机动时间,其中任一工作持续时间的缩短或延长都会对整个项目工期产生影响。因此,关键工作的调整是项目进度更新的重点。

　　a. 关键工作的实际进度较计划进度提前时

　　若仅要求按计划工期执行,则可利用该机会降低资源强度及费用。实现的方法是,选择后续关键工作中资源消耗量大或直接费用高的予以适当延长,延长的时间不应超过已完成的关键工作提前的量;若要求缩短工期,则应将计划的未完成部分作为一个新的计划,重新计算与调整,按新的计划执行,并保证新的关键工作按新计算的时间完成。

　　b. 关键工作的实际进度较计划进度落后时

调整的目标就是采取措施将耽误的时间补回来,保证项目按期完成。调整的方法主要是缩短后续关键工作的持续时间。

这种方法是指在原计划的基础上,采取组织措施或技术措施缩短后续工作的持续时间以弥补时间损失。这种调整通常采用网络计划法进行,调整方法通过以下案例说明。

例如,某项目网络计划如图 4-39 所示,计划工期 210 天,在项目进展到第 95 天时进行检查,其结果是工作 4—5 以前的工作已全部完成,工作 4—5 刚开始,即已拖后 15 天开始。工作 4—5 是关键工作,其拖后 15 天将延长项目总工期 15 天。为使该项目按期完成,则需在工作 4—5 及其以后各工作中进行调整,调整的原则是满足工期要求,但由此而增加的费用最少。

图 4-39 中,箭线上方数据是相应工作的费率,即每缩短 1 天需增加的费用;箭线下方的数据是该工作的正常持续时间,括号内的是该工作的最短持续时间。调整按以下过程进行。

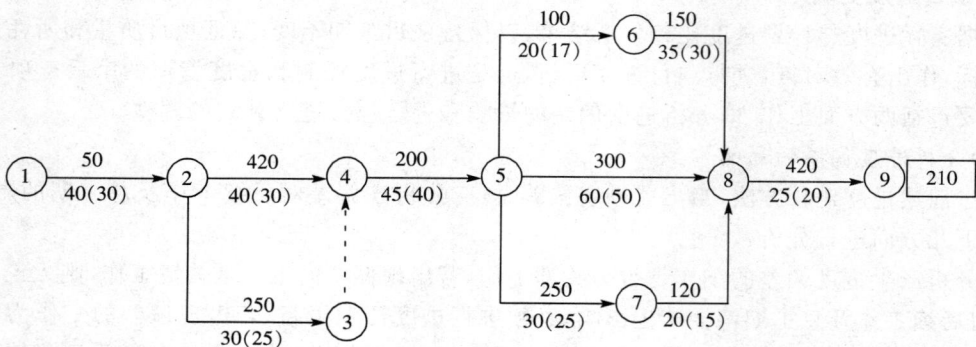

图 4-39 某项目网络计划

由图 4-39 可见,尚未进行的关键工作是 4—5,5—8 和 8—9,按费率最低的原则,选择调整对象:

第一次调整:

选择调整对象:三项关键工作,费率最低的工作是 4—5,所以,选择 4—5 工作作为第一次调整的对象。

确定调整时间:4—5 工作有 5 天的调整余地,且调整 5 天也不会改变关键线路,所以,可调整 5 天,即 4—5 工作的持续时间由 45 天减为 40 天。

调整结果:总工期缩短了 5 天,为 220 天。增加费用为:1000 元(5×200 元＝1000 元),工作 4—5 已不能再缩短了。

第二次调整:

选择调整对象:可调整的关键工作有 5—8 和 8—9,而费率最低者是 5—8,即选择 5—8 工作作为第二次调整的对象。

确定调整时间:5—8 工作可调整 10 天,但考虑到与之平行作业的工作,它们的最小总时差是 5 天,所以只能先压 5 天。

调整结果:总工期缩短了 5 天,即 215 天,需增加费用 1500 元(300 元×5＝1500 元)。通过本次调整,关键线路发生了变化,即除了工作 5—8 和 8—9 是关键工作外,工作 5—6 和 6—8 也变为关键工作。

第三次调整:

选择调整对象:从 5—6 和 6—8 工作中选择费率最小的工作与工作 5—8 同时调整,显然应选择工作 5—6 与工作 5—8 同时调整。

确定调整时间:5—6 工作可压缩 3 天,5—8 工作可压缩 5 天,所以只能压缩 3 天。

调整结果:总工期缩短了 3 天,即 212 天,需增加费用为 1200 元(3×100 元+3×300 元)。通过本次调整,关键线路未发生改变。

第四次调整:

通过三次调整,较计划工期(210 天)的要求还差 2 天,所以为满足计划工期的要求,还应缩短 2 天。

选择调整对象:如果工作 5—8 和 6—8 同时压缩,则其费用增加率为 300 元/天+50 元/天 =450 元/天;若仅压缩工作 8—9,则费率是 420 元/天。所以选择 8—9 工作作为本次调整对象。

确定调整时间:8—9 工作可以压缩 5 天,但要满足计划工期要求。只要压缩 2 天即可。

调整结果:总工期为 210 天,已满足计划工期的要求,需增加费用:2×420=840 元。

到此为止,总工期压缩了 15 天,增加的总费用为:1000 元+1500 元+1200 元+840 元= 4540 元。调整后的网络计划如图 4—40 所示。

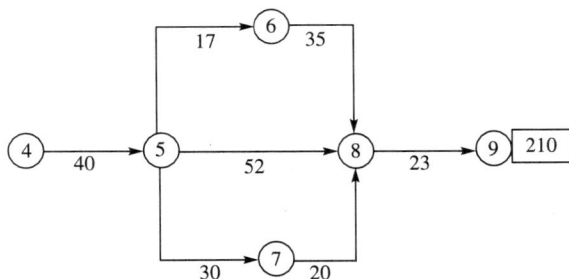

图 4－40　调整后的网络计划

调整后的网络计划,工期仍为 210 天,但部分工作的开始时间和部分工作的持续时间发生了变化。资源供应计划等也应按调整后的进度计划进行相应的调整。

需要说明的是,上述进度计划仍可通过继续调整相关工作的持续时间缩短工期,但会进一步增加费用。如果工期的提前能获得奖励,则应考虑综合效益,合理调整,使项目的损益最佳。

②改变某些工作的逻辑关系

若实际进度产生的偏差影响了总工期,则在工作之间的逻辑关系允许改变的条件下,改变关键线路和超过计划工期的非关键线路上有关工作之间的逻辑关系,达到缩短工期的目的。这种方法调整的效果是显著的。例如,可以将依次进行的工作变为平行或互相搭接的关系,以缩短工期。但这种调整应以不影响原定计划工期和其他工作之间的顺序为前提,调整的结果不能形成对原计划的否定。

③重新编制计划

当采用其他方法仍不能奏效时,则应根据工期要求,将剩余工作重新编制网络计划,使其满足工期要求。例如,某项目在实施过程中,由于地质条件的变化,造成已完工程的大面积塌方,耽误工期 6 个月。为保证该项目在计划工期内完成,在认真分析研究的基础上,重新编制了网络计划,并按新的网络计划组织实施,最终不仅保证了工期,且略有提前。

④非关键工作的调整

当非关键线路上某些工作的持续时间延长,但不超过其时差范围时,则不会影响项目工期,进度计划不必调整。为了更充分地利用资源,降低成本,必要时可对非关键工作的时差做适当调整,但不得超出总时差,且每次调整均需进行时间参数计算,以观察每次调整对计划的影响。

非关键工作的调整方法有三种:一是在总时差范围内延长非关键工作的持续时间;二是缩短工作的持续时间;三是调整工作的开始或完成时间。

当非关键线路上某些工作的持续时间延长而超出总时差范围时,则必然影响整个项目工期,关键线路就会转移。这时,其调整方法与关键线路的调整方法相同。

⑤增减工作项目

由于编制计划时考虑不周,或因某些原因需要增加或取消某些工作,则需重新调整网络计划,计算网络参数。增减工作项目不应影响原计划总的逻辑关系,以便使原计划得以实施。因此,增减工作项目只能改变局部的逻辑关系。

增加工作项目,只是对原遗漏或不具体的逻辑关系进行补充;减少工作项目,只是对提前完成的工作项目或原不应设置的工作项目予以删除。增减工作项目后,应重新计算网络时间参数,以分析此项调整是否对原计划工期产生影响。若有影响,应采取措施使之保持不变。

⑥资源调整

若资源供应发生异常时,应进行资源调整。资源供应发生异常是指因供应满足不了需要,如资源强度降低或中断,影响到计划工期的实现。资源调整的前提是保证工期不变或使工期更加合理。资源调整的方法是进行资源优化。

# 思 考 题

1. 分析"工期"和"进度"的联系与区别。
2. 以你所熟悉的工程项目为例,列举反映进度的主要指标。
3. 调查一个实际工程项目,了解它的实际和计划工期情况,并作出对比分析。
4. 简述工程项目进度控制的措施。
5. 工程建设项目进度动态监测的方法有哪些?
6. 缩短工期有哪些主要方法?
7. 对实际进度进行分析比较的方法有哪些?
8. 对项目进度计划进行调整常用哪些方法?

# 第5章 工程项目造价管理

工程项目造价管理是指在建设工程项目的建设中,全过程、全方位、多层次地运用技术、经济及法律等手段,通过对建设工程项目工程造价的预测、优化、控制、分析、监督等,以获得资源的最优配置和建设工程项目最大的投资效益。

工程造价有两种含义,工程项目造价管理相应的也有两种含义:一是指建设工程项目投资费用管理;二是指工程项目价格管理。

## 5.1 工程项目造价管理任务与内容

### 5.1.1 工程项目造价管理的发展历程

人们对于工程项目造价管理的认识是随着时代的发展、生产力的提高和管理科学理论的不断进步而逐步建立和加深的。建设项目造价管理最初从家居建造项目的成本确定与控制开始,一直发展到今天各大型基础设施建设项目的造价管理,在这期间经历了几千年的不断学习、总结、探索和创新的过程。主要包括两个阶段:

**1. 传统工程项目造价管理阶段**

从十九世纪初期开始,资本主义国家在工程建设中开始推行招标承包制,要求工料测量师在工程设计以后和开工以前就进行测量和估价,根据图纸算出实物工程量并汇编成工程量清单,为招标者确定标底或为投标者做出报价。从此,工程造价管理逐渐形成了独立的专业。1881年英国皇家测量师学会成立。至此,工程委托人能够在工程开工前预先了解需要支付的投资额,但还不能在设计阶段就对工程项目所需投资进行准确预计,并对设计进行有效的监督、控制。因此,往往在招标时或招标后才发现,根据完成的设计,工程费用过高,投资不足,不得不中途停工或修改设计。业主为了使资源得到最有效利用,迫切要求在设计早期阶段甚至在作投资决策时,就进行投资估算,并对设计进行控制。由于工程造价规划技术和分析方法的应用,工料测量师也有可能在设计过程中相当准确地作出概预算,并可根据工程委托人的要求使工程造价控制在限额以内。至此,从20世纪40年代开始,在英国等经济发达国家产生了"投资计划和控制制度",工程造价管理进入了一个崭新阶段。

**2. 现代工程项目造价管理阶段**

经过多年的努力,人们对于工程项目造价管理理论与实践的认识和研究也进入了一个关注项目范围管理、集成管理和风险管理的现代建设项目造价管理阶段。在最初的20世纪80年代,以英国工程造价管理学界为主提出了"全生命周期造价管理"的现代建设项目投资评估与造价确定的理论和方法,随后在20世纪80年代中后期,我国的工程造价管理学界提出了建设项目全过程造价管理的理念和方法,并做了相关的研究和实践。在20世纪90年代初,以美国工程造价管理学界为主推出了"全面造价管理"这一现代建设项目造价管理的理念和方法,为此美国造价工程师协会甚至于1992年更名为"国际全面造价管理促进协会"。这三个方面的造价管理全新理念和方法的出现标志着工程项目造价管理进入了现代建设项目造价管理的阶段。

从工程造价管理和发展历程中不难看出,工程造价管理是随着工程建设的发展和社会经济的发展而产生并日臻完善的。主要表现为:

(1)从事后算账发展到事前算账

最初只是消极地反映已完工程的价格,逐步发展到开工前进行工程量的计算和估价,为业主进行投资决策提供依据。

(2)从被动反映设计和施工发展到能动地影响设计和施工

最初只是根据设计图纸进行施工监督,结算工程价款,逐步发展到在设计阶段对造价进行预测,并对设计进行控制。

从依附于建筑师发展成一个独立的专业。

## 5.1.2　工程项目造价管理的目标、任务、特点

### 1. 工程造价管理的目标

工程造价管理的目标是按照经济规律的要求,根据社会主义市场经济的发展形势,利用科学管理方法和先进管理手段,合理地确定工程造价和有效地控制造价,以提高投资效益。

合理确定造价和有效控制造价是有机联系辩证的关系,贯穿于工程建设全过程。原国家计委计标(1988)30 号文《关于控制建设工程造价的若干规定》指出:"控制工程造价的目的,不仅仅在于控制工程项目投资不超过批准的造价限额,更积极的意义在于合理使用人力、物力、财力,以取得最大的投资效益。"

### 2. 工程造价管理的任务

工程造价管理的任务是:加强工程造价的全过程动态管理,强化工程造价的约束机制,维护有关各方的经济利益,规范价格行为,促进微观效益和宏观效益的统一。具体地说,工程造价管理的基本任务是在工程建设中对工程造价进行预测、优化、控制、分析评价和监督。

(1)工程造价的预测

是指根据建设工程项目决策内容、技术文件、社会经济水平等资料,按照一定的方法对拟建工程项目的花费做出测算。

(2)工程造价的优化

工程造价的优化就是以资源的优化配置为目标而进行的工程造价管理活动。在满足工程项目功能的前提下,通过确定合理的建设规模进行设计方案及施工组织的优化,实现资源的最优化。

(3)工程造价的控制

工程造价的控制就是在工程建设的每一个阶段,检查造价控制目标(如批准的概算、合同总价等)的实现情况。若发现偏差,立即分析原因,及时进行调整,以确保既定目标的实现。

(4)工程造价的分析评价

工程造价的分析评价贯穿于整个工程造价管理过程之中,它包括工程造价的构成分析、技术经济分析、比较分析等。

工程造价的构成分析主要是对工程造价的组成要素、所占比例等进行分析,为工程造价管理提供依据;工程造价的技术经济分析主要是对设计及施工方案等进行技术经济分析,以确定工程造价是否合理;工程造价的比较分析是对工程造价进行纵向或横向比较,例如对估算、概算、预算三者进行对比分析,拟建工程的技术经济指标与已建工程的技术经济指标进行对比分析。

(5)工程造价的监督

工程造价的监督主要是指根据国家的有关文件和规定对建设工程项目进行审查与审计。

### 3. 工程造价管理的特点

建筑产品作为特殊的商品具有不同于一般商品的特征,如建设周期长、资源消耗大、参与建设人员多、计价复杂等。相应的,反映在工程造价管理上则表现为参与主体多、阶段性管理、动态的管理、系统化管理的特点。

(1)工程造价管理的参与主体多

工程造价管理的参与主体不仅包括建设单位项目法人,还包括工程项目建设的投资主管部门、行业协会、设计单位、施工单位、造价咨询机构等。具体来说,决策主管部门要加强项目的审批管理;项目法人要对建设工程项目从筹建到竣工验收全过程负责;设计单位要把好设计质量和设计变更关;施工企业要加强施工管理等。因而,工程造价管理具有明显的多主体性。

(2)工程造价管理的多阶段性

建设工程项目从可行性研究开始,依次进行设计、招标投标、工程施工、竣工验收等阶段,每一个阶段都有相应的工程造价文件,而每一个阶段的造价文件都有特定的作用。例如:投资估算价是进行建设工程项目可行性研究的重要参数;设计概预算是设计文件的重要组成部分;标底及报价是进行招投标的重要依据;工程结算是承发包双方控制造价的重要手段;竣工决算是确定新增固定资产的依据。因此,工程造价的管理需要分阶段进行。

(3)工程造价管理的动态性

工程造价管理的动态性有两个方面:一是指工程建设过程中有许多不确定因素如物价、自然条件、社会因素等,对这些不确定因素必须采用动态的方式进行管理。二是指工程造价管理的内容和重点在项目建设的各个阶段是不同的,动态的。例如:可行性研究阶段工程造价管理的重点在于提高投资估算的编制精度以保证决策的正确性;招投标阶段是要使标底和报价能够反映市场;施工阶段是要在满足质量和进度的前提下降低工程造价以提高投资效益。

(4)工程造价管理的系统性

工程造价管理具备系统性的特点,例如,投资估算、设计概预算、标底(报价)、工程结算与竣工决算组成了一个系统。因此应该将工程造价管理作为一个系统来研究,用系统工程的原理、观点和方法进行工程造价管理,才能实施有效的管理,实现最大的投资效益。

## 5.1.3 工程造价管理的内容

### 1. 工程造价的合理确定

工程造价的合理确定,就是在工程建设的各个阶段,采用科学的计算方法和现行的计价依据及批准的设计方案等文件资料合理确定投资估算,设计概算,施工图预算;承包合同价,工程结算价,竣工决算价。

依据建设程序,工程造价的确定一般分为以下 6 个阶段:①项目建议书阶段;②可行性研究阶段;③初步设计阶段;④施工图设计阶段;⑤工程实施阶段;⑥竣工验收阶段。

### 2. 工程造价计价依据

(1)工程定额

包括施工定额、预算定额、概算定额、概算指标与投资估算指标及费用定额。

(2)工程造价指数

(略)

(3)工程价格资料

施工资源(人工、材料、机械台班)单价、工程单价(工料单价、综合单价)。

**3. 工程造价的有效控制**

工程造价的有效控制是指在投资决策阶段、设计阶段、建设工程项目发包阶段和建设实施阶段，把建设工程造价的实际发生控制在批准的造价限额以内，随时纠正发生的偏差，以保证项目管理目标的实现，以求在各个建设工程项目中能合理使用人力、物力、财力，取得较好的投资效益和社会效益。具体来说，是用投资估算控制初步设计和初步设计概算，用设计概算控制技术设计和修正概算，用概算或者修正概算控制施工图设计和预算。有效控制工程造价应注意以下几点：

(1)以设计阶段为重点的全过程造价控制

工程造价控制应贯穿于项目建设的全过程，但是各阶段工作对造价的影响程度是不同的。影响工程造价最大的阶段是投资决策和设计阶段，在项目做出投资决策后，控制工程造价的关键就在于设计阶段。有资料显示，至初步设计结束，影响工程造价的程度从95％下降到75％；至技术设计结束，影响工程造价的程度从75％下降到35％；施工图设计阶段，影响工程造价的程度从35％下降到10％；而至施工开始，通过技术组织措施节约工程造价的可能性只有5％～10％。

因此，设计单位和设计人员必须树立经济核算的观念，克服重技术轻经济的思想，严格按照设计任务书规定的投资估算做好多方案的技术经济比较。工程经济人员在设计过程中应及时对工程造价进行分析对比，能动地影响设计，以保证有效地控制造价。同时要积极推行限额设计，在保证工程功能要求的前提下，按各专业分配的造价限额进行设计，保证估算、概算起层层控制作用。

(2)以主动控制为主

长期以来，建设管理人员把控制理解为进行目标值与实际值的比较，当两者有偏差时，分析产生偏差的原因，确定下一阶段的对策。这种传统的控制方法只能发现偏差，不能预防发生偏差，是被动地控制。自20世纪70年代开始，人们将系统论和控制论研究成果应用于项目管理，把控制立足于事先主动地采取决策措施，尽可能减少以至避免目标值与实际值发生偏离。这是主动的、积极的控制方法，因此被称为主动控制。这就意味着工程造价管理人员不能死算账，而应能进行科学管理。不仅要真实地反映投资估算、设计概预算，更重要的是要能动地影响投资决策、设计和施工，主动地控制工程造价。

(3)技术与经济相结合是控制工程造价最有效的手段

控制工程造价，应从组织、技术、经济、合同等多方面采取措施。

从组织上采取措施，就要做到专人负责，明确分工；技术上要进行多方案选择，力求先进可行、符合国情；经济上要动态比较投资的计划值和实际值，严格审核各项支出。

工程建设要把技术与经济有机地结合起来，通过技术比较、经济分析和效果评价，正确处理技术先进与经济合理之间的对立统一关系，力求做到在技术先进条件下的经济合理，在经济合理基础上的技术先进，把控制工程造价的思想真正地渗透到可行性研究、项目评价、设计和施工的全过程中去。

(4)区分不同投资主体的工程造价控制

造价管理必须适应投资主体多元化的要求，区分政府性投资项目和社会性投资项目的特点，推行不同的造价管理模式。我国现行的投资体制存在不少问题，主要是政府对企业项目管理得过多过细，对政府投资项目管得不够。

2004年颁布了《国务院关于投资体制改革的决定》(以下简称《决定》)，该决定主要是强调区分不同的投资主体，针对不同的项目性质，实行不同的管理方式。确立企业投资主体地位，同时对政府投资行为规范、制约。

①政府投资项目

政府投资主要用于关系国家安全和市场不能有效配置资源的经济和社会领域。对于政府投资项目,继续实行审批管理。但要按照行政许可法的要求,在程序、时限等方面对政府的投资管理行为进行规范。《决定》中提出,"政府有关部门要制定严格规范的核准制度","要严格限定实行政府核准制的范围"。

②企业投资项目

对于企业不使用政府投资建设的项目,一律不再实行审批制,区别不同情况实行核准制和备案制。对企业重大项目和限制类项目实行核准制,其他项目则实行备案制。项目的市场前景、经济效益、资金来源和产品技术方案等均由企业自主决策、自担风险,并依法办理环境保护、土地使用、资源利用、安全生产、城市规划等许可手续和减免税确认手续。据有关方面的测算,今后实行安全生产、城市规划等许可手续和减免税确认手续。据有关方面的测算,今后实行备案制的项目约为75%,也就是说大部分项目将实行备案制。同时对于企业投资项目,政府转变了管理的角度,将主要从行使公共管理职能的角度对其外部性进行核准,其他则由企业自主决策。"企业投资建设实行核准制的项目,仅需向政府提交项目申请报告,不再经过批准项目建设书、可行性研究报告和开工报告的程序"。

# 5.2　投资决策阶段工程造价的管理

## 5.2.1　工程项目投资决策

### 1. 工程项目投资决策的含义

工程项目投资决策是选择和决定投资行动方案的过程,是指建设工程项目投资者按照自己的意图和目的,在调查、分析和研究的基础上,对投资规模、投资方向、投资结构、投资分配以及投资项目的选择和布局等方面进行分析研究,在一定约束条件下对拟建项目的必要性和可行性进行技术经济论证,对不同建设方案进行技术经济分析、比较及作出判断和决定的过程。

### 2. 建设工程项目投资决策的工作程序

建设工程项目投资决策一般分阶段,由粗到细,由浅到深进行。

(1)机会研究阶段

机会研究阶段的主要任务是提出建设工程项目投资方向建议,即在一个确定的地区,根据自然资源、市场需求、国家产业政策和国际贸易情况,通过调查、预测和分析研究,选择建设工程项目,寻找投资的有利机会。机会研究要解决两个方面的问题:一是社会是否需要;二是有没有可以开展项目的基本条件。这一阶段的工作比较粗略,一般是根据条件和背景相类似的工程项目来估算投资额和生产成本,初步分析建设投资效果,提供一个或一个以上可能进行建设的投资项目或投资方案。

(2)编制项目建议书阶段

也称初步可行性研究阶段。项目建议书是在机会研究阶段之后,对拟建项目的一个总体轮廓的设想。初步可行性研究作为投资项目机会研究与详细可行性研究的中间研究阶段,主要目标是确定是否进行详细可行性研究,确定哪些关键问题需要进行辅助性专题研究。

(3)详细可行性研究阶段

详细可行性研究是投资决策的主要阶段,是建设工程项目投资决策的基础。它为项目决策提供技术、经济、社会、商业方面的评价依据,为项目的具体实施提供科学根据。这一阶段的主要目标是:提出项目建设方案,进行效益分析和最终方案选择,确定项目投资的最终可行性和选择依据标准。

**(4)项目评估阶段**

在项目可行性研究报告提出后,由具有一定资质的咨询评估机构对拟建项目本身及可行性报告进行技术上、经济上的评价论证。这种评价论证是站在客观的角度,独立地对拟建项目进行分析评价,决定项目可行性研究报告提出的方案是否可行,客观、科学、公正地提出对可行性研究报告的评价意见,为决策部门、单位或业主对项目审批决策提供依据。

**(5)项目决策审批阶段**

项目主管单位或业主,要据咨询评估机构对项目可行性研究报告的评价结论,结合国家宏观经济条件,对项目是否建设、何时建设进行审批和决策。

投资决策主要阶段的深度要求以及总投资额的误差要求见表 5-1。

表 5-1 投资决策主要阶段的深度要求

| 研究阶段 ＼ 深度要求 | 目的 | 总投资额误差(%) | 研究费用占投资比率(%) | 花费时间(月) |
|---|---|---|---|---|
| 投资机会研究 | 鉴别与选择项目,寻找投资机会 | ±30 | 0.2～1.0 | 1～3 |
| 初步可行性研究 | 对项目进行初步技术经济分析,筛选项目方案 | ±20 | 0.25～1.5 | 4～6 |
| 详细可行性研究 | 进行深入细致的技术经济分析,多方案选优,提出结论性意见 | ±10 | 1.0～3.0 | 8～10 |

## 5.2.2 投资决策阶段工程造价管理的主要内容

项目投资决策阶段工程造价管理,主要从整体上把握项目的投资,分析确定建设工程项目造价的主要影响因素,编制建设工程项目的投资估算,对建设工程项目进行经济财务分析,考察建设工程项目的国民经济评价与社会效益评价,结合建设工程项目的决策阶段的不确定性因素并对建设工程项目进行风险管理等。具体内容如下所述。

**1. 分析确定影响建设工程项目投资决策的主要因素**

**(1)确定建设工程项目的资金来源**

目前,我国建设工程项目的资金来源有多种渠道,一般从国内资金和国外资金两大渠道来筹集。国内资金来源一般包括国内贷款、国内证券市场筹集、国内外汇资金和其他投资等。国外资金来源一般包括国外直接投资、国外贷款、融资性贸易、国外证券市场筹集等。不同的资金来源其筹集资金的成本不同,应根据建设工程项目的实际情况和所处环境选择恰当的资金来源。

**(2)选择资金筹集方法**

从全社会来看,筹资方法主要有利用财政预算投资、利用自筹资金安排的投资、利用银行贷款安排的投资、利用外资、利用债券和股票等资金筹集方法。各种筹资方法的筹资成本不尽相同,对建设工程项目工程造价均有影响,应选择适当的几种筹资方法进行组合,使得建设工程项目的资金筹集不仅可行而且经济。

（3）合理处理影响建设工程项目工程造价的主要因素

在建设工程项目投资决策阶段，应合理地确定项目的建设规模、建设地区和厂址，科学地选定项目的建设并适当地选择项目生产工艺和设备，这些都直接地关系到项目的工程造价和全寿命成本。

**2. 建设工程项目决策阶段的投资估算**

投资估算是一个项目决策阶段的主要造价文件，它是项目可行性研究报告和项目建议书的组成部分，投资估算对于项目的决策及投资的成败十分重要。编制工程项目的投资估算时，应根据项目的具体内容及国家有关规定和估算指标等，以估算编制时的价格进行编制，并应按照有关规定，合理地预测估算编制后至竣工期间的价格、利率、汇率等动态因素的变化对投资的影响，打足建设投资，确保投资估算的编制质量。

提高投资估算的准确性，可以从以下几点做起：认真收集整理各种建设工程项目的竣工决算的实际造价资料；不能生搬硬套工程造价数据，要结合时间、物价及现场条件和装备水平等因素做出充分的调查研究；提高造价专业人员和设计人员的技术水平；提高计算机的应用水平；合理估算工程预备费；对引进设备和技术项目要考虑每年的价格浮动和外汇的折算变化等。

**3. 建设工程项目决策阶段的经济分析**

建设工程项目的经济分析是指以建设工程项目和技术方案为对象的经济方面的研究。它是可行性研究的核心内容，是建设工程项目决策的主要依据。其主要内容是对建设工程项目的经济效果和投资效益进行分析。进行项目经济评价就是在项目决策的可行性研究和评价过程中，采用现代化经济分析方法，对拟建项目计算期（包括建设期和生产期）内投入产出等诸多经济因素进行调查、预测、研究、计算和论证并作出全面的经济评价，提出投资决策的经济依据，确定最佳投资方案。

（1）现阶段建设工程项目经济评价的基本要求

①动态分析与静态分析相结合，以动态分析为主。

②定量分析与定性分析相结合，以定量分析为主。

③全过程经济效益分析与阶段性经济效益分析相结合，以全过程分析为主。

④宏观效益分析与微观效益分析相结合，以宏观效益分析为主。

⑤价值量分析与实物量分析相结合，以价值量分析为主。

⑥预测分析与统计分析相结合，以预测分析为主。

（2）财务评价

财务评价是项目可行性研究中经济评价的重要组成部分，它是根据国家现行财税制度和价格体系，分析、计算项目直接发生的财务效益和费用，编制财务报表，计算评价指标，考察项目的盈利能力、清偿能力以及外汇平衡等财务状况，据以判别项目的财务可行性。其评价结果是决定项目取舍的重要决策依据。

①财务盈利能力分析。财务评价的盈利能力分析主要是考察项目投资的盈利水平，主要指标有：

a. 财务内部收益率（FIRR）

这是考察项目盈利能力的主要动态评价指标。

b. 投资回收期（Pt）

这是考察项目在财务上投资回收能力的主要静态评价指标。

c. 财务净现值（FNPV）

这是考察项目在计算期内盈利能力的动态评价指标。

d. 投资利润率

这是考察项目单位及投资盈利能力的静态指标。

e. 投资利税率

这是判别单位投资对国家积累的贡献水平高低的指标。

f. 资本金利润率

这是反映投入项目的资本金盈利能力的指标。

②项目清偿能力分析。项目清偿能力分析主要是考察计算期内各年的财务状况及偿债能力,主要指标有:

a. 固定资产投资国内借款偿还期。

b. 利息备付率,表示使用项目利润偿付利息的保证倍率。

c. 偿债备付率,表示可用于还本付息的资金偿还借款本息的保证倍率。

③财务外汇效果分析。建设工程项目涉及产品出口创汇及替代进口节汇时,应进行项目的外汇效果分析。在分析时,计算财务外汇净现值、财务换汇成本、财务节汇成本等指标。

**4. 国民经济评价与社会效益评价**

(1)国民经济评价

国民经济评价是按照资源合理配置的原则,从国家整体角度考虑项目的效益和费用,用货物影子价格、影子工资、影子汇率和社会折现等经济参数分析、计算项目对国民经济的净贡献,评价项目的经济合理性。

国民经济评价指标。国民经济评价的主要指标是经济内部收益率。另外,根据建设工程项目的特点和实际需要,可计算经济净现值和经济净现值率指标。初选建设工程项目时,可计算静态指标投资净效益率。其中经济内部收益率(EIRR)是反映建设工程项目对国民经济贡献程度的相对指标;经济净现值(ENPV)反映建设工程项目对国民经济所作贡献,是绝对指标;经济净现值率(ENPVR)是反映建设工程项目单位投资为国民经济所作净贡献的相对指标;投资净效益率是反映建设工程项目投产后单位投资对国民经济所作年净贡献的静态指标。

国民经济评价外汇分析。涉及产品出口创汇及替代进口节汇的建设工程项目,应进行外汇分析,计算经济外汇净现值、经济换汇成本、经济节汇成本等指标。

(2)社会效益评价

目前,我国现行的建设工程项目经济评价指标体系中,还没有规定社会效益评价指标。社会效益评价以定性分析为主,主要分析项目建成投产后,对环境保护和生态平衡的影响,对提高地区和部门科学技术水平的影响,对提供就业机会的影响,对产品用户的影响,对提高人民物质文化生活及社会福利生活的影响,对城市整体改造的影响,对提高资源利用率的影响等。

**5. 建设工程项目决策阶段的风险管理**

风险,通常是指产生不良后果的可能性。在工程项目的整个建设过程中,决策阶段是进行造价控制的重点阶段,也是风险最大的阶段,因而风险管理的重点也在建设工程项目投资决策阶段。所以在该阶段,要及时通过风险辨识和风险分析,提出建设投资决策阶段的风险防范措施,提高建设工程项目的抗风险能力。

### 5.2.3　投资估算的编制

**1. 投资估算的概念**

投资估算是在对项目的建设规模、产品方案、工艺技术及设备方案、工程方案及项目实施进度等进行研究并基本确定的基础上,估算项目所需资金总额(包括建设投资和流动资金)并测算建设期分年资金使用计划。投资估算是拟建项目编制项目建议书、可行性研究报告的重要组成部分,是项目决策的重要依据之一。

(1)投资估算的作用

①投资估算是项目主要部门审批项目建议书和可行性研究报告的依据之一,并对制定项目规划、控制项目规模起参考作用。

②投资估算是项目筹资决策和投资决策的重要依据,对于确定融资方式、进行经济评价和进行方案选优起着重要的作用。

③投资估算既是编制初步设计概算的依据,同时还对初步设计概算起控制作用,是项目投资控制目标之一。

(2)投资估算的内容

投资估算的内容,从费用构成来讲应包括该项目从筹建、设计、施工直至竣工投产所需的全部费用,分为建设投资和流动资金两部分。

(3)投资估算的主要依据

①主要工程项目、辅助工程项目及其他各单项工程的建设内容及工程量。

②专门机构发布的建设工程造价及费用构成、估算指标、计算方法以及其他有关估算工程造价的文件。

③专门机构发布的工程建设其他费用计算办法和费用标准,以及政府部门发布的物价指数。

④已建同类工程项目的投资档案资料。

⑤影响建设工程投资的动态因素,如利率、汇率、税率等。

**2. 建设投资估算**

建设投资的估算采用何种方法应取决于要求达到的精确度,而精确度又由项目前期研究阶段的不同以及资料数据的可靠性决定。因此在投资项目的不同前期研究阶段,允许采用详简不同、深度不同的估算方法。常用的估算方法有:生产能力指数法、资金周转率法、比例估算法、综合指标投资估算法。

(1)生产能力指数法

这种方法起源于国外对化工厂投资的统计分析,据统计,生产能力不同的两个装置,它们的初始投资与两个装置生产能力之比的指数幂成正比。计算公式为:

$$C_2 = C_1 \left(\frac{x_2}{x_1}\right)^n \times C_f \qquad (5-1)$$

式中:$C_2$——拟建项目或装置的投资额;

$C_1$——已建同类型项目或装置的投资额;

$x_2$——拟建项目的生产能力;

$x_1$——已建同类型项目的生产能力;

$C_f$——价格调整系数;

$n$——生产能力指数。

该法中生产能力指数 $n$ 是一个关键因素。不同行业、性质、工艺流程、建设水平、生产率水平的项目,应取不同的指数值。选取 $n$ 值的原则是:靠增加设备、装置的数量,以及靠增大生产场所扩大生产规模时,$n$ 取 $0.8 \sim 0.9$;靠提高设备、装置的功能和效率扩大生产规模时,$n$ 取 $0.6 \sim 0.7$。另外,拟建项目生产能力与已建同类项目生产能力的比值应有一定的限制范围,一般这一比值不能超过 50 倍,而在 10 倍以内效果较好。生产能力指数法多用于估算生产装置投资。

[例 5 - 1] 已知年产 25 万吨乙烯装置的投资额为 45000 万元,估算拟建年产 60 万吨乙烯装置的投资额。若将拟建项目的生产能力提高两倍,投资额将增加多少?(设生产能力指数为 0.7,综合调整系数 1.1)

[解]

①拟建年产 60 万吨乙烯装置的投资额为:

$$C_2 = C_1 \left( \frac{Q_2}{Q_1} \right)^n \cdot f = 45000 \times \left( \frac{60}{25} \right)^{0.7} \times 1.1 = 91359.38 \text{ 万元}$$

②将拟建项目的生产能力提高两倍,投资额将增加:

$$45000 \times \left( \frac{3 \times 60}{25} \right)^{0.7} \times 1.1 - 45000 \times \left( \frac{60}{25} \right)^{0.7} \times 1.1 = 105763.93 \text{ 万元}$$

(2)资金周转率法

该法是从资金周转率的定义推算出投资额的一种方法。

当资金周转率为已知时,则:

$$C = \frac{Q \times P}{T} \tag{5-2}$$

式中:$C$——拟建项目总投资;

$Q$——产品年产量;

$P$——产品单价;

$T$——资金周转率,$T = \dfrac{\text{年销售总额}}{\text{总投资}}$。

该法概念简单明了,方便易行但误差较大。不同性质的工厂或生产不同产品的车间,资金周转率都不同,要提高投资估算的精确度,必须做好相关的基础工作。

(3)比例估算法

①以拟建项目或装置的设备费为基数,根据已建成的同类项目的建筑安装工程费和其他费用等占设备价值的百分比,求出相应的建筑安装工程及其他有关费用,其总和即为拟建项目或装置的投资额。计算公式为:

$$C = E(1 + f_1 P_1 + f_2 P_2 + f_3 P_3) + I \tag{5-3}$$

式中:$C$——拟建项目的建设投资额;

$E$——根据设备清单按现行价格计算的设备费(包括运杂费)的总和;

$P_1, P_2, P_3$——表示已建成项目中的建筑、安装及其他工程费用分别占设备费的百分比;

$f_1, f_2, f_3$——表示由于时间因素引起的定额、价格、费用标准等变化的综合调整系数;

$I$——拟建项目的其他费用。

这种方法适用于设备投资占比例较大的项目。

[例 5-2]　A 地于 2005 年 8 月拟兴建一年产 40 万吨甲产品的工厂,现获得 B 地 2002 年 10 月投产的年产 30 万吨甲产品类似厂的建设投资资料。B 地类似厂的设备费 12400 万元,建筑工程费 6000 万元,安装工程费 4000 万元,工程建设其他费 2800 万元。若拟建项目的其他费用为 2500 万元,考虑因 2002 年至 2005 年时间因素导致的对设备费、建筑工程费、安装工程费、工程建设其他费的综合调整系数,分别为 1.15、1.25、1.05,1.1,生产能力指数为 0.6,估算拟建项目的静态投资。

[解]

①计算建筑工程费、安装工程费、工程建设其他费占设备费百分比:

建筑工程费:6000÷12400＝0.4839

安装工程费:4000÷12400＝0.3226

工程建设其他费:2800÷12400＝0.2258

②估算拟建项目的静态投资:

$$C = E(f + f_1 P_1 + f_2 P_2 + f_3 P_3 + \cdots) + I$$

$$= 12400 \times \left(\frac{40}{30}\right)^{0.6} (1.15 + 1.25 \times 0.4839 + 1.05 \times 0.3226$$

$$+ 1.1 \times 0.2258) + 2500 = 37011.9125(万元)$$

②以拟建项目中主要的、投资比重较大的工艺设备的投资(含运杂费,也可含安装费)为基数,根据已建类似项目的统计资料,计算出拟建项目各专业工程费占工艺设备的比例,求出各专业投资,加上工程费,再加上其他费用,求得拟建项目的建设投资。

(4)综合指标投资估算法

综合指标投资估算法又称概算指标法。是依据国家有关规定,国家或行业、地方的定额、指标和取费标准以及设备和主材价格等,从工程费用中的单项工程入手,来估算初始投资。采用这种方法,还需要相关专业提供较为详细的资料,有一定的估算深度,精确度相对较高。其估算要点是:

①设备和工器具购置费估算

分别估算各单项工程的设备和工器具购置费,需要主要设备的数量、出厂价格和相关运杂费资料,一般运杂费可按设备价格的百分比估算。进口设备要注意按照有关规定和项目实际情况估算进口环节的有关税费,并注明需要的外汇额。主要设备以外的零星设备费可按占主要设备费的比例估算,工器具购置费一般也按占主要设备费的比例估算。

②安装工程费估算

可行性研究阶段,安装工程费一般可以按照设备费的比例估算,该比例需要通过经验判定,并结合该装置的具体情况确定。安装工程费中含有进口材料的,也要注意按照有关规定和项目实际情况估算进口环节的有关税费,并注明需要的外汇额。安装工程费中的材料费应包括运杂费。安装工程费也可按设备吨位乘以吨安装费指标,或安装实物量以相应的安装费指标估算。条件成熟时,可按概算法估算。

③建筑工程费估算

建筑工程费的估算一般按单位综合指标法,即用工程量乘以相应的单位综合指标估算,如单位建筑面积(每平方米)投资,单位土石方(每立方米)投资,单位矿井巷道(每延米)投资,单位路面铺设(每平方米)投资等。条件成熟的,可按概算法估算。

④其他费用的估算

其他费用种类较多,无论采用何种投资估算分类,一般其他费用都需要按照国家、地方或部门的有关规定逐项估算。要注意随地区和项目性质的不同,费用科目可能会有所不同。在项目的初期阶段,也可以按照工程费用的百分数综合估算。

⑤基本预备费估算

基本预备费以工程费用、第二部分其他费用之和为基数,乘以适当的基本预备费率(百分数)估算,或按固定资产费用、无形资产费用和其他资产费用三部分之和为基数,乘以适当的基本预备费率估算。预备费率的取值一般按行业规定,并结合估算深度确定。通常对外汇和人民币部分取不同的预备费率。

⑥涨价预备费估算

一般以分年工程费用为基数,分别估算各年的涨价预备费,再相加求和,求得总的涨价预备费。

**3. 流动资金估算**

流动资金是指生产经营性项目投产后,为进行正常生产运营,用于购买原材料、燃料,支付工资及其他经营费用等所需的周转资金。流动资金估算一般是参照现有同类企业的状况采用分项详细估算法,个别情况或者小型项目可采用扩大指标法。

(1)分项详细估算法

对计算流动资金需要掌握的流动资产和流动负债这两类因素应分别进行估算。在可行性研究中,为简化计算,仅对存货、现金、应收账款这三项流动资产和应付账款这项流动负债进行估算。

(2)扩大指标估算法

①按建设投资的一定比例估算。例如,国外化工企业的流动资金,一般是按建设投资的15％～20％计算。

②按经营成本的一定比例估算。

③按年销售收入的一定比例估算。

④按单位产量占用流动资金的比例估算。

流动资金一般在投产前开始筹措,在投产第一年开始按生产负荷进行安排,其借款部分按全年计算利息,流动资金利息应计入财务费用,项目计算期末回收全部流动资金。

## 5.2.4　财务评价

财务评价是在国家现行财税制度市场价格体系下,分析预测项目的财务效益与费用,计算财务评价指标,考察拟建项目的盈利能力、偿债能力,据以判断项目的财务可行性。

**1. 财务评价内容**

(1)盈利能力分析

通过静态或动态评价指标测算项目的财务盈利能力和盈利水平;

(2)偿债能力分析

分析测算项目偿还贷款的能力;

(3)不确定性分析

分析项目在计算期内不确定性因素可能对项目产生的影响和影响程度。

**2. 财务评价的基本报表**

(1)财务现金流量表

财务现金流量表反映项目计算期内各年的现金收支,用以计算各项动态和静态评价指标,进行项目财务盈利能力分析。财务现金流量表分为以下两种：

①项目财务现金流量表。该表不分投资资金来源,以全部投资作为计算基础,用以计算项目全部投资财务内部收益率、财务净现值及投资回收期等评价指标,考察项目全部投资的盈利能力,为各个投资方案(不论其资金来源及利息多少)进行比较建立共同基础。

②投资各方财务现金流量表。该表从投资者角度出发,以项目投资者的出资额作为计算基础,把借款本金偿还和利息支付作为现金流出,用以计算投资各方自有资金财务内部收益率、财务净现值等评价指标,考察项目投资各方自有资金的盈利能力。

（2）损益和利润分配表

该表反映项目计算期内各年的利润总额、所得税及税后利润的分配情况,用以计算投资利润率等财务盈利能力指标。

（3）资金来源与运用表

该表反映项目计算期内各年的资金盈余短缺情况,用于选择资金筹措方案,制定适宜的借款及偿还计划。

（4）借款偿还计划表

用于反映项目计算期内各年借款的使用、还本付息,以及偿债资金来源,计算借款偿还期或者偿债备付率、利息备付率等指标。

**3. 财务评价指标体系**

工程项目经济效果可采用不同的指标来表达,任何一种评价指标都是从一定的角度、某一个侧面反映项目的经济效果,总会带有一定的局限性。因此,需建立一整套指标体系来全面、真实、客观地反映项目的经济效果。

工程项目财务评价指标体系根据不同的标准,可有不同的分类：

（1）根据计算项目财务评价指标是否考虑资金的时间价值,可将常用的财务评价指标分为静态指标和动态指标两类(如图 5—1)。

静态评价指标主要用于技术经济数据不完备和不精确的方案初选阶段,或对寿命期比较短的方案进行评价；动态评价指标则用于方案最后决策前的详细可行性研究阶段,或对寿命期较长的方案进行评价。

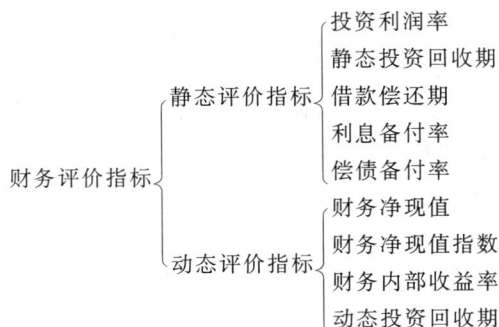

图 5-1　财务评价指标体系(1)

（2）项目财务评价按评价内容的不同,还可分为盈利能力分析指标和偿债能力分析指标两类(如图 5—2)。

```
                                          ┌ 财务内部收益率
                              ┌ 盈利能力分析指标 ┤ 财务净现值
                              │              │ 投资回收期
                              │              └ 投资利润等
              财务评价指标 ┤
                              │              ┌ 借款偿还期
                              └ 偿债能力分析指标 ┤ 利息备付率
                                              └ 偿债备付率
```

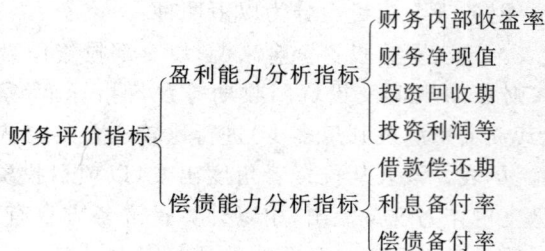

图 5-2　财务评价指标体系(2)

## 5.3　工程项目设计阶段的造价管理

### 5.3.1　工程设计、设计阶段及设计程序

**1. 工程设计的含义**

工程设计是建设程序的一个环节,是指在可行性研究批准之后,工程开始施工之前,根据已批准的设计任务书,为具体实现拟建项目的技术、经济要求,拟订建筑、安装及设备制造等所需的规划、图纸、数据等技术文件的工作。工程设计是建设工程项目由计划变为现实的具有决定意义的工作阶段。设计文件是建筑安装施工的依据。拟建工程在建设过程中能否保证进度、质量和节约投资,在很大程度上取决于设计质量的优劣。工程建成后,能否获得满意的经济效果,除了项目决策之外,设计工作起着决定性的作用。设计工作的重要原则之一是保证设计的整体性,为此,设计工作必须按一定的程序分阶段进行。

**2. 设计阶段**

根据建设程序的进展,为保证工程建设和设计工作有机配合和衔接,按照由粗到细,将工程设计划分阶段进行。一般工业项目与民用建设工程项目设计分两个阶段设计:初步设计和施工图设计。对于技术上复杂而又缺乏设计经验的项目,分三个阶段进行设计:初步设计、技术设计和施工图设计。在各设计阶段,都需要编制相应的工程造价文件,与初步设计、技术设计对应的是设计概算、修正概算,与施工图设计对应的是施工图预算。

**3. 设计程序**

设计程序是指设计工作的先后顺序。其包括设计前准备阶段、初步方案阶段、初步设计阶段、技术设计阶段、施工图设计阶段、设计交底和配合施工阶段,如图 5-3 所示。

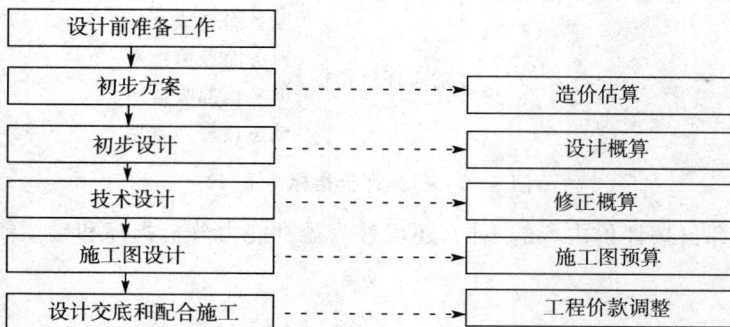

```
┌─────────────────┐
│   设计前准备工作   │
└────────┬────────┘
         ↓
┌─────────────────┐              ┌─────────────────┐
│     初步方案      │ ──────────→  │     造价估算      │
└────────┬────────┘              └─────────────────┘
         ↓
┌─────────────────┐              ┌─────────────────┐
│     初步设计      │ ──────────→  │     设计概算      │
└────────┬────────┘              └─────────────────┘
         ↓
┌─────────────────┐              ┌─────────────────┐
│     技术设计      │ ──────────→  │     修正概算      │
└────────┬────────┘              └─────────────────┘
         ↓
┌─────────────────┐              ┌─────────────────┐
│    施工图设计     │ ──────────→  │    施工图预算     │
└────────┬────────┘              └─────────────────┘
         ↓
┌─────────────────┐              ┌─────────────────┐
│  设计交底和配合施工 │ ──────────→  │    工程价款调整    │
└─────────────────┘              └─────────────────┘
```

图 5-3　工程设计的全过程

（1）设计前准备阶段

在设计之前，首先要了解并熟悉外部条件和客观情况，具体内容包括地形、气候、地质、自然环境等自然条件；城市规划对建筑物的要求；交通、水、电、气、通讯等基础设施状况；业主对工程的要求，特别是工程应具备的各项使用要求；对工程经济估算的依据和所能提供的资金、材料、施工技术和装备等供应情况，以及可能影响工程设计的其他客观因素，为进行设计作好充分准备。

（2）初步方案阶段

在搜集资料的基础上，设计人员应对工程主要内容（包括功能与形式）的安排有个大概的布局设想，然后还要考虑工程与周围环境之间的关系。在这一阶段设计者可以与使用者和规划部门充分交换意见，最后使自己的设计取得规划部门的同意，与周围环境有机地融为一体。对于不太复杂的工程，这一阶段可以省略，把有关的工作并入初步设计阶段。

（3）初步设计阶段

初步设计是设计过程的一个关键性阶段，也是整个设计构思基本形成的阶段。通过初步设计可以进一步明确拟建工程在指定地点和规定期限内进行建设的技术可行性和经济合理性，并规定主要技术方案、工程总造价和主要技术经济指标，以利于在项目建设和使用过程中最有效地利用人力、物力和财力。工业项目的初步设计包括总平面设计、工艺设计和建筑设计三部分，在初步设计阶段还应编制设计总概算。

（4）技术设计阶段

技术设计是初步设计的具体化，也是各种技术问题的定案阶段。技术设计研究和决定的问题，与初步设计大致相同，但需要根据更详细的勘查资料和技术经济计算加以补充修正。技术设计的详细程度应满足确定设计方案中重大技术问题和有关试验、设备选择等方面的要求，应能保证根据它进行施工图设计和提出设备订货明细表。技术设计时，如果对初步设计中所确定的方案有所更改，应对更改部分编制修正概算书。对于不太复杂的工程，技术设计阶段可以省略，把这个阶段的工作纳入施工图设计阶段进行。

（5）施工图设计阶段

施工图设计阶段主要是通过图纸，把设计者的意图和全部设计结果表达出来，作为施工的依据，是设计工作和施工工作的桥梁。具体内容包括建设工程项目各部分工程的详图和零部件，结构构件明细表，以及验收标准，方法等。施工图设计的深度应能满足设备材料的选择与确定。非标准设备设计与加工制作，施工图预算的编制，建设工程施工和安装工程施工的要求。

（6）设计交底和配合施工阶段

施工图交付给施工单位之后，根据现场需要，设计人员应派人到施工现场，与建设、施工单位共同会审图纸，并进行技术交底，介绍设计意图和技术要求，修改不符合实际和有错误的图纸，参加试运转和竣工验收，解决试运转过程中的各种技术问题，并检验设计的正确和完善程度。

## 5.3.2 设计阶段工程造价管理的重要意义

在拟建项目经过投资决策阶段后，设计阶段就成为项目工程造价控制的关键环节。它对建设工程项目的建设工期、工程造价、工程质量及建成后能否发挥较好的经济效益，起着决定性的作用。

**1. 在设计阶段进行工程造价的计价分析可以使造价构成更合理，提高资金使用效率**

设计阶段工程造价的计价形式是编制设计概、预算，通过设计概、预算可以了解工程造价的构成，分析资金分配的合理性。并可以利用价值工程理论分析项目各个组成部分功能与成本的匹配程度,调整项目功能与成本,使其更趋于合理。

**2. 在设计阶段进行工程造价的计价分析可以提高投资控制效率**

编制设计概算并进行分析,可以了解工程各组成部分的投资比例。对于投资比例大的部分应作为投资控制的重点,这样可以提高投资控制效率。

**3. 在设计阶段控制工程造价会使控制工作更主动**

长期以来,人们把控制理解为目标值与实际值的比较,以及当实际值偏离目标值时分析产生差异的原因,确定下一步对策。这对于批量性生产的制造业而言,是一种有效的管理方法。但是对于建筑业而言,由于建筑产品具有单件性、价值量大的特点,这种管理方法只能发现差异,不能消除差异,也不能预防差异的产生,而且差异一旦发生,损失往往很大,这是一种被动的控制方法。而如果在设计阶段控制工程造价,可以先按一定的质量标准,开列新建建筑物每一部分或分项的估算造价,对照造价计划中所列的指标进行审核,预先发现差异,主动采取一些控制方法消除差异,使设计更经济。

**4. 在设计阶段控制工程造价便于技术与经济相结合**

工程设计工作往往是由建筑师等专业技术人员来完成的。他们在设计过程中往往更关注工程的使用功能,力求采用比较先进的技术方法实现项目所需功能,而对经济因素考虑较少。如果在设计阶段吸收造价工程师参与全过程设计,使设计从一开始就建立在健全的经济基础之上,在作出重要决定时能充分认识其经济后果。另外,投资限额一旦确定以后,设计只能在确定的限额内进行,有利于建筑师发挥个人创造力,选择一种最经济的方式实现技术目标,从而确保设计方案能较好地体现技术与经济的结合。

**5. 在设计阶段控制工程造价效果最显著**

工程造价控制贯穿于项目建设全过程,这一点是毫无疑问的。但是进行全过程控制还必须突出重点。图 5-4 是国外描述的各阶段影响工程项目投资的规律。

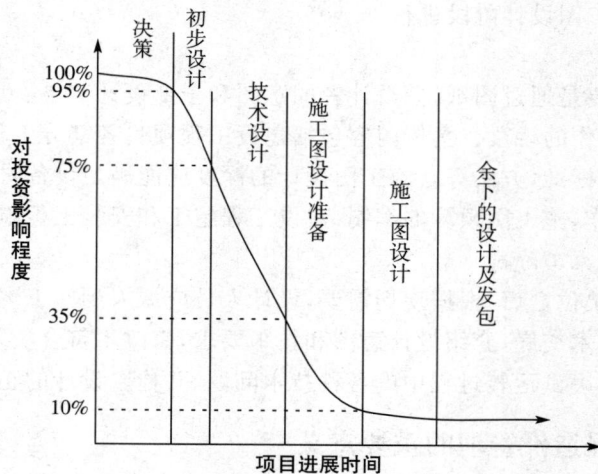

图 5-4 建设过程各阶段对投资的影响

从图中可以看出,设计阶段对投资的影响约为 75%~95%。很明显,控制工程造价的关键是在设计阶段。在设计一开始就将控制投资的思想植根于设计人员的头脑中,以保证选择恰当的设计标准和合理的功能水平。

### 5.3.3　设计阶段工程造价控制的措施和方法

设计阶段控制工程造价的方法有：加强对设计概算、施工图预算的编制管理和审查；对设计方案进行优选或优化设计；推广限额设计和标准化设计等。

**1. 方案的造价估算、设计概算和施工图预算的编制与审查**

设计阶段加强对设计方案估算、初步设计概算、施工图预算编制的管理和审查是至关重要的。实际工作中经常发现有的方案估算不够完整，有的限额设计的目标值缺乏合理性，有的概算不够正确，有的施工图预算不够准确，影响到设计过程中各个阶段造价控制目标的制定，最终不能达到以造价目标控制设计工作的目的。

方案估算要建立在分析测算的基础上，能比较全面、真实地反映各个方案所需的造价。在方案的投资估算过程中，要多考虑一些影响造价的因素，如施工的工艺和方法的不同、施工现场的不同情况等，因为它们都会使按照经验估算的造价发生变化，只有这样才能使估算更加完善。对于设计单位来说，当务之急是要对各类设计资料进行分析测算，以掌握大量的第一手资料数据，为方案的造价估算积累有效的数据。

设计概算不准、与施工图预算差距很大的现象常有发生，其原因主要包括初步设计图纸深度不够，概算编制人员缺乏责任心，概算与设计和施工脱节，概算编制中错误太多等。要提高概算的质量，首先，必须加强设计人员与概算编制人员的联系与沟通；其次，要提高概算编制人员的素质，加强责任心，多深入实际，丰富现场工作经验；再次，加强对初步设计概算的审查。概算审查可以避免重大错误的发生，避免不必要的经济损失，设计单位要建立健全三审制度（自审、审核、审定），大的设计单位还应建立概算抽查制度。概算审查不仅仅局限于设计单位，建设单位和概算审批部门也应加强对初步设计概算的审查，严格概算的审批，也可以有效控制工程造价。

施工图预算是签订施工承包合同、确定合同价、进行工程结算的重要依据，其质量的高低直接影响到施工阶段的造价控制。提高施工图预算的质量可以从加强对编制施工图预算的单位和人员的资质审查，以及加强对他们的管理方式来实现。

**2. 设计方案的优化和比选**

为了提高工程建设投资效果，从选择建设场地和工程总平面布置开始，直到最后结构构件的设计，都应进行多方案比选，从中选取技术先进、经济合理的最佳设计方案，或者对现有的设计方案进行优化，使其能够更加经济合理。在设计过程中，可以利用价值工程的思路和方法对设计方案进行比较，对不合理的设计提出改进意见，从而达到控制造价、节约投资的目的。设计方案优选还可以通过设计招标投标和设计方案竞选的办法，选择最优的设计方案，或将各方案的可取之处重新组合，提出最佳方案。

**3. 限额设计和标准设计的推广**

限额设计是设计阶段控制工程造价的重要手段，它能有效地克服和控制"三超"现象，使设计单位加强技术与经济的对立统一管理，能克服设计概、预算本身的失控对工程造价带来的负面影响。另外，推广成熟的、行之有效的标准设计不但能够提高设计质量，而且能够提高效率、节约成本，同时因为标准设计大量使用标准构、配件，压缩现场工作量，最终有利于工程造价的控制。

**4. 推行设计索赔及设计监理等制度，加强设计变更管理**

设计索赔及设计监理等制度的推行，能够真正提高人们对设计工作的重视程度，从而使设计阶段的造价控制得以有效开展,同时也可以促进设计单位建立完善的管理制度,提高设计人员的质量意识和造价意识。设计索赔制度的推行和加大索赔力度是切实保障设计质量和控制造价的必要手段。另外,设计图纸变更得越早,造成的经济损失越小;反之则损失越大。工程设计人员应建立设计施工轮训或继续教育制度,尽可能地避免设计与施工相脱节的现象发生,由此可减少设计变更的发生。对非发生不可的变更,应尽量控制在设计阶段,切记要用先算账、后变更、层层审批的方法,以使投资得到有效控制。

设计阶段对工程造价的控制是十分必要也是十分有效的。设计阶段造价控制的重要性可以说是众所周知的,但我国目前也是这一阶段的造价控制最为薄弱。加强这一阶段的造价控制会对降低整个工程造价起到决定性的作用。当然,还要结合其他阶段以做到整个工程造价链条的控制,尤其要注意加强与建设工程项目生产与运营维护阶段的相关联系分析,真正做到全寿命造价的控制。

## 5.3.4 工程设计方案优化途径

### 1. 通过设计招、投标和方案竞选来优化设计方案

建设单位就拟建工程的设计任务通过报刊、信息网络或其他媒介发布公告,吸引设计单位参加设计招标或设计方案竞选,以获得众多的设计方案;然后组织评标专家小组,采用科学的方法,按照经济、适用、美观的原则,以及技术先进、功能全面、结构合理、安全适用、满足建筑节能及环境等要求,综合评定各设计方案优劣,从中选择最优的设计方案,或将各方案的可取之处重新组合,提出最佳方案。建设单位使用未中选单位的设计成果时,须征得该单位同意,并实行有偿转让,转让费由建设单位承担。中选单位完成设计方案后如建设单位另选其他设计单位承担初步设计和施工图设计,建设单位则应付给中选单位方案设计费。专家评价法有利于多种方案的比较与选择,能集思广益,吸取众多设计方案的优点,使设计更完美。同时这种方法有利于控制建设工程项目造价,因为选中的项目投资概算一般能控制在投资者限定的投资范围内。

### 2. 运用价值工程优化设计方案

#### (1)价值工程的概念

价值工程是一门科学的技术经济分析方法,是现代科学管理的组成部分,是研究用最少的成本支出,实现必要的功能,从而达到提高产品价值的一门科学。价值工程中的"价值"是功能与成本的综合反映,其表达式为:

$$价值 = \frac{功能(效用)}{成本(费用)}$$

或

$$V = \frac{F}{C} \tag{5-4}$$

一般来说,提高产品的价值,有以下 5 种途径:

①提高功能,成本降低。这是最理想的途径。

②保持功能不变,降低成本。

③保持成本不变,提高功能水平。

④成本稍有增加,但功能水平大幅度提高。

⑤功能水平稍有下降,但成本大幅度下降。

必须指出,价值分析并不是单纯追求降低成本,也不是片面追求提高功能,而是力求处理好功能与成本的对立统一关系,提高它们之间的比值,研究产品功能和成本的最佳配置。

(2)价值工程工作程序

价值工程工作可以分为四个阶段:准备阶段、分析阶段、创新阶段和实施阶段。大致可以分为八项工作内容:价值工程对象选择、收集资料、功能分析、功能评价、提出改进方案、方案的评价与选择、试验证明和决定实施方案。

价值工程主要回答和解决下列问题:

①价值工程的对象是什么。

②它是干什么用的。

③其成本是多少。

④其价值是多少。

⑤有无其他方案实现同样的功能。

⑥新方案成本是多少。

⑦新方案是否能满足要求。

围绕以上这 7 个问题,价值工程的一般工作程序如表 5-2 所示。

表 5-2　价值工程的一般工作程序

| 阶段 | 步骤 | 说明 |
|---|---|---|
| 准备阶段 | 1. 对象选择 | 应明确目标、限制条件及分析范围 |
| | 2. 组成价值工程领导小组 | 一般由项目负责人、专业技术人员、熟悉价值工程的人员组成 |
| | 3. 制订工作计划 | 包括具体执行人、执行日期、工作目标等 |
| 分析阶段 | 4. 收集整理信息资料 | 此项工作应贯穿于价值工程的全过程 |
| | 5. 功能分析 | 明确功能特性要求,并绘制功能系统图 |
| | 6. 功能评价 | 确定功能目标成本,确定功能改进区域 |
| 创新阶段 | 7. 方案创新 | 提出各种不同的实现功能的方案 |
| | 8. 方案评价 | 从技术、经济和社会等方面综合评价各方案达到预定目标的可行性 |
| | 9. 提案编写 | 将选出的方案及有关资料编写成册 |
| 实施阶段 | 10. 审批 | 由主管部门组织进行 |
| | 11. 实施与检查 | 制定实施计划、组织实施,并跟踪检查 |
| | 12. 成果鉴定 | 对实施后取得的技术经济效果进行鉴定 |

(3)在设计阶段实施价值工程的意义

工程设计决定建筑产品的目标成本,目标成本是否合理,直接影响产品的效益。在施工图确定以前,确定目标成本可以指导施工成本控制,降低建筑工程的实际成本,提高经济效益。建筑工程在设计阶段实施价值工程的意义有:

①可以使建筑产品的功能更合理

工程设计实质上就是对建筑产品的功能进行设计。而价值工程的核心就是功能分析。通过实施价值工程,可以使设计人员更准确地了解用户所需及建筑产品各项功能之间的比重,同时还可以考虑设计专家、建筑材料和设备制造专家、施工单位及其他专家的建议,从而使设计更加合理。

②可以有效地控制工程造价

价值工程需要对研究对象的功能与成本之间关系进行系统分析。设计人员参与价值工程,就可以避免在设计过程中只重视功能而忽视成本的倾向,在明确功能的前提下,发挥设计人员的创造精神,提出各种实现功能的方案,从中选取最合理的方案。这样既保证了用户所需功能的实现,又有效地控制了工程造价。

③可以节约社会资源

价值工程着眼于寿命周期成本,即研究对象在其寿命期内所发生的全部费用。对于建设工程项目而言,寿命周期成本包括工程造价和工程使用成本。价值工程的目的是以研究对象的最低寿命周期成本可靠地实现使用者所需功能。实施价值工程,既可以避免一味地降低工程造价而导致研究对象功能水平偏低的现象,也可以避免一味地提高使用成本而导致功能水平偏高的现象,使工程造价、使用成本及建筑产品功能合理匹配,节约社会资源消耗。

# 5.4 工程项目招投标阶段的造价管理

## 5.4.1 工程项目招投标对工程造价的重要影响

建设工程项目招投标制是我国建筑市场走向规范化、完善化的举措之一。推行工程招投标制,对降低工程造价,进而使工程造价得到合理的控制具有非常重要的作用。

**1. 推行招投标制,基本形成了由市场定价的价格机制,使工程价格更加趋于合理**

推行招投标制最明显的表现是若干投标人之间出现激烈竞争,这种市场竞争最直接、最集中的表现就是在价格上的竞争。通过竞争确定出工程价格,使其趋于合理或下降,这将有利于节约投资、提高投资效益。

**2. 推行招投标制能够不断降低社会平均劳动消耗水平,使工程价格得到有效控制**

在建筑市场中,不同投标者的个别劳动消耗水平是有差异的。通过推行招投标,会使那些个别劳动消耗水平最低或接近最低的投标者获胜,这样便实现了生产力资源较优配置,也对不同投标者实行了优胜劣汰。面对激烈竞争的压力,为了自身的生存与发展,每个投标者都必须切实在降低自己个别劳动消耗水平上下工夫,这样将逐步而全面地降低社会平均劳动消耗水平,使工程价格更为合理。

**3. 推行招投标制便于供求双方更好地相互选择,使工程价格更加符合价值基础,进而更好地控制工程造价**

由于供求双方各自出发点不同,存在利益矛盾,因而单纯采用"一对一"的选择方式,成功的可能性较小。采用招投标方式就为供求双方在较大范围内进行相互选择创造了条件,为需求者(如建设单位、业主)与供给者(如勘察设计单位、施工企业)在最佳点上结合提供了可能。需求者对供给者选择(即建设单位、业主对勘察设计单位和施工单位的选择)的基本出发点是"选优选择",即选择那些报价较低、工期较短、具有良好业绩和管理水平的供给者,这样即为合理控制工程造价奠定了基础。

**4. 推行招投标制有利于规范价格行为,使公开、公平、公正的原则得以贯彻**

我国招投标活动由特定的机构进行管理,有必须遵循的严格程序,有高素质的专家支持系统、工程技术人员的群体评估与决策,能够避免盲目过度的竞争和营私舞弊现象的发生,对建筑领域中的腐败现象强有力地遏制,使价格形成过程透明而规范。

**5. 推行招投标制能够减少交易费用,节省人力、物力、财务,进而使工程造价有所降低**

我国目前从招标、投标、开标、评价直至定标,均有一些法律、法规规定,已实现制度化操作。招投标中,若干投标人在同一时间、地点报价竞争,在专家支持系统的评估下,以群体决策方式确定中标者,必然减少交易过程的费用,这本身就意味着招标人收益的增加,对工程造价必然会产生积极的影响。

## 5.4.2　工程项目招投标阶段工程造价管理的内容

**1. 发包人选择合理的招标方式**

《中华人民共和国招标投标法》允许的招标方式有公开招标和邀请招标。邀请招标一般只适用于国家投资的特殊项目和非国有经济的项目,公开招标方式是能够体现公开、公正、公平原则的最佳招标方式。选择合理的招标方式是合理确定工程合同价款的基础。

**2. 发包人选择合理的承包模式**

常见的承包模式包括总承包模式、平行承包模式、联合体承包模式和合作承包模式。不同的承包模式适用于不同类型的工程项目,对工程造价的控制也体现出不同的作用。

总分包模式的总体合同价可以较早确定,业主可以承担较少的风险,对总承包商而言,责任重,风险大,获得高额利润的潜力也比较大。

平行承包模式的总合同价不易短期确定,从而影响工程造价控制的实施。工程招标任务量大,需控制多项合同价格,从而增加了工程造价控制的难度。但对于大型复杂工程,如果分别招标,可参与竞争的投标人增多,业主就能够获得具有竞争性的商业报价。

联合体承包对业主而言,合同结构简单,有利于工程造价的控制,对联合体而言,可以集中各成员单位在资金、技术和管理等方面的优势,增强抗风险能力。

合作承包模式与联合体承包相比,业主的风险较大,合作各方之间信任度不够。

**3. 发包人编制招标文件,确定合理的工程计量方法和投标报价方法,确定招标工程标底**

建设工程项目的发包数量、合同类型和招标方式一经批准确定以后,即应编制为招标服务的有关文件。工程计量方法和报价方法的不同,会产生不同的合同价格,因而在招标前,应选择有利于降低工程造价和便于合同管理的工程计量方法和报价方法。编制标底是建设工程项目招标前的另一项重要工作,而且是较复杂和细致的工作。标底的编制应当实事求是,综合考虑和体现发包人和承包人的利益。没有合理的标底可能会导致工程招标的失误,达不到降低建设投资、缩短建设工期、保证工程质量、择优选用工程承包人的目的。

**4. 承包人编制投标文件,合理确定投标报价**

拟投标招标工程的承包人在通过资格审查后,根据获取的招标文件,编制投标文件并对其做出实质性响应。在核实工程量的基础上依据企业定额进行工程报价,然后在广泛了解潜在竞争者及工程情况和企业情况的基础上,运用投标技巧和正确的策略来确定最后报价。

**5. 发包人选择合理的评标方式进行评标,在正式确定中标单位之前,对潜在中标单位进行询标**

评标过程中使用的方法很多,不同的计价方式对应不同的评标方法,正确的评标方法选择有助于科学选择承包人。在正式确定中标单位之前,一般都对得分最高的1～2家潜在中标单位的标函进行质询,旨在对投标函中有意或无意的不明和笔误之处作进一步明确或纠正。尤其是当投标人对施工图计量的遗漏、对定额套用的错项、对工料机市场价格不熟悉而引起的失误,以及对其他规避招标文件有关要求的投机取巧行为进行剖析,以确保发包人和潜在中标人等各方的利益都不受损害。

**6. 发包人通过评标定标,选择中标单位,签订承包合同**

评标委员会依据评标规则,对投标人评分并排名,向业主推荐中标人,并以中标人的报价作为承包价。合同的形式应在招标文件中确定,并在投标函中做出响应。目前建筑工程合同格式一般有三种:参考 FIDIC 合同格式订立的合同;按照国家工商部门和建设部推荐的《工程建设项目合同示范文本》格式订立的合同;由建设单位和施工单位协商订立的合同。不同的合同格式适用于不同类型的工程,正确选用合适的合同类型是保证合同顺利执行的基础。

### 5.4.3　招标标底的编制和投标报价的确定

**1. 标底和编制**

(1)标底的概念和作用

标底是指招标人根据招标项目的具体情况,编制的完成招标项目所需的全部费用,是根据国家规定的计价依据和计价办法计算出来的工程造价,是招标人对建设工程项目的期望价格。

招标人可根据工程的实际情况决定是否编制标底。一般情况下,即使采用无标底方式招标,招标人也需对工程的建造费用事先进行估计,以便心中有数。

标底对招标人控制工程造价具有重要的作用:

①标底能够使招标人预先明确自己在拟建工程中应承担的财务义务。

②标底给上级主管部门提供核实建设规模的依据。

③标底是衡量投标人报价高低的准绳。只有确定了标底,才能正确判断出投标人所投标报价的合理性和可靠性。

④标底是评标的重要尺度。只有编制了科学合理的标底,才能在定标时做出正确的抉择,否则评标就是盲目的。因此招标工程必须以严肃认真的态度和科学的方法来编制标底。

(2)标底的编制原则

①根据国家公布的统一工程项目划分、统一计量单位、统一计算规则以及施工图纸、招标文件,并参照国家、行业或地方批准发布的定额和国家、行业、地方规定的技术标准规范,以及要素市场价格编制标底。

②标底作为建设单位的期望价格,应力求与市场的实际变化吻合,要有利于竞争和保证工程质量。

③标底应由直接费、间接费、利润、税金等组成,一般应控制在批准的总概算(或修正概算)及投资包干的限额内。

④标底应考虑人工、材料、设备、机械台班等价格变化因素,还应包括不可预见费(特殊情况)、预算包干费、措施费(赶工措施费、施工技术措施费)、现场因素费用、保险以及采用固定价格的工程的风险金等。工程要求优良的还应增加相应费用。

⑤一个工程只能编制一个标底。

⑥标底编制完成,直至开标时,所有接触过标底价格的人员均负有保密责任,不得泄漏。

(3)标底的编制依据

①招标文件。

②工程施工图纸、工程量计算规则。

③施工现场地质、水文、地上情况等有关资料。

④施工方案或施工组织设计。

⑤现行的工程预算定额、工期定额、工程项目计价类别及取费标准。

⑥国家或地方有关价格调整文件规定。

⑦招标时建筑安装材料及设备的市场价格。

（4）标底的编制程序

工程标底价格的编制必须遵循一定的程序才能保证标底价格的正确性。

①确定标底价格的编制单位。标底价格由招标单位（或业主）自行编制，或由受其委托具有编制标底资格和能力的中介机构代理编制。

②搜集审阅编制依据。

③确定标底计价方法，取定市场要素价格。

④确定工程计价要素消耗量指标。当使用现行定额编制标底价格时，应对定额中各类消耗量指标按社会先进水平进行调整。

⑤参加工程招标投标交底会，勘察施工现场。

招标文件质疑。对招标文件（工程量清单）表述，或描述不清的问题向招标方质疑，请求解释，明确招标方的真实意图，力求计价精确。

⑥确定施工方案。

⑦计算标底价格。

⑧审核修正定稿。

（5）标底文件的主要内容

①标底的综合编制说明。

②标底价格审定书、标底价格计算书、带有价格的工程量清单、现场因素、各种施工措施费的测算明细以及采用固定价格工程的风险系数测算明细等。

③主要人工、材料、机械设备用量表。

④标底附件。

⑤标底价格编制的有关表格。

（6）标底价格的编制方法

①定额计价法编制标底

定额计价法编制标底采用的是分部分项工程项目的直接工程费单价（或称为工料单价），该单价中仅仅包括了人工、材料、机械费用。

a. 单位估价法。单位估价法编制招标工程的标底大多是在工程概预算定额基础上做出的，但它不完全等同于工程概预算。编制一个合理、可靠的标底还必须在此基础上综合考虑工期、质量、自然地理条件和招标工程范围等因素。

b. 实物量法。用实物量法编制标底，主要先用计算出的各分项工程的实物工程量，分别套取工程定额中的人工、材料、机械消耗指标，并按类相加，求出单位工程所需的各种人工、材料、施工机械台班的总消耗量，然后分别乘以当时当地的人工、材料、施工机械台班市场单价，求出人工费、材料费、施工机械使用费，再汇总求和得到直接工程费。对于间接费、利润和税金等费用的计算则根据当时当地建筑市场的供求情况具体确定。

虽然以上两种方法在本质上没有大的区别，但由于标底具有力求与市场的实际变化相吻合的特点，所以标底应考虑人工、材料、设备、机械台班等价格变化因素，还应考虑不可预见费用（特殊情况)、预算包干费用、现场因素费用、保险以及采用固定价格合同的工程的风险费用。工程要求优良的还应增加相应费用。

②清单计价法编制标底

工程量清单计价法编制标底时采用的单价主要是综合单价。用综合单价编制标底价格,要根据统一的项目划分,按照统一的工程量计算规则计算工程量,确定分部分项工程项目以及措施项目的工程量清单。然后分别计算其综合单价,该单价是根据具体项目分别计算的。综合单价确定以后,填入工程量清单中,再与工程量相乘得到合价,汇总之后最后考虑规费、税金即可得到标底价格。

采用工程量清单计价法编制标底时应注意两点:一是编制工程量清单与编制招标标底若不是同一单位时,应注意发放招标文件中的工程量清单与编制标底的工程量清单在格式、内容、项目特征描述等各方面保持一致,避免由此造成的招标失败或评标的不公正。二是要仔细区分清单中分部分项工程清单费用、措施项目清单费用、其他项目清单费用和规费、税金等各项费用的组成,避免重复计算。

**(7)标底价格的确定**

①标底价格的计算方式

工程标底的编制,需要根据招标工程的具体情况,如设计文件和图纸的深度、工程的规模和复杂程度、招标人的特殊要求、招标文件对投标报价的规定等,选择合适的编制方法计算。

在工程招标时施工图设计已经完成的情况下,标底价格应按施工图纸进行编制;如果招标时只是完成了初步设计,标底价格只能按照初步设计图纸进行编制;如果招标时只有设计方案,标底价格可用每平方米造价指标或单位指标等进行编制。

标底价格的编制,除依据设计图纸进行费用的计算外,还需考虑图纸以外的费用,包括由合同条件、现场条件、主要施工方案、施工措施等所产生费用的取定,依据招标文件或合同条件规定的不同要求,选择不同的计价方式。根据我国现行工程造价的计算方式和习惯做法,在按工程量清单计算标底价格时,单价的计算可采用工料单价法和综合单价法。综合单价法针对分部分项工程内容,综合考虑其工料机成本和各类间接费及利润后报出单价,再根据各分项价格之和组成工程总价;工料单价法则首先汇总各种工料机消耗量,乘以相应的工料机市场单价,得到直接工程费,再考虑措施费、间接费和利税得出总价。

②确定标底价格需考虑的其他因素

a. 标底价格必须适应目标工期的要求。预算价格反映的是按定额工期完成合格产品的价格水平。若招标工程的目标工期不属于正常工期,而需要缩短工期,则应按提前天数给出必要的赶工费和奖励,并列入标底价格。

b. 标底价格必须反映招标人的质量要求。预算价格反映的是按照国家有关施工验收规范规定完成合格产品的价格水平。当招标人提出需达到高于国家验收规范的质量要求时,就意味着承包方要付出比完成合格水平的工程更高的费用。因此,标底价格应体现优质优价。

c. 标底价格计算时,必须合理确定措施费、间接费、利润等费用,费用的计取应反映企业和市场的现实情况,尤其是利润,一般应以行业平均水平为基础。

d. 标底价格应根据招标文件或合同条件的规定,按规定的工程发承包模式,确定相应的计价方式,考虑相应的风险费用。

e. 标底价格必须综合考虑招标工程所处的自然地理条件和招标工程的范围等因素。

（8）标底的审查

①审查标底的目的

审查标底的目的是检查标底价格编制是否真实、准确。标底价格如有漏洞,应予以调整和修正。如果标底价超过概算,应按照有关规定进行处理,同时也不得以压低标底价格作为压低投资的手段。

②标底审查的内容

a. 审查标底的计价依据:承包范围、招标文件规定的计价方法等。

b. 审查标底价格的组成内容:工程量清单及其单价组成,措施费费用组成,间接费、利润、规费、税金的计取,有关文件规定的调价因素等。

c. 审查标底价格相关费用:人工、材料、机械台班的市场价格,现场因素费用、不可预见费用,对于采用固定价格合同的还应审查在施工周期内价格的风险系数等。

**2. 投标报价**

（1）投标报价的编制方法

投标报价的编制主要是投标单位对承建招标工程所要发生的各种费用的计算。投标报价的编制方法和标底的编制方法一致,也分为定额计价法和工程量清单计价法两种方法。

（2）投标报价的工作程序

任何一个工程项目的投标报价工作都是一项系统工程,应遵循一定的程序。

①研究招标文件。投标单位报名参加或接受邀请参加某一工程的投标,通过了资格预审并取得招标文件后,首要的工作就是认真仔细地研究招标文件,充分了解其内容和要求,以便有针对性地安排投标工作。

②调查投标环境。所谓投标环境就是招标工程施工的自然、经济和社会条件,这些条件都可以成为工程施工的制约因素或有利因素,必然会影响到工程成本,是投标单位报价时必须考虑的,所以在报价前尽可能了解清楚。

③制订施工方案。施工方案是投标报价的一个前提条件,也是招标单位评标时要考虑的主要因素之一。施工方案应由施工单位的技术负责人主持制订,主要考虑施工方法、主要施工机具的配备,各工种劳动力的安排及现场施工人员的平衡、施工进度及分批竣工的安排、安全措施等。施工方案的制订应在技术和工期两个方面对招标单位有吸引力,同时又有助于降低施工成本。

④投标价的计算。投标价的计算是投标单位对将要投标的工程所发生的各种费用的计算。在进行投标计算时,必须首先根据招标文件计算和复核工程量,作为投标价计算的必要条件。另外在投标价的计算前,还应预先确定施工方案和施工进度,投标价计算还必须与所采用的合同形式相协调。

⑤确定投标策略。正确的投标策略对提高中标率、获得较高的利润有重要的作用。投标策略主要内容有:以信取胜、以快取胜、以廉取胜、靠改进设计取胜、采用以退为进的策略、采用长远发展的策略等。

⑥编制正式的投标书。投标单位应该按照招标单位的要求和确定的投标策略编制投标书,并在规定的时间内送到指定地点。

（3）投标报价的计算过程

①计算和复核工程量。

②确定单价,计算合价。

③确定分包工程费。

④确定利润和风险费。

⑤确定投标价格。

**(4)投标报价决策和策略**

①投标报价决策

是指投标决策人召集算标人员、高级顾问共同研究,就上述标价计算结果和标价的静态、动态风险分析进行讨论,做出调整计算标价的最后决定。

一般说来,报价决策并不仅限于具体计算,而是应当由决策人与算标人员、高级顾问一起,对各种影响报价的因素进行恰当的分析,除了对算标时提出的各种方案、基价、费用摊入系数等予以审定和进行必要的修正外,更重要的是要综合考虑期望的利润和承担风险的能力。低报价是中标的重要因素,但不是唯一因素。

②投标报价的策略

投标报价策略指承包商在投标竞争中的系统工作部署及其参与投标竞争的方式和手段。

投标人的决策活动贯穿于投标全过程,是工程竞标的关键。投标的实质是竞争,竞争的焦点是技术、质量、价格、管理、经验和信誉等综合实力。因此必须随时掌握竞争对手的情况和招标业主的意图,及时制订正确的策略,争取主动。投标策略主要有投标目标策略、技术方案策略、投标方式策略、经济效益策略等。

a. 投标目标策略

投标目标策略指导投标人应该重点对哪些适宜的招标项目去投标。

b. 技术方案策略

技术方案和配套设备的档次(品牌、性能和质量)的高低决定了整个工程项目的基础价格,投标前应根据业主投资的大小和意图进行技术方案决策并指导报价。

c. 投标方式策略

投标方式策略指导投标人是否联合合作伙伴投标。中小型企业依靠大型企业的技术、产品和声誉的支持进行联合投标是提高其竞争力的一种良策。

d. 经济效益策略

经济效益策略直接指导投标报价。制订报价策略必须考虑投标者的数量、主要竞争对手的优势、竞争实力的强弱和支付条件等因素,根据不同情况可计算出高、中、低三套报价方案。

## 5.4.4  工程合同价的确定

采用不同的计价模式会直接影响到合同价的形成方式,从而最终影响合同的签订和实施。目前国内使用的定额计价方法在以上方面存在诸多弊端,相比之下,工程量清单的计价方法能确定更为合理的合同价,并且便于合同的实施。

首先,工程量清单计价的合同价的形成方式使工程造价更接近工程实际价值。因为确定合同价的两个重要因素——投标报价和标底价都以实物法编制,采用的消耗量、价格、费率都是市场波动值,因此使合同价能更好地反映工程的性质和特点,更接近市场价值。其次,易于对工程造价进行动态控制。在定额计价模式下,无论合同采用固定价还是可调价格,无论工程量变化多大,无论施工工期多长,双方只要约定采用国家定额、国家造价管理部门调整的材料指导价和颁布的价格调整系数,便适用于合同内、外项目的结算。在新的计价模式下,工程量由招标人提供,报价人的竞争性报价是基于工程量清单上所列量值。招标人为避免由于对图纸理解不同而引起的问题,一般不要求报价人对工程量提出意见或做出判断,但是工程量变化会改变施工组织、改变施工现场情况,从而引起施工成本、利润率、管理费率变化,因此带来项目单价的变化。新的计价模式能实现真正意义上的工程造价动态控制。

在合同条款的约定上,应加强双方的风险和责任意识。在定额计价模式下,由于计价方法单一,承发包双方对有关风险和责任意识不强。工程量清单计价模式下,招投标双方对合同价的确定共同承担责任。招标人提供工程量,承担工程量变更或计算错误的责任,投标单位只对自己所报的成本、单价负责。工程量结算时,根据实际完成的工程量,按约定的办法调整,双方对工程情况的理解以不同的方式体现在合同价中,招标方以工程量清单表现,投标方体现在报价中。另外,一般工程项目造价已通过清单报价明确下来,在日后的施工过程中,施工企业为获取最大利益,会利用工程变更和索赔手段追求额外的利润。因此双方对合同管理的意识会大大加强,合同条款的约定会更加周密。

工程量清单计价模式赋予造价控制工作新的内容和侧重点。首先工程量清单成为报价的统一基础,使获得竞争性投标报价得到有力保证,无标底合理低价中标评标方式使评选的中标价更为合理,合同条款更注重风险的合理分摊,更注重对造价的动态控制,更注重对价格调整及工程变更、索赔等方面的约定。

# 5.5　工程项目施工阶段的造价管理

## 5.5.1　工程项目施工阶段影响工程造价的因素

### 1. 工程变更与合同价调整

当工程的实际施工情况与招投标时的工程情况相比发生变化时,就意味着发生了工程变更。设计变更是工程变更的主要形式。设计变更是由于建筑工程项目施工图在技术交底会议上或现场施工中出现的由于设计人员构思不周,或某些条件限制,或建设单位、施工单位的某些合理化建议,经过三方(设计、建设、施工单位)协商同意,而对原设计图纸的某些部位或内容进行的局部修改。设计变更由工程项目原设计单位编制并出具设计变更通知书。由于设计变更,将会导致原预算书中某些分部分项工程量的增多或减少,所有相关的原合同文件要进行全面的审查和修改,因此合同价要进行调整,从而引起工程造价的增加或减少。

### 2. 工程索赔

当合同一方违约或由于第三方原因,使另一方蒙受损失,则发生工程索赔。工程索赔发生后,工程造价必然受到严重的影响。

### 3. 工期

工期与工程造价有着对立统一的关系,加快工期需要增加投入,而延缓工期则会导致管理费的提高,进一步影响工程造价,这些都会影响工程造价。

### 4. 工程质量

工程质量与工程造价也有着对立统一的关系,工程质量有较高的要求,则应作财务上的准备,较多地增加投入,而工程质量降低,意味着故障成本的提高。

### 5. 人力及材料、机械设备等资源的市场供求规律的影响

供求规律是商品供给和需求的变化规律。供求规律要求社会总劳动应按社会需求分配于国民经济的各部门。如果这一规律不能实现,就会产生供求不平衡,从而影响价格,进而会影响工程造价。

**6. 材料代用**

所谓材料代用,是指设计图中所采用的某种材料规格、型号或品牌不能适应工程质量要求,或难以订货采购,或没有库存一时很难订货,工艺上又不允许等待,经施工单位提出,设计单位同意用相近材料代换,并签发代用材料通知单,所引起的材料用量或价格的增减。显然材料代换也会影响工程造价。

## 5.5.2 施工阶段工程造价管理的工作内容

建设工程项目施工阶段工程造价的确定与控制是工程造价管理的核心内容,通过决策阶段、设计阶段和招投标阶段对工程造价的管理工作,使工程建设规划在达到预先功能要求的前提下,其投资预算数也达到最优的程度。这个最优程度的预算数能否变成现实,就要看工程建设施工阶段造价的管理工作做得好坏。做好该项管理工作,就能有效地利用投入建设工程项目的人力、物力、财力,以尽量少的劳动和物质消耗,取得较高的经济效益和社会效益。

**1. 工程项目施工阶段工程造价的确定**

建设工程项目施工阶段工程造价的确定,就是在工程施工阶段按照承包人实际完成的工程量,以合同价为基础,同时考虑因物价上涨因素所引起的造价的提高,考虑到设计中难以预计的而在施工阶段实际发生的工程变更及费用,合理确定工程的结算价款。

**2. 工程项目施工阶段工程造价的控制**

建设工程项目施工阶段工程造价的控制是建设工程项目全过程造价控制不可缺少的重要一环,造价管理者在施工阶段进行造价控制的基本原理是把计划投资额作为造价(投资)控制的目标值,在工程施工过程中定期地进行造价实际值与目标值的比较,通过比较发现并找出实际支出额与造价控制目标值之间的偏差,分析产生偏差的原因,并采取有效措施加以控制,以保证造价控制目标的实现。

在这一阶段应努力做好以下工作:认真做好建设工程项目招投标工作,严格管理,严格按照合同约定拨付工程进度款,严格控制工程变更,及时处理施工索赔工作,加强价格信息管理,了解市场价格变动等。

## 5.5.3 工程变更及价款确定

**1. 工程变更**

(1)工程变更的概念

工程变更是指施工过程中出现了与签订合同时的预计条件不一致的情况,而需要改变原定施工承包范围内的某些工作内容。

(2)工程变更产生的原因

在工程项目实施过程中,由于建设周期长,涉及的经济关系和法律关系复杂,受自然条件和客观因素的影响大,导致项目的实际情况与项目招投标时的情况相比,会发生一些变化。如:发包人修改项目计划对项目有了新的要求;因设计错误而对图纸的修改;施工变化发生了不可预见的事故;政府对建设工程项目有了新的要求,等等。

工程变更常常会导致工程量变化、施工进度变化等情况,这些都有可能使项目的实际造价超出原来的预算造价。因此,必须严格控制、密切注意其对工程造价的影响。

(3)工程变更的内容

工程变更包括设计变更、进度计划变更、施工条件变更、工程量清单中未包括的"新增工程"

等。大部分的变更往往需经设计单位发出相应图纸和说明后方可变更,即最终表现为设计变更。因此,变更可分为设计变更和其他变更两大类。

**2. 工程变更合同价款的确定**

(1)工程变更后合同价款的确定程序

①在工程变更确定后 14 天内,工程变更涉及工程价款调整的,由承包人向发包人提出工程价款报告,经发包人审核同意后调整合同价款。

②工程变更确定后 14 天内,如承包人未提出变更工程价款报告,则发包人可根据所掌握的资料决定是否调整合同价款和调整的具体金额。重大工程变更涉及工程价款变更报告和确认的时限由发承包双方协商确定。

③收到变更工程价款报告一方,应在收到之日起 14 天内予以确认或提出协商意见,自变更工程价款报告送达之日起 14 天内,对方未确认也未提出协商意见时,视为变更工程价款报告已被确认。

④确认增(减)的工程变更价款作为追加(减)合同价款与工程进度款同期支付。

⑤因承包人自身原因导致的工程变更,承包人无权要求追回合同价款。

工程变更后合同价款的确定程序见图 5-5 所示。

(2)变更工程价格的确定

①合同中已有适用于变更工程的价格,按合同已有的价格变更合同价款。

②合同中只有类似于变更工程的价格,可以参照类似价格变更合同价款。

③合同中没有适用或类似于变更工程的价格,由承包人或发包人提出适当的变更价格,经对方确认后执行。如双方不能达成一致,双方可提请工程所在地工程造价管理机构进行咨询或按合同约定的争议或纠纷解决程序办理。

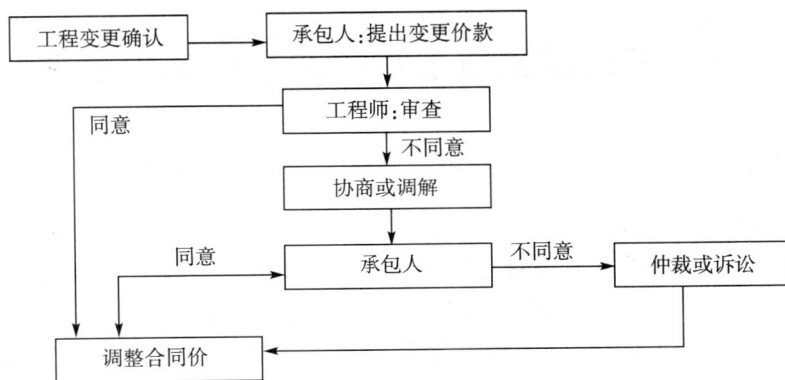

图 5-5　工程变更后合同价款的确定程序

## 5.5.4　施工阶段工程造价控制的措施

众所周知,建设工程项目的投资主要发生在施工阶段,在这一阶段需要投入大量的人力、物力、资金等,是建设工程项目费用消耗最多的时期,浪费投资的可能性比较大。因此,精心地组织施工,挖掘各方面的潜力,节约资源消耗,可以收到节约投资的明显效果。对施工阶段的投资应给予足够的重视,仅仅靠控制工程款的支付是不够的,应从组织、经济、技术、合同等多方面采取措施,控制投资。

**1. 组织措施**

(1)在项目管理班子中落实从投资控制角度进行施工跟踪的人员,并进行任务分工和职能分工。

(2)编制本阶段投资控制工作计划和详细的工作流程图。

**2. 经济措施**

(1)编制资金使用计划,确定、分解投资控制目标。对工程项目造价目标进行风险分析,并制订防范性对策。

(2)进行工程计量。

(3)复核工程付款账单,签发付款证书。

(4)在施工过程中进行投资跟踪控制,定期地进行投资实际支出值与计划目标值的比较,发现偏差,分析产生偏差的原因,采取纠偏措施。

(5)协商确定工程变更价款,审核竣工结算。

(6)对工程施工过程中的投资支出做好分析与预测,经常或定期向建设单位提交项目投资控制及其存在的问题的报告。

**3. 技术措施**

(1)对设计变更进行技术经济比较,严格控制设计变更。

(2)继续寻找通过设计挖潜节约投资的可能性。

(3)审核承包商编制的施工组织设计,对主要施工方案进行技术经济分析。

**4. 合同措施**

(1)做好工程施工记录,保存各种文件图纸,特别是注有实际施工变更情况的图纸,注意积累素材,为正确处理可能发生的索赔提供依据,参与处理索赔事宜。

(2)参与合同修改、补充工作,着重考虑它对投资控制的影响。

# 5.6 工程项目竣工验收阶段的造价管理

## 5.6.1 竣工结算

**1. 竣工结算的概念**

竣工结算是由施工企业按照合同规定的内容全部完成所承包的工程,经建设单位及相关单位验收质量合格,并符合合同要求之后,在交付生产或使用前由施工单位根据合同价格和实际发生的费用增减变化(变更、签证、洽商等)情况进行编制,并经发包方或委托方签字确认的,正确反映该项工程最终实际造价,并作为向发包单位进行最终结算工程款的经济文件。

竣工结算一般由施工单位编制,建设单位审核同意后,按合同规定签字盖章,通过相关银行办理工程价款的最后结算。

**2. 竣工结算的内容**

竣工结算的内容与施工图预算的内容基本相同,由直接费、间接费、计划利润和税金四部分组成。竣工结算以竣工结算书形式表现,包括单位工程竣工结算书、单项工程竣工结算书及竣工结算说明等。

竣工结算书中主要应体现"量差"和"价差"的基本内容。

"量差"是指原计价文件所列工程量与实际完成的工程量不符而产生的差别。

"价差"是指签订合同的计价或取费标准与实际情况不符而产生的差别。

**3. 竣工结算的编制原则与依据**

（1）竣工结算的编制原则

工程项目竣工结算既要正确贯彻执行国家和地方基建部门的政策和规定，又要准确反映施工企业完成的工程价值。在进行工程结算时，要遵循以下原则：

①必须具备竣工结算的条件，要有工程验收报告，对于未完成工程，质量不合格的工程不能结算；需要返工修补合格后才能结算。

②严格执行国家和地区的各项有关规定。

③实事求是，认真履行合同条款。

④编制依据充分，审核和审定手续完备。

⑤竣工结算要本着对国家、建设单位、施工单位认真负责的精神，做到既合理又合法。

（2）竣工结算的编制依据

①工程竣工报告、工程竣工验收证明、图纸会审记录、设计变更通知单及竣工图。

②经审批的施工图预算、购料凭证、材料代用价差、施工合同。

③本地区现行预算定额、费用定额、材料预算价格及各种收费标准、双方有关工程计价协定。

④各种技术资料（技术核定单、隐蔽工程记录、停复工报告等）及现场签证记录。

⑤不可抗力、不可预见费用的记录以及其他有关文件规定。

**4. 竣工结算的编制方法**

（1）合同价格包干法

在考虑了工程造价动态变化的因素后，合同价格一次包死，项目的合同价就是竣工结算造价。即：

结算工程造价＝经发包方审定后确定的施工图预算造价×（1＋包干系数）

（2）合同增减法

在签订合同时商定合同价格，但没有包死，结算时以合同价为基础，按实际情况进行增减结算。

（3）预算签证法

按双方审定的施工图预算签订合同，凡在施工过程中经双方签字同意的凭证都作为结算的依据，结算时以预算价为基础按所签凭证内容调整。

（4）竣工图计算法

结算时根据竣工图、竣工技术资料、预算定额，按照施工图预算编制方法，全部重新计算，得出结算工程造价。

（5）平方米造价包干法

双方根据一定的工程资料，事先协商好每平方米造价指标，结算时以平方米造价指标乘以建筑面积确定应付的工程价款。即：

结算工程造价＝建筑面积×每平方造价指标

（6）工程量清单计价法

以业主与承包方之间的工程量清单报价为依据，进行工程结算。

办理工程价款竣工结算的一般公式为：

竣工结算工程价款＝预算（或概算）或合同价款＋施工过程中预算或合同价款调整
数额－预付及已结算的工程价款－未扣的保修金

### 5.6.2 竣工决算

**1. 竣工决算的概念**

建设工程项目竣工决算是指所有建设工程项目竣工后,按照国家有关规定,由建设单位报告项目建设成果和财务状况的总结性文件,是考核其投资效果的依据,也是办理交付、动用、验收的依据。

竣工决算是以实物数量和货币指标为计量单位,综合反映竣工项目从筹建开始到项目竣工交付使用为止的全部建设费用、建设成果和财务情况的总结性文件,是竣工验收报告的重要组成部分。竣工决算是正确核定新增固定资产价值,考核分析投资效果,建立健全经济责任制的依据,是反映建设工程项目实际造价和投资效果的文件。

竣工决算反映了竣工项目计划、实际的建设规模、建设工期以及设计和实际生产能力,反映了概算总投资和实际的建设成本,同时还反映了所达到的主要技术经济指标。通过对这些指标计划值、概算值与实际值进行对比分析,不仅可以全面掌握建设工程项目计划和概算执行情况,而且可以考核建设工程项目投资效果,为今后制订建设计划、降低建设成本、提高投资效益提供必要的资料。

**2. 竣工结算与竣工决算的关系**

建设工程项目竣工决算是以工程竣工结算为基础进行编制的,是在整个建设工程项目各单项工程竣工结算的基础上,加上从筹建开始到工程全部竣工有关基本建设的其他工程费用支出,而构成了建设工程项目竣工决算的主体。它们的主要区别见表5-3。

表 5 - 3  竣工结算与竣工决算的比较

| 项目 | 竣工结算 | 竣工决算 |
|---|---|---|
| 含义 | 竣工结算是由施工单位根据合同价格和实际发生的费用的增减变化情况进行编制,并经发包方或委托方签字确认的,正确反映该项工程最终实际造价,并作为向发包单位进行最终结算工程款的经济文件 | 建设工程项目竣工决算是指所有建设工程项目竣工后,建设单位按照国家有关规定,由建设单位报告项目建设成果和财务状况的总结性文件 |
| 特点 | 属于工程款结算,因此是一项经济活动 | 反映竣工项目从筹建开始到项目竣工支付使用为止的全部建设费用、建设成果和财务情况的总结性文件 |
| 编制单位 | 施工单位 | 建设单位 |
| 编制范围 | 单位或单项工程竣工结算 | 整个建设工程项目全部竣工决算 |

**3. 竣工决算的内容**

大、中型和小型建设工程项目的竣工决算,包括建设工程项目从筹建开始至项目竣工交付生产使用为止的全部建设费用,其内容包括竣工决算报告情况说明书、竣工财务决算报表、建设工程项目竣工图、工程造价比较分析等四个方面的内容。

(1)竣工决算报告情况说明书

竣工决算报告情况说明书主要反映竣工程建设成果和经验,是对竣工决算报告表实行分析和补充说明的文件,是全面考核分析工程投资与造价的书面总结。其内容主要包括:

①建设工程项目概况及对工程总的评价。一般从进度、质量、安全、造价及工程,分析是提前

还是延期;质量方面主要根据竣工验收组或质量监督部门的验收进行说明;安全方面主要根据劳动工资和施工部门的记录,对有无设备和安全事故进行说明;造价方面主要对照概算造价,说明节约还是超支,用金额和百分率进行分析说明。

②资金来源及运用等财务分析。主要包括工程价款结算、会计账务的处理、财产物资情况及债权债务的清偿情况。

③基本建设收入、投资包干结余、竣工结余资金的上交分配情况。通过对基本建设投资包干情况的分析,说明投资包干额、实际支用额和节约额,投资包干的有机构成和包干节余的分配情况。

④各项经济技术指标的分析。概算执行情况分析,根据实际投资完成额与概算进行对比分析,新增生产能力的效益分析,说明支付使用财产占总投资额的比例、占支付使用财产的比例,不增加固定资产的造价占投资总额的比例,分析有机构成。

⑤工程建设的经验、项目管理和财务管理工作以及竣工财务决算中有待解决的问题。

⑥需要说明的其他事项。

(2)竣工财务决算报表

建设工程项目竣工财务决算报表要根据大、中型建设工程项目和小型建设工程项目分别制订。

大、中型建设工程项目竣工财务决算报表包括:建设工程项目竣工财务决算审批表;大、中型建设项目概况表;大、中型建设工程项目竣工财务决算表;大、中型建设工程项目交付使用资产总表;建设工程项目交付使用资产明细表。

小型建设工程项目竣工财务决算报表包括:建设工程项目竣工财务决算审批表;小型建设工程项目竣工财务决算表;建设工程项目交付使用资产明细表。

**4. 竣工决算的编制步骤**

编制步骤如图 5-6 所示。

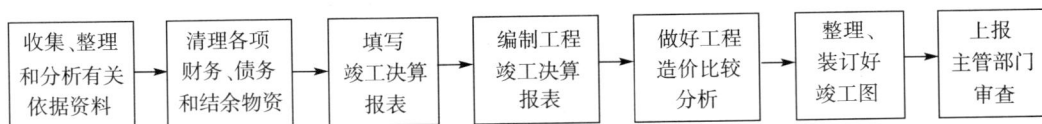

图 5-6　竣工决算的编制步骤

(1)收集、整理和分析有关依据资料。在编制竣工决算文件之前,要系统地整理所有的技术资料、工程结算的经济文件、施工图纸和各种变更与签证资料,并分析它们的准确性。完整、齐全的资料,是准确而迅速编制竣工决算的必要条件。

(2)清理各项财务、债务和结余物资。在收集、整理和分析有关资料中,要特别注意建设工程项目从筹建到竣工投产或使用的全部费用的各项财务、债权和债务的清理,做到工程完毕账目清晰,既要核对账目,又要查点库有实物的数量,做到账与物相等,账与账相符,对结余的各种材料、工器具和设备,要逐项清点核实,妥善管理,并按规定及时处理,收回资金。对各种往来款项要及时进行全面清理,为编制竣工决算提供准确的数据和结果。

(3)填写竣工决算报表。按照建设工程项目决算表格中的内容,根据编制依据中的有关资料进行统计或计算各个项目和数量,并将其结果填到相应表格的栏目内,完成所有报表的填写。

(4)编制建设项目竣工决算说明。按照建设工程项目竣工决算说明的内容要求,根据编制依据中的材料填写报表,编写文字说明。

（5）做好工程造价对比分析。

（6）清理、装订好竣工图。

（7）上报主管部门审查。

上述编写的文字说明和填写的表格经核对无误后，将其装订成册，即为建设工程项目竣工决算文件。将其上报主管部门审查，并把其中财务成本部分送交开户银行签订。竣工决算在上报主管部门的同时，抄送设计单位。大、中型建设工程项目的竣工决算还应抄送财政部、建设银行总行和省、市、自治区的财政局和建设银行各一份。建设工程项目竣工决算的文件，由建设单位负责组织人员编写，在竣工建设工程项目办理验收使用一个月之内完成。

# 思 考 题

1. 工程造价的计价有何特点？
2. 简述我国现行建设工程项目总投资的构成。
3. 简述投资决策阶段影响工程造价的因素。
4. 简述建设工程项目设计阶段工程造价管理的意义。
5. 简述建设工程项目设计阶段工程造价管理的程序及控制措施。
6. 简述施工招标与标底的编制。
7. 简述施工阶段工程造价管理的工作内容与工作程序。

# 第6章　工程项目质量与安全管理

## 6.1　工程项目质量控制

### 6.1.1　工程项目质量控制的基本概念

**1. 工程项目质量控制**

质量控制是指在明确的质量目标条件下通过行动方案和资源配置的计划、实施、检查和监督来实现预期目标的过程。工程项目质量控制则是指在工程项目质量目标的指导下,通过对项目各阶段的资源、过程和成果所进行的计划、实施、检查和监督过程,以判定它们是否符合有关的质量标准,并找出方法消除造成项目成果不令人满意的原因。该过程贯穿于项目执行的全过程。

质量控制与质量管理的关系和区别在于:质量控制是质量管理的一部分,致力于满足质量要求,如适用性、可靠性、安全性等。质量控制属于为了达到质量要求所采取的作业技术和管理活动,是在有明确的质量目标条件下进行的控制过程。工程项目质量管理是工程项目各项管理工作的重要组成部分,它是工程项目从项目决策到交付使用的全过程中,为保证和提高工程质量所进行的各项组织管理工作。

**2. 工程项目的质量总目标**

工程项目的质量总目标由业主提出,是对工程项目质量提出的总要求,包括项目范围的定义、系统构成、使用功能与价值、规格以及应达到的质量等级等。这一总目标是在工程项目策划阶段进行目标决策时确定的。从微观上讲,工程项目的质量总目标还要满足国家对建设项目规定的各项工程质量验收标准以及使用方(客户)提出的其他质量方面的要求。

**3. 工程项目质量控制的范围**

工程项目质量控制的范围包括勘察设计、招标投标、施工安装和竣工验收四个阶段的质量控制。在不同的阶段,质量控制的对象和重点不完全相同,需要在实施过程中加以选择和确定。

**4. 工程项目质量控制与产品质量控制的区别**

项目质量控制相对产品来说,由于是一个复杂的非周期性过程,各种不同类型的项目,其区域环境、施工方法、技术要求和工艺过程可能不尽相同,因此工程项目的质量控制更加困难。主要的区别有:

(1)影响因素多样性

工程项目的实施是一个动态过程,影响项目质量的因素因此也是动态变化的。项目在不同阶段、不同施工过程,其影响因素也不完全相同,这就造成工程项目质量控制的因素众多、复杂,使工程项目的质量控制比产品的质量控制要困难得多。

(2)项目质量变异性

工程项目施工与工业产品生产不同,产品生产有固定的生产线以及相应的自动控制系统、规范化的生产工艺和完善的检测技术,有成套的生产设备和稳定的生产环境,有相同系列规格和相同功能的产品;同时,由于影响工程项目质量的偶然性因素和系统性因素都较多,因此,很容易产生质量变异。

（3）质量判断难易性

工程项目在施工中,由于工序交接多、中间产品和隐蔽工程多,造成质量检测数据的采集、处理和判断的难度加大,由此容易导致对项目的质量状况做出错误判断。而产品生产具有相对固定的生产线和较为准确、可靠的检测控制手段,因此相对来说,更容易对产品质量做出正确的判断。

（4）项目构造分解性

项目建成后,构成一项建筑（或土木）工程产品的整体,一般不能解体和拆分,其中有的隐蔽工程内部质量的检测,在项目完成后,很难再进行检查。对已加工完成的工业产品,一般都能在一定程度上予以分解、拆卸,进而可再对各零部件的质量进行检查,达到产品质量控制的目的。

（5）项目质量的制约性

工程项目的质量受费用、工期影响的制约较大,要正确处理质量、费用、进度三方关系,在保证适当、可行的项目质量基础上,使工程项目整体最优。而产品的质量标准是国家或行业规定的,只需完全按照有关质量规范要求进行控制,不受生产时间、费用的限制。

## 6.1.2　工程项目质量形成的影响因素

### 1. 人的质量意识和质量能力

人是工程项目质量活动的主体,泛指与工程有关的单位、组织和个人,包括建设单位、勘察设计单位、施工承包单位、监理及咨询服务单位、政府主管及工程质量监督监测单位以及策划者、设计者、作业者和管理者等。人既是工程项目的监督者又是实施者,因此,人的质量意识和控制质量的能力是最重要的一项因素。这一因素集中反映在人的素质上,包括人的思想意识、文化教育、技术水平、工作经验以及身体状况等,都直接或间接地影响工程项目的质量。从质量控制的角度,则主要考虑从人的资质条件、生理条件和行为等方面进行控制。

（1）资质条件

制定领导者和主要管理人员（如总工程师、总会计师、各部门经理等）的素质要求对工程项目的质量控制起着重要保证作用,应在组织设计中对其岗位职位的要求加以说明,如最低的学历或相关工作经历。从事技术管理的人员还应对相应的专业知识提出要求。

对主要的技术人员应对其具有的文化素质（学历或学位证书）、专业知识（职称资格证书）和实践能力（职业资格证书）等提出参考要求,并要进行相关的职业培训。对技术工人要求具有从事本专业工作的资质证书或上岗培训证书,具有较丰富的专业知识和操作技能,熟悉相关的项目操作规程和质量标准等。

（2）生理条件

人的生理条件主要指是否有缺陷性疾病,如精神失常、智商过低、影响工作质量的严重疾病等。针对具体的工作内容,还要对特定的工种限制患有特定疾病的人,如患有高血压、心脏病和恐高症的人,不应从事高空作业和水下作业;视力、听力较差的人,不适合从事测量工作和以灯光、音响、旗语进行指挥的作业;反应迟钝、应变能力差的人,不宜操作快速运转的仪器设备等。

（3）心理因素与行为

人的心理失常会使人的注意力不集中、厌倦、烦躁不安,引起工作质量下降;其他由于主观因素引起的粗心大意、玩忽职守等行为,也会引起质量问题或事故,需要严格加以控制。

**2. 工程项目的决策和方案**

**(1)项目的决策**

项目决策阶段是项目整个生命周期的起始阶段,这一阶段工作的质量关系到全局。主要是确定项目的可行性,对项目所涉及的领域、投融资、技术可行性、社会与环境影响等进行全面的评估。在项目质量控制方面的工作是在项目总体方案策划基础上确定项目的总体质量水平。因此可以说,这一阶段是从总体上明确了项目的质量控制方向,其成果将影响项目总体质量,属于项目质量控制工作的一种质量战略管理。

**(2)项目的勘察**

工程项目勘察包括技术经济条件勘察和工程岩土地质条件勘察。前者是对工程项目所在区域环境的技术经济条件进行的实际状况调查、数据收集以及实证分析等;后者是直接获取工程项目所需原始场地资料的工作,其工作质量的好坏,对后续工程项目各阶段的质量控制起着重要的影响,包括钻探、野外测试、土工实验、工程水文地质、测绘及勘察成果等内容的质量控制。这些质量结果均影响工程项目质量的形成。

**(3)项目的总体规划和设计**

总体规划和设计是工程项目建设中的一个关键环节。工程项目的资源利用是否合理,总体布局是否达到最优,施工组织是否科学、严谨,能否以较少的投资取得较高的效益,在很大程度上取决于规划与设计质量的好坏及水平的高低。工程项目设计首先应满足建设单位所需的功能和使用价值,符合建设单位投资的目的。但这些功能和目的可能受到资金、资源、技术与环境等因素的制约,均会使工程项目的质量受到限制。同时,工程项目规划与设计必须遵守国家有关城市规划、环境保护、质量安全等一系列技术规范和标准,因此要将适用、经济、美观融为一体,考虑这些复杂、综合的因素来达到工程项目的设计合理性、可靠性以及可施工性,这些必然与工程质量有关。

**(4)项目的施工方案**

工程项目的施工方案指施工技术方案和施工组织方案。施工技术方案包括施工的技术、工艺、方法和相应的施工机械、设备和工具等资源的配置。因此组织设计、施工工艺、施工技术措施、检测方法、处理措施等内容都直接影响工程项目的质量形成,其正确与否、水平高低不仅影响到施工质量,还对施工的进度和费用产生重大影响。因此,对工程项目施工方案应从技术、组织、管理、经济等方面进行全面分析与论证,确保施工方案既能保证工程项目质量,又能加快施工进度、降低成本。

**3. 工程项目材料**

项目材料方面的因素包括原材料、半成品、成品、构配件、仪器仪表和生产设备等,属于工程项目实体的组成部分。这些因素的质量控制包括以下方面:

**(1)采购质量控制**

承包单位在采购订货前应充分调查市场信息,优选供货厂家,并向监理方申报所购材料的数量、品种、规格型号、技术标准和质量要求、计量方法、交货期限与方式、价格及供货方应提供的质量保证文件等。

**(2)制造质量控制**

对于一些重要设备、器材或外包件可以采取对生产厂家制造实行监造方式,进行重点或全过程的质量控制。

**（3）材料、设备进场的质量控制**

对运到施工现场的原材料、半成品或构配件，必须具有合格证、技术说明书和产品检验报告等质量证明文件。对某些质量状况波动大的材料还要进行平行检验和抽样检验，使所有进场材料的质量处于可控状态。

**（4）材料、设备存放的质量控制**

材料、设备进场后的存放，要满足各种材料、设备对存放条件的要求，要有定期的检查或抽样，以保证材料质量的稳定，并得到有效控制。

**4. 施工设备和机具**

施工设备和机具是实现工程项目施工的物质基础和手段，特别是现代化施工必不可少的设备。施工设备和机具的选择是否合理、适用与先进，直接影响工程项目的施工质量和进度。因此要对施工设备和机具的使用培训、保养制度、操作规程等加以严格管理和完善，以保证和控制施工设备与机具达到高效率和高质量的使用水平。

**5. 施工环境**

影响工程项目施工环境的因素主要包括：工程技术环境、工程管理环境和劳动环境。

**（1）工程技术环境**

影响质量控制的工程技术环境因素有工程地质、地形地貌、水文地质、工程水文和气象等。这些因素不同程度地影响工程项目施工的质量控制和管理。

**（2）工程管理环境**

工程管理环境的主要影响因素有质量管理体系、质量管理制度、工作制度、质量保证活动、协调管理及能力等。如由总承包单位的工程承发包合同结构所派生的多单位多专业共同施工的管理关系，组织协调方式及现场施工质量系统控制等构成的管理环境，对工程质量的形成将产生相当的影响。

**（3）劳动环境**

劳动环境因素主要包括施工现场的气候、通风、照明和安全卫生防护设施等。在工程项目的质量控制与管理中，环境因素是在不断变化的。如工程技术环境和劳动环境，随着工程项目的进展，地质条件、气象、施工工作面等都可能在不断变化，同时也将引起工程管理环境的变化，应根据工程项目特点和具体条件，采取有效措施对影响质量的环境因素进行管理。如建设工程项目，则要建立文明施工和文明生产的环境，保持材料、工件堆放有序，道路通畅，工作场所清洁整齐等，为确保工程质量创造良好条件。

## 6.1.3 工程项目质量控制的基本原理

**1. PDCA 循环原理**

工程项目的质量控制是一个持续过程，首先在提出项目质量目标的基础上，制定质量控制计划，包括实现该计划需采取的措施；然后将计划加以实施，特别要在组织上加以落实，真正将工程项目质量控制的计划措施落实到实处；在实施过程中，还要经常检查、监测，以评价检查结果与计划是否一致；最后对出现的工程质量问题进行处理，对暂时无法处理的质量问题重新进行分析，进一步采取措施加以解决。这一过程的原理是 PDCA 循环。

PDCA 循环又叫戴明环，是美国质量管理专家戴明博士首先提出的。PDCA 循环是工程项目质量管理应遵循的科学程序。其质量管理活动的全部过程，就是质量计划的制订和组织实现的过程，这个过程按照 PDCA 循环，不停顿地周而复始地运转。

PDCA 由英语单词 Plan（计划）、Do（执行）、Check（检查）和 Action（处理）的首字母组成，PDCA 循环就是按照这样的顺序进行质量管理，并且循环不止地进行下去的科学程序。

工程项目质量管理活动的运转，离不开管理循环的转动，这就是说，改进与解决质量问题，赶超先进水平的各项工作，都要运用 PDCA 循环的科学程序。不论是提高工程施工质量，还是减少不合格率，都要先提出目标，即质量提高到什么程度，不合格率降低多少？就要有个计划，这个计划不仅包括目标，而且也包括实现这个目标需要采取的措施。计划制定之后，就要按照计划进行检查，看是否实现了预期效果，有没有达到预期的目标。通过检查找出问题和原因，最后就要进行处理，将经验和教训制订成标准、形成制度。

PDCA 循环作为工程项目质量管理体系运转的基本方法，其实施需要监测、记录大量工程施工数据资料，并综合运用各种管理技术和方法。一个 PDCA 循环一般都要经历以下四个阶段（如图 6-1 所示）、八个步骤（如图 6-2 所示）。

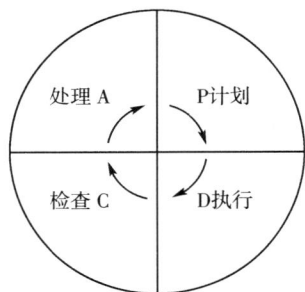

图 6-1　PDCA 循环的四个阶段

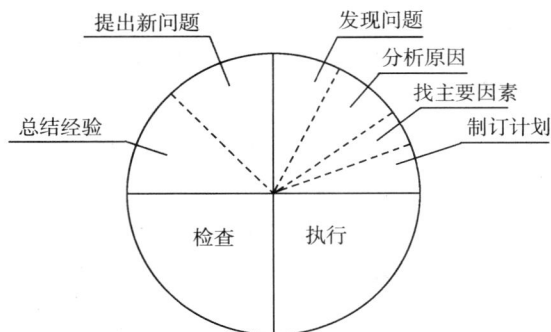

图 6-2　PDCA 循环的八个步骤

在实施以上所述的 PDCA 循环时，工程项目的质量控制要重点做好施工准备、施工、验收、服务全过程的质量监督，抓好全过程的质量控制，确保工程质量目标达到预定的要求。其具体措施如下：

（1）将质量目标逐层分解到分部工程、分项工程，并落实到部门、班组和个人。以指标控制为目的，以要素控制为手段，以体系活动为基础，以保证在组织上加以全面落实。

（2）实行质量责任制。项目经理是工程施工质量的第一责任人，各工程队长是本队施工质量的第一责任人，质量保证工程师和责任工程师是各专业质量责任人，各部门负责人要认真履行质量职责。

（3）每周组织一次质量大检查，一切用数据说话，实施质量奖惩，激励施工人员，保证施工质量的自觉性和责任心。

（4）每周召开一次质量分析会，通过各部门、各单位反馈输入各种不合格信息，采取纠正和预防措施，排除质量隐患。

（5）加大质量权威，质检部门及质检人员根据公司质量管理制度可以行使质量否决权。

（6）施工过程执行业主和有关工程质量管理及质量监督的各种制度和规定，对各部门检查发现的任何质量问题应及时制定整改措施，进行整改，达到合格为止。

**2. 工程项目质量控制三阶段原理**

工程项目的质量控制，是一个持续管理的过程。从工程项目的立项开始到竣工验收属于工程项目建设阶段的质量控制，项目投产后到项目生命期结束属于项目生产（或经营）阶段的质量控制。两者在质量控制内容上有较大的不同，但不管是建设阶段的质量控制，还是经营阶段的质量控制,从控制工作的开展与控制对象实施的时间关系来看,可分为事前控制、事中控制和事后控制三种。

(1)事前控制

事前控制强调质量目标的计划预控,并按质量计划进行质量活动前的准备工作状态的控制。如在施工过程中,事前控制重点在于施工准备工作,且贯穿于施工全过程。首先,要熟悉和审查工程项目的施工图纸,做好项目建设地点的自然条件、技术经济条件的调查分析,完成项目施工图预算、施工预算和项目的组织设计等技术准备工作;其次,做好器材、施工机具、生产设备的物质准备工作;还要组成项目组织机构,进场人员技术资质、施工单位质量管理体系的核查;编制好季节性施工措施,制定施工现场管理制度,组织施工现场准备方案等。

可以看出,事前控制的内涵包括两个方面,一是注重质量目标的计划预控,二是按质量计划进行质量活动前的准备工作状态的控制。

(2)事中控制

事中控制是指对质量活动的行为进行约束、对质量进行监控,实际上属于一种实时控制。如项目生产阶段,对产品生产线进行的在线监测控制,即是对产品质量的一种实时控制。又如在项目建设的施工过程中,事中控制的重点在工序质量监控上。其他如施工作业的质量监督、设计变更、隐蔽工程的验收和材料检验等都属于事中控制。

概括地说,事中控制是对质量活动主体、质量活动过程和结果所进行的自我约束和监督检查两方面的控制。其关键是增强质量意识,发挥行为主体的自我约束控制。

(3)事后控制

事后控制一般是指在输出阶段的质量控制。事后控制也称为合格控制,包括对质量活动结果的评价认定和对质量偏差的纠正。如工程项目竣工验收进行的质量控制,即属于工程项目质量的事后控制。项目生产阶段的产品质量检验也属于产品质量的事后控制。

**3. 工程项目质量的三全控制原理**

三全控制原理来自于全面质量管理(Total Quality Control,TQC)的思想,是指企业组织的质量管理应该做到全面、全过程和全员参与。在工程项目质量管理中应用这一原理,对工程项目的质量控制同样具有重要的理论和实践指导意义。

(1)全面质量控制

工程项目质量的全面控制可以从纵横两个方面来理解。从纵向的组织管理角度来看,质量总目标的实现有赖于项目组织的上层、中层、基层乃至一线员工的通力协作,其中尤以高层管理能否全力支持与参与,起着决定性的作用。从项目各部门职能间的横向配合来看,要保证和提高工程项目质量必须使项目组织的所有质量控制活动构成为一个有效的整体。广义地说,横向的协调配合包括业主、勘察设计、施工及分包、材料设备供应、监理等相关方。"全面质量控制"就是要求项目各相关方都有明确的质量控制活动内容。当然,从纵向看,各层次活动的侧重点不同。上层管理侧重于质量决策,制订出项目整体的质量方针、质量目标、质量政策和质量计划,并统一组织、协调各部门、各环节、各类人员的质量控制活动;中层管理则要贯彻落实领导层的质量决策,运用一定的方法找到各部门的关键、薄弱环节或必须解决的重要事项,确定出本部门的目标和对策,更好地执行各自的质量控制职能;基层管理则要求每个员工都要严格地按标准、按规范进行施工和生产,相互间进行分工合作,互相支持协助,开展群众合理化建议和质量管理小组活动,建立和健全项目的全面质量控制体系。

（2）全过程质量控制

任何产品或服务的质量，都有一个产生、形成和实现的过程。从全过程的角度来看，质量产生、形成和实现的整个过程是由多个相互联系、相互影响的环节组成的，每个环节都或轻或重地影响着最终的质量状况。为了保证和提高质量就必须把影响质量的所有环节和因素都控制起来。工程项目的全过程质量控制主要有项目策划与决策过程、勘察设计过程、施工采购过程、施工组织与准备过程、检测设备控制与计量过程、施工生产的检验试验过程、工程质量的评定过程、工程竣工验收与交付过程以及工程回访维修过程等。全过程质量控制强调必须体现如下两个思想：

①预防为主、不断改进的思想

根据这一基本原理，全面质量控制要求把管理工作的重点，从"事后把关"转移到"事前预防"上来；强调预防为主、不断改进的思想。

②为顾客服务的思想

顾客有内部和外部之分：外部的顾客可以是项目的使用者，也可以是项目的开发商；内部的顾客是项目组织的部门和人员。实行全过程的质量控制要求项目所有相关利益者都必须树立为顾客服务的思想。内部顾客满意是外部顾客满意的基础。因此，在项目组织内部要树立"下道工序是顾客"、"努力为下道工序服务"的思想。使全过程的质量控制一环扣一环，贯穿于整个项目过程。

（3）全员参与控制

全员参与工程项目的质量控制是工程项目各方面、各部门、各环节工作质量的综合反映。其中任何一个环节，任何一个人的工作质量都会不同程度地直接或间接地影响着工程项目的形成质量或服务质量。因此，全员参与质量控制，才能实现工程项目的质量控制目标，形成顾客满意的产品。主要的工作包括：

①必须抓好全员的质量教育和培训。

②要制订各部门、各级各类人员的质量责任制，明确任务和职权，各司其职，密切配合，以形成一个高效、协调、严密的质量管理工作的系统。

③要开展多种形式的群众性质量管理活动，充分发挥广大职工的聪明才智和当家做主的进取精神，采取多种形式激发全员参与的积极性。

# 6.2　质量管理体系标准

## 6.2.1　GB／T19000—ISO9000：2000 标准简介

### 1. ISO 标准简介

ISO 是国际标准化组织的缩写。ISO9000 标准是 ISO 制定的国际质量管理标准和指南，最初颁布于 1987 年，1994 年第一次修订，2000 年第二次修订，作为组织建立质量体系的基本要求在世界范围内被广泛采用，到 1999 年底全球已有 150 个国家 340000 余家组织获得了第三方体系认证。更多组织正在建立质量管理体系。1994 版的系列标准有 ISO9001、9002 和 9003，均被广泛地用作建立质量管理体系的基础，独立的第三方机构以此为依据进行质量体系审核及认证。ISO 组织自 1946 年成立以来共颁布了 12500 多种标准，其中多数为产品标准，以此促进国际贸易的发展。ISO9000 系列标准是迄今为止应用最广泛的 ISO 标准。ISO 组织规定所有的标准至少每五年评审一次。ISO 技术委员会 TCl76 已经修订 1994 版的 9000 族标准，新版标准已于

2000 年 12 月 15 日正式发布。

**2. GB/T19000－ISO9000：2000 族标准**

ISO9000 族标准是指由 ISO/TCl76 技术委员会制定的所有国际标准,它是由 ISO9000 系列标准派生出来的一整套质量管理和质量保证标准系统。我国等同转化后称为 GB/T19000－1SO9000：2000 族国家标准。由于采用的是等同转化,两种写法的含义完全相同,使用中不作区别。ISO9000：2000 族标准包括:

（1）核心标准

①ISO9000：2000,基本原理和术语。

②ISO9001：2000,质量管理体系—要求。

③ISO9004：2000,质量管理体系—业绩改进指南。

④ISO19011,质量和环境管理审核指南。

（2）其他标准

ISO10012《测量设备的质量保证要求》。

（3）技术报告

①ISO/TR10006 项目管理指南。

②ISO/TR10007 技术状态管理指南。

③ISO/TR10013 质量管理体系文件指南。

④ISO/TR10014 质量经济性指南。

⑤ISO/TR10015 教育和培训指南。

⑥ISO/TR10017 统计技术在 ISO9001 中的应用指南。

（4）小册子

①质量管理原理、选择和使用指南。

②ISO9001 在小型企业中的应用指南。

**3. 核心标准简介**

（1）ISO9000：2000

本标准规定了质量管理体系的术语和基本原理,取代 1994 版 ISO8402 和 ISO9000－1 两个标准。本标准提出的 8 项质量管理原则,是在总结了质量管理经验的基础上,明确了一个组织在实施质量管理中必须遵循的原则,也是 2000 版 9000 族标准制定的指导思想和理论基础。

本标准第二部分提出 10 个部分 87 个术语。在语言上强调采用非技术性语言,使所有潜在用户易于理解。为便于使用,在标准附录中,推荐了以"概念图"方式来描述相关术语的关系。

ISO/DIS9000：2000 的第三个重点内容是,提出了质量管理体系的基本原理。作为对本标准引言中质量管理 8 项原则的呼应。

（2）ISO9001：2000

本标准取代了 1994 版三个质量保证标准（1SO9001：1994、ISO9002：1994 和 ISO9003：1994）。新版的质量管理体系要求,采用了"过程方式模型",以取代 1994 版 ISO9001 标准中的 20 个要素。

为适应不同类型的组织需要,在一定情况下,体系要求允许删减（剪裁）。新版名称中不再出现"质量保证"一词,这反映了标准规定的质量管理体系要求包括了产品质量保证和顾客满意两层含义。

（3）ISO9004:2000

本标准给出了质量管理的应用指南,描述了质量管理体系应包括的过程,强调通过改进过程,提高组织的业绩。本标准是 1994 版 ISO9004—1 的替代标准。

ISO9004:2000 和 ISO9001:2000 是对协调一致并可一起使用的质量管理体系标准,两个标准采用相同的原则,但应注意其适用范围不同,而且 ISO9004 标准不应作为 ISO9001

标准的实施指南。通常情况下,当组织的管理者希望超越 ISO9001 标准的最低要求,追求增长的业绩改进时,往往以 ISO9004 标准作为指南。

（4）ISO19011

本标准是 ISO/TC176 与 ISO/TC207(环境管理技术委员会)联合制订的,以遵循"不同管理体系,可以共同管理和审核"的原则。新版 ISO19011 标准将合并并取代 ISO10011—1、ISO10011—2、ISO10011—3 和 ISO14010、ISO14011 和 ISO14012 等几个标准。

本标准在术语和内容方而,兼容了质量管理体系和环境管理体系两方面特点。本标准为审核基本原则、审核大纲的管理、环境和质量管理体系的实施以及对环境和质量管理体系评审员资格要求提供了指南。

### 6.2.2　质量管理的八项原则

**1. 以顾客为关注焦点**

组织依存于顾客。因此,组织应当理解顾客当前的和未来的需求,满足顾客要求并争取超越顾客期望。

组织在贯彻这一原则时应采取的措施包括通过市场调查研究或访问顾客等方式,准确详细了解顾客当前或未来的需要和期望,并将其作为设计开发和质量改进的依据;将顾客和其他利益相关方的需要和愿望的信息按照规定的渠道和方法,在组织内部完整而准确的传递和沟通;组织在设计开发和生产经营过程中,按规定的方法测量顾客的满意程度,以便针对顾客的不满意因素采取相应的措施;

**2. 领导作用**

领导者确立组织统一的宗旨及方向。他们应当创造并保持使员工能充分参与实现组织目标的内部环境。

领导的作用是指最高管理者具有决策和领导一个组织的关键作用,为全体员工实现组织的目标创造良好的工作环境,最高管理者应建立质量方针和质量目标,以体现组织总的质量宗旨和方向,以及在质量方面所追求的目的。应时刻关注组织经营的国内外环境,制定组织的发展战略,规划组织的蓝图。质量方针应随着环境的变化而变化,并与组织的宗旨相一致。最高管理者应将质量方针、目标传达落实到组织的各职能部门和相关层次,让全体员工理解和执行。

**3. 全员参与**

各级人员是组织之本,只有他们的充分参与,才能使他们的才干为组织带来收益。

全体员工是每个组织的基础,人是生产力中最活跃的因素。组织的成功不仅取决于正确地领导,还有赖于全体人员的积极参与,所以应赋予各部门、各岗位人员应有的职责和权限,为全体员工制造一个良好的工作环境,激励他们的积极性和创造性,通过教育和培训增长他们的才干和能力,发挥员工的革新和创新精神,共享知识和经验,积极寻求增长知识和经验的机遇,为员工的成长和发展创造良好的条件,这样才能给组织带来最大的收益。

### 4. 过程方法

将活动和相关的资源作为过程进行管理,可以更高效地得到期望的结果。

工程项目的实施可以作为一个过程来实施管理,过程是指将输入转化为输出所使用资源的各项活动的系统。过程的目的是提高价值,因此在开展质量管理各项活动中应采用过程的方法实施控制,确保每个过程的质量,并按确定的工作步骤和活动顺序建立工作流程,人员培训,所需的设备、材料、测量和控制实施过程的方法,以及所需的信息和其他资源等。

### 5. 管理的系统方法

将相互关联的过程作为系统加以识别、理解和管理,有助于组织提高实现目标的有效性和效率。

管理的系统方法包括了从确定顾客的需求和期望、建立组织的质量方针和目标、确定过程及过程的相互关系和作用、并明确职责和资源需求、建立过程有效性的测量方法并用以测量现行过程的有效性、防止不合格、寻找改进机会、确立改进方向、实施改进、监控改进效果、评价结果、评审改进措施和确定后续措施。这种建立和实施质量管理体系的方法,既可建立新体系,也可用于改进现行的体系。这种方法不仅可提高过程能力及项目质量,还可为持续改进打好基础,最终导致顾客满意和使组织获得成功。

### 6. 持续改进

持续改进整体业绩应当是组织的一个永恒目标。

持续改进是一个组织积极寻找改进的机会,努力提高有效性和效率的重要手段,确保不断增强组织的竞争力,使顾客满意。

### 7. 基于事实的决策方法

有效决策是建立在数据和信息分析的基础上。决策是通过调查和分析,确定项目质量目标并提出实现目标的方案,对可供选择的若干方案进行优选后做出抉择的过程,项目组织在工程实施的各项管理活动过程中都需要做出决策。能否对各个过程做出正确的决策,将会影响到组织的有效性和效率,甚至关系到项目的成败。所以,有效的决策必须以充分的数据和真实的信息为基础。

### 8. 与供方互利的关系

组织与供方是相互依存的,互利的关系可增强双方创造价值的能力。供方提供的材料、设备和半成品等对于项目组织能否向顾客提供满意的最终产品可以产生重要的影响。因此,把供方、协作方和合作方等都看做是项目组织同盟中的利益相关者,形成共同的竞争优势,可以优化成本和资源,有利于项目主体和供方共同双赢。

上述八项质量管理原则构成 ISO9000:2000 族质量管理体系标准的理论基础,又是企业的最高管理者进行质量管理的基本准则。八项质量管理原则,是国际标准化组织在总结优秀质量管理实践经验的基础上,用精练的语言表达的最基本、最通用的质量管理的一般规律,可以成为企业文化的一个重要组成部分,从而指导企业在一个较长时期内,通过关注顾客及其他相关方的需求和期望,达到改进总体业绩的目的。

## 6.2.3 质量管理体系的建立

### 1. 质量管理体系建立的基本程序

项目组织建立质量管理体系一般是与项目部所在企业一起,建立建筑企业的质量管理体系。建立的程序可按下列步骤进行。

（1）领导决策

建立质量管理体系首先要领导做出决策，为此，领导应充分了解 GB/T19000 — ISO9000：2000 标准，认识到建立质量管理体系的必要性和重要性，能一如既往的领导和支持企业为建立质量管理体系而开展的各项工作。管理团队要统一思想、提高认识，在此基础上做出贯标的决策。

（2）组织落实

成立贯标领导小组，由企业总经理担任领导小组组长，主管企业质量工作的副总经理任副组长，具体负责贯标的实施工作。领导小组成员由各职能管理部门、计量监督部门、各项目部经理以及部分员工代表组成。一般在质量管理体系涉及的每个部门和不同专业施工的班组应有代表参加。

（3）制订工作计划

制定贯标工作计划是建立质量管理体系的保证。工作计划一般分为五个阶段，每个阶段持续时间的长短视企业规模而定。五个阶段是建立质量管理体系的准备工作，如组织准备、动员宣传、骨干培训等；质量管理体系总体设计，包括质量方针和目标的制定、确定实施过程、确定质量管理体系要素、组织结构、资源及配备方案等；质量管理体系文件编制，主要有质量手册、程序文件、质量记录以及内部与外部制度等；质量管理体系的运行和质量管理体系的认证。在质量管理体系建立后，经过试运行，要首先进行内部审核和评审，提出改进措施，验证合格后可提出认证申请，请第三方进行质量管理体系认证。

（4）组织宣传和培训

首先由企业总经理宣讲质量管理体系标准的重要意义，宣读贯标领导小组名单，以表明组织领导者的高度重视。培训工作在三个层次展开，一是建立质量管理体系之前，企业要选派部分骨干进行内审员资格培训；二是中层以上干部和领导小组成员学习质量管理标准文件 GB/T19000 —ISO9000：2000、技术规范、法规及其他非正式发布的标准；三是在全体员工中学习各种管理文件、项目质量计划、质量目标以及有关的质量标准，一般聘请专业咨询师进行讲解，使全体员工能统一而正确地加以理解。

（5）质量管理体系设计

质量管理体系设计的内容较多，应结合企业自身的特点，在现有的质量管理工作基础上，按照 GB/T19001—ISO9001：2000 标准中对建立质量管理体系要求，进行企业的质量管理体系设计。主要内容包括确定企业生产活动过程、制定质量方针目标、确定企业质量管理体系要素、确定组织机构与相应职责、资源配置、质量管理体系的内审和第三方审核等。

**2. 形成质量管理体系文件**

（1）质量管理体系文件结构

企业编制质量管理体系文件包括三个层次（如图 6-3 所示）：

层次 A 为质量手册，称为第一级文件，主要描述企业组织结构、质量方针和目标、质量管理体系要素和过程描述等质量管理体系的整体描述；

层次 B 为质量管理体系程序，称为第二级文件。主要是描述实施质量管理体系要素所涉及的各个过程以及各职能部门文件；

层次 C 为质量文件，称为第三级文件。主要是部门工作手册，作为各部门运行质量管理体系的常用实施细则，包括管理标准（各种管理制度等）、工作标准（岗位责任制和任职要求等）、技术标准（国家标准、行业标准、企业标准及作业指导书、检验规范等）和部门质量记录文件等。

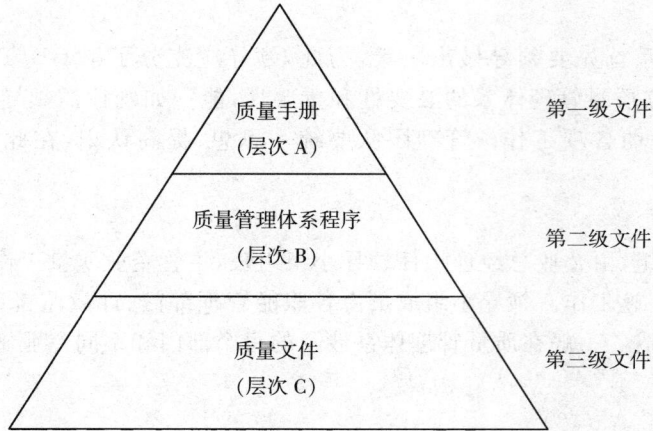

图 6-3　质量管理体系文件结构

**(2)质量手册**

质量手册是组织建立质量管理体系的纲领性文件,也是指导企业进行质量管理活动的核心文件。质量手册描述了组织的结构、质量方针、确定了组织的质量管理体系要素,规定了应建立程序文件的环节和过程。此外,还对质量手册的控制、修改、发放和评审等管理方式做出了规定。

**(3)程序文件**

质量管理体系程序是对实施质量管理体系要素所涉及的各职能部门的各项活动所采取方法的具体描述,应具有可操作性和可检查性,程序文件通常包括活动的目的和范围以及具体实施的步骤。通常按 5W1H 原则来描述,即 Why(为什么做)、What(做什么)、Who(谁来做和评审)、Where(在那里做)、When(什么时候做)、How(怎么做、依据什么和用什么方法)。

按照 GB/T19001 — ISO9001:2000 标准,企业实施质量管理体系至少应包括六个程序,即文件控制程序、质量记录控制程序、内部质量审核程序、不合格控制程序、纠正措施程序和预防措施程序。

**(4)质量计划**

质量计划是针对某项产品、工程项目或合同规定的专门质量措施、资源配备和活动顺序的文件,一般按照质量手册的有关内容和要求来编制。对工程项目而言,质量计划主要是针对特定的工程项目编制质量目标、规定专门的质量措施、各过程的实施步骤、职责和职权的分配、达到质量目标所采取的质量保证措施、作业指导书和程序文件等。质量计划对外可作为特定工程项目的质量保证,对内作为针对工程项目质量管理的依据。

**(5)质量记录**

质量记录是指阐明所取得的结果或提供所完成活动的证据的文件。质量记录的作用是证实和追溯,表明质量管理体系要素和程序已满足质量要求,是证明质量管理体系有效性的文件。

GB/T19001—ISO9001:2000 标准规定了为证明产品符合要求,质量管理体系有效运行所必需的记录,主要有管理评审记录、培训记录、产品要求的评审记录、设计和开发评审记录、供方评审记录、产品标示记录、产品测量和监控记录以及校准结果记录等。

## 6.2.4　质量管理体系的运行

质量管理体系的运行一般可分为三个阶段:准备阶段、试运行阶段和正式运行阶段。

**1. 准备阶段**

在完成质量管理体系的有关组织结构、骨干培训、文件编制等工作之后,企业组织可进入质量管理体系运行的准备阶段。这阶段包括的工作有:

(1)选择试点项目,制定项目试运行计划。

(2)全员培训。对全体员工按照制定的质量管理体系标准进行系统培训,特别注重实践操作的培训。内审员及咨询师应给予积极的指导和帮助,使企业组织的全体人员从思想和行动上进入质量管理体系的运行状态。

(3)各种资料发放,文件、标示发放到位。

(4)有一定的专项经费支持。

**2. 试运行阶段**

(1)对质量管理体系中的重点要素进行监控,观察程序执行情况,并与标准对比,找出偏差。

(2)针对找出的偏差,分析、验证产生偏差的原因。

(3)针对原因制定纠正措施。

(4)下达纠正措施的文件通知单,并在规定的期限内进行现场验证。

(5)通过征求企业组织各职能部门、各层次人员对质量管理体系运行的意见,仔细分析存在的问题,确定改进措施,并同时对质量管理体系文件按照文件修改程序进行及时修改。

**3. 正式运行阶段**

经过试运行阶段,并修改、完善质量管理体系之后,可进入质量管理体系的正式运行阶段,这一阶段的重点活动主要有:

(1)对过程、产品(或服务)进行测量和监督

在质量管理体系的运行中,需要对产品、项目实现中的各个过程进行控制和监督,根据质量管理体系程序的规定,对监控的信息进行对比分析,确定每一个过程是否达到质量管理体系程序的标准。经过对过程质量进行评价并制定出相应的纠正措施。

(2)质量管理体系的协调

质量管理体系的运行是整个组织及全体员工共同参与的,因此存在组织协调问题,以保证质量管理体系的运行效率和有效。组织协调包括内部协调和外部协调两个方面。内部协调主要是依靠执行各项规章制度,提高人员基本素质,培养员工的整体观念和协作精神,各部门、人员的责任边界通过合理的制度来划清等;外部协调主要依靠严格遵纪守法,树立战略眼光和争取双赢的观念,同时要严格执行有关的法律、法规及合同。

(3)内部审核和外部审核

质量管理体系审核的目的是确定质量管理体系要素是否符合规定要求,能否实现组织的质量目标以及是否符合 GB/T19001—ISO9001:2000 的各项标准,并根据审核结果为质量管理体系的改进和完善提供修正意见。内部审核时,参加内部审核的内审员与被审核部门应无利益、利害关系,以保证审核工作及结果的公正性;外部审核包括第二方和第三方审核两种,多数情况下都是第三方审核。一般要求第三方为独立的质量管理认证机构,审核的内容基本相同,两者的区别见表 6-1。

表 6－1　组织质量管理体系内部审核与外部审核的区别

| 审核类型 | | 委托方 | 审核方 | 受审方 | 审核的依据 | 审核目的 |
|---|---|---|---|---|---|---|
| 内审 | 第一方审核 | 本组织 | 本组织或由本组织委托、以本组织名义进行审核的机构 | 本组织 | 主要依据质量管理体系文件,适用的法律、法规、技术标准、合同以及其他与质量有关的文件 | 使本组织保持质量管理体系的高效率、有效性和适宜性;作为申请第三方审核的基础。 |
| 外审 | 第二方审核 | 采购方或供方 | 采购方或其代表,其认可的第三方 | 供方 | 主要依据第二方规定或选用的质量保证体系或质量管理标准,以及其他适用文件。 | 确认受审方质量管理体系的有效性、满足采购方要求的能力 |
| | 第三方审核 | 受审方或其他组织 | 外部独立的审核服务机构,如认证机构、有资质的咨询机构 | 本组织 | 主要依据与委托方商定的质量管理标准,适用的法律、法规,其他适用文件。 | 受审方质量管理体系的认证评审、监督审核 |

（4）质量管理体系的持续改进

组织的质量管理体系在运行中,环境是在不断变化的,顾客的要求也在不断变化,为了适应这种变化,企业组织需要对其质量管理体系进行持续的改进,持续改进的活动包括建立一个激励改进的组织环境;通过对顾客满意程度和产品质量特性参数的验证数据来分析评价现有的质量管理体系的适宜性,并据此确定改进的目标;定期或不定期进行管理评审,不断发现质量管理体系的薄弱环节并加以完善、采取积极的纠正和预防措施,避免不合格品的重复发生和潜在不合格品的发生。

## 6.2.5　质量管理体系的认证与监督

质量认证是指由第三方对供方的产品和质量管理体系进行评定和给予书面证明的一种活动,分为产品质量认证和质量管理体系认证两种。产品质量认证是由国家质量监督检验检疫总局产品认证机构国家认可委员会认可的产品认证机构对供方的产品进行认证的活动,分为产品合格认证和产品安全认证;质量管理体系认证是根据相关的 GB/T19001－ISO9001:2000 标准,由第三方(质量管理体系认证机构或具有相应资质的其他机构)对供方的质量管理体系进行评定和注册、监督审核的一种活动。前者是对企业产品的质量有效性提供的一种保证,后者是对提供产品的企业组织所具有的质量管理体系有效性提供的一种保证。

### 1. 质量管理体系认证的意义

（1）提高供方企业的质量信誉

获得质量管理体系认证通过的企业,证明建立了有效的质量保障机制,因此可以获得市场的广泛认可,即可以提升企业组织的质量信誉。实际上,质量管理体系对企业的信誉和产品的质量水平都起着重要的保障作用。

（2）促进企业完善质量管理体系

质量管理体系实行认证制度,既能帮助企业建立有效、适用的质量管理体系,又能促使企业不断改进、完善自己的质量管理制度,以获得认证的通过。

（3）增强国际市场竞争能力

质量管理体系认证属于国际质量认证的统一标准，在经济全球化的今天，我国企业要参与国际竞争，就应采取国际标准规范自己，与国际惯例接轨。只有这样，才能增强自身的国际市场竞争力。

（4）减少社会重复检验和检查费用

从政府角度，引导组织加强内部质量管理，通过质量管理体系认证，可以避免因重复检查与评定而给社会造成浪费。

（5）有利于保护消费者利益

质量管理体系认证能帮助用户和消费者鉴别组织的质量保证能力，确保消费者买到优质、满意的产品，达到保护消费者利益的目的。

**2. 质量管理体系认证程序**

（1）申请和受理

企业组织在确定需要实施质量管理体系之后，可以向其自愿选择的认证机构提出申请，并按要求提交申请文件，除有关申请表格外，还包括质量手册、程序文件等。体系认证机构根据组织提交的申请文件，决定是否受理申请，并通知企业。一般来说，认证机构不能无故拒绝认证申请。

通常企业组织在正式提出认证申请之前，会聘请专业咨询机构或认证咨询师对组织建立质量管理体系进行辅导，并指导企业质量管理体系的试运行、完成管理评审、纠正措施等过程，经咨询机构或咨询师推荐，向认证机构正式递交申请。

（2）认证审核

体系认证机构根据组织提交的申请，对质量管理体系文件进行书面审核，并将审定意见及时通知企业，企业按认证机构提出的意见对质量管理体系文件进行修改和完善。书面审核完成后，企业经与认证机构商定，进行现场审核。现场审核的内容包括：举行初次会议，宣布评审规则及程序；听取企业负责人、管理者代表等人对建立质量管理体系的认识及工作汇报；按（全部或抽查）企业组织的部门或按活动过程对质量管理工作进行评审，需考核各部门的质量管理负责人以及质量管理涉及的原始质量记录；深入现场考核各工序过程的质量管理体系执行情况，检查企业的质量管理体系是否符合文件要求；召开评定小组会议，提出问题，书面提出不符合体系文件的地方，要求在规定的期限纠正；企业完成纠正措施后，认证机构进行复审，提交企业通过质量管理体系认证的审核报告。

（3）审批与注册发证

体系认证机构根据审核报告，经审查决定是否批准认证。对批准认证的组织颁发质量管理体系认证证书，并将企业组织的有关情况注册公示，准予组织以一定方式使用质量管理体系认证标志。证书有效期一般为三年。

**3. 质量管理体系的维持与监督管理**

在证书有效期内，企业组织应经常开展内部审核，以维持质量管理体系的持续改进和有效性，还需接受体系认证机构的监督管理，一般每年对企业组织进行至少一次的监督审核，查证组织有关质量管理体系的保持情况。维持与监督管理的主要内容有：

（1）企业通报

认证获得通过的企业，在其质量管理体系运行过程中出现重大变化时，应向认证机构通报，认证机构接到通报后，根据具体情况采取必要的监督检查措施。

（2）监督检查

指认证机构对认证合格企业质量管理体系维持情况进行的监督性审核，包括定期和不定期两种，定期一般每年一次，不定期根据需要临时安排。

（3）认证注销

注销是企业组织的自愿行为。当企业组织发生变化，认为不再需要质量认证，在有效期满不提出重新申请，或在有效期内提出注销的，认证机构予以注销，收回体系认证证书。

（4）认证暂停

指认证机构对获证企业质量管理体系发生不符合认证要求情况时采取的警告性措施。认证暂停期间，企业不得用质量体系证书做宣传。企业在规定期间通过纠正措施满足认证要求后，认证机构撤销认证暂停；若仍不能满足认证要求，认证机构将撤销认证注册，收回质量体系证书。

（5）认证撤销

当获证企业质量体系发生严重不符合认证标准、或在认证暂停的规定期限内未予整改的以及发生其他构成撤销质量体系认证资格情况时，认证机构可做出撤销其认证证书资格的决定。企业如有异议可提出申诉。撤销认证的企业一年后可重新提出认证申请。

# 6.3 工程项目质量控制系统的建立和运行

## 6.3.1 工程项目质量控制系统

### 1. 工程项目质量控制系统定义

质量控制，是指为实现预定的质量目标，根据规定的质量标准对控制对象进行观察和检测，并将观测的实际结果与计划或标准对比，对偏差采取相应调整的方法和措施。质量控制系统则是针对控制对象（产品或项目）形成的一整套质量控制方法和措施，也指形成的相应的计算机质量控制软件系统。工程项目质量控制系统是面向工程项目而建立的质量控制系统。

### 2. 工程项目质量控制系统与企业质量管理体系的区别

（1）范围不同

工程项目质量控制系统只用于特定的工程项目质量控制，同一企业不同的工程项目则有不同的质量控制系统；企业的质量管理体系是针对企业整体范围来建立的，适用于整个企业的质量管理。

（2）主体不同

工程项目质量控制系统涉及工程项目实施中所有的质量责任主体，质量控制系统的各个环节都有质量责任人；企业质量管理体系的主体资格是企业组织本身，是一个整体达到质量管理体系标准的主体概念，它通过质量管理体系中的程序文件、质量记录和规章制度等来约束和控制工程质量。

（3）目标不同

工程项目质量控制系统的控制目标是工程项目的质量标准，这些标准除建设方（业主）提出的要求外，都属于已颁布的各种国家、行业规范，基本上是量化指标；企业质量管理体系的目标是由企业根据自身情况提出，除引用国家、行业标准外，也可以由企业自己提出。

（4）时效不同

工程项目质量控制系统与工程项目管理组织是相互依存的，随着工程项目的进展和结束，工程项目质量控制系统的作用也随之发挥和停止,即和项目一样,属于一次性的;质量管理体系是对企业组织而言,只要企业存在,能够持续保证质量管理体系的有效性,就可以使质量管理体系一直保持下去。

(5)评价不同

工程项目质量控制系统是企业与项目部共同为控制项目的质量而建立的,一般只做自我评价与诊断,根据经验在实践中不断修正,不进行第三方认证;企业质量管理体系是国际通用标准,需由具有专业资质的机构进行认证审核。

## 6.3.2　工程项目质量控制系统的构成

**1. 按控制内容分**

(1)工程项目勘察设计控制子系统。

(2)工程项目材料设备质量控制子系统。

(3)工程项目施工安装质量控制子系统。

(4)工程项目竣工验收质量控制子系统。

(5)工程项目运行质量控制子系统。

**2. 按实施主体分**

(1)建设单位建设项目质量控制子系统。

(2)工程项目总承包企业项目质量控制子系统。

(3)勘察设计单位勘察设计质量控制子系统(设计—施工分离式)。

(4)施工企业(含分包商)施工安装质量控制子系统。

(5)工程监理企业工程项目质量控制子系统。

**3. 按控制原理分**

(1)质量控制计划系统,确定建设项目的建设标准、质量方针、总目标及其分解。

(2)质量控制网络系统,明确工程项目质量责任主体构成、合同关系和管理关系,控制的层次和层面。

(3)质量控制措施系统,描述主要技术措施、组织措施、经济措施和管理措施的安排。

(4)质量控制信息系统,进行质量信息的收集、整理、加工和文档资料的管理。

## 6.3.3　工程项目质量控制系统的建立

**1. 建立工程项目质量控制系统的原则**

(1)分层次规划原则

工程项目质量控制系统可分为两个层次,第一层次是建设单位和工程总承包单位,分别对整个建设项目和总承包工程项目,进行相关范围的质量控制系统;第二层次是设计单位、施工单位(含分包商和建设监理单位等),在建设单位和总承包工程项目质量管理控制系统的框架内,进行各自责任范围内的质量控制系统设计,使总框架更加丰富、具体和明确。

(2)总目标分解原则

按照建设标准和工程项目质量总体目标的要求,把总目标分成若干分目标,分解到各个责任主体,并由合同加以确定,由各责任主体制定具体的质量计划,确定控制措施和方法。

(3)质量责任制原则

贯彻质量控制与项目经理负责制一样,也是谁实施谁负责,并使工程项目质量与责任人经济利益挂钩的原则。

（4）系统有效性原则

即做到整体系统和局部系统的组织、人员、资源和措施落实到位。

**2. 建立工程项目质量控制系统的程序**

（1）确定控制系统各层面组织的工程质量负责人及其管理职责，形成控制系统网络架构。

（2）确定控制系统组织的领导关系、报告审批及信息流转程序。

（3）制定质量控制工作制度，包括质量控制例会制度、协调制度、验收制度和质量责任制度等。

（4）部署各质量主体编制相关质量计划，并按规定程序完成质量计划的审批，形成质量控制依据。

（5）研究并确定控制系统内部质量职能交叉衔接的界面划分和管理方式。

## 6.3.4 工程项目质量控制系统的运行

工程项目质量控制系统建立后，将进入运行状态，运行正常与成功的关键是系统的机制设计，成功的机制设计还需要严格的执行和实施。工程项目质量控制系统的运行与其他任何系统的运行一样，都需要在运行过程中，不断地修正和完善，任何特定的工程项目质量控制系统都随工程项目本身不同、所处环境条件不同而使控制参数、特征及控制条件可能有所不同，但系统运行的基本方式、机制是基本相同的。

**1. 控制系统运行的基本方式**

工程项目质量控制系统的基本运行方式是按照 PDCA 循环原理，首先制定详细的项目质量计划，作为系统控制的依据；二是实施质量计划时，包含两个环节：计划行动方案的交底和按计划规定的方法展开作业技术活动；三是对质量计划实施过程进行自我检查、相互检查和监督检查；四是针对检查结果进行分析原因，采取纠正措施，保证产品或服务质量的形成和控制系统的正常运行。

**2. 控制系统运行机制**

（1）控制系统运行的动力机制

工程项目质量控制系统的活力在于它的运行机制，而运行机制的核心是动力机制，动力机制则来源于利益机制，因此利益机制是关键。由于建设工程项目一般是由多个主体参加，其质量控制的动力是受由其利益分配影响的，遵循这一原则来激励和形成工程项目质量控制系统的动力机制是非常重要的。

（2）控制系统运行的约束机制

工程项目质量控制系统的约束机制取决于自我约束能力和外部监控效力，外部监控效力是来自于实施主体外部的推动和检查监督，自我约束能力则指质量责任主体和质量活动主体的经营理念、质量意识、职业道德及技术能力的发挥。这两方面的约束机制是质量控制系统正确运行的保障。自我约束能力要靠提高员工素质，加强质量文化建设等来形成；外部监控效力则需严格执行有关建设法规来保证。

（3）控制系统运行的反馈机制

工程项目质量控制系统的运行状态和运行结果信息，需要及时反馈来对系统的控制能力进行评价，以便使系统控制主体进一步做出处理决策，调整或修改系统控制参数，达到预定的控制目标。对此，质量管理人员应力求系统反馈信息准确、及时和不失真。

# 6.4　工程项目设计阶段质量控制

## 6.4.1　工程项目设计质量

设计的任务是定义工程的技术系统,定义工程的功能、工艺等各个总体和细节问题。这些工作包括功能目标的设计和各阶段的技术设计。一个工程的设计质量不仅直接决定了工程最终所能达到的质量水准,而且决定了工程实施的秩序程度和费用水平。在现代工程中,要求设计提供的信息越来越多。设计中的任何错误都会在计划、制造、施工、运行中扩展、放大,引起更大的失误。所以,业主和项目经理都应在设计工作上花大力气,舍得花时间、金钱和精力,进行及早控制和严格的协调。

涉及工程质量(技术、功能等)方面的设计质量包括如下两个方面:

(1)工程的质量标准,如所采用的技术标准、规范、设计使用年限、工程规模、项目的特性、达到的生产能力,它是设计工作的对象。工程质量的标准应符合项目目标的要求。

(2)设计工作质量,即设计成果的正确性、各专业设计的协调性、文件的完备性。设计文件要清晰、易于理解、直观明了,符合规定的详细程度和设计成果数量要求。这一切都要求严格的设计质量控制。

## 6.4.2　工程质量要求的确定

工程质量(功能、技术)的要求是为工程使用的总目标服务的。通常按如下过程确定工程质量要求:

### 1. 项目前期策划阶段

在项目前期策划阶段,必须在平衡项目进度、总投资与质量三者之间关系的基础上对项目的质量目标与要求做出总体性、原则性的规定和决策,确定总功能目标和工程的总质量标准。由市场、销售部门提出产品数量、生产技术和质量的要求。这是通过对市场需求、产品价格和工艺综合分析考虑确定的。这属于企业的市场战略和工艺战略的一部分,应选择最新的(保证先进性)但又应是成熟的生产工艺(防止风险),同时确定建筑工程及生产设备的质量标准及使用年限。

确定项目范围时,应明确项目产品的特性、系统的标准、生产规格,并形成文件,产品特性尽可能用可以测量的指标表示,以此作为设计的依据。应规定如何测量产品特性或如何评定项目产品特性对顾客和其他利益相关者要求的符合程度。

### 2. 产品计划阶段

按产品计划和方案确定生产规划,并确定各个部分(各个车间)的生产能力、生产设备、配套供应和附属生产工艺的要求,形成各部分的设计要求。对重点部位应作特别说明。

### 3. 各部门提出对建筑的空间、位置、功能、质量的要求

使用功能应和建筑物协调,并将它们一齐纳入目标系统中,与边界条件、时间(工期和运行期)等一齐进行优化,提出具体工程要求、技术说明、安全说明等,最终形成工程的质量要求文件。它是本工程的设计任务书和总体规划,并以说明书(表)的形式描述质量要求目标值。这对以后详细的设计起控制作用。设计任务书是进行设计质量控制、工程质量控制、投资控制最重要的依据。

### 4. 各部分的详细技术设计工作

项目早期质量的定义是粗略的,只有通过技术设计才能使之具体化、细化。在项目设计阶段,必须根据前期策划阶段确定的质量目标进行分解。

在现代工程中各种专业设计都有相应的技术规范,这些规范作为通用规范,是设计的依据。由于通用规范经常有标准的生产工艺、标准的成品(半成品),供应商、承包商都熟悉,所以能降低施工和供应的费用。按照工程和环境的特点还必须进行工程的特殊技术设计,做出图纸和特殊的(专用)规范,以及各方面详细的技术说明文件。

### 5. 对设计质量标准重要的影响因素之一是投资的限额及其分配

项目任务书批准并下达后,就确定了投资总额,人们常常将它按各个子功能(分厂、各个建筑或各个工程子项目)进行切块分解,作为各部分设计的依据,则总体以及各部分的工程质量标准就由这个投资分解确定。

### 6. 其他要求

在相应的设计文件中要指出达到质量目标的途径和方法,同时指明项目竣工验收时质量验收的范围、标准与依据。

## 6.4.3　设计单位的选择

设计单位对设计的质量负责。设计单位的选择对设计质量有根本性的影响,然而许多业主和项目管理者在项目初期对它没有引起足够的重视,有时为了方便、省钱或其他原因(例如关系)将工程委托给不合格的设计单位甚至委托给业余设计者,结果造成很大经济损失,甚至责任事故。

设计工作属于高智力型的、技术与艺术相结合的工作,其成果评价比较困难。设计方案以及整个设计工作的合理性、经济性、新颖性等常常不能从设计文件,如图纸、规范、模型的表面反映出来。所以,设计质量很难控制。这就要对设计单位的选择予以特别的重视。设计单位必须具有与项目相符合的资质等级证书,而且本项目的设计在其业务范围内,有本项目设计所需的成熟的技能和成功经验。

## 6.4.4　设计工作控制

### 1. 审批签章

设计分为几个阶段,逐渐由总体到详细,各个阶段都必须由上层组织对阶段设计成果审批签章,作为继续深入设计的依据,这是一个重要的控制手段。

### 2. 审查

由于设计工作的特殊性,对一些大的、技术复杂的工程,业主和项目管理者常常不具备相关的知识和技能,所以常常必须委托设计监理或聘请专家咨询,对设计进度和质量、设计成果进行审查。这是十分有效的控制手段。

### 3. 多方案的论证和优化

由于设计单位对项目的经济性不承担责任,所以常常从自身效益的角度出发尽快出方案、出图,不希望也不愿意做多方案的对比分析,这对项目的经济效益是不利的。为了进行多方案的论证和优化,可以采取如下措施:

(1)采用设计招标,可以对比多家设计方案,选择中标单位。这样确定一个设计单位就等于选择了一个好的方案。但这需要投入时间和经费。

（2）采取奖励措施。鼓励设计单位进行设计方案优化，将由优化所降低的费用取一部分作为奖励。

（3）请科研单位专门对方案进行试验或研究，进行全面技术经济分析，最后选择优化的方案。多方案的论证不仅对项目的质量有很大的影响，而且对项目投资的经济性有很大的影响。

**4. 对设计工作质量进行检查**

这是一项十分细致的，同时又是技术性很强的工作。在设计阶段发现问题和错误，纠正是最有效和最经济的。

（1）设计工作以及设计文件的完备性，应包括说明工程形象的各种文件，如各种专业图纸、规范、模型、相应的概预算文件，设备清单和工程的各种技术经济指标说明以及设计依据的说明文件、边界条件的说明等。设计文件应能够为施工单位和各层次的管理人员所理解。

（2）从宏观到微观上分析设计构思、设计工作、设计文件的正确性、全面性、安全性，识别系统错误和薄弱环节。分析这样的设计若付诸实施，建成的工程能否安全、高效率、稳定、经济地运行，以及是否美观，能否与环境协调一致等。设计工作的评价包括工程功能组合的科学性、工程的数量和质量符合项目的定义

（3）设计应符合规范的要求，特别是强制性的规范，如防火、安全、环保、抗震的标准，以及其他质量标准、卫生标准。

（4）设计工作的检查常常不仅要有业主、项目经理、设计监理（咨询）参与，而且有可能让施工单位、制造厂家、将来工程的运行使用单位（物业管理）参加，作各种会审，如图纸会审。在实际项目中经常会发生如下问题：①技术设计未考虑施工的可能性、便捷性和安全性。②设计中未考虑将来工程的运行、维修、设备更换、保养是否方便。③设计中未考虑运营的安全性、方便性和运行费用的高低。

在检查中必须找出各种问题和薄弱环节，以确保实施前所有设计文件的正确性。

# 6.5　工程项目施工阶段质量控制

工程项目施工阶段是根据项目设计文件和施工图纸的要求，进入工程实体的形成阶段，所制定的施工质量计划及相应的质量控制措施，都是在这一阶段形成实体的质量或实现质量控制的结果。因此，施工阶段的质量控制是项目质量控制的最后形成阶段，因而对保证工程项目的最终质量具有重大意义。

## 6.5.1　工程项目施工质量控制

**1. 工程项目施工质量控制内容划分**

工程项目施工阶段的质量控制从不同的角度来描述，可以有不同的划分，企业可根据自己的侧重点不同采用适合自己的划分方法。主要有以下 4 种。

（1）按工程项目施工质量管理主体划分

分为建设方的质量控制、施工方的质量控制和监理方的质量控制。

（2）按工程项目施工阶段划分

分为施工准备阶段质量控制、施工阶段质量控制和竣工验收阶段质量控制。

（3）按工程项目施工分部工程划分

分为地基与基础工程的质量控制、主体结构工程的质量控制、屋面工程的质量控制、安装（含

给水、排水、采暖、电气、智能建筑、通风与空调、电梯等)工程的质量控制和装饰装修工程的质量控制。

(4)按工程项目施工五要素划分

分为材料因素的质量控制、人员因素的质量控制、设备因素的质量控制、方案因素的质量控制和环境因素的质量控制。

**2. 工程项目施工质量控制的目标**

工程项目施工阶段质量控制的目标可分为施工质量控制总目标、建设单位的质量控制目标、设计单位的质量控制目标、施工单位的质量控制目标、监理单位的质量控制目标。

(1)施工质量控制总目标

施工质量控制总目标就是对工程项目施工阶段的总体质量要求,也是建设项目各参与方一致的责任和目标,即要使工程项目满足有关质量法规和标准、正确配置施工生产要素、采用科学管理的方法,实现工程项目预期的使用功能和质量标准。

(2)建设单位施工质量控制目标

建设单位的施工质量控制目标是通过对施工阶段全过程的全面质量监督管理、协调和决策,保证竣工验收项目达到投资决策时所确定的质量标准。

(3)设计单位施工质量控制目标

设计单位施工阶段的质量控制目标是通过对施工质量的验收签证、设计变更控制及纠正施工中所发现的设计问题,采纳变更设计的合理化建议等,保证竣工验收项目的各项施工结果与最终设计文件所规定的标准一致。

(4)施工单位质量控制目标

施工单位的质量控制目标是通过施工全过程的全面质量自控,保证交付满足施工合同及设计文件所规定的质量标准,包括工程质量创优获奖要求的工程项目产品。

(5)监理单位施工质量控制

监理单位在施工阶段的质量控制目标,是通过审核施工质量文件、报告报表及现场旁站检查、平行检测、施工指令和结算支付控制等手段,监控施工承包单位的质量活动行为,协调施工关系,正确履行工程质量的监督责任,以保证工程质量达到施工合同和设计文件所规定的质量标准。

**3. 施工质量控制的依据**

施工质量控制的依据主要指适用于工程项目施工阶段与质量控制有关的、具有指导意义和必须遵守(强制性)的基本文件。包括国家法律法规、行业技术标准与规范、企业标准、设计文件及合同等。主要的建筑工程施工质量控制文件如下:

《中华人民共和国建筑法》

《中华人民共和国合同法》

《建设工程质量管理条例》

《建设工程项目管理规范》(GB/T 50326—2006)

《建筑工程施工质量验收统一标准》(GB 50300—2001)

《建筑地基基础工程施工质量验收规范》(GB 50202—2002)

《砌体工程施工质量验收规范》(GB 50203—2002)

《混凝土结构工程施工质量验收规范》(GB 50204—2002)

《钢结构工程施工质量验收规范》(GB 50205—2002)

《木结构工程施工质量验收规范》(GB 50206—2002)

《屋面工程施工质量验收规范》(GB 50207—2002)

《地下防水工程施工质量验收规范》(GB 50208—2002)

《建筑地面工程施工质量验收规范》(GB 50209—2002)

《建筑装饰装修工程施工质量验收规范》(GB 50210—2001)

《建筑给水排水及采暖工程施工质量验收规范》(GB 50242—2002)

《通风与空调工程施工质量验收规范》(GB 50243—2002)

《建筑电气工程施工质量验收规范》(GB 50303—2002)

《电梯工程施工质量验收规范》(GB 50310—2002)

**4. 施工质量持续改进理念**

持续改进的概念来自于《ISO 9000:2000 质量管理体系基础和术语》,是指"增强满足要求的能力的循环活动"。阐明组织为了改进其整体业绩,应不断改进产品质量,提高质量管理体系及过程的有效性和效率。对工程项目来说,由于属于一次性活动,面临的经济、环境条件是在不断的变化,技术水平也在日新月异,因此工程项目的质量要求也需要持续提高,而持续改进是永无止境的。

在工程项目施工阶段,质量控制的持续改进必须是主动、有计划和系统地进行质量改进的活动。要做到积极、主动,首先需要树立施工质量持续改进的理念,才能在行动中变成自觉行为;其次要有永恒的决心,坚持不懈;最后关注改进的结果,持续改进要保证是更有效、更完善的结果,改进的结果还能在工程项目的下一个工程质量循环活动中加以应用。概括地说,施工质量持续改进理念包括了以下四个过程:

(1)渐进过程。

(2)主动过程。

(3)系统过程。

(4)有效过程。

## 6.5.2　工程项目施工质量计划的编制

**1. 施工质量计划**

施工质量计划是主要指施工企业根据有关质量管理标准,针对特定的工程项目编制的工程质量控制方法、手段、组织以及相关实施程序。对已实施 ISO9000:2000 质量管理体系标准的企业,质量计划是质量管理体系文件的组成内容。施工质量计划一般由项目经理(或项目负责人)主持,负责质量、技术、工艺和采购的相关人员参与制定。在总承包的情况下,分包企业的施工质量计划是总包施工质量计划的组成部分,总包企业有责任对分包施工质量计划的编制进行指导和审核,并要承担施工质量的连带责任。施工质量计划编制完毕,应经企业技术领导审核批准,并按施工承包合同的约定提交工程监理或建设单位批准确认后执行。

根据建筑工程生产施工的特点, 目前我国建设工程项目施工的质量计划常用施工组织设计或施工项目管理规划的文件形式进行编制。

**2. 编制施工质量计划的目的和作用**

施工质量计划编制的目的是为了加强施工过程中的质量管理和程序管理。规范员工行为,使其严格操作;规范施工,达到提高工程质量、实现项目目标。

施工质量计划的作用是为质量控制提供依据,使工程的特殊质量要求能通过有效的措施加以满足。在合同环境下,质量计划是企业向顾客表明质量管理方针、目标及其具体实现的方法、手段和措施,体现企业对质量责任的承诺和实施的具体步骤。

**3. 施工质量计划的内容**

(1)工程特点及施工条件分析

熟悉建设项目所属的行业特点和特殊质量要求,详细领会工程合同文件提出的全部质量条款,了解相关的法律法规对本工程项目质量的具体影响和要求,还要详细分析施工现场的作业条件,以便能制定出合理、可行的施工质量计划。

(2)工程质量目标

工程质量目标包括工程质量总目标及分解目标。制定的目标要具体,具有可操作性,对于定性指标,需同时确定衡量的标准和方法。如要确定工程项目预期达到的质量等级(如省、市、部优质工程等),则要求在施工项目交付使用时,质量要达到合同范围内的全部工程的所有使用功能符合设计(或更改)图纸要求,检验批、分项、分部和单位工程质量达到施工质量验收统一标准,合格率100%等。

(3)组织与人员

在施工组织设计中,确定质量管理组织机构、人员及资源配置计划,明确各组织、部门人员在工程施工不同阶段的质量管理职责和职权,即确定质量责任人和相应的质量控制权限。

(4)施工方案

根据质量控制总目标的要求,制定具体的施工技术方案和施工程序,包括实施步骤、施工方法、作业文件和技术措施等。

(5)采购质量控制

包括材料、设备的质量管理及控制措施,涉及对供应方质量控制的要求。可以制定具体的采购质量标准或指标、参数和控制方法等。

(6)监督检测

要制订工程检测的项目计划与方法,包括检测、检验、验证和试验程序文件等以及相关的质量要求和标准。

**4. 施工质量计划的实施与验证**

(1)实施要求

施工质量计划的实施范围主要是在项目施工阶段全过程,重点对工序、分项工程、分部工程到单位工程全过程的质量控制,各级质量管理人员按质量计划确定的质量责任分工,对各环节进行严格的控制,并按施工质量计划要求保存好质量记录、质量审核、质量处理单、相关表格等原始记录。

(2)验证要求

项目质量责任人应定期组织具有相应资格或经验的质量检查人员、内部质量审核员等对施工质量计划的实施效果进行验证,对项目质量控制中存在的问题或隐患,特别是质量计划本身、管理制度、监督机制等环节的问题,要及时提出解决措施,加以纠正。质量问题严重时要追究责任,给予处罚。

## 6.5.3 生产要素的质量控制

工程项目施工阶段质量控制的影响因素可以归结于五大生产要素,即劳动主体、劳动对象、劳动方法、劳动手段和施工环境。

#### 1. 劳动主体

劳动主体主要指作业者、管理者。对质量控制产生影响的是人员素质及其组织效果。劳动主体的质量包括参与工程各类人员的生产技能、文化素养、生理体能和心理行为等方面的个体素质及经过合理组织充分发挥其潜在能力的群体素质。因此，企业应通过择优录用、加强思想教育及技能方面的教育培训，合理组织、严格考核，并辅以必要的激励机制，使企业员工的潜在能力得到最好的组合和充分的发挥，从而保证劳动主体在质量控制系统中发挥主体自控作用。

施工企业的质量控制必须坚持对所选派的项目领导者、组织者进行质量意识教育和组织管理能力训练，坚持对分包商的资质考核和施工人员的资质考核，坚持各工种按规定持证上岗制度等。

#### 2. 劳动对象

劳动对象的因素是指原材料、半成品、工程用品、设备等的质量。而原材料、半成品、设备是构成工作实体的基础，其质量是工程项目实体质量的组成部分。故加强原材料、半成品及设备的质量控制，不仅是提高工程质量的必要条件，也是实现工程项目投资目标和进度目标的前提。

对原材料、半成品及设备进行质量控制的主要内容为：控制材料设备性能、标准与文件的相符性；控制材料设备各项技术性能指标、检验测试指标与标准要求的相符性；控制材料设备进场验收程序及质量文件资料的齐全程度等。施工企业应在施工过程中贯彻执行企业质量程序文件中明确材料设备在封样、采购、进场检验、抽样检测及质保资料提交等一系列明确规定的控制标准。

#### 3. 劳动方法

劳动方法是指采取的施工工艺及技术措施的水平。施工工艺的先进合理是直接影响工程质量、工程进度及工程造价的关键元素，施工工艺的合理可靠还直接影响到工程施工安全。因此在工程项目质量控制系统中，制订和采用先进合理的施工工艺是工程质量控制的重要环节。对施工方案的质量控制主要包括以下内容。

(1) 全面正确地分析工程特征、技术关键及环境条件等资料，明确质量目标、验收标准、控制的重点和难点。

(2) 制订合理有效的施工技术方案和组织方案。前者包括施工工艺、施工方法；后者包括施工区段划分、施工流向及劳动组织等。

(3) 合理选用施工机械设备和施工临时设备，合理布置施工总平面图和各阶段施工平面图。

(4) 选用和设计保证质量和安全的模具、脚手架等施工设备。

(5) 编制工程所采用的新技术、新工艺、新材料的专项技术方案和质量管理方案。

为确保工程质量，尚应针对工程具体情况，编写气象地质等环境不利因素对施工的影响及其应对措施。

#### 4. 劳动手段

劳动手段是指施工中采用的工具、模具、施工机械和设备等条件。对施工所用的机械设备，包括起重设备、各项加工机械、专项技术设备、检查测量仪表设备及人货两用电梯等，应根据工程需要从设备选型、主要性能参数及使用操作要求等方面加以控制。

对施工方案中选用的模板、脚手架等施工设备，除按适用的标准定型选用外，一般需按设计及施工要求进行专项设计，对其设计方案及制作质量的控制及验收应作为重点进行控制。

按现行施工管理制度要求，工程所用的施工机械、模板、脚手架，特别是危险性较大的现场安装的起重机械设备，不仅要对其设计安装方案进行审批，而且安装完毕交付使用前必须经专业管理部门的验收,合格后方可使用。同时,在使用过程中尚需落实相应的管理制度,以确保其安全正常使用。

**5. 施工环境**

施工环境因素主要包括现场地质水文状况,气象变化及其他不可抗力因素等自然环境,施工现场的通风、照明、安全卫生防护设施等劳动作业环境以及协调配合的管理环境等内容。环境因素对工程施工的影响一般难以避免。要消除其对施工质量的不利影响,主要是采用预测预防的控制方法。

(1)对地质水文等方面的影响因素的控制,应根据设计要求,分析基地地质资料,预测不利因素,并会同设计等方面采取相应的措施,如降水排水加固等技术的控制方案。

(2)对天气气象方面的不利条件,应在施工方案中制订专项施工方案,明确施工措施,落实人员、器材等方面各项准备以紧急应付,从而控制其对施工质量的不利影响。

(3)对环境因素造成的施工中断,往往也会对施工质量造成不利影响,必须通过加强管理、调整计划等措施,加以控制。

## 6.5.4 施工全过程的质量控制

建设工程施工项目是由一系列相互关联、相互制约的作业过程(工序)所构成,控制工程项目施工过程的质量,除施工准备阶段、竣工阶段的质量控制外,重点是必须控制全部作业过程,即各道工序的施工质量。

**1. 施工准备阶段的质量控制**

施工准备阶段的质量控制是指在正式施工前进行的质量控制活动,其重点是做好施工准备工作的同时,做好施工质量预控和对策方案。施工质量预控是指在施工阶段,预先分析施工中可能发生的质量问题和隐患及其产生的原因,采取相应的对策措施进行预先控制,以防止在施工中发生质量问题。这一阶段的控制措施包括:

**(1)文件资料的质量控制**

施工项目所在地的自然条件和技术经济条件调查资料应保证客观、真实,详尽、周密,以保证能为施工质量控制提供可靠的依据:施工组织设计文件的质量控制,应要求提出的施工顺序、施工方法和技术措施等能保证质量,同时应进行技术经济分析,尽量做到技术可行、经济合理和质量符合要求;通过设计交底,图纸会审等环节,发现、纠正和减少设计差错,从施工图纸上消除质量隐患,保证工程质量。

**(2)采购和分包的质量控制**

材料设备采购的质量控制包括严格按有关产品提供的程序要求操作;对供方人员资格、供方质量管理体系的要求;建立合格材料、成品和设备供应商的档案库,定期进行考核,从中选择质量、信誉最好的供应商;采购品必须具有厂家批号、出厂合格证和材质化验单,验收入库后还要根据规定进行抽样检验,对进口材料设备和重大工程、关键施工部位所用材料应全部进行检验。

要在资质合格的基础上择优选择分包商;分包商合同需从生产、技术、质量、安全、物质和文明施工等方面最大限度地对分包商提出要求,条款必须清楚、内容详尽;还应对分包队伍进行技术培训和质量教育,帮助分包商提高质量管理水平;从主观和客观两方面把分包商纳入总包的系统质量管理与质量控制体系中,接受总包的组织和协调。

（3）现场准备的质量控制

建立现场项目组织机构，集结施工队伍并进行入场教育；对现场控制网、水准点、标桩的测量；拟定有关试验、试制和技术进步的项目计划；制定施工现场管理制度等。

**2. 施工过程的质量控制**

工程项目的施工过程是由若干道工序组成的，因此，施工过程的控制，重点就是施工工序的控制，主要包括三方面的内容：施工工序控制的要求、施工工序控制的程序和施工工序控制的检验。

（1）施工工序控制的要求

工序质量是施工质量的基础，工序质量也是施工顺利进行的关键。为满足对工序质量控制的要求，在工序管理方面应做到：

①贯彻预防为主的基本要求，设置工序质量检查点，对材料质量状况、工具设备状况、施工程序、关键操作、安全条件、新材料新工艺的应用、常见质量通病、甚至包括操作者的行为等影响因素列为控制点作为重点检查项目进行预控。

②落实工序操作质量巡查、抽查及重要部位跟踪检查等方法，及时掌握施工质量总体状况。

③对工序产品、分项工程的检查应按标准要求进行目测、实测及抽样试验的程序，做好原始记录，经数据分析后，及时做出合格或不合格的判断。

④对合格工序产品应及时提交监理进行隐蔽工程验收。

⑤完善管理过程的各项检查记录、检测资料及验收资料，作为工程验收的依据，并为工程质量分析提供可追溯的依据。

（2）施工工序控制的程序

①进行作业技术交底，包括作业技术要领、质量标准、施工依据、与前后工序的关系等。

②检查施工工序、程序的合理性、科学性，防止工程流程错误，导致工序质量失控。检查内容包括：施工总体流程和具体施工作业的先后顺序，在正常的情况下，要坚持先准备后施工、先深后浅、先土建后安装、先验收后交工等。

③检查工序施工条件，即每道工序投入的材料，使用的工具、设备及操作工艺及环境条件是否符合施工组织设计的要求。

④检查工序施工中人员操作程序、操作质量是否符合质量规程要求。

⑤检查工序施工中间产品的质量，即工序质量和分项工程质量。

⑥对工序质量符合要求的中间产品（分项工程）及时进行工序验收或隐蔽工程验收。

⑦质量合格的工序验收后可进入下道工序施工。未经验收合格的工序，不得进入下道工序施工。

（3）施工工序质量控制点的设置

在施工过程中，为了对施工质量进行有效控制，需要找出对工序的关键或重要质量特性起支配作用的全部活动，对这些支配性要素，要加以重点控制。工序质量控制点就是根据支配性要素进行重点控制的要求而选择的质量控制重点部位、重点工序和重点因素。一般来讲，质量控制点是随不同的工程项目类型和特点而不完全相同的，基本原则是选择施工过程中的关键工序、隐蔽工程、薄弱环节、对后续工序有重大影响、施工条件困难、技术难度大等的环节。表 6-2 列出了建设工程质量控制点设置的一般位置。

（4）施工工序控制的检验

施工过程中对施工工序的质量控制效果如何，应在施工单位自检的基础上，在现场对工序施工质量进行检验，以判断工序活动的质量效果是否符合质量标准的要求。

表 6 - 2 质量控制点的一般设置位置

| 分项工程 | 质量控制点 |
|---|---|
| 工程测量定位 | 标准轴线桩、水平桩、龙门桩、定位轴线、标高 |
| 地基、基础（含设备基础） | 基坑（槽）尺寸、标高、土质、地基耐压力、基础垫层标高、基础位置、尺寸、标高，预留洞孔、预埋件的位置、规格、数量，基础高、杯底弹线 |
| 砌体 | 砌体轴线、皮数杆，砂浆配合比，预留洞孔、预埋件位置、数量、砌块排列 |
| 模板 | 位置、尺寸、标高，预埋件位置、预留洞孔尺寸、位置，模板强度及稳定性，模板内部清理及润湿情况 |
| 钢筋混凝土 | 水泥品种、标号，砂石质量，混凝土配合比，外加剂比例，混凝土振捣，钢筋品种、规格、尺寸、搭接长度，钢筋焊接，预留洞、孔及预埋件规格、数量、尺寸、位置，预制构件吊装或出场（脱模）强度，吊装位置、标高、支承长度、焊缝长度 |
| 吊装 | 吊装设备起重能力、吊具、索具、地锚 |
| 钢结构 | 翻样图、放大样 |
| 焊接 | 焊接条件、焊接工艺 |
| 装修 | 视具体情况而定 |

①抽样。对工序抽取规定数量的样品，或者确定规定数量符合的检测点。

②实测。采用必要的检测设备和手段，对抽取的样品或确定的检测点进行检测，测定其质量性能指标或质量性能状况。

③分析。对检验所得繁杂数据，用统计方法进行分析、整理，发现其遵循的变化规律。

④判断。根据对数据分析的结果，经与质量标准或规定对比，判断该工序施工的质量是否达到规定的质量标准要求。

⑤处理。根据对抽样检测的结论，如果符合规定的质量标准的要求，则可对该工序的质量予以确认；如果通过判断，发现该工序的质量不符合规定的质量标准的要求，则应进一步分析产生偏差的原因，并采取相应的措施进行纠正。

**3. 施工竣工阶段的质量控制**

竣工验收阶段的质量控制包括最终质量检验和试验、技术资料的整理、施工质量缺陷的处理、工程竣工验收文件的编制和移交准备、产品防护和撤场计划等。这个阶段主要的质量控制有以下要求。

（1）最终质量检验

施工项目最终检验和试验是指对单位工程质量进行的验证，是对建筑工程产品质量的最后把关，是全面考核产品质量是否满足质量控制计划预期要求的重要手段。最终检验和试验提供的结果是证明产品符合性的证据。如各种质量合格证书、材料试验检验单、隐蔽工程记录、施工记录和验收记录等。

（2）缺陷纠正与处理

施工阶段出现的所有质量缺陷，应及时予以纠正，并在纠正后要再次验证，以证明其纠正的有效性。处理方案包括修补处理、返工处理、限制使用和不做处理。

（3）资料移交

组织有关专业人员按合同要求，编制工程竣工文件，整理竣工资料及档案，并做好工程移交准备。

（4）产品防护

在最终检验和试验合格后，对产品采取防护措施，防止部件丢失和损坏。

（5）撤场计划

工程验收通过后，项目部应编制符合文明施工和环境保护要求的撤场计划。及时拆除、运走多余物资，按照项目规划要求恢复或平整场地，做到符合质量要求的项目整体移交。

### 6.5.5　施工成品的质量维护

在施工阶段，由于工序和工程进度的不同，有些分项、分部工程可能已经完成，而其他工程尚在施工，或者有些部位已经完工，其他部位还在施工，因此这一阶段需特别重视对施工成品的质量维护问题。

**1. 树立施工成品质量维护的观念**

施工阶段的成品保护问题，应该看成也是施工质量控制的范围，因此需要全员树立施工成品的质量维护观念，对国家、人民负责，尊重他人和自己的劳动成果，施工操作中珍惜已完成和部分完成的成品，把这种维护变成施工过程中的一种自觉行为。

**2. 施工成品质量维护的措施**

根据需要维护的施工成品的特点和要求，首先在施工顺序上给予充分合理的安排，按正确的施工流程组织施工，在此基础上，可采取以下维护措施：

（1）防护

防护是指针对具体的施工成品，采取各种保护的措施，以防止成品可能发生的损伤和质量侵害。如对进出口台阶可采取垫砖或方木搭设防护踏板作为临时通行；对于门口易碰的部位钉上防护条或者槽型盖铁保护等。

（2）包裹

包裹是指对需要保护的施工成品采取临时外包装的办法进行保护。如对镶面的饰材可用立板包裹或保留好原包装；铝合金门窗采用塑料布包裹等。

（3）覆盖

覆盖是指采用其他材料覆盖在需要保护的成品表面，起到防堵塞、防损伤的目的。如地漏、落水口排水管等安装后加以覆盖，以防止异物落入造成堵塞；水泥地面、现浇或预制水磨石地面，应铺干锯末保护等。

（4）封闭

封闭是指对施工成品采取局部临时性隔离保护的办法。如房间水泥地面或木地板油漆完成后，应将该房间暂时封闭；屋面防水完成后，需封闭进入该屋面的楼梯口或出入口等。

# 6.6　工程项目施工质量验收

### 6.6.1　施工质量验收

**1. 施工质量验收的概念**

施工质量验收：工程项目在施工单位自行质量检查评定的基础上，参与建设活动的有关单位共同对工程的质量进行抽样复验，根据相关标准以书面形式对工程质量达到合格与否做出确认。施工质量验收有单位工程、分部工程、分项工程和检验批四种层次的验收。其中检验批是指按统一的生产条件或按规定的方式汇总起来供检验用的，由一定数量样本组成的检验体，是最基本的验收单位。

与检验批有关的另一个概念是主控项目和一般检验项目。主控项目是指对检验批的基本质量起决定性影响的检验项目;一般项目检验是除主控项目以外的其他检验项目。

施工质量验收是对已完工的工程实体的外观质量及内在质量按规定程序检查后,确认其是否符合设计及各项验收标准要求的质量控制过程,也是确认是否可交付使用的一个重要环节。正确地进行工程施工质量的检查和验收,是保证工程项目质量的重要手段。

**2. 施工验收项目的划分**

为了便于施工质量的检验和验收,保证施工质量符合设计、合同和技术标准的规定,同时也更有利于衡量承包单位的施工质量水平,全面评价工程项目的综合施工质量,通常在验收时,将施工项目验收按项目构成划分为 4 种验收单位或层次。

建筑工程项目的分部、子分部、分项工程的划分见表 6－3 所示,室外工程的划分见表 6－4 所示。

**6－3　建筑工程分部工程、分项工程划分**

| 序号 | 分部工程 | 子分部工程 | 分项工程 |
|---|---|---|---|
| 1 | 地基与基础 | 无支护土方 | 土方开挖、土方回填 |
| | | 有支护土方 | 排桩、降水、排水、地下连续墙、锚杆、土钉墙、水泥土桩、沉井与沉箱,钢及混凝土支撑 |
| | | 地基处理 | 灰土地基、砂和砂石地基、碎砖三合土地基,土工合成材料地基,粉煤灰地基,重锤夯实地基,强夯地基,振冲地基,砂桩地基,预压地基,高压喷射注浆地基,土和灰土挤密桩地基,注浆地基,水泥粉煤灰碎石桩地基,夯实水泥土桩地基 |
| | | 桩基 | 锚杆静压桩及静力压桩,预应力离心管桩、钢筋混凝土预制桩、钢桩,混凝土灌注桩(成孔、钢筋笼、清孔、水下混凝土灌注) |
| | | 地下防水 | 防水混凝土、水泥砂浆防水层、卷材防水层、涂料防水层、金属防水层、塑料板防水层、细部构造、喷锚支护、复合式衬砌、地下连续墙、盾构法隧道;渗排水、盲沟排水、隧道、坑道排水;预注浆、后注浆,衬砌裂缝注浆 |
| | | 混凝土基础 | 模板、钢筋、混凝土,后浇带混凝土,混凝土结构缝处理 |
| | | 砌体基础 | 砖砌体,混凝土砌块砌体,配筋砌体,石砌体 |
| | | 劲钢(管)混凝土 | 劲钢(管)焊接、劲钢(管)与钢筋的连接,混凝土 |
| | | 钢结构 | 焊接钢结构,栓接钢结构,钢结构制作,钢结构安装,钢结构涂装 |
| 2 | 主体结构 | 混凝土结构 | 模板,钢筋,混凝土,预应力、现浇结构,装配式结构 |
| | | 劲钢(管)混凝土结构 | 劲钢(管)焊接、螺栓连接、劲钢(管)与钢筋的连接,劲钢(管)制作、安装,混凝土 |
| | | 砌体结构 | 砖砌体,混凝土小型空心砌块砌体,石砌体,填充墙砌体,配筋砖砌体 |
| | | 钢结构 | 钢结构焊接,紧固件连接,钢零部件加工,单层钢结构安装,多层及高层钢结构安装,钢结构涂装、钢构件组装,钢构件预拼装,钢网加结构安装,压型金属板 |
| | | 木结构 | 方木和原木结构、胶合木结构、轻型木结构,木构件防护 |

（续表）

| 序号 | 分部工程 | 子分部工程 | 分项工程 |
|---|---|---|---|
| 2 | 主体结构 | 网架和索膜结构 | 网架制作、网架安装、索膜安装、网架防火、防腐涂料 |
| 3 | 建筑装饰装修 | 地面 | 整体面层：基层、水泥混凝土面层、水泥砂浆面层、水磨石面层、防油渗面层、水泥钢（铁）屑面层、不发火（防爆的）面层，板块面层基层、砖面层（陶瓷锦砖、缸砖、陶瓷地砖和水泥花砖面层）、大理石面层和花岗石面层，预制板块面层（预制水泥混凝土、水磨石板块面层）、料石面层（条石、块石面层）、塑料板面层、活动地板面层、地毯面层、木竹面层基层、实木地板面层（条材、块材面层）、实木复合地板面层（条材、块面层）、中密度（强化）复合地板面层（条材面层）、竹地板面层 |
| | | 抹灰 | 一般抹灰，装饰抹灰，清水砌体勾缝 |
| | | 门窗 | 木门窗制作与安装、金属门窗安装、塑料门窗安装、特种门安装、门窗玻璃安装 |
| | | 吊顶 | 暗龙骨吊顶、明龙骨吊顶 |
| | | 轻质隔墙 | 板材隔墙、骨架隔墙、活动隔墙、玻璃隔墙 |
| | | 饰面板（砖） | 饰面板安装、饰面砖粘贴 |
| | | 幕墙 | 玻璃幕墙、金属幕墙、石材幕墙 |
| | | 涂饰 | 水性涂料涂饰、溶剂型涂料涂饰、美术涂饰 |
| | | 裱糊与软包 | 裱糊、软包 |
| | | 细部 | 橱柜制作与安装，窗帘盒、窗台板和暖气罩制作与安装，门窗套制作与安装，护栏和扶手制作与安装，花饰制作与安装 |
| 4 | 建筑屋面 | 卷材防水屋面 | 保温层、找平层、卷材防水层、细部构造 |
| | | 涂膜防水屋面 | 保温层、找平层、涂膜防水层、细部构造 |
| | | 刚性防水屋面 | 细石混凝土防水层，密封材料嵌缝，细部构造 |
| | | 瓦屋面 | 平瓦屋面，油毡瓦屋面，金属板屋面，细部构造 |
| | | 隔热屋面 | 架空屋面，蓄水屋面，种植屋面 |
| 5 | 建筑给水、排水及采暖 | 室内给水系统 | 给水管道及配件安装、室内消火栓系统安装、给水设备安装、管道防腐、绝热 |
| | | 室内排水系统 | 排水管道及配件安装、雨水管道及配件安装 |
| | | 室内热水供应系统 | 管道及配件安装、辅助设备安装、防腐、绝热 |
| | | 卫生器具安装 | 卫生器具安装、卫生器具给水配件安装、卫生器具排水管道安装 |
| | | 室内采暖系统 | 管道及配件安装、辅助设备及散热器安装、金属辐射安装、低温热水地板辐射采暖系统安装、系统水压试验及调试、防腐、绝热 |
| | | 室外给水管网 | 给水管道安装、消防水泵接合器及室外消火栓安装、管沟及井室 |
| | | 室外排水管网 | 排水管道安装、排水管沟与井池 |

（续表）

| 序号 | 分部工程 | 子分部工程 | 分项工程 |
|---|---|---|---|
| 5 | 建筑给水、排水及采暖 | 室外供热管网 | 管道及配件安装、系统水压试验及调试、防腐、绝热 |
| | | 建筑中水系统及游泳池系统 | 建筑中水系统管道及辅助设备安装、游泳池水系统安装 |
| | | 供热锅炉及辅助设备安装 | 锅炉安装、辅助设备及管道安装、安全附件安装、烘炉、煮炉和试运行、换热站安装、防腐、绝热 |
| 6 | 建筑电器 | 室外电气 | 架空线路及杆上电气设备安装，变压器、箱式变电所安装，成套配电柜、控制柜（屏、台）和动力、照明配电箱（盘）及控制柜安装，电线、电缆导管和线槽敷设，电线、电缆穿管和线槽敷设，电缆头制作、导线连接和线路电气试验，建筑物外部装饰灯具、航空障碍标志灯和庭院路灯安装，建筑照明通电试运行，接地装置安装 |
| | | 变配电室 | 变压器、箱式变电所安装，成套配电柜、控制柜（屏、台）和动力，照明配电箱（盘）安装，裸母线、封闭母线、插接式母线安装，电缆沟内和电缆竖井内电缆敷设，电缆头制作、导线连接和线路电气试验，接地装置安装、避雷引下线和变配电室接地干线敷设 |
| | | 供电干线 | 裸母线、封闭母线、插接式母线安装，桥架安装和桥架内电缆敷设，电缆沟内和电缆竖井内电缆敷设，电线、电缆导管和线槽敷设，电线电缆穿管和线槽敷设，电缆头制作，导线连接和线路电气试验 |
| | | 电气动力 | 成套配电柜、控制柜（屏、台）和动力、照明配电箱（盘）及安装，低压电动机、电加热器及电动执行机构检查、接线，低压电气动力设备检测、试验和空载试运行，桥架安装和桥架内电缆敷设，电线、电缆导管和线槽敷设，电线、电缆穿管和线槽敷线，电缆头制作、导线连接和线路电气试验、插座开关、风扇安装 |
| | | 电气照明安装 | 成套配电柜，控制柜（屏、台）和动力、照明配电箱（盘）安装，电缆导管和线槽敷设，电线、电缆导管和线槽敷线，槽板配线，钢索配线，电缆头制作、导线连接和线路电气试验，普通灯具安装，专用灯具安装，插座、开关、风扇安装，建筑照明通电试运行 |
| | | 备用和不间断电源安装 | 成套配电柜、控制柜（屏、台）和动力、照明配电箱（盘）安装，柴油发电机组安装，不间断电源的其他功能单元安装，裸母线、封闭母线、插接式母线安装，电线、电缆导管和线槽敷设，电线、电缆导管和线槽敷线，电缆头制作，导线连接和线路电气试验，接地装置安装 |
| | | 防雷及接地安装 | 接地装置安装，避雷引下线和变配电室接地干线敷设，建筑物等电位连接，接闪器安装 |
| 7 | 智能建筑 | 通信网络系统 | 通信系统、卫星及有线电视系统、公共广播系统 |
| | | 办公自动化系统 | 计算机网络系统、信息平台及办公自动化应用软件、网络安全系统 |
| | | 建筑设备监控系统 | 空调与通风系统、变配电系统、照明系统、给排水系统、热源与热交换系统、冷冻与冷却系统、电梯与自动扶梯系统、中央管理工作站操作分站、子系统通信接口 |

（续表）

| 序号 | 分部工程 | 子分部工程 | 分项工程 |
|---|---|---|---|
| 7 | 智能建筑 | 火灾报警及消防联运系统 | 火灾和可燃气体探测系统、火灾报警控制系统、消防联运系统 |
| | | 安全防范系统 | 电视监控系统、入侵报警系统、巡更系统、出入口控制（门禁）系统和停车管理系统 |
| | | 综合布线系统 | 缆线敷设和终结、机柜、机架、配电架的安装、信息插座和光缆芯线终端的安装 |
| | | 智能化集成系统 | 集成网络系统、实时数据库、信息安全和功能接口 |
| | | 电源与接地 | 智能建筑电源、防雷与接地 |
| | | 环境 | 空间环境、室内空调环境、视觉照明环境和电磁环境 |
| | | 住宅（小区）智能化系统 | 火灾自动报警及消防联运系统、安全防范系统（含电视监控系统、入侵报警系统、巡更系统、门禁系统、楼宇对讲系统、住户对讲呼救系统、停车管理系统）、物业管理系统（多表现场计量与远程传输系统、建筑设备监控系统、公共广播系统、小区网络及信息服务系统和物业办公自动化系统）和智能家庭信息平台 |
| 8 | 通风与空调 | 送排风系统 | 风管与配件制作,部件制作,风管系统安装,空气处理设备安装,消声设备制作与安装,风管与设备防腐,风机安装,系统调试 |
| | | 防排烟系统 | 风管与配件制作,部件制作,风管系统安装,防排烟风口、常闭正压风口与设备安装,风管与设备防腐,风机安装,系统调试 |
| | | 除尘系统 | 风管与配件制作,部件制作,风管系统安装,除尘器与排污设备安装,风管与设备防腐,风机安装;系统调试 |
| | | 空调风系统 | 风管与配件制作,部件制作,风管系统安装,空气处理设备安装,消声设备制作与安装,风管与设备防腐,风机安装,风管与设备绝热,系统调试 |
| | | 净化空调系统 | 风管与配件制作,部件制作,风管系统安装,空气处理设备安装,消声设备制作与安装,风管与设备防腐,风机安装,风管与设备绝热,高效过滤器安装,系统调试 |
| | | 制冷设备系统 | 制冷机组安装;制冷剂管道及配件安装;制冷附属设备安装;管道及设备的防腐与绝热;系统调试 |
| | | 空调水系统 | 管道冷热（媒）水系统安装;冷却水系统安装;冷凝水系统安装;阀门及部件安装;冷却塔安装;水泵及附属设备安装;管道与设备的防腐与绝热;系统调试 |
| 9 | 电梯 | 电力驱动的曳引式或强制式电梯安装 | 设备进场验收,土建交接检验,驱动主机,导轨,门系统,轿厢,对重（平衡重）,安全部件,悬挂装置,随行电缆,补偿装置,电气装置,整机安装验收 |
| | | 液压电梯安装 | 设备进场验收,土建交接检验,液压系统,导轨,门系统,轿厢,平衡重,安全部件,悬挂装置,随行电缆,电气装置,整机安装验收 |
| | | 自动扶梯、自动人行道安装 | 设备进场验收,土建交接检验,整机安装验收 |

**表 6 - 4　建筑工程室外工程划分**

| 单位工程 | 子单位工程 | 分部(子分部)工程 |
|---|---|---|
| 室外建筑环境 | 附属建筑 | 车棚、围墙、大门、挡土墙和垃圾收集站 |
| | 室外环境 | 建筑小品、道路、亭台、连廊、花坛和场坪绿化 |
| 室外安装 | 给排水与采暖 | 室外给水系统、室外排水系统和室外供热系统 |
| | 电气 | 室外供电系统、室外照明系统 |

**3. 工程质量验收依据**

(1)国家和相关部门颁发的工程项目质量验收规范。

(2)相关部门颁发的施工规范、规程和施工操作规程等。

(3)工程项目承包合同中有关质量的规定和要求。

(4)经批准的勘察设计文件、施工图纸、设计变更文件与图纸。

(5)施工组织设计、施工技术措施和施工说明书等施工文件。

(6)设备产品说明书、安装说明书和合格证等设备文件。

(7)材料、成品、半成品、购配件的说明书和合格证等质量证明文件。

(8)工程项目质量控制各阶段的验收记录。

**4. 施工质量验收的要求**

工程项目施工质量的验收应满足以下要求。

(1)建筑工程质量应符合本标准和相关专业验收规范的规定。

(2)建筑工程施工应符合工程勘察、设计文件的要求。

(3)参加工程施工质量验收的各方人员应具备规定的资格。

(4)工程质量的验收均应在施工单位自行检查评定的基础上进行。

(5)隐蔽工程在隐蔽前应由施工单位通知有关单位进行验收,并应形成验收文件。

(6)涉及结构安全的试块、试件以及有关材料,应按规定进行见证取样检测。

(7)检验批的质量应按主控项目和一般项目验收。

(8)对涉及结构安全和使用功能的重要分部工程应进行抽样检测。

(9)承担见证取样检测及有关结构安全检测的单位应具有相应资质。

(10)工程的观感质量应由验收人员通过现场检查,并应共同确认。

## 6.6.2　施工质量验收的程序和组织

施工质量验收的程序和组织如下:

1. 检验批及分项工程应由监理工程师(建设单位项目技术负责人)组织施工单位项目专业质量(技术)负责人等进行验收。

2. 分部工程应由总监理工程师(建设单位项目负责人)组织施工单位项目负责人和技术、质量负责人等进行验收;地基与基础、主体结构分部工程的勘察、设计单位工程项目负责人和施工单位技术、质量部门负责人也应参加相关分部工程验收。

3. 单位工程完工后,施工单位应自行组织有关人员进行检查评定,并向建设单位提交工程验收报告。

4. 建设单位收到工程报告后,应由建设单位(项目)负责人组织施工(含分包单位)、设计、监理等单位(项目)负责人进行单位(子单位)工程验收。

5. 单位工程有分包单位施工时,分包单位对所承包的工程按本标准规定的程度检查评定,总包单位应派人参加。分包工程完成后,应将工程有关资料交总包单位。

6. 当参加验收各方对工程质量验收意见不一致时,可请当地建设行政主管部门或工程质量监督机构协调处理。

7. 单位工程质量验收合格后,建设单位应在规定时间内将工程竣工验收报告和有关文件,报建设行政管理部门备案。

### 6.6.3　施工质量的验收

**1. 施工质量验收的内容**

**(1)分部分项工程内容的检查**

分项工程所含的检验批的质量均应符合质量合格的规定,分部(子分部)工程所含分项工程的质量均应验收合格,单位(子单位)工程所含分部工程的质量均应验收合格。

**(2)施工质量控制资料的检查**

包括施工全过程的技术质量管理资料,其中又以原材料、施工检测、测量复核及功能性试验资料为重点检查内容。

**(3)主要功能项目的抽查**

使用功能的抽查是对建筑工程和设备安装工程最终质量的综合检验,也是用户最为关心的内容。因此,在分项分部工程验收合格的基础上,竣工验收时应再做一定数量的抽样检查,抽查结果应符合相关专业质量验收规范的规定。

**(4)工程外观质量的检查**

竣工验收时,须由参加验收的各方人员共同进行外观质量检查,可采用观察、触摸或简单测量的方式对外观质量综合给出评价,最后共同确定是否通过验收。

**2. 施工质量验收的结果处理**

对施工质量验收不符合验收标准的要求时,应按规定进行处理。

(1)经返工或更换设备的工程,应该重新检查验收。

在检验批验收时,其主控项目不能达到验收规范要求或一般项目超过偏差限制的子项不符合检验规定的要求时,对其中的严重缺陷应返工重做;对一般缺陷则通过翻修或更换器皿、设备进行处理。通过返工处理的检验批,应重新进行验收。

(2)经有资质的检测单位检测鉴定,能达到设计要求的工程,应予以验收。

在检验批发现试块强度等指标不能满足验收标准要求,但经具有资质的法定检测单位检测,能够达到设计要求的,应认为检验批合格,准予验收;如检验批经检测达不到设计要求,但经原设计单位核算,能够满足结构安全和使用功能时,可予以验收。

(3)经返修或加固处理的分部、分项工程,虽局部尺寸等不符合设计要求,但仍然能满足安全使用要求,可按技术处理方案和协商文件进行验收。

严重缺陷或超过检验批的更大范围内的缺陷,可能影响结构的安全性和使用功能。若经有资质的检测单位检测鉴定,确认达不到验收标准的要求,即不能满足最低限度的安全储备和使用功能要求,则必须按一定的技术方案进行加固处理,使之达到能满足安全使用的基本要求。但可能造成一些永久性的缺陷,只要不影响安全和使用功能,可以按处理技术方案和协商文件进行验收,而责任方要承担经济责任。

（4）经返修和加固后仍不能满足安全使用要求的工程严禁验收。

经返修和加固处理的分项、分部工程，虽然改变外形尺寸，但仍不能满足安全使用标准和功能使用要求，则严禁验收。

# 6.7 工程项目质量问题和质量事故的处理

## 6.7.1 工程项目质量问题与事故

### 1. 工程项目质量问题与质量事故定义

在工程项目中，凡存在工程质量不符合建筑、安装质量检验验收标准，相关施工与验收规范或设计图纸要求，以及合同规定的质量要求，程度轻微的称为工程质量问题；造成一定经济损失或永久性缺陷的，称工程质量事故。

工程质量事故按危害性大小分为重大质量事故和一般质量事故。按直接经济损失，工程质量问题和质量事故的划分如下：

（1）直接经济损失在 0.5 万以下的，属质量问题。

（2）0.5～10 万元的，为一般质量事故。

（3）10～30 万元的，为四级重大质量事故。

（4）30～100 万元的，为三级重大质量事故。

（5）100～300 万元的，为二级重大质量事故。

（6）300 万元以上的，为一级重大质量事故。

### 2. 工程项目质量问题的特点

（1）复杂性

工程项目质量问题的复杂性主要在于其质量问题的成因可能是单因素、多因素或综合因素起作用，而这些因素可能导致一个相同的质量问题结果，从而使得工程项目质量问题的分析和判断复杂化。

（2）隐蔽性

工程项目质量问题的发生，很多情况下是从隐蔽部位开始的，特别是建筑工程地基基础方面出现的质量问题，在问题出现的初期，可能从建筑物外观无法判断和发现，造成此类质量问题具有一定的隐蔽性。

（3）渐变性

工程项目的质量在项目环境的影响下，将是一个渐变的过程，其中由于微小的质量问题，在质量渐变的过程中，也可能导致工程项目质量由稳定的量变出现不稳定的突变，导致工程项目发生质量事故。

（4）严重性

工程项目质量事故的后果一般较为严重，较轻的影响工程项目进度、增加工程费用；严重的使项目成果不能交付使用，或者结构破坏，造成巨大经济损失和人员伤亡。

（5）多发性

工程项目中的有些质量问题在施工中很容易发生，难以控制，所以这类质量问题经常性的发生。如卫生间漏水、预制件出现裂缝、现浇混凝土质量不均或强度不足等问题，在大多数工程项目中都有出现，甚至同一项目中还多次出现。

**3. 工程项目质量事故产生原因**

引起工程项目质量事故的原因很多,重要的是能分析出其中起主要影响的因素,以使采取的技术处理措施能有效地纠正问题。这些原因综合起来有如下几个方面:

(1)违背建设程序

项目不经可行性论证,不做调查分析就决策;没有工程地质、水文地质资料就仓促开工;无证设计,无图施工,任意修改设计,不按图纸施工;工程竣工不进行试车运行、不经验收就交付使用等现象,致使不少工程项目留有严重隐患。

(2)工程地质勘察原因

未认真进行地质勘察,提供地质资料、数据有误;地质勘察时,钻孔间距太大,不能全面反映地基的实际情况;地质勘察钻孔深度不够,没有查清地下软土层、滑坡、墓穴、孔洞等地层结构;地质勘察报告不详细、不准确等,均会导致采用错误的基础方案,造成地基不均匀沉降、失稳,使上部结构及墙体开裂、破坏、倒塌等。

(3)未加固处理好地基

对软弱土、冲填土、杂填土、湿陷性黄土、膨胀土、岩层出露、熔岩或土洞等不均匀地基未进行加固处理或处理不当,均是导致重大质量问题的原因。必须根据不同地基的工程特性,按照地基处理应与上部结构相结合,使其共同工作的原则,从地基处理、设计措施、结构措施、防水措施和施工措施等方面综合考虑处理。

(4)设计计算问题

设计考虑不周,结构构造不合理,计算简图不正确,计算载荷取值过小,内力分析有误,沉降缝及伸缩缝设置不当,悬挑结构未进行抗颠覆验算等,都是诱发质量问题的隐患。

(5)建筑材料及制品不合格

诸如:钢筋物理力学性能不符合标准,水泥受潮、过期、结块、安定性不良,砂石级配不合理,有害物含量过多,混凝土配合比不准,外加剂性能、掺量不符合要求时,均会影响混凝土强度、和易性、密实性、抗渗性,导致混凝土结构强度不足、裂缝、渗漏、蜂窝、露筋等质量问题;预制构件断面尺寸不准,支承锚固长度不足,未可靠建立预应力值,钢筋漏放、错位,板面开裂等,必然会出现断裂、垮塌。

(6)施工和管理问题

许多工程质量问题,往往是由施工和管理所造成。例如:

①不熟悉图纸,盲目施工,图纸未经会审,仓促施工,未经监理、设计部门同意,擅自修改设计,不按图施工,把铰接做成刚接,把简支梁做成连续梁,抗裂结构用光圆钢筋代替变形钢筋等,致使结构裂缝破坏,挡土墙不按图设滤水层,留排水口,致使土压力增大,造成挡土墙倾覆。

②不按有关施工验收规范施工。如现浇混凝土结构不按规定的位置和方法任意留设施工缝,不按规定的强度拆除模板,砌体不按组砌形式砌筑,留直槎不加拉结条,在小于1m 宽的窗间墙上留设脚手眼等。

③不按有关操作规程施工。如用插入式振捣器捣实混凝土时,不按照"插点均布、快插慢拔、上下抽动、层层扣搭"的操作方法,致使混凝土振捣不实,整体性差,又如,砖砌体包心砌筑,上下通缝,灰浆不均匀饱满,游丁走缝,不横平竖直等都是导致砖墙、砖柱破坏、倒塌的主要原因。

④缺乏基本结构知识。如将钢筋混凝土预制梁倒放安装;将悬臂梁的受拉钢筋放在受压区;结构构件吊点选择不合理,不了解结构使用受力和吊装受力的状态,施工中在楼面超载堆放构件和材料等,均会给质量和安全造成严重的后果。

⑤施工管理紊乱,施工方案考虑不周,施工顺序错误。技术组织措施不当,技术交底不清,违章作业。不重视质量检查和验收工作等,都是导致质量问题的祸根。

（7）自然条件影响

施工项目周期长,露天作业多,受自然条件影响大,温度、湿度、日照、雷电、洪水、大风和暴雨等都能造成重大的质量事故,施工中应特别重视,采取有效措施予以预防。

（8）建筑结构使用问题

建筑物使用不当,亦会造成质量问题。如不经校核、验算,就在原有建筑物上任意加层;使用荷载超过原设计的容许荷载;任意开槽、打洞、削弱承重结构的截面等。

## 6.7.2 工程项目质量问题处理

### 1. 工程项目质量问题的分析

工程项目的质量问题多数以质量通病的形式存在。所谓质量通病是指工程项目中具有普遍性的常见质量问题。对这类问题的特点我们应该认真加以分析,有针对性地进行防治。主要有以下几点:

（1）主观重视程度不高

由于这类质量问题一般并不严重,甚至可能不出现直接经济损失,因此施工中很多操作人员主观上并不高度重视,造成这类质量问题经常产生。根据这一特点,应在技术人员和操作人员中强调质量观念,培养一丝不苟、严格操作的工作作风。

（2）非施工质量原因引起

施工质量的好坏直接影响工程项目质量问题的发生,但有很多质量通病的产生并不仅限于施工质量不好。比如设计欠合理、构配件本身质量低劣、技术不成熟、工期紧,以及操作人员技术水平低等因素都可能导致质量问题的发生。因此,对工程项目质量问题的控制应遵循"三全"控制原理,即全面、全过程、全员对工程项目的质量问题进行监控和管理。

（3）多因素影响

有些工程项目的质量问题,可能既有设计欠缺和材质差的原因,又有施工不当和使用不当的原因。这类由多因素形成的质量问题,在治理上难度要大于其他质量问题。

### 2. 工程项目质量问题的综合治理

（1）制定针对质量问题的专门规划

对特定的工程施工队伍,要对本企业经常出现的质量问题（通病）进行分析,明确哪些质量通病是普遍、危害性大的,根据发生的原因选择最适合的措施进行治理。根据难易程度,制定专门的综合治理规划,先治理难度小的;最后治理难度大的。治理规划要具体,目标要明确,责任要落实,措施要恰当。

（2）精心设计,改善因设计问题出现的工程质量通病

设计单位在易于发生质量通病的部位,应注意结构的合理性,同时加强构造设计,不留任何容易引起质量问题的设计环节。

（3）提高施工人员素质,改善工艺、规范施工

为减少因施工作业造成的质量问题,首先应努力提高直接作业人员的技术水平和质量意识;还要积极改进工艺施工方法,严格规范施工。在容易出现质量通病的部位,最好设置质量控制点,使整个施工过程的每一个环节都处于严格的质量控制状态。

（4）严格控制原材料、设备、购配件的质量

由于建筑材料生产品种繁多,生产企业质量控制不严、管理不规范,施工企业采购的原材料、购配件等要严格查验产品说明书、合格证及技术说明书等,严格抽样,检测合格后才能使用,新产品应具有技术鉴定证书、试验资料及用户报告等。

（5）建立质量奖罚机制

工程项目的质量问题由于存在主观方面的因素,因此在执行国家、行业有关法规标准规定的处罚外,建立与项目质量目标挂钩的奖罚机制,对充分调动全体施工人员的主观能动性,从思想上树立质量控制意识的自我约束机制,从组织上健全奖优罚劣的质量管理机制,从制度上建立质量效果与经济收入挂钩的联动机制,全方位地防止质量问题的出现和形成。

## 6.7.3　工程项目质量事故处理

**1. 事故调查与分析**

对工程质量事故的处理,首先要进行细致的现场调查,观察记录全部实况,充分了解与掌握引发质量事故的现象和特征;及时收集保存与事故有关的全部设计和施工资料,分析摸清工程施工环境的异常变化;找出可能产生质量事故的所有因素,并进行分析、比较和综合判断,确定最可能造成质量事故的原因,必要时,进行科学的计算分析或模拟实验予以论证确认。

进行质量事故原因分析时,采取的基本原理是确定质量事故的初始点（即原点）,它是反映质量事故的直接原因,在分析中具有关键作用;围绕原点对现场各种现象和特征进行分析,区别导致同类质量事故的不同原因,逐步揭示质量事故萌生、发展和最终形成的过程;综合考虑原因复杂性,确定诱发质量事故的起源点,即确定真正原因。

质量事故的调查与分析结果最终形成调查报告。

**2. 处理方案的确定**

（1）处理依据

质量事故处理的依据包括施工承包合同、设计委托合同、材料设备订购合同;设计文件,质量事故发生部位的施工图;有关的技术文件,如检验单、试验报告、施工记录、施工组织设计、施工日志等;有关的法规、标准和规定等;质量事故调查分析报告。

（2）方案类型

质量事故处理的方案应根据事故的性质、原因、程度而采取不同的方案,主要有封闭保护、结构补强和返工重建等。

（3）方案选择

根据质量事故的具体情况,可先提出几种可行的处理方案对比初选;必要时辅以实验验证:并要结合当地的资源情况,选择具有较高处理效果又便于施工的处理方案;对涉及的技术领域比较广泛、问题复杂,可请专家论证,按经济、工期、效果等指标综合评判决策。

**3. 方案实施与鉴定验收**

（1）实施要求

严格按处理方案的质量要求进行施工,处理现场要有相关质量监督人员（政府监督部门、监理工程师或建设方）,处理完后要按有关规定取样检测并验收。检测结果作为质量事故处理报告的附件材料。

（2）验收结论

所行质量事故,包括不进行技术处理的都需要提出明确的书面结论,书面验收结论一般包括

事故已排除,可以继续施工;隐患已消除,结构安全有保证;经修补处理后,完全能满足使用要求;基本上满足使用要求,但需限制荷载等;其他对耐久性、建筑外观影响的结论等。

（3）责任分析

对责任的分析应慎重。对短期内难以做出结论的,可提出进一步观测检验意见;对某些问题认识不一致,意见暂时不同意的,应继续调查,以便掌握更充分的资料和数据来支持其结论。

**4. 处理报告**

工程项目质量事故报告的内容一般包括:

（1）事故的基本情况。

（2）事故的性质和类型。

（3）事故原因的初步分析。

（4）事故的评价。

（5）事故责任人员情况。

（6）事故处理意见。

# 6.8　工程项目运行质量管理

## 6.8.1　运行条件准备

工程的运行条件准备是项目施工和运行两个重要阶段的中间环节,并涉及很大的费用。对许多复杂的工业建设项目,试运行本身包括极其复杂的工作内容,它具有项目的特征,可以作为一个独立的子项目进行全面的计划、准备、协调、控制。

1. 提供运行文件,包括系统运行（使用、操作）手册、维护要求、技术要求、使用条件说明。这是作为项目成果由项目经理负责的,具体由设计或设备供应商承担并完成。

2. 培训操作人员及维护人员。他们必须掌握操作技术和各种规程,对专业性强的工作常常必须经过正规的培训,避免操作失误,并防止由此造成的工程损坏。

3. 物质准备,包括生产用原材料、能源、设备运行的备用件等一切必要的生产条件。在承包（或供应）合同中应注明这些供应的责任人。

对于由新项目组建的企业或企业分部,则必须建立新企业的运行机制、生产管理规章制度、管理组织及管理系统。

## 6.8.2　试运行

1. 项目试运行是对整个项目的设计、计划、实施和管理工作综合性的检验。作为使用单位,应尽可能地按设计生产能力满负荷运行,以考验工程。由于保修期（缺陷责任期）是从移交开始的,所以一经移交就应进入使用状态。有的工程是分批移交的,则在计划期就应考虑移交后应能进行局部运行,否则会减轻施工单位的保修责任。

2. 在保修期中应定期派人进行系统检查,进行各种监测,因为早期（一般1年内）几乎所有的质量问题都能暴露,所以能及时地按合同解决出现的问题。

3. 必须完全按照操作规程和规定的条件运行,否则质量问题的责任由运行者负责。

4. 当然运行中的质量管理更重要的是通过各种措施保证工程设备良好的运行状态和高生产效率、低费用。通过质量保证措施的投入使产品质量好,竞争能力强,销量增加,废品少,返修少,设备运行期延长。

5. 做好运行状态的全部记录,为落实保修责任做准备。

### 6.8.3　缺陷责任和保修

对运行初期的质量保证在很大程度上仍属于承包商的责任,一般工程承包合同都有保修期的规定,为了保证承包商对工程的缺陷责任,常常尚有一笔保留金作为维修的保证。在 2000 年国务院颁布的《建设工程质量管理条例》中对建设工程的质量责任、保修期年限、保修办法都有明确的规定。

在投产初期工程中出现的毛病,可能是许多原因造成的。例如:①工程设计的问题;②工程施工问题;③设备问题;④操作或运行管理问题。

对具体的问题,必须进行原因分析,找出解决办法。

在保修阶段一定要进行工程质量跟踪,及时找出运营中的问题,并且精确描述问题、分析责任。有许多问题的解决和质量问题原因的分析,要重新研究过去的工程资料和文件,有的甚至要请专家进行技术鉴定或认证。

# 6.9　工程项目的安全控制

### 6.9.1　工程项目安全控制的概念

工程项目安全控制是通过对生产过程中涉及的计划、组织、监控、调节和改进等一系列致力于满足生产安全所进行的管理活动。安全问题贯穿于工程项目管理的始终;安全控制是项目顺利进行的重要保证,是项目管理中最重要的任务。在分析如何进行安全控制之前,首先要了解有关工程项目安全控制的基本知识。

**1. 安全的概念**

安全是指免除不可接受的损害风险状态。不可接受的损害风险通常是指:超出了法律、法规和规章的要求;超出了方针、目标和企业规定的其他要求;超出了人们普遍接受(通常是隐含的)的要求。安全的基本含义包括两个方面:一是预知危险,二是消除危险,两者缺一不可。从广义上讲,安全就是预知人类活动各个领域里存在的、固有的或潜在的危险,并且为了消除这些危险所采取的各种方法、手段和行动的总称。从狭义上说,安全通常是指在社会生产活动中,在科学和技术的应用过程中可能的危险所产生的人身伤害和损失问题,是指伴随着人类社会生产而产生的安全问题。

**2. 安全生产的概念**

安全生产是指使生产过程处于避免人身伤害、设备损坏及其他不可接受的损害风险(危险)的状态。安全生产的方针是"安全第一,预防为主"。"安全第一"是指把人身的安全放在首位,安全为了生产,生产必须保证人身安全,充分体现了"以人为本"的理念;"预防为主"是实现"安全第一"的最重要手段,采取正确的措施和方法进行安全控制,从而减少甚至消除事故隐患,尽量把事故消灭在萌芽状态。

**3. 工程项目安全控制的特点**

(1)流动性

建筑产品生产过程中生产人员、工具与设备具有很强的流动性,主要表现为:同一工地不同建筑之间流动;同一建筑不同建筑部位的流动;一项建设工程项目建设完成后,施工队伍又要投入另一项新工程。建设项目流动性特点要求:一方面,宏观层面(政府建筑安全管理机构)的建筑安全管理的对象是建筑企业和工程项目,这必然要求宏观管理机构的注意力不断地随企业的转移而转移,不断地跟踪建筑企业和工程项目的生产过程;另一方面,微观层面(建筑施工企业等安全生产主体)的建筑安全管理要适应不同项目施工过程的需要,以不断解决新产生的安全问题。

（2）复杂性

我国幅员辽阔,地区差异大,建筑产品受不同外部环境影响的因素多;建筑企业数量众多,其规模、资金实力、技术水平参差不齐,这使得建筑安全生产管理也非常复杂。另外,工程建设有多个参与方,管理层次比较多,使安全管理很复杂,稍有考虑不周就会出现问题。

（3）多样性

建筑产品的单件性决定了建筑产品的生产不能按同一图纸、同一施工工艺、同一生产设备进行批量重复生产,因此每一个建筑产品都要根据其特定要求进行施工,每个建设工程项目都要根据其实际情况来制订安全管理计划。

（4）持续性

一个建设工程项目从立项到投产使用要经历前期准备阶段、设计阶段、施工阶段、竣工验收阶段和保修阶段。要十分重视项目的全寿命周期的安全问题,对项目各个阶段可能出现的安全问题实施管理,否则,一旦在某个阶段出现安全问题就会造成投资的巨大浪费,甚至造成工程项目建设的夭折。

**4. 工程项目安全控制的目标**

安全控制的目标是减少和消除生产过程中的事故,保证人员健康安全和财产免受损失。具体可包括:减少或消除人的不安全行为;减少或消除设备、材料的不安全状态;改善生产环境和保护自然环境。

**5. 工程项目安全管理的构成要素**

工程项目安全管理是一个系统性、综合性的管理,其管理内容涉及建筑生产的各个环节。一般来说,工程项目安全管理主要包括以下5个要素:

（1）政策

任何一个施工单位要想成功地进行安全管理,都必须有明确的安全政策。这种政策不仅要满足法律的规定和道义上的责任,而且要最大限度地满足业主、雇员和全社会的要求。施工单位的安全政策必须有效并有明确的目标。政策的目标应保证现有的人力、物力资源的有效利用,并且减少发生经济损失和承担责任的风险。

（2）组织

施工单位的安全管理应包括一定的组织结构和系统,以确保安全目标的顺利实现。建立积极的安全文化,将施工单位中各个阶层的人员都融入到安全管理中,有助于施工单位组织系统的运转。施工单位应注意有效的沟通交流和员工能力的培养,使全体员工为施工单位安全生产管理作出贡献。施工单位的最高管理者应该用实际行动营造一个安全管理的文化氛围,目标不应该仅仅是避免事故,而应该是激励和授权员工安全的工作。

（3）计划和实施

成功的施工单位能够有计划地、系统地落实所制定的安全政策。计划和实施的目标是最大限度地减少施工过程中的事故损失。计划和实施的重点是使用风险管理的方法确定消除危险和规避风险的目标及应该采取的步骤和先后顺序,建立有关标准以规范各种操作。对于必须采取的预防事故和规避风险的措施应该预先加以计划。要尽可能通过对设备的精心选择和设计,消除或通过使用物理控制措施来减少风险。如果上述措施仍不能满足要求,就必须使用相应的工作设备和个人保护装备来控制风险。

（4）业绩

测量施工单位的安全业绩,即施工单位对安全生产管理成功与否,应该根据事先订立的评价标准进行测量,以发现何时何地需要改进哪方面的工作。施工单位应采用涉及一系列方法的自我监控技术,用于控制风险的措施成功与否,包括对硬件（设备、材料）和软件（人员、程序和系统）,也包括对个人行为的检查进行评价,也可通过对事故及可能造成损失的事件的调查和分析,识别安全控制失败的原因。但不管是主动的评价还是对事故的调查,其目的都不仅仅是评价各种标准中所规定的行为本身,更重要的是找出存在于安全管理系统设计和实施过程中存在的问题,以避免事故和损失。

（5）总结

施工单位应总结经验和教训,要对过去的资料和数据进行系统的分析总结并用于今后工作的参考,这是安全生产管理的重要工作环节。安全业绩良好的施工单位能通过企业内部的自我规范和约束,以及与竞争对手的比较,不断持续改进。

## 6.9.2　工程项目安全控制的方法和手段

### 1. 工程项目安全控制的方法

做好工程项目安全管理工作,要遵循安全生产管理机制,采用政府建筑安全监督管理、建筑企业自我安全管理、工程监理企业安全生产监督管理和群众监督相结合的方法。

（1）政府建筑安全监督管理

政府建筑安全监督管理是建设行政管理部门及安全生产综合管理部门对建筑安全生产的监督,是以规范企业行为、督促和帮助企业建立安全生产自律机制为宗旨的。国务院负责安全生产监督管理的部门依照《安全生产法》,对全国安全生产工作实施综合监督管理;县级以上地方各级人民政府负责安全生产监督管理的部门依照《安全生产法》,对本行政区域内安全生产工作实施综合监督管理。为了加强对建筑安全生产的监督管理,政府有关部门对建筑安全生产实施安全生产计划管理和安全生产国家监察。国家安全生产计划管理是通过制定相应的安全生产发展规划来明确安全生产工作的指导思想、基本方针、主要任务、保障措施,以指导全国安全生产发展的规划;安全生产国家监察是国家法律、法规授权的行政部门,代表政府对企业的生产过程实施职业健康安全监察,以政府的名义,运用国家权力对生产单位在履行职业健康安全职责和执行职业健康安全政策、法律、法规和标准方面的情况依法进行监督、检举和惩戒。国家监察机构在法律的授权范围内可以采取包括强制性手段在内的多种监督检查形式和方法来执行监察任务。

（2）建筑企业自我安全管理

建筑企业自我安全管理是建筑企业依法对本单位的安全生产工作全面负责,同时也包括建设单位、勘察设计单位、工程监理单位及其他与建设工程安全生产有关的单位必须遵守安全生产法律法规的规定,保证建设工程安全生产,依法承担建设工程安全生产责任。所有有关单位都必须坚决贯彻执行国家的法律、法规和方针政策,建立和保持安全生产管理体系。建筑施工企业应当建立健全安全生产责任制度和安全生产教育培训制度。建设工程实行施工总承包的,由总承包单位对施工现场的安全生产总负责;总承包单位依法将建设工程分包给其他单位的,分包合同中应当明确各自安全生产方面的权利、义务,总承包单位和分包单位对分包工程的安全生产承担连带责任。分包单位应当服从总承包单位的安全生产管理,分包单位不服从管理导致生产安全事故的,由分包单位承担主要责任。

(3)工程监理企业安全生产监督管理

安全监理是工程建设监理的重要组成部分,是对建筑施工过程中安全生产状况所实施的监督管理。应当加强安全监理工作,提高施工现场安全生产管理水平。随着《建设工程安全生产管理条例》的颁布实施,监理单位在建设工程中所承担的安全责任已经法制化、规范化。《建设工程安全生产管理条例》明确指出:工程监理单位应当审查施工组织设计中的安全技术措施或者专项施工方案是否符合工程建设强制性标准;工程监理单位在实施监理过程中,发现存在安全事故隐患的,应当要求施工单位整改,情况严重的,应当要求施工单位暂时停止施工并及时报告建设单位,施工单位拒不整改或者不停止施工的,工程监理单位应当及时向有关主管部门报告;工程监理单位和监理工程师应当按照法律、法规和工程建设强制性标准实施监理,并对建设工程安全生产承担监理责任。

(4)群众监督

群众监督是保证国家建筑安全管理目标得以实现的基础。应广泛深入开展宣传教育工作,增强全体职工的安全意识和安全素质及搞好安全生产的自觉性。自下而上的监督必须通过有关法律法规予以强化。例如,《劳动法》和《建筑法》都规定劳动者对危及生命安全和人身健康的行为有权提出批评、检举和控告。但只有劳动者对企业安全管理及其状况的知情权、批评权及控告权得到有效的法律保护,这种监督才能起作用。同样,企业对政府主管部门的执法行为也应有权提出异议甚至控告,从而保证行政部门的公正执法并防止腐败行为的孳生。

**2. 工程项目安全控制的手段**

工程项目安全控制是安全管理的手段和原则在建筑业中的具体应用。随着政府职能的转变,在进行安全管理时政府应该尽量减少对各种市场行为的直接行政干预,加强依靠法律、经济、科技和文化等手段来规范建筑市场各方的行为。

(1)法律手段

安全生产法律法规是国家以强制力保证其实施的一种行为规范。法律手段是国家依靠强制力推行的安全标准,以保障职工在生产过程中的安全和健康,提高企业经济效益,促进生产发展。在实践中,我国形成全国人大,国务院,行政部门、地方立法部门的三级立法体系,层次由高到低分别为:国家根本法、国家基本法、其他法律、行政法规、部门规章、地方法规和规章、安全技术标准规范。宪法为最高层次,各类部门法均由若干个法律组成。国务院及建设部制定的大量建筑安全法规、规章是效力范围较大、法律效力较强的建筑安全行政法规。

(2)经济手段

经济手段通过建筑市场内在的经济联系,调整各安全生产主体之间的利益,从而保证安全管理的经济基础。经济手段是各类安全生产责任主体通过各类保险和担保来维护自身利益,同时国家运用经济杠杆使质量好、信誉高的企业得到经济利益,这是市场机制发挥基础作用的手段。工伤保险、建筑意外伤害保险、经济惩罚制度、提取安全费用和提取风险抵押金等经济手段,是在建筑业中普遍使用的经济手段。各种经济手段通过经济刺激方式促进企业安全管理系统的改善,促进企业安全业绩的提高。

(3)科技手段

安全管理需要安全科技的推动,安全科技手段的使用可以帮助人们带来更低廉的成本和更有效的安全防护。要实现安全生产,必须依靠科技进步,大力发展安全科学技术,以改造传统建筑业的生产过程,从设计、施工、技术装备、劳动保护用品等方面保障安全生产,从本质上为促进建筑安全管理水平的提高提供技术手段支持,最终提高安全管理水平和管理效率。

（4）文化手段

安全文化是国际劳工大会所指的预防性国家安全与健康文化。安全文化手段属于内在驱动力,可以改变企业对安全问题的价值观和基本标准,从而完全自愿地去管理安全。文化手段能够从本质上改善建筑业的安全状况,但是安全文化的形成需要比较长的时间。建筑施工企业应该加强安全文化的建设,将企业的安全理念落实到企业的管理制度中,将安全管理融入到企业的整个管理中,将安全法律法规、制度落实到决策者、管理者和员工的行为方式中,将安全标准落实到施工工艺、技术和过程中,由此在企业内部形成一个良好的安全生产氛围,从而以安全文化的力量保障建筑施工企业安全生产。

### 6.9.3　工程项目安全影响因素的控制

影响工程项目安全的影响因素主要是施工中人的不安全行为、物的不安全状态、作业环境的不安全因素和管理缺陷。项目负责人应根据这些影响因素进行相应的安全控制。

**1. 人的控制**

人是生产活动的主体,也是工程项目建设的决策者、管理者、操作者,工程建设施工的全过程都是通过人来完成的。人员的素质,即人的文化水平、技术水平、决策能力、管理能力、组织能力、作业能力、控制能力、身体素质及职业道德等,都将直接或间接地对施工安全产生影响。人员素质是影响工程施工安全的一个重要因素。建设行业实行企业资质管理、安全生产许可证管理和各类专业从业人员持证上岗制度是施工安全生产保证人员素质的重要管理措施。

**2. 物的控制**

物的控制包括施工机械、材料、设备、安全防护等安全物资的控制。施工机具、设备是施工生产的手段,对工程施工安全有重要的影响。工程机具设备的质量优劣,直接影响工程的施工安全。施工机具设备的类型是否符合工程施工特点、性能是否稳定、操作是否方便安全等,都将会影响工程的施工安全。材料、设备和防护用品等安全物资的质量是施工安全生产的基础,是工程建设的物质条件。安全生产设施条件的安全状况很大程度上取决于所使用的安全物资。为了防止假冒、伪劣或存在质量缺陷的物资从不同渠道流入施工现场,造成安全隐患,应对安全物资供应单位的评价和选择、供货合同条款约定和进场安全物资的验收的管理要求等做出具体规定,并组织实施。通过供货合同约定安全物资的产品质量和验收要求,以及对进场安全物资进行验收,并形成记录等;未经验收或验收不合格的安全物资应做好标识并清退出场。

**3. 环境条件的控制**

环境的控制是指对工程施工安全起重要作用的环境因素,包括工程技术环境,如工程地质、水文、气象等;工程作业环境,如施工环境作业面大小、防护设施、通风照明和通信条件等;工程现场自然环境,包括冬季、雨季等可能对施工安全生产的不利影响;工程周边环境,如工程邻近的地下管线、建（构）筑物等。环境条件往往对工程施工安全产生特定的影响。加强环境管理和控制,改进作业条件,把握好技术环境并辅以必要的措施,是控制环境对施工安全影响的重要保证。

**4. 管理条件的控制**

加强施工安全管理,建立、完善和严格执行安全生产规章制度,包括安全生产责任制度、安全教育培训制度、安全检查制度、安全技术管理制度等要素。例如,安全技术管理制度中,施工方案是否合理,施工工艺是否先进,施工操作规定是否正确,都将对工程施工安全产生重大的影响。

### 6.9.4 工程项目安全控制程序及措施

#### 1. 工程项目安全控制的程序

工程项目安全控制实施应遵循下列程序。

(1)确定项目的安全目标。按"目标管理"方法在以项目经理为首的项目管理系统内进行分解,从而确定每个岗位的安全目标,实现全员安全控制。

(2)编制项目安全技术措施计划。对生产过程中的不安全因素,用技术手段加以消除和控制,并用文件化的方式表示,这是落实"预防为主"方针的具体体现,是进行工程项目安全控制的指导性文件。

(3)安全技术措施计划的落实和实施。包括建立健全安全生产责任制、设置安全生产设施、进行安全教育和培训、沟通和交流信息、通过安全控制使生产作业的安全状况处于受控状态。

(4)安全技术措施计划的验证。包括安全检查、纠正不符合情况并做好检查记录工作,根据实际情况补充和修改安全技术措施。

(5)持续改进,直至完成建设工程项目的所有工作。工程项目安全控制的程序具体如图6－4所示。

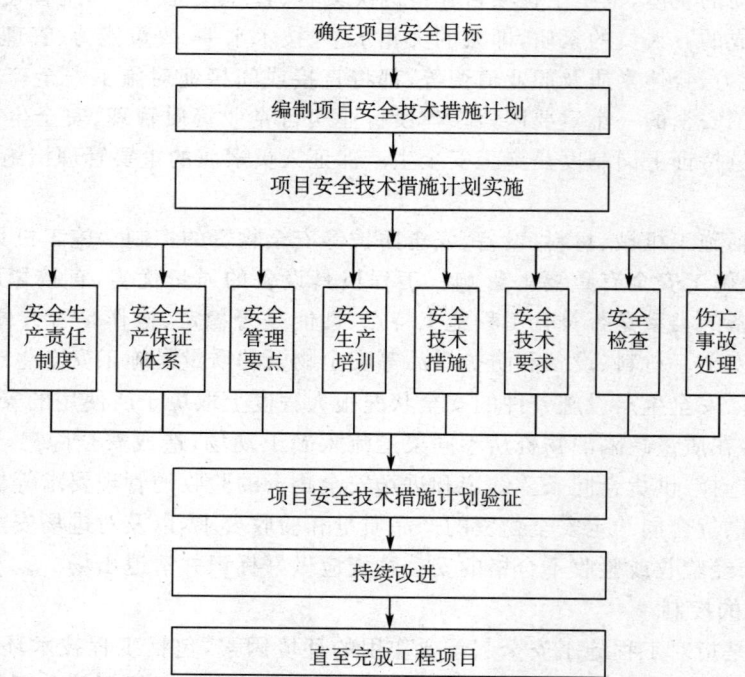

图 6－4　工程项目安全控制的程序

#### 2. 工程项目安全控制的措施

(1)建立安全控制体系

建立安全控制组织机构,形成安全组织系统,有组织、有领导地开展安全管理活动;明确各部门、各级人员的安全责任,形成安全控制责任系统;配备必要的安全设施,如安全帽、安全带、安全网等,形成安全控制要素系统。

总之,通过制定安全管理制度,落实安全责任,建立安全教育体系,加强安全检查和安全事故处理,最终形成具有安全控制和管理功能的有机整体。

**(2)采取安全技术措施**

安全技术措施是指为防止在项目实施中发生伤亡事故和对身体健康的危害,从技术上采取的措施。它包括为实现安全生产的一切技术方法与措施,以及避免损失扩大的技术手段。安全技术措施是控制生产因素不安全状态,预防与消除危险因素对人产生伤害的有效手段。

**(3)进行安全教育**

安全教育能提高人的安全意识,增强人们的安全自觉性和安全技术知识,防止或避免人的不安全行为,减少工作中的失误。建立健全安全生产教育培训制度,加强对职工安全生产的教育培训,通过安全思想教育,使生产人员具有良好的自我保护意识,防范风险于未然;通过安全技术教育,使生产人员了解安全生产知识,熟悉安全生产技术和安全操作规程;通过安全法制教育,使生产人员自觉遵守各项安全生产法律法规和规章制度。把安全知识、安全技能、设备性能、操作规程、安全法规等作为安全教育培训的主要内容,建立经常性的安全教育培训考核制度,对电工、电焊工、爆破工、起重工等特殊工种工人,除一般安全教育外,还要经过专业安全技能培训,经考试合格持证后,方可独立操作。

**(4)实施安全技术交底**

工程项目开工前,项目经理部的技术负责人必须将工程概况、施工方法、施工工艺、施工程序及安全技术措施等向承担施工的作业队负责人、工长、班组长等相关人员进行交底;结构复杂的分部分项工程施工前,项目经理部的技术负责人应有针对性进行全面、详细的安全技术交底,项目经理部应保存双方签字确认的安全技术交底记录。

**(5)进行安全检查**

安全检查的目的是及时发现、处理、消除不安全因素,提高安全控制水平。安全检查包括定期检查、突击检查、特殊检查。定期检查是指列入安全管理活动计划,有计划、有目的、有准备的检查。突击性安全检查是指无固定检查周期,对特殊部门、特殊设备进行的安全检查。特殊检查是指对预料中可能会带来新的危险因素的新安装的设备、新采用的工艺、新完成的项目,在投入使用前,以"发现"危险因素为专题的安全检查。安全检查的内容主要包括:安全生产责任制、安全生产计划、安全保证措施、安全教育、安全设施、安全标识、操作行为、违规管理、安全记录等。

## 6.9.5　工程项目安全事故的分类和处理

**1. 工程项目安全事故的分类**

工程项目安全事故分两大类型,即职业伤害事故与职业病。

**(1)职业伤害事故**

职业伤害事故是指因生产过程及工作原因或与其相关的其他原因造成的伤亡事故。

按照事故发生的原因分类按照我国《企业伤亡事故分类》(GB 6441—1986)标准规定,职业伤害事故分为 20 类,即物体打击、车辆伤害、机械伤害、起重伤害、触电、淹溺、灼烫、火灾、高处坠落、坍塌、冒顶片帮、透水、放炮、火药爆炸、瓦斯爆炸、锅炉爆炸、容器爆炸、其他爆炸、中毒和窒息、其他伤害。

**(2)职业病**

职业病经诊断因从事接触有毒有害物质或不良环境的工作而造成急慢性疾病的,属于职业病。2002 年,卫生部会同劳动和社会保障部发布的《职业病目录》列出的法定职业病为 10 大类共 115 种。该目录中所列的 10 大类职业病为:尘肺、职业性放射性疾病、职业中毒、物理因素所致职业病、生物因素所致职业病、职业性皮肤病、职业性眼病、职业性耳鼻喉口腔疾病、职业性肿瘤、其他职业病。

**2. 工程项目安全事故的处理**

(1)安全事故处理的原则

安全事故处理的原则("四不放过"的原则)为:①事故原因不清楚不放过;②事故责任者和员工没有受到教育不放过;③事故责任者没有处理不放过;④没有指定防范措施不放过。

(2)安全事故处理程序

安全事故处理程序为:①报告安全事故;②迅速抢救伤员并保护好现场;③组织调查组进行安全事故调查;④分析事故原因,明确责任者;⑤制定预防措施;⑥提出处理意见,写出调查报告;⑦事故的审定与结案;⑧员工伤亡事故登记记录。

# 6.10 案例:黄河小浪底工程项目质量管理

## 6.10.1 质量保证体系

小浪底水利枢纽工程建设全面推行了业主责任制、招标投标制、建设监理制,与国际工程管理实现了全方位的接轨。业主和参建各方组建了质量管理组织机构,建立了各项质量管理制度,健全了质量保证体系。

**1. 完善质量管理组织,落实质量责任**

水利部小浪底水利枢纽工程建设管理局作为小浪底水利枢纽工程的项目业主,承担项目筹资、建设、运营、还贷及国有资产保值增值等重大责任。小浪底水利枢纽工程采用国际招标建设。以意大利英波吉罗公司为责任方的黄河承包商中标承建大坝工程;以德国旭普林公司为责任方的中德意联营体中标承建泄洪工程;以法国杜美兹公司为责任方的小浪底联营体中标承建引水发电设施工程;水轮机由美国 VOITH 公司中标制造,发电机由哈尔滨电机厂和东方电机厂联合制造;机电安装工程由水电四局、水电十四局、水电三局组成的联营体中标。小浪底工程咨询有限公司承担工程监理任务,按合同规定控制工程投资、进度、质量并协调施工各方关系。小浪底水利枢纽建设管理局聘请加拿大国际工程咨询公司作为枢纽工程的咨询公司,为小浪底水利枢纽招标投标、合同管理提供咨询;世界银行小浪底特别咨询专家团每年两次到小浪底检查指导工作,对工程建设中重大技术问题进行咨询,并向世界银行提供报告;小浪底水利枢纽建设管理局聘请国内著名水利水电专家组成工程技术委员会。

**2. 明确质量标准**

小浪底工程质量标准源于国家标准,部分规定又高于国家标准,是对一流工程质量目标的具体量化和重要体现,小浪底工程的质量标准是在现有国家规范的基础上,结合小浪底工程的具体情况,以合同为依据编制而成的,制定了一系列的质量标准。

## 6.10.2 工程质量控制

**1. 严格招标,保证质量**

枢纽工程的金属结构设备不论大小项目,均通过招标方式,货比三家,择优选厂承制。整个枢纽工程的主要金属结构设备,根据不同的类型,分为卷扬式启闭机、液压启闭机、平面闸门及拦污栅和弧形闸门 4 个大项分别进行招标,其他大型设备和小型零星设备根据工程进展情况逐项单独进行招标。招标方式一律采用邀请招标,零星项目大多采用询价议标方式。评标委员会由建管局有关领导和机电、计划合同、财务、运营管理等部门及设计单位的有关人员组成,重大项目还外聘了少数几位专家参加评标。开标均不采用公开开标方式,在严格保密的情况下进行开标和评标,不保证最低价中标。

评标时主要考虑如下几个要素:技术装备条件和加工制造能力;是否有完善的管理制度和质保体系;相应产品的业绩和实践经验;是否有良好的社会信誉和售后服务;施工方案和价格是否合理;业主对制造承包商的控制能力;超大件的运输条件。

**2. 设备制造过程的质量管理**

(1)招标采购

小浪底工程全面贯彻招投标制度,在发标之前业主先对有投标意向的厂家进行考察,同时进行市场调查,比较详细地了解该厂各方面的情况。

(2)产品监造

产品的质量主要是依靠制造厂的质保体系来保证,或者说是靠制造产品的人来实现。但是业主的控制和监督是必不可少的。每个项目开工前,均委派驻厂监造工程师,按监造大纲对产品实施全过程监造。监造工程师除了履行监造合同规定的职责外,还必须遵守业主单位制定的《机电设备监造人员守则》,用制度和纪律约束他们的行为。

**3. 制造过程质量控制**

(1)产品开工前

业主要求制造厂明确项目负责人和质量负责人,除报监造工程师外,还要报业主备案,这样做既方便工作上的联系,又避免了无人负责的局面。

(2)开工投料前

制造厂应完成如下准备工作:应厂家要求,设计人员到厂进行技术沟通;启闭机的设计均由制造厂负责,无设计能力的委托专业设计院进行设计,设计完成后由业主组织审查会进行审查,通过后才能投产;将编制完成的工艺措施、工艺图、焊接工艺指导书和项目进度计划提交监造工程师审查批准。

(3)项目制造工作

项目制造工作一切准备就绪,由工厂提出开工申请报告,监造工程师全面审核后下达开工令。设备在制造过程中,按工序进行质量控制,前一道工序不合格不得转入下一道工序。在工序的转换时需监造工程师现场见证。

(4)出厂验收

设备制造完毕并处于总预装状态,工厂提出全套自检资料交给监造工程师审查,经监造工程师全面检查认可合格后,才能向业主申请出厂前的验收。

(5)竣工资料

设备交货时,制造承包商将全套竣工资料移交给业主。这些资料主要包括:竣工图、产品合格证、项目总结及大事记、主要材料的材质证明、外购件质量证明书、焊缝外观检查资料、焊缝及铸锻件报告、设备几何尺寸检测资料、产品预装检查报告、重大缺陷处理记录、涂装检测报告、设计修改通知单和材料代用通知单、有关会议纪要以及部件标号图等。

(6)巡检制度

在设备的制造前期,业主主管部门的专业技术人员不定期到制造厂进行巡回检查,其目的在于检查工厂的质保体系运转情况、产品的质量状况和监造工程师的工作,同时也协助工厂解决某些问题。

**（7）专业检测**

在产品制造合同中就规定了,当产品制造完毕时,业主或监造工程师有权邀请专业质量检测部门对即将验收的产品进行全面质量检测或专项抽检,向业主单位提出检测报告。

**（8）现场交接**

工厂制造的设备运抵小浪底货场后,由业主代表主持,安装监理工程师、安装承包商和制造承包商的代表都在场的情况下,对所到货物进行外观检查,清点数量,对发现的问题做好记录,分清责任,最后由四方代表在交接验收单上签字,从此设备由安装承包商负责管理和维护,制造承包商到此才算完成了制造任务。

**4. 各方面积极探索,敢闯难关**

小浪底水利枢纽工程战略地位重要,工程规模宏大,地质条件复杂,水沙条件特殊,运用要求严格,施工强度高,质量要求严,施工技术复杂,组织管理难度大,被中外水利专家视为世界上最复杂的水利工程之一。在施工过程中,有关各方加强协调,勇于探索,敢闯难关,克服了孔板消能泄洪洞、深混凝土防渗墙、大跨度地下厂房、密集的地下洞群、集中布置的进水塔和消力塘以及高边坡预应力锚索施工,都是具有挑战性的一系列技术难题。

## 6.10.3　质量管理成效

有严格的质量规划和质量保证体制,在各方共同努力下,黄河小浪底水利枢纽工程主体大坝于2000年6月填筑到顶,比合同目标计划提前13个月,创造了我国土石坝施工史上的新纪录。这座宏伟的大坝雄踞在黄河中游最后一段峡谷出口的小浪底村附近,是迄今我国大江大河上最大的上空心墙堆石坝。为了防止大坝底部渗透水,施工者采取将垂直防渗同水平防渗相结合的办法,修筑了主坝混凝土防渗墙和上游围堰高压旋喷防渗墙。主体大坝的封顶,标志着小浪底水库的规模基本形成。据介绍,2000年汛期其防洪标准可达500年一遇,同时在减淤、供水等方面已经发挥并将继续发挥更大效益。

2000年9月,受国家计委委托,水利部会同河南、山西两省人民政府对小浪底水利枢纽蓄水相关工程项目和水库移民及库容清理进行了验收。验收委员会认为,小浪底工程已具备蓄水条件,同意通过蓄水阶段验收。这是该工程继1997年实现大河截流后的又一项重大阶段性成果,标志着小浪底水库开始发挥调蓄效益。

2000年12月,小浪底水利枢纽工程最后一个国际标竣工,比预定工期提前了12个月。至此,经过万余名中外建设者长达6年的精诚合作和艰苦努力,小浪底水利枢纽3个国际标土建工程施工已全部提前完成。

## 思　考　题

1. PDCA 循环作为工程项目质量管理的原理是什么?
2. 何为工程项目质量控制的三阶段原理? 它与施工阶段有何关系?
3. 企业质量管理体系文件结构包括哪三个层次?
4. 内部审核和外部审核有什么区别?
5. 工程项目质量控制系统与企业质量管理体系的区别?

6. 工程项目质量控制系统按控制原理如何划分？

7. 施工企业施工质量计划有什么特点？

8. 施工过程的质量控制关键是什么？为什么？

9. 质量控制点的确定原则是什么？

10. 项目质量验收与施工质量验收有何区别？

11. 施工质量验收不符合验收标准的，应如何进行处理？

12. 重大质量事故和一般质量事故的分界点？

13. 工程项目质量问题与工程项目质量事故的处理区别？

14. 工程项目质量问题产生的最主要原因是什么？

15. 建设工程项目质量事故处理报告包括哪些内容？

16. 安全生产的方针是什么？

17. 工程项目安全控制的方法和手段有哪些？

# 第7章 工程项目合同管理

## 7.1 工程项目招标与投标

### 7.1.1 基本目标

工程项目的主要任务都是通过招标投标方式来委托和承接的。招标投标是双方互相选择的过程,是承包商之间互相竞争的过程,又是合同的形成过程。对此业主的基本目标是:

1. 选择一个能胜任本项目工作的承包商。他必须有雄厚的经济技术实力,有丰富的承包经验,且要有较好的资信。

2. 签订一个有利的合同。这其中包括:

(1)适当的、公平的、反映市场水平的合同价格。

(2)完备的以及没有漏洞、二义性或矛盾的合同条件。

(3)合理且明确地分配项目的工作和工程责任,合理地分配风险,以保证项目工作能及时按质按量地完成。

### 7.1.2 招标程序

对于不同的招标方式,招标程序会有一定的区别。但总体来说,对于公开招标,它的工作程序如下(见图7-1):

**1. 招标准备工作**

(1)组建招标机构,委托招标任务。

(2)办理工程招标的各种审批手续等。

**2. 发布招标信息**

公开招标一般在新闻媒介上发布公告,而邀请招标一般以信函的形式发出招标信息。

**3. 起草招标文件,并编制标底**

招标文件是合同双方在招标投标及工程实施中最重要的文件,它通常包括如下内容:

(1)投标人须知

主要包括对招标工程的综合说明、招标工作的时间安排、招标的各种规定、签订承包合同的程序等。它是用来指导投标工作的文件。

(2)合同文件

内容包括:

①投标书及附件的格式;

②合同协议书格式;

③合同条件;

④合同的技术文件,如图纸、工程量表、规范等。

招标文件是业主对工程招标和工程实施中各种问题的规定,是业主的期望,也是投标人报价、投标、做方案并实施合同的基础。

　　按照工程惯例，业主必须对招标文件的正确性、完备性负责，即如果出现错误、矛盾或二义性则由业主承担责任，这最终会导致索赔。所以要求招标文件完备、正确，没有矛盾和二义性。同时还要做到清楚、便于理解，符合工程惯例，通常可采用标准格式的文本。有时需将项目的质量方针和质量体系要求通知承包商。

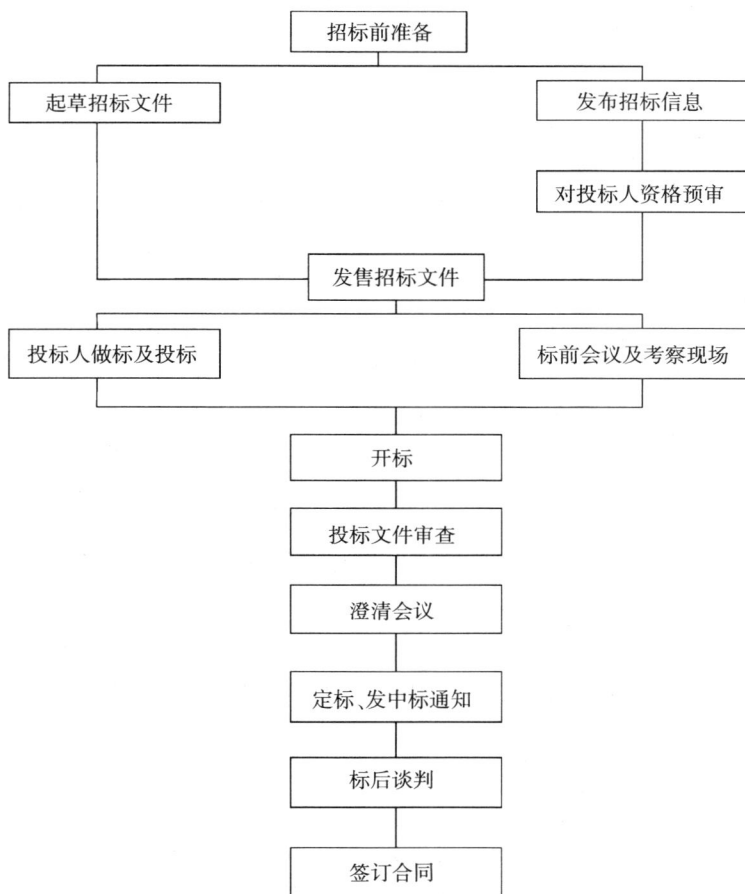

```
                        招标前准备
              ┌────────────┴────────────┐
          起草招标文件                发布招标信息
              │                          │
              │                      对投标人资格预审
              │                          │
              └──────────发售招标文件──────┘
              ┌────────────┴────────────┐
          投标人做标及投标            标前会议及考察现场
              └────────────┬────────────┘
                          开标
                           │
                      投标文件审查
                           │
                        澄清会议
                           │
                     定标、发中标通知
                           │
                        标后谈判
                           │
                        签订合同
```

图 7 - 1　招标程序

**4. 对承包商的资格预审，售(发)标书**

　　资格预审是招标方(业主)和投标人的第一次互相选择：投标人有意参加工程投标竞争；业主通过对投标人资格的审查，确认投标人是符合要求的单位。业主通过资格预审不仅可以防止不合格的投标人混入，而且可以减少招标工作量。这要做出权衡：如果投标人太多，则招标工作量加大，招标时间较长，但竞争激烈，业主可以获得一个有利的价格；而如果投标人太少，则竞争不充分，合同价较高。

　　一般资格预审包括对投标企业概况、近几年来所承建工程情况、财务状况、目前劳动力、管理人员和施工机械设备情况、企业资信情况的审查。只有资格预审合格的承包商才有资格购买或获得标书。

**5. 承包商做标及标前会议**

承包商在取得招标文件后即开始做标。他的主要工作有:分析招标文件,作合同评审,作环境调查,作实施方案,作施工组织计划,估算工程成本,作投标报价,进行投标决策,起草投标文件等。

按照惯例,承包商必须对招标文件的理解、对环境调查、对实施方案、对报价的正确性负责。尽管这些必须由承包商自己负责,但本着诚实守信原则,从工程项目的整体目标出发,从双方合作的角度出发,项目管理者应为投标人提供条件与帮助,以防止他投标失误。项目管理者提供的主要服务有:

(1)提供正确、完备的招标文件和相关信息。

(2)研读和了解最终合同,确保投标报价、项目计划、项目的实施过程符合合同要求。

(3)在确定招标计划时,按工程的规模和复杂程度给予承包商适当的做标时间(即发售标书至投标截止期)。

(4)提供察看现场的机会和条件。

(5)召开标前会议,全面、公开、公正地回答承包商在招标文件分析及做标中发现的问题。标前会议是双方一次重要的沟通,应积极鼓励投标人提出问题,并多作解释,以帮助投标人理解。只有双方互相了解得越深,工程才会越顺利。

**6. 开标与投标文件分析**

**(1)开标**

工程项目通常都采用公开开标方式,开标后一般首先宣布不合格的标书,主要为不符合招标文件或投标人须知规定的标书。通常业主不能当场确定中标单位,而是选择几家(一般 3 家以上)报价低而合理的有效标书进行全面分析。

**(2)投标文件的内容**

投标文件是承包商提供的对招标文件的响应文件。它包括如下内容:

①投标书及其附录。

②已填入报价的工程量清单。

③投标保函。

④与报价有关的技术文件,例如施工进度计划、主要施工机械表及台班费表、材料表及报价、项目组成员名单、主要的工程施工方案、平面布置方案等。

**(3)投标文件分析的作用**

投标文件分析一般由咨询单位(项目管理者)负责,是优选承包单位的重要工作,主要有如下作用:

①如果发现投标文件中报价计算错误,可以对它进行校正,这样可保证评标的正确性。

②对实施方案及进度计划中的问题,可以要求投标人在澄清会议上做出解释,也可以要求他做出修改。

③为定标提供依据。定标通常就按照上述分析的几个方面,赋予不同的权重,给各家打分,择优选择中标单位。

④为议价谈判做准备。

**(4)投标文件分析的内容**

投标文件分析是一项技术性很强,同时又十分复杂的工作,在分析中应考虑承包商可能对项目有影响的所有方面,如:

①投标书及各个文件的有效性、完备性、正确性分析。如果发现其中过多修改、错误、内容不一致,则说明投标人的管理水平低或对本工程不重视。

②报价分析。包括:

各个报价的正确性分析,找出报价中的计算错误和打印错误,并进行校正。

对入围的几家报价进行对比分析(将标底也纳入其中)。分析各家报价的科学性、合理性,看是否平衡,有没有什么不正常的"报价策略",有无过高过低的分项报价等。

对于没有统一定额,没有统一估价标准的工程项目,各报价对比分析尤为重要。

对投标的评价不仅应考虑承包商的价格,也应考虑其他相关费用,如使用、维护、执照费、运输、保险、关税、兑换率变化、检验、质量审核和偏离的解决等费用。

③施工方案和进度计划分析。在评标时,人们不能只看工期值,而必须将工期与施工方案一起考虑。包括如下几个方面:

总工期是否符合要求;

工期计划安排是否科学、合理,能否得到保证;

采取的实施方案能否保证在工期计划内圆满地完成工程任务;

承包商的技术经验、工厂生产能力、质量体系;

实施方案的效率、科学性、安全保证、稳定性,以及对环境的影响。

④投标人的项目组成员状况,特别是项目经理与工程师的年龄、经历和经验。

⑤企业资信及能力。尽管各家都已通过了资格预审,但各个公司的规模、设备能力、财务能力及稳定性、同类工程的经验等是有区别的。对此做出的分析在决标时占一定权重。

⑥其他因素,如投标人中标后可提供贷款或垫资,双方技术经济合作的机会,分包商的选择,投标报价中的保留意见等。

投标文件分析中,应确定承包商标书中所有偏离投标要求之处,如承包商提出的保留条件,应在评价中予以考虑,并明确说明有效或无效。对提出的偏离许可应由业主或招标负责部门批准。最后做出投标文件分析报告。

**7. 澄清会议**

澄清会议是双方的又一次重要接触。业主对投标文件分析中发现的问题,特别是实施方案、进度计划等问题,或未理解、不清楚的地方可以要求投标人,特别是拟订的承包商的项目经理解答,甚至可要求投标人做出修改。这同时也是对承包商项目经理的面试机会,可以全面考察他的能力和素质。

**8. 定标**

(1)作为公开招标,定标必须公正(但一般不公开),这里的核心问题是定标的指标及各个指标的权重的确定。这对承包商的选择、整个合同的签订和执行影响都很大。

(2)定标一般由业主或业主委托评标委员会按照招标文件中规定的评标办法来确定中标人,以保证科学性和公正性。

**9. 授标和标后谈判**

确定一个中标人后业主可以签发中标函(或中标意向书),双方可以进一步接触,进行标后谈判。一般在招标文件中业主都会申明不允许进行标后谈判,这是为了掌握主动权。但从战略角度来说,合同双方都希望进行标后谈判,这对双方都有利:业主可以利用这个机会获得更合理的报价(定标前是不允许变动价格的)和更优惠的服务;承包商也可以利用这个机会修改合同条件,特别是风险条款。所以双方都要利用这个机会。通常在标后谈判中,双方都会有各式各样的要求和方案,有各种讨价还价,但最终结果双方必须一致同意。如果商谈不成,则可还回到原来的价格和条件上。

在标后谈判后,应再一次审查合同文件,以确保合同文件包括了双方标后谈判的结果。

# 7.2　工程项目合同

## 7.2.1　合同在工程项目中的基本作用

合同在工程项目中有着特殊的作用,具体体现在下面几个方面:

1. 合同分配着工程任务,它详细、具体地定义了与工程任务相关的各种问题,例如:

(1)责任人,即由谁来完成任务并对最终成果负责;

(2)工程任务的规模、范围、质量、工作量及各种功能要求;

(3)工期,即时间的要求;

(4)价格,包括工程总价格,各分项工程的单价和合价及付款方式等;

(5)完不成合同任务的责任等。

这些构成了与工程相关的子目标。在项目中,目标和计划的落实是通过合同来实现的。

2. 合同确定了项目的组织关系,它规定着项目参加者各方面的经济责任权利关系和工作的分配情况,所以它直接影响着整个项目组织和管理系统的形态和运作。

3. 合同作为工程项目任务委托和承接的法律依据,是工程实施过程中双方的最高行为准则。工程过程中的一切活动都是为了履行合同,都必须按合同办事,双方的行为主要靠合同来约束。所以,工程管理以合同为核心。

合同是严肃的,具有法律效力,受到法律的保护和制约。订立合同是双方的法律行为,合同一经签订,只要合同合法,双方必须全面地完成合同规定的责任和义务。如果不能履行自己的责任和义务,甚至单方面撕毁合同,则必须接受经济的、甚至法律的处罚。除了因特殊情况(如不可抗力因素等),使合同不能实施外,合同当事人即使亏本、甚至破产均不能解除这种法律约束力。

所以合同是工程项目各参加者之间经济关系的调节手段。

4. 合同将工程所涉及的生产、材料和设备供应、运输、各专业设计和施工的分工协作关系联系起来,协调并统一工程各参加者的行为。

如果没有合同和合同的法律约束力,就不能保证工程的各参加者在工程的各个方面、工程实施的各个环节上都按时、按质、按量地完成自己的义务,就不会有正常的工程施工秩序,也不可能顺利地实现工程总目标。

所以合同和它的法律约束力是工程施工和管理的要求和保证,同时它又是强有力的项目控制手段。

5. 合同是工程过程中双方争执解决的依据。由于双方经济利益不一致,在工程合同实施过程中争执是难免的。合同和争执有不解之缘。合同争执是经济利益冲突的表现,它常常起因于双方对合同理解的不一致,合同实施环境的变化,有一方违反合同或未能正确地履行合同等情况。

合同对争执的解决有两个决定性作用:

(1)争执的判定以合同作为法律依据。即以合同条文判定争执的性质,谁对争执负责,应负什么样的责任等。

（2）争执的解决方法和解决程序由合同规定。

所以合同对整个工程项目的设计、计划和实施过程有着决定性作用。

## 7.2.2　合同管理的重要性

在现代工程项目管理中，合同管理已越来越受到人们的重视。人们将它作为项目管理的一大职能，在一些工程项目管理教育中，都把合同管理作为一个主要的内容。如监理工程师和施工项目经理的培训教育等。这主要是由于以下几方面的原因：

**1. 现代工程项目合同的复杂性**

（1）合同本身的复杂性

在工程中相关的合同多，一般都有几十份、几百份，甚至几千份合同，它们之间有复杂的关系；合同，特别是承包合同的文件多，包括合同条件、协议书、投标书、图纸、规范、工程量表等；合同条款越来越多；合同过程中争执多，索赔多。以上都说明了工程项目合同的复杂性。

（2）合同主体的严格性

工程承包人应当具备相应的从事勘察设计、施工、监理等资质。无营业执照或无承包资质的单位不能作为建设工程合同的主体，资质等级低的单位不能越级承包建设工程。

（3）合同标的的特殊性

建设工程合同的标的是各类建筑产品。建筑产品是不动产，其基础部分与大地相连，不能移动。这就决定了每个建设工程合同的标的都是特殊的，相互间具有不可替代性。这还决定了承包人工作的流动性。建筑物所在地就是勘察、设计、施工生产场地，施工队、施工机械必须围绕建筑产品不断移动。另外，建筑产品的类别庞杂，其外观、结构、使用目的、使用人都各不相同，这就要求每一个建筑产品都需单独设计和施工（即使可重复利用标准设计或重复使用图纸，也应采取必要的修改设计才能施工），即建筑产品是单件性生产，这也决定了建设工程合同标的的特殊性。

（4）合同履行期限的长期性

建设工程由于结构复杂、体积大、建筑材料类型多、工作量大，使得合同履行期限都较长（与一般工业产品的生产相比）。而且，建设工程合同的订立和履行一般都需要较长的准备期，在合同履行过程中，还可能因为不可抗力、工程变更、材料供应不及时等原因而导致合同期限顺延。所有这些情况，都决定了建设工程合同的履行期限的长期性。

以上四个方面都体现了现代工程项目合同的复杂性，从而要求进行专业化的合同管理。

**2. 合同管理在项目管理中居于核心地位**

由于合同将工期、成本、质量目标统一起来，划分各方面的责任和权力，所以在项目管理中合同管理居于核心地位，作为一条主线贯穿始终。没有合同管理，项目管理目标就不明确，就不能形成系统。

**3. 严格的合同管理是国际惯例**

一般来说，由于工程建设对国家的经济发展、公民的工作和生活都有重大的影响，因此，国家对建设工程的计划和审批程序都有严格的管理制度，建设工程合同的订立和履行必须符合国家关于建设程序的规定。

另外，工程项目管理的国际化是一个大趋势。这方面的国际惯例主要体现在：严格的符合国际惯例的招标投标制度、建设工程监理制度、国际通用的 FIDIC 合同条件等。这些都与合同管理有关。

## 7.2.3　工程项目中的主要合同关系

由于现代社会化大生产和专业化分工，一个稍大一点的工程项目，其相关的合同就有几十份、几百份,甚至几千份。由于这些合同都是为了完成项目目标,定义项目的活动,而且它们之间存在复杂的关系,因此形成了复杂的工程项目合同体系。在这个体系中,业主和承包商是两个最重要的节点。

**1. 业主的主要合同关系**

业主必须将经过项目目标分解和结构分析所确定的各种工程任务委托出去,由专门的单位来完成。与业主签订的合同通常被称为主合同。根据工程分标方式的不同,业主可能订立几十份合同,例如将各专业工程分类甚至分段委托,或将材料和设备供应分类委托;也可能将上述委托以各种形式进行合并,只签订几份甚至一份主合同。每份主合同的工程(工作)范围和内容会有很大的区别。通常业主必须签订咨询(监理)合同、勘察设计合同、供应合同(业主负责材料和设备供应)、工程施工合同、贷款合同等。

**2. 承包商的主要合同关系**

承包商要完成合同所规定的责任,包括工程量表中所确定的工程范围的施工、竣工及保修,并为完成这些责任提供劳动力、施工设备、建筑材料、管理人员、临时设施,有时也包括设计工作。当然任何承包商不可能,也不必具备所有专业工程的施工能力和材料、设备供应能力,他可以将一些专业工程和工作委托出去。所以围绕着承包商常常会有复杂的合同关系,他必须签订工程分包合同、设备和材料供应合同、运输合同、加工合同、租赁合同、劳务合同、保险合同等。上述所讲的保险合同是承包人为防范特定风险而与保险公司明确权利义务关系的协议。

**3. 其他方面的合同关系**

(1)分包商有时也可把其工作中劳务或供应再分包出去,形成多级分包合同。

(2)设计单位,供应单位也可能有分包。

(3)承包商有时承担部分工程的设计任务,他也需要委托设计单位。

(4)如果工程的付款条件苛刻,承包商须垫资承包,他也必须订立贷款合同。

(5)在许多大工程中,特别是全包工程中,承包商往往是几个企业的合伙或联营,则这些企业之间必须订立合伙合同(联营合同)。

所以在工程中,特别是在大的工程中合同关系是极为复杂的。

**4. 工程项目合同体系**

上述合同便构成了该项目的合同体系。在这个体系中有不同层次的合同(见图7-2)。合同控制应包括建立合适的合同关系,以及将这些关系的输出纳入到整个项目的管理中。

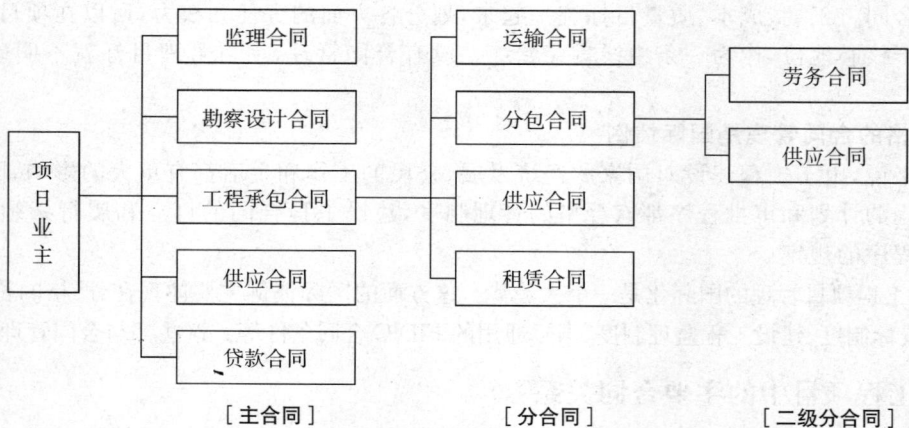

图7-2 工程项目合同体系

从上述可见,项目的分标方式确定了项目的主要合同关系。

## 7.2.4　工程项目合同的类型

### 1. 按照工程建设阶段分类

建设工程的建设过程大体上经过勘察、设计、施工 3 个阶段,围绕不同阶段订立相应合同。按照所处的阶段所完成的承包内容进行划分,分为:建设工程勘察合同、建设工程设计合同、建设工程施工合同。

(1)建设工程勘察是指根据建设工程的要求,查明、分析、评价建设场地的地质地理环境特征和岩土工程条件,编制建设工程勘察文件的活动。建设工程勘察合同即发包人与勘察人就完成商定的勘察任务明确双方权利义务的协议。

(2)建设工程设计是指根据建设工程的要求,对建设工程所需的技术、经济、资源、环境等条件进行综合分析、论证,编制建设工程设计文件的活动。建筑工程设计合同即发包人与设计人就完成商定的工程设计任务明确双方权利义务的协议。

(3)建设工程施工是指根据建设工程设计文件的要求,对建设工程进行新建、扩建、改建的活动。建筑工程施工合同即发包人与承包人为完成商定的建设工程项目的施工任务明确双方权利义务的协议。

### 2. 按照承发包方式(范围)分类

(1)勘察、设计或施工总承包合同

勘察、设计或施工总承包,是指发包人将全部勘察、设计或施工的任务发包给一个勘察、设计单位或一个施工单位作为总承包人,经发包人同意,总承包人可以将勘察、设计或施工任务的一部分分包给其他符合资质的分包人。据此明确各方权利和义务的协议即为勘察、设计或施工总承包合同。在这种模式中,发包人与总承包人订立总承包合同,总承包人与分包人订立分包合同,总承包人与分包人就工作成果对发包人承担连带责任。

(2)单位工程施工承包合同

单位工程施工承包,是指在一些大型、复杂的建设工程中,发包人可以将专业性很强的单位工程发包给不同的承包人,与承包人分别签订土木工程施工合同、电气与机械工程承包合同,这些承包人之间为平行关系。单位工程施工承包合同常见于大型工业建筑安装工程,大型、复杂的建设工程。据此明确各方权利和义务的协议即为单位工程施工承包合同。

(3)工程项目总承包合同

工程项目总承包,是指建设单位将包括工程设计、施工、材料和设备采购等一系列工作全部发包给一家承包单位,由其进行实质性设计、施工和采购工作,最后向建设单位交付具有使用功能的工程项目。工程项目总承包实施过程可依法将部分工程分包。据此明确各方权利义务的协议即为工程项目总承包合同。

(4)BOT 合同(又称特许权协议书)

BOT 承包模式,是指由政府或政府授权的机构授予承包人在一定的期限内,以自筹资金建设项目并自费经营和维护,向东道国出售项目产品或服务,收取价款或酬金,期满后将项目全部无偿移交东道国政府的工程承包模式。据此明确各方权利义务的协议即为 BOT 合同。

### 3. 按照承包工程计价方式(或付款方式)分类

(1)总价合同

总价合同一般要求投标人按照招标文件要求报一个总价,在这个价格下完成合同规定的全部项目。总价合同还可以分为固定总价合同、可调价总价合同等。

（2）单价合同

这种合同指根据发包人提供的资料，双方在合同中确定每一单项工程单价，结算则按实际完成工程量乘以每项工程单价计算。单价合同可以分为：估计工程量单价合同、纯单价合同、单价与包干混合式合同等。

（3）成本加酬金合同

这种合同是指成本费按承包人的实际支出由发包人支付，发包人同时另外向承包人支付一定数额或百分比的管理费和商定的利润。成本加酬金合同可以分为：成本加固定酬金合同、成本加比例酬金合同、成本加奖金合同等。

（4）混合合同

这种合同是指有部分固定价格、部分实际成本加酬金和阶段转换合同形式的情况。前者是对重要的设计内容已具体化的项目采用的较多，而后者对设计还未具体化的项目较适用。

## 7.2.5 合同的生命期

不同种类的合同有不同的委托方式和履行方式，它们经过不同的过程，就有不同的生命期。在项目的合同体系中比较典型的、也最为复杂的是工程承包合同，它经历了以下两个阶段：

**1. 合同的形成阶段**

合同一般通过招标投标来形成。它通常从起草招标文件开始直到合同签订为止。

**2. 合同的执行阶段**

这个阶段从签订合同开始直到承包商按合同规定完成工程，并通过保修期为止。

工程承包合同的生命期可用图7-3表示。

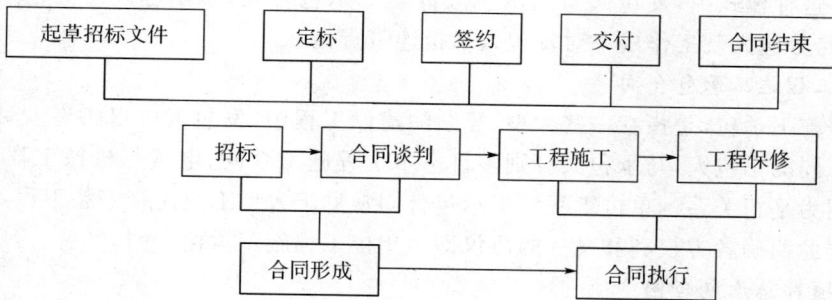

图7-3 工程合同生命周期

# 7.3 合同总体策划

## 7.3.1 基本概念

在项目的实施战略确定后必须对与工程相关的合同进行总体策划，首先要确定带根本性和方向性的，对整个工程项目、整个合同实施有重大影响的问题。合同总体策划的目标是通过合同保证工程项目目标和项目实施战略的实现。它主要确定如下一些重大问题：

1. 如何将项目分解成几个独立的合同？每个合同有多大的工程范围？

2. 采用什么样的合同形式和合同条件?

3. 采用什么方式委托工程?

4. 合同中一些重要条件如何确定,即如何通过合同实现对项目严格的、全面的控制?

5. 与项目相关的各个合同,在内容上、时间上、组织上、技术上、价格上如何协调?

正确的合同策划不仅能够签订一个完备的有利的合同,而且可以保证圆满地履行各个合同,并使它们之间能完善地协调,以顺利地实现工程项目的根本目标。

## 7.3.2　合同总体策划的过程

1. 研究企业战略和项目战略,确定企业和项目对合同的要求。

2. 确定合同相关的总体原则和目标,并对上述各种依据进行调查。

3. 分层次、分对象对合同的一些重大问题进行研究,列出各种可能的选择,并按上述策划的依据综合分析各种选择的利弊得失。

4. 对合同的各个重大问题做出决策和安排,提出合同措施。

## 7.3.3　合同总体策划的内容

在工程中业主处于主导地位,他的合同总体策划对整个工程有很大影响。承包商必须按照业主的要求投标报价,确定方案并完成工程。业主通常必须就如下合同问题做出策划和决策:

**1. 工程承包方式和范围的划分**

根据项目的分标策划确定承包方式和每个合同的工程范围。

(1)分标策划的重要性

通过项目结构分解,可得到项目系统结构图式。项目工作都是由具体的组织(单位或人员)来完成的,业主必须将它们委托出去。一个项目的分标策划也就是决定将整个项目任务分为多少个包(或标段),以及如何划分这些标段。项目的分标方式,对承包商来说就是承包方式。项目分标方式的确定是项目实施的战略问题,对整个工程项目有重大影响。

①通过分标和任务的委托保证项目总目标的实现。它必须反映项目战略和企业战略,反映业主的经营指导方针和根本利益。

②分标策划决定了与业主签约的承包商的数量,决定着项目的组织结构及管理模式,从根本上决定合同各方面责任、权力和工作的划分,以此对项目的实施过程和项目管理产生根本性的影响。业主通过分标和合同委托项目任务,并通过合同实现对项目的目标控制。

③分标和合同是实施项目的手段。通过分标策划摆正工程过程中各方面的重大关系,防止由于这些重大问题的不协调或矛盾造成工作上的障碍或重大的损失。对于业主来说,正确的分标和合同策划能够保证圆满地履行各个合同,促使各个合同达到完美的协调,减少组织矛盾和争执,顺利地实现工程项目的整体目标。

(2)分标策划的依据

项目分标策划的依据主要有:

①业主方面

业主的目标,业主的项目实施战略、管理水平和具有的管理力量,期望对工程管理的介入深度,业主对工程师和承包商的信任程度,业主的管理风格,业主对工程的质量和工期要求等。

②承包商方面

拟选择的承包商的能力(如是否具备施工总承包、"设计—施工"总承包,或"设计—施工—供应"总承包的能力），承包商的资信、企业规模、管理风格和水平，抗御风险的能力，相关工程和相关承包方式的经验等。

③工程方面

工程的类型、规模、特点、技术复杂程度，工程质量要求，设计深度和工程范围的确定性，工期的限制，项目的盈利性，工程风险程度，工程资源（如资金、材料、设备等）供应及限制条件等。

④环境方面

工程所处的法律环境，人们的诚实信用程度，人们常用的工程实施方式，建筑市场竞争激烈程度，资源供应的保证程度，获得额外资源的可能性等。

（3）主要的分标方式

在现代工程中，工程承包方式多种多样，各有各的优点、缺点和适用性。主要的分标方式有：

①分阶段分专业工程平行承包，即业主将设计、设备供应、土建、电器安装、机械安装、装饰等工程施工分别委托给不同的承包商。各承包商分别与业主签订合同，向业主负责（见图 7-4）。各承包商之间没有合同关系。

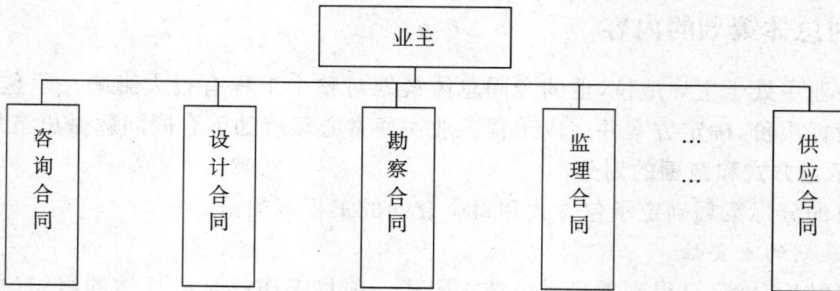

图 7-4　专业分包模式

这种方式的特点有：

a. 业主有大量的管理工作，有许多次招标，作比较精细的计划及控制，因此项目前期需要比较充裕的时间。

b. 在工程中，业主必须负责各承包商之间的协调，对各承包商之间互相干扰造成的问题承担责任。在整个项目的责任体系中会存在着责任的"盲区"。所以在这类工程中组织争执较多，索赔较多，工期比较长。

c. 对这样的项目，业主管理和控制比较细，需要对出现的各种工程问题作中间决策，必须具备较强的项目管理能力。当然业主可以委托监理工程师进行工程管理。

d. 在大型工程项目中，采用这种方式业主将面对很多承包商（包括设计单位、供应单位、施工单位），直接管理承包商的数量太多，管理跨度太大，容易造成项目协调的困难，造成工程中的混乱和项目失控现象。业主管理费用增加，最终导致总投资的增加和工期的延长。

e. 通过分散平行承包，业主可以分阶段进行招标，可以通过协调和项目管理加强对工程的干预。同时承包商之间存在着一定的制衡，如各专业设计、设备供应、专业工程施工之间存在制约关系。

f. 使用这种方式，项目的计划和设计必须周全、准确、细致。这样各承包商的工程范围容易确定，责任界限比较清楚，否则极容易造成项目实施中的混乱状态。

如果业主不是项目管理专家，或没有聘请得力的咨询（监理）工程师进行全过程的项目管理，则不能将项目分标太多。长期以来我国的工程项目都采用这种分标方式。例如某城市地铁工程,业主签订了四千多份合同。

②全包(又叫统包、一揽子承包、"设计—建造及交钥匙"工程,或"设计—施工—供应"总承包),即由一个承包商承包建筑工程项目的全部工作,包括设计、供应、各专业工程的施工以及管理工作,甚至包括项目前期筹划、方案选择、可行性研究。承包商向业主承担全部工程责任。当然总承包商可以将全部工程范围内的部分工程或工作分包出去(见图 7-5)。

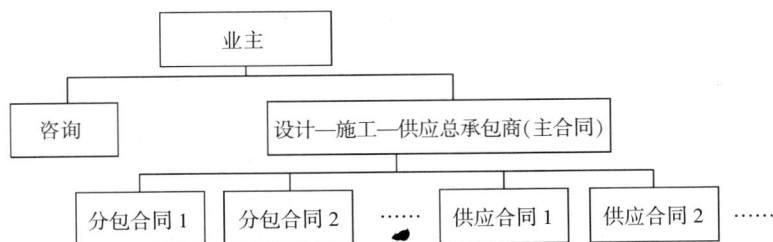

图 7-5　全包模式

这种承包方式的特点有:

a. 通过全包可以减少业主面对的承包商的数量,这给业主带来很大的方便。业主事务性管理工作较少,例如仅需要一次招标。在工程中业主责任较小,主要提出工程的总体要求(如工程的功能要求、设计标准、材料标准的说明),作宏观控制,验收结果,一般不干涉承包商的工程实施过程和项目管理工作。

b. 这使得承包商能将整个项目管理形成一个统一的系统,避免多头领导,降低管理费用;方便协调和控制,减少大量的重复的管理工作,减少花费,使得信息沟通方便、快捷、不失真;它有利于施工现场的管理,减少中间检查、交接环节和手续,避免由此引起的工程拖延,从而工期(包括招标投标和建设期)大大缩短。

c. 项目的责任体系是完备的。无论是设计与施工、施工与供应之间的互相干扰,还是不同专业之间的干扰,都由总承包商负责,业主不承担任何责任,所以争执较少,索赔较少。所以全包工程对双方都有利,工程整体效益高。

目前这种承包方式在国际上受到普遍欢迎。国际上有人建议,对大型工业建设项目,业主应尽量减少他所面对的现场承包商的数目(当然,最少是一个,即采用全包方式)。

d. 在全包工程中业主必须加强对承包商的宏观控制,选择资信好、实力强、适应全方位工作的承包商。承包商不仅需要具备各专业工程施工力量,而且需要很强的设计能力、管理能力、供应能力,甚至很强的项目策划能力和融资能力。据统计,在国际工程中,国际上最大的承包商所承接的工程项目大多数都是采用全包形式。

由于全包对承包商的要求很高,对业主来说,承包商资信风险很大。业主可以让几个承包商联营投标,通过法律规定联营成员之间的连带责任"抓住"联营各方。这在国际上一些大型的和特大型的工程中是十分常见的。

③当然业主也可以采用介于上述两者之间的中间形式,将工程委托给几个主要的承包商,如总设计承包商、总施工承包商、总供应承包商等。这种方式在工程中是极为常见的。

④非代理型的 CM 承包方式,即 CM/non—Agency 方式。CM(Construction Management)有两种形式(详见第 1 章),其中非代理型的模式见图 7-6。CM 承包商直接与业主签订合同,接受整个工程施工的委托,再与分包商、供应商签订合同。可以认为它是一种工程承包方式。

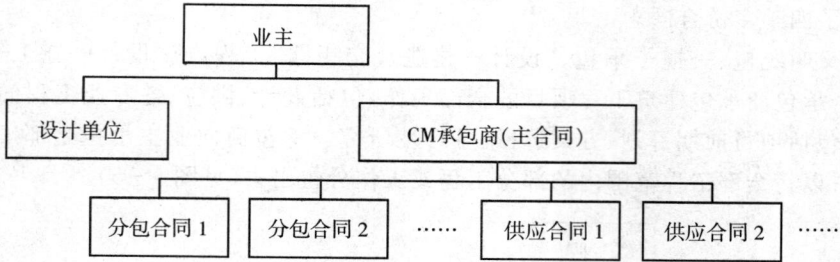

图 7-6 非代理型 CM 承包模式

**2. 合同种类的选择**

在实际工程中,合同计价方式有近 20 种。不同种类的合同,有不同的应用条件、不同的权力和责任的分配、不同的付款方式,对合同双方有不同的风险。应按具体情况选择合同类型。有时在一个工程承包合同中,不同的工程分项采用不同的计价方式。现代工程中最典型的合同类型有以下几种。这几种类型在本章第二节有过描述,现在更加详细地介绍如下,以满足合同策划的需要。

(1)总价合同

①固定总价合同

这种合同以一次包死的总价格委托,除了设计有重大变更,一般不允许调整合同价格。所以在这类合同中承包商承担了全部的工程量和价格风险。在现代工程中,特别在合资项目中,业主喜欢采用这种合同形式,因为工程中双方结算方式较为简单、省事,承包商的索赔机会较少(但不可能根除索赔)。在正常情况下,可以免除业主由于要追加合同价款、追加投资带来的需上级(如董事会、甚至股东大会)审批的麻烦。

但出于承包商承担了全部风险,报价中不可预见风险费用较高。承包商报价的确定必须考虑施工期间物价变化以及工程量变化带来的影响。

在以前很长时间中,固定总价合同的应用范围很小,主要适用于具备以下特点的工程:

a. 工程范围必须清楚明确,报价的工程量应准确而不是估计数字,对此承包商必须认真复核。

b. 工程设计较细,图纸完整、详细、清楚。

c. 工程量小、工期短,估计在工程过程中环境因素(特别是物价)变化小,工程条件稳定并合理。

d. 工程结构、技术简单,风险小,报价估算方便。

e. 工程投标期相对宽裕,承包商可以详细作现场调查、复核工程量,分析招标文件,拟订计划。

f. 合同条件完备,双方的权利和义务十分清楚。

但在国内外的工程中,固定总价合同的使用范围有扩大的趋势,甚至一些大型的全包工程,工业项目也使用总价合同。有些工程中业主只用初步设计资料招标,却要求承包商以固定总价合同承包,对承包商来说,这个风险非常大。

②可调价总价合同

在招标及签订合同时,以设计图纸及当时的市场价格计算签订总价合同,但在合同条款中双方商定,若在执行合同过程中由于发生合同内约定的风险,如物价上涨,引起工料成本增加时,合同总价应相应调整,并规定了调整方法。这时业主承担了物价上涨这一不可预测费用因素的风险。这种合同方式一般适用于工期较长，通货膨胀率难以预测，但现场条件较为简单的工程项目。

（2）单价合同

这是最常见的合同类型，适用范围广，如 FIDIC 工程施工合同、我国的建设工程施工合同主要是这类合同。在这种合同中，承包商仅按合同规定承担报价的风险，即对报价（主要为单价）的正确性和适宜性承担责任，而工程量变化的风险由业主承担。由于风险分配比较合理，能够适应大多数工程，能调动承包商和业主双方的管理积极性。

单价合同可分为固定单价合同和可调单价合同两种形式。固定单价合同是指单价在合同约定的风险范围内（一般主要指市场价格波动、政策法规变化等风险）不可调整；可调单价合同即单价在合同实施期内，根据合同约定的办法在约定的风险范围内调整。

另外，单价合同也可分为估计工程量单价合同、纯单价合同和单价与包干混合式合同三种形式。下面简介如下：

①估计工程量单价合同

这种要求承包人投标时按工程量表中的估计工程量为基础，填入相应的单价作为报价。合同总价是根据结算单中每项的工程数量和相应的单价计算得出，但合同总价一般不是支付工程款项的最终金额，因单价合同中的工程数量是一估计值。支付工程款项应按实际发生工程量计，但当实际工程量与估计工程量相差过大，超过规定的幅度时，允许调整单价以补偿承包人。

②纯单价合同

这种合同方式的招标文件只给出各分项工程内的工作项目一览表、工程范围及必要说明，而不提供工程量。承包人只要给出各项目的单价即可，将来实施时按实际工程量计算。

③单价与包干混合式合同

以单价合同为基础，但对其中某些不易计算工程量的分项工程（如施工导流、施工便道、施工期间交通维护）采用包干办法，而对能用某种单位计算工程量的，均要求报单价，按实际完成工程量及合同中的单价结账。很多大型土木工程都采用这种方式。

对业主方而言，单价合同的主要优点是可以减少招标准备工作，缩短招标准备时间，能鼓励承包商通过提高工效等手段从成本节约中提高利润，业主只按工程量表的项目开支，可减少意外开支，只需对少量遗漏的项目在执行合同过程中再报价，结算程序比较简单。但业主方存在的风险在于工程的总造价直到工程结束前都是个未知数，特别是当设计师对工程量的估算偏低，或是遇到了一个有经验的善于运用不平衡报价的承包商时，风险就会更大，因而设计师比较正确地估算工程量和减少项目实施中的变更可为业主避免大量的风险。对承包商而言，这种合同避免了总价合同中的许多风险因素，比总价合同风险小。

（3）成本加酬金合同

①成本加固定酬金合同

这种合同的酬金是定值，不随实际成本数量的变化而变化。在这种合同中，合同条款应十分严格。业主应加强对工程的控制，参与工程方案（如施工方案、采购、分包等）的选择和决策，否则容易造成损失。同时，合同中应明确规定成本的开支和间接费范围，规定业主有权对成本开支作决策、监督和审查。

②成本加比例酬金合同

这是与固定总价合同截然相反的合同类型。工程最终合同价格按承包商的实际成本加一定比率的酬金（间接费）计算。在合同签订时不能确定一个具体的合同价格，只能确定酬金的比率。

由于合同价格按承包商的实际成本结算,所以在这类合同中,承包商不承担任何风险,而业主承担了全部工程量和价格风险,所以承包商在工程中没有成本控制的积极性,常常不仅不愿意压缩成本,相反期望提高成本以提高自己的工程经济效益。这样会损害工程的整体效益。所以这类合同的使用应受到严格限制,通常应用于如下情况:

a. 投标阶段依据不准,工程的范围无法界定,无法准确估价,缺少工程的详细说明。

b. 工程特别复杂,工程技术、结构方案不能预先确定、它们可能按工程中出现的新情况来确定。例如在国外这一类合同经常被用于一些带研究、开发性质的工程中。

c. 时间特别紧,要求尽快开工。如抢救、抢险工程,人们无法详细地计划和商谈。

为了克服成本加比例酬金合同的缺点,扩大它的使用范围,人们对该种合同又作了许多改进,以调动承包商成本控制的积极性,如下面的成本加奖金合同。

③成本加奖金合同

这种合同事先商定工程成本和酬金的预期水平。如果工程完工后,实际成本恰好等于预期水平,工程造价就是成本加酬金;如果实际成本低于预期水平,则增加酬金;如果实际成本高于预期水平,则减少酬金。从理论上讲,这种承包方式对承发包双方都没有太大风险,同时又能促使承包商关心降低成本、缩短工期,因而对双方都有好处。但实际上估算成本较为困难,要求双方都要具有丰富的经验。

(4)混合合同

在一些发达国家,混合合同广泛应用于工业项目、研究和开发项目、军事工程项目中。它是固定总价合同和成本加酬金合同的结合和改进形式。在这些项目中承包商在项目可行性研究阶段,甚至在设计阶段就介入工程,并以全包的形式承包工程。混合合同能够较大限度地发挥承包商工程管理的积极性,适用于工程范围没有完全界定或预测风险较大的情况。

**3. 招标方式的确定**

招标方式有公开招标、邀请招标(选择性竞争招标)、议标等,每种方式都有其特点及适用范围。一般要根据承包形式、合同类型、业主所拥有的招标时间(工程紧迫程度)等决定。

(1)公开招标

这种招标方式业主选择范围大,承包商之间充分地平等竞争,有利于降低报价,提高工程质量,缩短工期。但招标期较长,业主有大量的管理工作,如准备许多资格预审文件和招标文件,资格预审、评标、澄清会议工作量大。在这个过程中,严格的资格预审是十分重要的,必须严格认真,以防止不合格承包商混入。

必须看到,不限对象的公开招标会导致许多无效投标,导致社会资源的浪费。许多承包商竞争一个标,除中标的一家外,其他各家的花费都是徒劳的。这会导致承包商经营费用的提高,最终导致整个市场上工程成本的提高。

(2)选择性竞争招标(邀请招标)

业主根据工程的特点,有目标、有条件地选择几个承包商,邀请他们参加工程的投标竞争,这是国内外经常采用的招标方式。采用这种招标方式,业主的事务性管理工作较少,招标所用的时间较短,费用低,同时业主可以获得一个比较合理的价格。

国际工程经验证明,如果技术设计比较完备,信息齐全,签订工程承包合同最可靠的方法是采用选择性竞争招标。

(3)议标

这种招标方式是业主直接与一个承包商进行合同谈判,由于没有竞争,承包商报价较高,工程合同价格自然很高。一般在如下一些特殊情况下采用：

①业主对承包商十分信任，可能是老主顾，承包商资信很好。

②由于工程的特殊性，如军事工程、保密工程、特殊专业工程和仅由一家承包商控制的专利技术工程等。

③某些采用成本加酬金合同的情况。

④在一些国际工程中，承包商帮助业主进行项目前期策划，做可行性研究，甚至作项目的初步设计。当业主决定上马这个项目后，一般都采用全包的形式委托工程，采用议标形式签订合同。

在议标中，仅一对一进行合同谈判业主比较省事，无须准备大量的招标文件，无须复杂的管理工作，时间又很短，能大大地缩短项目周期，甚至许多项目一边议标，一边开工。

**4. 合同条件的选择**

合同协议书和合同条件是合同文件中最重要的部分。在实际工程中，业主可以按照需要自己（通常委托咨询公司）起草合同协议书（包括合同条款），也可以选择标准的合同条件。在具体应用时，可以按照自己的需要通过特殊条款对标准的文本作修改、限定或补充。

对一个工程，有时会有几个同类型的合同条件供选择，特别在国际工程中。合同条件的选择应注意如下问题：

（1）大家从主观上都希望使用严密的、完备的合同条件，但合同条件应该与双方的管理水平相配套。如果双方的管理水平很低，而使用十分完备、周密、严格的合同条件，则这种合同条件没有可执行性。将我国的原示范文本与 FIDIC 合同相比较就会发现，我国施工合同在许多条款中的时间限定严格得多。这说明，在工程中如果使用我国的施工合同，则合同双方要求比使用 FIDIC 合同有更高的管理水平，更快的信息反馈速度。发包人、承包人、项目经理、监理工程师的决策过程必须很快。但实际上做不到，所以在我国的承包工程中常常双方都不能准确执行合同。

（2）最好选用双方都熟悉的标准的合同条件，这样能较好地执行。如果双方来自不同的国家，选用合同条件时应更多地考虑承包商的因素，使用承包商熟悉的合同条件。由于承包商是工程合同的具体实施者，所以应更多地偏向他，而不能仅从业主自身的角度考虑这个问题。当然在实际工程中，许多业主都选择自己熟悉的合同条件，以保证自己在工程管理中有利的地位和主动权，但结果工程不能顺利进行。

例如在国内某合资项目中，业主为英国人，承包商为中国的一个建筑公司，工程范围为一个工厂的土建施工，合同工期 7 个月。业主不顾承包商的要求，坚持用 ICE 合同条件，而承包商未承接过国际工程。承包商从做报价开始，在整个工程施工过程中一直不顺利，对自己的责任范围以及工程施工中许多问题的处理方法和程序不了解，业主代表和承包商代表之间对工程问题的处理差异很大。

最终承包商受到很大损失，许多索赔未能得到解决。而业主的工程质量很差，工期拖延了一年多。由于工程迟迟不能交付使用，业主不得已又委托其他承包商进场施工，对工程的整体效益产生了极大的影响。

（3）合同条件的使用应注意到其他方面的制约。例如我国工程估价有一整套定额和取费标准，这是与我国所采用的施工合同文本相配套的。如果在我国工程中使用 FIDIC 合同条件，或在使用我国标准的施工合同条件时，业主要求对合同双方的责任和权利关系作重大的调整，则必须让承包商自由报价，不能使用定额和规定取费标准。

**5. 重要的合同条款的确定**

确定重要的合同条款时应注意以下几点：

(1)适用于合同关系的法律，以及合同争执仲裁的地点、程序等。

(2)付款方式。如采用进度付款、分期付款、预付款或由承包商垫资承包。这由业主的资金来源保证情况等因素决定。让承包商在工程上过多地垫资，会对承包商的风险、财务状况、报价和履约积极性有直接影响。当然如果业主超过实际进度预付工程款，在承包商没有出具保函的情况下，又会给业主带来风险。

(3)合同价格的调整条件、范围、调整方法，特别是由于物价上涨、汇率变化、法律变化、关税变化等对合同价格调整的规定。

(4)合同双方风险的分担。即将工程风险在业主和承包商之间合理分配，其基本原则是，通过风险分配激励承包商努力控制三大目标、控制风险，达到最好的工程经济效益。

(5)对承包商的激励措施。各种合同中都可以订立奖励条款。恰当地采用奖励措施可以鼓励承包商缩短工期、提高质量、降低成本、提高管理积极性。通常的奖励措施有：

①提前竣工的奖励。这是最常见的。通常合同明文规定工期提前一天业主给承包商奖励的金额。

②提前竣工后将项目提前投产实现的盈利在合同双方之间按一定比例分成。

③承包商如果能提出新的设计方案、新技术，使业主节约投资，则节约的投资额按一定比例分成。

④对具体的工程范围和工程要求，在成本加酬金合同中，确定一个目标成本额度，并规定，如果实际成本低于这个额度，则业主将节约的部分按一定比例给承包商奖励。

⑤质量奖。这在我国用得较多。合同规定，如工程质量达全优(或优良)，业主另外支付一笔奖励金。

(6)设计合同条款，通过合同保证对工程的控制权力，并形成一个完整的控制体系。

①控制内容。明确规定业主和其项目经理对工期、成本(投资)、质量及工程成果等各方面的控制权力。

②控制过程。各种控制必须有一个严密的体系，形成一个前后相继的过程，例如：

a. 工期控制过程：包括开工令，对详细进度计划的审批(同意)权，工程施工出现拖延时的指令加速的权力，拖延工期的违约金条款等。

b. 成本(投资)控制：包括工作量计算程序、付款期、账单的审查过程及权力，付款的控制，竣工结算和最终决策，索赔的处理，决定价格的权力等。

c. 质量控制过程：包括图纸的审批程序及权力，方案的审批(或同意)权，变更工程的权力，材料、工艺、工程的认可权、检查权和验收权，对分包和转让的控制权。

③对失控状态或问题的处置权力。例如：材料、工艺、工程质量不符合要求的处置权，暂停工程的权力，在极端状态下中止合同的权力等。

这些都有了具体、详细的规定，才能形成对实施控制的合同保证。

(7)为了保证双方诚实守信，必须有相应的合同措施。例如：

①工程中的保函、保留金和其他担保措施。

②承包商的材料和设备进入施工现场，则作为业主的财产，没有业主(或工程师)的同意不得移出现场。

③合同中对违约行为的处罚规定和仲裁条款。例如在国际工程中，在承包商严重违约情况

下，业主可以将承包商逐出现场而不解除他的合同责任，让其他承包商来完成合同，费用由违约的承包商承担。

**6. 其他问题**

(1)确定资格预审的标准和允许参加投标的单位的数量

业主要保证在工程招标中有比较激烈的竞争，必须保证有一定量的投标单位。这样能取得一个合理的价格，选择余地较大。但如果投标单位太多，则管理工作量大，招标期较长。

在资格预审期要对投标人有基本的了解和分析。一般从资格预审到开标，投标人会逐渐减少。即发布招标公告后，会有大量的承包商来了解情况，但提供资质预审文件的单位就要少一点，买标书的单位又会少一点，提交投标书的单位还会减少，甚至有的单位投标后又撤回标书。对此必须保证最终有一定量的投标商参加竞争，否则在开标时会很被动。

(2)定标的标准

确定定标的指标对整个合同的签订(承包商选择)和执行影响很大。实践证明，如果仅选择低价中标，又不分析报价的合理性和其他因素，工程施工过程中争执较多，工程合同失败的比例较高。因为它违反公平合理原则，承包商没有合理的利润，甚至要亏损，当然不会有好的履约积极性。所以人们越来越趋向采用综合评标，从报价、工期、方案、资信、管理、组织等各方面综合评价，以选择中标者。

## 7.3.4　合同策划中应注意的问题

在实际工程中，合同策划和控制是一个十分复杂的问题，例如：

1. 由于各个合同不在同一个时间内签订，容易引起失调，所以它们必须纳入到一个统一的完整的计划体系中统筹安排，做到各个合同之间互相兼顾。

2. 在许多企业及工程项目中，不同的合同由不同的职能部门(或人员)管理，例如采购合同归材料科管，承包合同和分包合同归经营科管，贷款合同归财务科管。但在管理程序上应注意各部门之间的协调，例如提出采购条件时要符合承包合同的技术要求，供应计划应符合项目的工期安排，并与财务部门一齐商讨付款方式；签订采购合同后要报财务部门备案，安排资金，并就运输等工作做出安排(签订运输合同)。这样才能形成一个完整的项目管理过程。

3. 在项目实施中必须顾及到各个合同之间的联系。例如工程变更不仅要顾及相关的承包合同，而且要顾及与它平行的供应合同，以及它所属的分包合同、供应合同及租赁合同等。在采取调控措施时，也要考虑到对整个合同体系中各个合同的影响。

# 7.4　建设工程合同及主要条款分析

本节以我国国内普遍采用的建设工程合同条款为例，主要介绍建设工程总承包合同、施工总承包合同、工程分包合同、劳务分包合同的主要内容。

## 7.4.1　建设工程总承包合同的主要内容

**1. 建设工程总承包合同的主要条款**

(1)词语含义及合同文件

建设工程总承包合同双方当事人应对合同中常用的或容易引起歧义的词语进行解释，赋予它们明确的含义。对合同文件的组成、顺序、合同使用的标准，也应做出明确的规定。

（2）总承包的内容

建设工程总承包合同双方当事人应对总承包的内容做出明确规定，一般包括从工程立项到交付使用的工程建设全过程，具体应包括：勘察设计、设备采购、施工管理、试车考核（或交付使用）等内容。具体的承包内容由当事人约定，如约定设计—施工的总承包、投资—设计—施工的总承包等。

（3）双方当事人的权利义务

发包人一般应当承担以下义务：按照约定向承包人支付工程款；向承包人提供现场；协助承包人申请有关许可、执照和批准；如果发包人单方要求终止合同后，没有承包人的同意，在一定时期内不得重新开始实施该工程。

承包人一般应当承担以下义务：完成满足发包人要求的工程以及相关的工作；提供履约保证；负责工程的协调与恰当实施；按照发包人的要求终止合同。

（4）合同履行期限

合同应当明确规定交工的时间，同时也应对各阶段的工作期限做出明确规定。

（5）合同价款

这一部分内容应规定合同价款的计算方式、结算方式，以及价款的支付期限等。

（6）工程质量与验收

合同应当明确规定对工程质量的要求，对工程质量的验收方法、验收时间及确认方式。工程质量检验的重点应当是竣工验收，通过竣工验收后发包人可以接收工程。

（7）合同的变更

工程建设的特点决定了建设工程总承包合同在履行中往往会出现一些事先没有估计到的情况。一般在合同期限内的任何时间，发包人代表可以通过发布指示或者要求承包人以递交建议书的方式提出变更。如果承包人认为这种变更是有价值的，也可以在任何时候向发包人代表提交此类建议书。当然，最后的批准权在发包人。

（8）风险、责任和保险

承包人应当保障和保护发包人、发包人代表以及雇员免遭由工程导致的一切索赔、损害和开支。应由发包人承担的风险也应作明确的规定。合同对保险的办理、保险事故的处理等都应作明确的规定。

（9）工程保修

合同应按国家的规定写明保修项目、内容、范围、期限及保修金额和支付办法。

（10）对设计、分包人的规定

承包人进行并负责工程的设计，设计应当由合格的设计人员进行。承包人还应当编制足够详细的施工文件，编制和提交竣工图、操作和维修手册。承包人应对所有分包方遵守合同规定的全部内容负责，任何分包方、分包方的代理人或者雇员的行为如果违约，完全视为承包人自己的行为违约，并负全部责任。

（11）索赔和争议的处理

合同应明确索赔的程序和争议的处理方式。对争议的处理，一般应以仲裁作为解决的最终方式。

（12）违约责任

合同应明确双方的违约责任。包括发包人不按时支付合同价款的责任，超越合同规定干预承包人工作的责任等；也包括承包人不能按合同约定的期限和质量完成工作的责任等。

**2. 建设工程总承包合同的订立和履行**

（1）建设工程总承包合同的订立

建设工程总承包合同通过招标投标方式订立。承包人一般应当根据发包人对项目的要求编制投标文件，可包括设计方案、施工方案、设备采购方案、报价等。双方在合同上签字盖章后合同即告成立。

（2）建设工程总承包合同的履行

建设工程总承包合同订立后，双方都应按合同的规定严格履行。总承包单位可以按合同规定对工程项目进行分包，但不得倒手转包。建筑工程总承包单位可以将承包工程中的部分工程发包给具有相应资质条件的分包单位，但是除总承包合同中约定的工程分包外，必须经发包人认可。

## 7.4.2　施工总承包合同的主要内容

建设部和国家工商行政管理总局于 1999 年发布了《建设工程施工合同（示范文本）》（GF—1999—0201）（以下简称《示范文本》），这是一种主要适用于施工总承包的合同。该《示范文本》由《协议书》、《通用条款》和《专用条款》三部分组成。

**1.《协议书》内容**

（1）工程概况。包括工程名称、工程地点、工程内容、工程立项批准文号、资金来源等。

（2）工程承包范围。主要指承包人承包的工作范围和内容。

（3）合同工期。包括开工日期和竣工日期，合同工期应填写总日历天数。

（4）质量标准。工程质量必须达到国家标准规定的合格标准，双方也可以约定达到国家标准规定的优良标准。

（5）合同价款。合同价款应填写双方确定的合同金额。

（6）组成合同的文件。合同文件应能相互解释，互为说明。除专用条款另有约定外，组成合同的文件及优先解释顺序如下：本合同协议书；中标通知书；投标书及其附件；本合同专用条款；本合同通用条款；标准、规范及有关技术文件；图纸；工程量清单；工程报价单或预算书。

（7）本协议书中有关词语含义与本合同第二部分《通用条款》中分别赋予它们的定义相同。

（8）承包人向发包人承诺按照合同约定进行施工、竣工并在质量保修期内承担工程质量保修责任。

（9）发包人向承包人承诺按照合同约定的期限和方式支付合同价款及其他应当支付的款项。

（10）合同的生效。说明合同生效的条件或日期等。

**2.《通用条款》内容**

（1）词语定义及合同文件

①词语定义。主要包括下列词语的定义：通用条款、专用条款、发包人、项目经理、设计单位、监理单位、工程师、工程造价管理部门、工程、合同价款、追加合同价款、费用、工期、开工工期、竣工工期、图纸、施工场地、书面形式、违约责任、索赔、不可抗力、小时或天。

②合同文件及解释顺序同前文《协议书》内容中的有关说明。

（2）双方一般权利和义务

（3）施工组织设计和工期

（4）质量与检验

（5）安全施工

(6)合同价款与支付

(7)材料设备供应

(8)工程变更

(9)竣工验收与结算

(10)违约、索赔和争议

(11)其他

**3.《专用条款》内容**

对于《专用条款》，应注意以下几个方面：

(1)《专用条款》谈判依据及注意事项。

(2)《专用条款》与《通用条款》是相对应的。

(3)《专用条款》具体内容是发包人与承包人协商将工程的具体要求填写在合同文本中。

(4)建设工程合同《专用条款》的解释优于《通用条款》。

## 7.4.3 工程分包合同的主要内容

**1. 工程分包的概念**

工程分包，是相对总承包而言的。所谓工程分包，是施工总承包企业将所承包建设工程中的专业工程或劳务作业发包给其他建筑业企业完成的活动。分包分为专业工程分包和劳务作业分包。

**2. 分包资质管理**

《建筑法》第 29 条和《合同法》第 272 条同时规定，禁止(总)承包人将工程分包给不具备相应资质条件的单位，这是维护建设市场秩序和保证建设工程质量的需要。

(1)专业承包资质

专业承包序列企业资质设 2 至 3 个等级，60 个资质类别，其中常用类别有：地基与基础、建筑装饰装修、建筑幕墙、钢结构、机电设备安装、电梯安装、消防设施、建筑防水、防腐保温、园林古建筑、爆破与拆除、电信工程、管道工程等。

(2)劳务分包资质

劳务分包序列企业资质设 1 至 2 个等级，13 个资质类别，其中常用类别有：木工作业、砌筑作业、抹灰作业、油漆作业、钢筋作业、混凝土作业、脚手架作业、模板作业、焊接作业、水暖电安装作业等。如同时发生多类作业可划分为结构劳务作业、装修劳务作业、综合劳务作业。

**3. 总、分包的连带责任**

《建筑法》第 29 条规定，建筑工程总承包单位按照总承包合同的约定对建设单位负责；分包单位按照分包合同的约定对总承包单位负责。总承包单位和分包单位就分包工程对建设单位承担连带责任。

**4. 关于分包的法律禁止性规定**

《建设工程质量管理条例》第 25 条明确规定，施工单位不得对工程进行违法分包、转包或者挂靠。

(1)**违法分包**

根据《建设工程质量管理条例》的规定，违法分包指下列行为：

①总承包单位将建设工程分包给不具备相应资质条件的单位，这里包括不具备资质条件和超越自身资质等级承揽业务两类情况。

②建设工程总承包合同中未有约定，又未经建设单位认可，承包单位将其承包的部分建设工程交由其他单位完成的。

③施工总承包单位将建设工程主体结构的施工分包给其他单位的。

④分包单位将其承包的建设工程再分包的。

（2）转包

转包是指承包单位承包建设工程后，不履行约定的责任和义务，将其承包的全部建设工程转给他人或者将其承包的全部工程肢解后以分包的名义分别转给他人承包的行为。

（3）挂靠

挂靠是与违法分包和转包密切相关的另一种违法行为。主要包括以下行为：

①转让、出借资质证书或者以其他方式允许他人以本企业名义承揽工程的；

②项目管理机构的项目经理、技术负责人、项目核算负责人、质量管理人员、安全管理人员等不是本单位人员，与本单位无合法的人事或者劳动合同、工资福利以及社会保险关系的；

③建设单位的工程款直接进入项目管理机构财务的。

**5. 建设工程施工专业分包合同示范文本的主要内容**

建设部和国家工商行政管理总局于 2003 年发布了《建设工程施工专业分包合同（示范文本）》（GF—2003—0213）。该文本由《协议书》、《通用条款》、《专用条款》三部分组成。

（1）《协议书》内容

①分包工程概况：分包工程名称、分包工程地点、分包工程承包范围等。

②分包合同价款。

③工期：开工日期、竣工日期、合同工期总日历天数。

④工程质量标准。

⑤组成合同的文件，包括：本合同协议书；中标通知书（如有时）；分包人的报价书；除总包合同工程价款之外的总包合同文件；本合同专用条款；本合同通用条款；本合同工程建设标准、图纸及有关技术文件；合同履行过程中，承包人和分包人协商一致的其他书面文件。

⑥本协议书中有关词语含义与本合同第二部分《通用条款》中分别赋予它们的定义相同。

⑦分包人向承包人承诺，按照合同约定的工期和质量标准，完成本协议书第一条约定的工程，并在质量保修期内承担保修责任。

⑧承包人向分包人承诺，按照合同约定的期限和方式，支付本协议书第二条约定的合同价款，及其他应当支付的款项。

⑨分包人向承包人承诺，履行总包合同中与分包工程有关的承包人的所有义务，并与承包人承担履行分包工程合同以及确保分包工程质量的连带责任。

⑩合同的生效。

（2）《通用条款》内容

词语定义及合同文件，包括词语定义，合同文件及解释顺序，语言文字和适用法律、行政法规及工程建设标准，图纸；双方一般权利和义务，包括承包人的工作和分包人的工作；工期；质量与安全，包括质量检查与验收和安全施工；合同价款与支付，包括合同价款及调整、工程量的确认和合同价款的支付；工程变更；竣工验收与结算；违约、索赔及争议；保障、保险及担保；其他，包括材料设备供应、文件、不可抗力、分包合同解除、合同生效与终止、合同价数、补充条款等规定。

(3)《专用条款》内容

词语定义及合同文件;双方一般权利和义务;工期;质量与安全;合同价款与支付;工程变更;竣工验收与结算;违约、索赔及争议;保障、保险及担保;其他。

《专用条款》与《通用条款》是相对应的,《专用条款》具体内容是承包人与分包人协商将工程的具体要求填写在合同文本中,建设工程专业分包合同《专用条款》的解释优于《通用条款》。

### 7.4.4 劳务分包合同的主要内容

建设部和国家工商行政管理总局于 2003 年发布了《建设工程施工劳务分包合同(示范文本)》(GF—2003—0214),其规范了劳务分包合同的主要内容。

**1. 劳务分包合同主要条款**

劳务分包合同主要包括:劳务分包人资质情况;劳务分包工作对象及提供劳务内容;分包工作期限;质量标准;合同文件及解释顺序;标准规范;总(分)包合同;图纸;项目经理;工程承包人义务;劳务分包人义务;安全施工与检查;安全防护;事故处理;保险;材料、设备供应;劳务报酬;工程量及工程量的确认;劳务报酬的中间支付;施工机具、周转材料供应;施工变更;施工验收;施工配合;劳务报酬最终支付;违约责任;索赔;争议;禁止转包或再分包;不可抗力;文物和地下障碍物;合同解除;合同终止;合同价数;补充条款;合同生效。

**2. 工程承包人与劳务分包人的义务**

(1)工程承包人的义务

①组建与工程相适应的项目管理班子,全面履行总(分)包合同,组织实施施工管理的各项工作,对工程的工期和质量向发包人负责。

②除非本合同另有约定,工程承包人完成劳务分包人施工前期的下列工作并承担相应费用:向劳务分包人交付具备本合同项下劳务作业开工条件的施工场地;完成水、电、热、电信等施工管线和施工道路,并满足完成本合同劳务作业所需的能源供应、通信及施工道路畅通的时间和质量要求;向劳务分包人提供相应的工程地质和地下管网线路资料;办理各种工作手续(包括各种证件、批件、规费等),但涉及劳务分包人自身的手续除外;向劳务分包人提供相应的水准点与坐标控制点位置;向劳务分包人提供生产、生活临时设施。

③负责编制施工组织设计,统一制定各项管理目标,组织编制年、季、月施工计划、物资需用量计划表,实施对工程质量、工期、安全生产、文明施工、计量分析、实验化验的控制、监督、检查和验收。

④负责工程测量定位、沉降观测、技术交底,组织图纸会审,统一安排技术档案资料的收集整理及交工验收。

⑤统筹安排、协调解决非劳务分包人独立使用的生产、生活临时设施、工作用水、用电及施工场地。

⑥按时提供图纸,及时交付应供材料、设备,所提供的施工机械设备、周转材料、安全设施要保证施工需要。

⑦按本合同约定,向劳务分包人支付劳动报酬。

⑧负责与发包人、监理、设计及有关部门联系,协调现场工作。

(2)劳务分包人义务

①对本合同劳务分包范围内的工程质量向工程承包人负责,组织具有相应资格证书的熟练工人投入工作;未经工程承包人授权或允许,不得擅自与发包人及有关部门建立工作联系;自觉

遵守法律法规及有关规章制度。

②劳务分包人根据施工组织设计总进度计划的要求按约定的日期(一般为每月底前若干天)提交下月施工计划,有阶段工期要求的提交阶段施工计划,必要时按工程承包人要求提交旬、周施工计划,以及与完成上述阶段、时段施工计划相应的劳动力安排计划,经工程承包人批准后严格实施。

③严格按照设计图纸、施工验收规范、有关技术要求及施工组织设计精心组织施工,确保工程质量达到约定的标准;科学安排作业计划,投入足够的人力、物力,保证工期;加强安全教育,认真执行安全技术规范,严格遵守安全制度,落实安全措施,确保施工安全;加强现场管理,严格执行建设主管部门及环保、消防、环卫等有关部门对施工现场的管理规定,做到文明施工;承担由于自身责任造成的质量修改、返工、工期拖延、安全事故、现场脏乱造成的损失及各种罚款。

④自觉接受工程承包人及有关部门的管理、监督和检查;接受工程承包人随时检查其设备、材料保管、使用情况,及其操作人员的有效证件、持证上岗情况;与现场其他单位协调配合,照顾全局。

⑤按工程承包人统一规划堆放材料、机具,按工程承包人标准化工地要求设置标牌,搞好生活区的管理,做好自身责任区的治安保卫工作。

⑥按时提交报表、完整的原始技术经济资料,配合工程承包人办理交工验收。

⑦做好施工场地周围建筑物、构筑物和地下管线和已完工程部分的成品保护工作,因劳务分包人责任发生损坏,劳务分包人自行承担由此引起的一切经济损失及各种罚款。

⑧妥善保管、合理使用工程承包人提供或租赁给劳务分包人使用的机具、周转材料及其他设施。

⑨劳务分包人须服从工程承包人转发的发包人及工程师的指令。

⑩除非本合同另有约定,劳务分包人应对其作业内容的实施、完工负责,劳务分包人应当承担并履行总(分)包合同约定的、与劳务作业有关的所有义务及工作程序。

**3. 安全防护及保险**

(1)安全防护

①劳务分包人在动力设备、输电线路、地下管道、密封防振车间、易燃易爆地段以及临街交通要道附近施工时,施工开始前应向工程承包人提出安全防护措施,经工程承包人认可后实施,防护措施费用由工程承包人承担。

②实施爆破作业,在放射、毒害性环境中工作(含储存、运输、使用)及使用毒害性、腐蚀性物品施工时,劳务分包人应在施工前10天以书面形式通知工程承包人,并提出相应的安全防护措施,经工程承包人认可后实施,由工程承包人承担安全防护措施费用。

③劳务分包人在施工现场内使用的安全保护用品(如安全帽、安全带及其他保护用品),由劳务分包人提供使用计划,经工程承包人批准后,由工程承包人负责供应。

(2)保险

①劳务分包人施工开始前,工程承包人应获得发包人为施工场地内的自有人员及第三方人员生命财产办理的保险,且不需劳务分包人支付保险费用。

②运至施工场地用于劳务施工的材料和待安装设备,由工程承包人办理或获得保险,且不需劳务分包人支付保险费用。

③工程承包人必须为租赁或提供给劳务分包人使用的施工机械设备办理保险,并支付保险

费用。

④劳务分包人必须为从事危险作业的职工办理意外伤害保险,并为施工场地内自有人员生命财产和施工机械设备办理保险,支付保险费用。

⑤保险事故发生时,劳务分包人和工程承包人有责任采取必要的措施,防止或减少损失。

**4. 劳务报酬**

*(1)劳务报酬采用的方式*

①固定劳务报酬(含管理费)。

②约定不同工种劳务的计时单价(含管理费),按确认的工时计算。

③约定不同工作成果的计件单价(含管理费),按确认的工程量计算。

*(2)劳务报酬*

除本合同约定或法律政策变化,导致劳务价格变化的,均为一次包死,不再调整。

*(3)劳务报酬最终支付*

①全部工作完成,经工程承包人认可后14天内,劳务分包人向工程承包人递交完整的结算资料,双方按照本合同约定的计价方式,进行劳务报酬的最终支付。

②工程承包人收到劳务分包人递交的结算资料后14天内进行核实,给予确认或者提出修改意见。工程承包人确认结算资料后14天内向劳务分包人支付劳务报酬尾款。

③劳务分包人和工程承包人对劳务报酬结算价款发生争议时,按本合同关于争议的约定处理。

**5. 违约责任**

(1)当发生下列情况之一时,工程承包人应承担违约责任:

①工程承包人违反合同的约定,不按时向劳务分包人支付劳务报酬。

②工程承包人不履行或不按约定履行合同义务的其他情况。

③工程承包人不按约定核实劳务分包人完成的工程量或不按约定支付劳务报酬或劳务报酬尾款时,应按同期银行贷款利率向劳务分包人支付拖欠劳务报酬的利息,并按拖欠金额向劳务分包人支付违约金。

④工程承包人不履行或不按约定履行合同的其他义务时,应向劳务分包人支付违约金,工程承包人还应赔偿因其违约给劳务分包人造成的经济损失,顺延延误的劳务分包人工作时间。

(2)当发生下列情况之一时,劳务分包人应承担违约责任:

①劳务分包人因自身原因延期交工的。

②劳务分包人施工质量不符合本合同约定的质量标准,但能够达到国家规定的最低标准时。

③劳务分包人不履行或不按约定履行合同的其他义务时,劳务分包人还应赔偿因其违约给工程承包人造成的经济损失,延误的劳务分包人工作时间不予顺延。

(3)一方违约后,另一方要求违约方继续履行合同时,违约方承担上述违约责任后仍应继续履行合同。

# 7.5 工程合同实施的管理

## 7.5.1 合同管理工作过程

合同管理贯穿于项目管理的整个过程中,并与项目的其他管理职能协调。合同管理工作过程可见图 7 - 7。

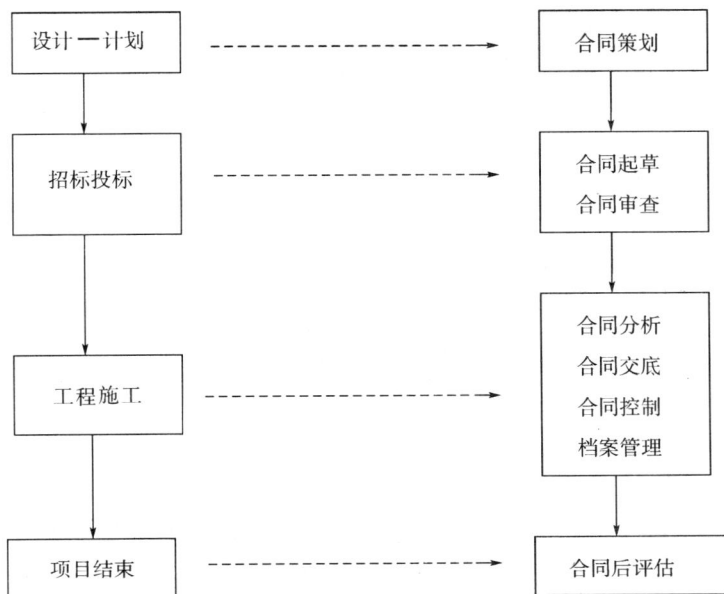

图 7 - 7　合同管理工作过程

　　在上图中,计划阶段的合同策划是一个重要内容,通过策划从源头上保证项目目标的实现。合同策划的主要内容包括工程承包方式和招标方式的选择、合同类型和合同条件的确定、合同重要条款的拟订等。合同策划是合同管理的计划阶段,这部分内容在本章第 3 节已详细介绍。上图中招标投标阶段的合同起草和合同审查也可归并到合同策划阶段,在此不再赘述。

## 7.5.2　建设工程合同分析

**1. 合同分析的必要性**

进行合同分析是基于以下原因:

(1)合同条文繁杂,内涵意义深刻,法律语言不容易理解。

(2)同在一个工程中,往往几份、十几份甚至几十份合同交织在一起,有十分复杂的关系。

(3)合同文件和工程活动的具体要求(如工期、质量、费用等)的衔接处理。

(4)工程小组、项目管理职能人员等所涉及的活动和问题不是合同文件的全部,而仅为合同的部分内容,如何全面理解合同对合同的实施将会产生重大影响。

(5)合同中存在问题和风险,包括合同审查时已经发现的风险和还可能隐藏着的尚未发现的风险。

(6)合同条款的具体落实。

(7)在合同实施过程中,合同双方将会产生的争议。

**2. 建设工程合同分析的内容**

合同分析在不同的时期,为了不同的目的,有不同的内容。

**(1)合同的法律基础**

分析订立合同所依据的法律、法规,通过分析,承包人了解适用于合同的法律的基本情况(范围、特点等),用以指导整个合同实施和索赔工作。对合同中明示的法律应重点分析。

（2）承包人的主要任务

①明确承包人的总任务，即合同标的。承包人在设计、采购、生产、试验、运输、土建、安装、验收、试生产、缺陷责任期维修等方面的主要责任，施工现场的管理，给发包人的管理人员提供生活和工作条件等责任。

②明确合同中的工程量清单、图纸、工程说明、技术规范的定义。工程范围的界限应很清楚，否则会影响工程变更和索赔，特别对固定总价合同。

在合同实施中，如果工程师指令的工程变更属于合同规定的工程范围，则承包人必须无条件执行；如果工程变更超过承包人应承担的风险范围，则可向发包人提出工程变更的补偿要求。

③明确工程变更的补偿范围，通常以合同金额一定的百分比表示。通常这个百分比越大，承包人的风险越大。

④明确工程变更的索赔有效期，由合同具体规定，一般为 28 天，也有 14 天的。一般这个时间越短，对承包人管理水平的要求越高，对承包人越不利。

（3）发包人责任

①发包人雇用工程师并委托他全权履行发包人的合同责任。

②发包人和工程师有责任对平行的各承包人和供应商之间的责任界限做出划分，对这方面的争执做出裁决，对他们的工作进行协调，并承担管理和协调失误造成的损失。

③及时做出承包人履行合同所必需的决策，如下达指令、履行各种批准手续、做出认可、答复请示，完成各种检查和验收手续等。

④提供施工条件，如及时提供设计资料、图纸、施工场地、道路等。

⑤按合同规定及时支付工程款，及时接收已完工程等。

（4）合同价格分析

①合同所采用的计价方法及合同价格所包括的范围。

②工程计量程序，工程款结算的（包括进度付款、竣工结算、最终结算）方法和程序。

③合同价格的调整，即费用索赔的条件、价格调整方法、计价依据、索赔有效期等规定。

④拖欠工程款的合同责任。

（5）施工工期

在实际工程中，工期拖延极为常见和频繁，而且对合同实施和索赔的影响很大，所以要特别重视。

（6）违约责任

如果合同一方未遵守合同规定，造成对方损失，应受到相应的合同处罚。主要内容如下：

①承包人不能按合同规定工期完成工程的违约金或承担发包人损失的条款。

②由于管理上的疏忽造成对方人员和财产损失的赔偿条款。

③由于预谋或故意行为造成对方损失的处罚和赔偿条款等。

④由于承包人不履行或不能正确地履行合同责任，或出现严重违约时的处理规定。

⑤由于发包人不履行或不能正确地履行合同责任，或出现严重违约时的处理规定，特别是对发包人不及时支付工程款的处理规定。

（7）验收、移交和保修

验收包括许多内容，如材料和机械设备的现场验收、隐蔽工程验收、单项工程验收、全部工程竣工验收等。

在合同分析中，应对重要的验收要求、时间、程序以及验收所带来的法律后果作说明。

竣工验收合格即办理移交。移交作为一个重要的合同事件，同时又是一个重要的法律概念，它表示：

①发包人认可并接收工程，承包人工程施工任务的完结。

②工程所有权的转让。

③承包人工程照管责任的结束和发包人工程照管责任的开始。

④保修责任的开始。

⑤合同规定的工程款支付条款有效。

**(8) 索赔程序和争执的解决**

它决定着索赔的解决方法。这里要分析：

①索赔的程序。

②争执的解决方式和程序。

③仲裁条款，包括仲裁所依据的法律、仲裁地点、方式和程序、仲裁结果的约束力等。

## 7.5.3　建设工程合同交底

合同和合同分析的资料是工程实施管理的依据。合同分析后，应由合同管理人员向各层次管理者作"合同交底"，把合同责任具体地落实到各责任人和合同实施的具体工作上。

1. 合同管理人员向项目管理人员和企业各部门相关人员进行"合同交底"，组织大家学习合同和合同总体分析结果，对合同的主要内容做出解释和说明。

2. 将各种合同事件的责任分解落实到各工程小组或分包人。

3. 在合同实施前与其他相关的各方面，如发包人、监理工程师、承包人沟通，召开协调会议，落实各种安排。

4. 在合同实施过程中还必须进行经常性的检查、监督，对合同作解释。

5. 合同责任的完成必须通过其他经济手段来保证。对分包商，主要通过分包合同确定双方的责权利关系，保证分包商能及时地按质按量地完成合同责任。

## 7.5.4　建设工程合同实施的控制

**1. 合同控制的作用**

通过合同实施情况分析，找出偏离，以便及时采取措施，调整合同实施过程，达到合同总目标，所以合同跟踪是决策的前导工作。另外，在整个工程过程中，能使项目管理人员一直清楚地了解合同实施情况，对合同实施现状、趋向和结果有一个清醒的认识。

**2. 合同控制的依据**

(1) 合同和合同分析的结果，如各种计划、方案、洽商变更文件等，它们是比较的基础，是合同实施的目标和依据。

(2) 各种实际的工程文件，如原始记录，各种工程报表、报告、验收结果、计量结果等。

(3) 工程管理人员每天对现场情况的书面记录。

**3. 合同控制措施**

合同控制包括如下内容：及时监控和跟踪合同的执行情况；分析合同执行差异的原因；分析合同差异责任；合同相关问题的处理，包括合同变更和索赔管理等。

对工程合同问题有如下四类处理措施：技术措施、组织措施、经济措施、合同措施。这四类措施也是工程管理中最基本的管理内容，主要从技术层面（如网络计划优化等）、管理层面（如调换相关人员、严格执行规章制度等)、经济层面(如工期奖励等)、合同层面(如合同的变更和索赔等)这四个层面对相关合同问题的具体对策进行确定和执行。

### 7.5.5 建设工程合同档案管理

#### 1. 合同资料种类

在实际工程中与合同相关的资料面广量大,形式多样,主要有:

(1)合同资料,如各种合同文本、招标文件、投标文件、图纸、技术规范等。

(2)合同分析资料,如合同总体分析、网络图、横道图等。

(3)工程实施中产生的各种资料。如发包人的各种工作指令、签证、信函、会谈纪要和其他协议,各种变更指令、申请、变更记录,各种检查验收报告、鉴定报告。

(4)工程实施中的各种记录、施工日记等,官方的各种文件、批件,反映工程实施情况的各种报表、报告、图片等。

#### 2. 合同资料文档管理的内容

(1)合同资料的收集

合同本身包括许多资料、文件;合同分析又产生许多分析文件;在合同实施中每天又产生许多资料,如记工单、领料单、图纸、报告、指令、信件等。所以,合同资料的收集工作比较繁杂,但也是一项非常重要的基础性工作。

(2)资料整理

原始资料必须经过信息加工才能成为可供决策的信息,成为工程报表或报告文件,这个信息加工的过程也是资料整理的过程。

(3)资料的归档

所有合同管理中涉及的资料不仅目前使用,而且必须保存,直到合同结束。为了查找和使用方便必须建立资料的文档系统。

(4)资料的使用

合同管理人员有责任向项目经理、发包人做工程实施情况报告;向各职能人员和各工程小组、分包商提供资料;为工程的各种验收、索赔和反索赔提供资料和证据。以上情况就决定了资料使用的范围和对象,也是合同资料文档管理的重要目的。

# 7.6 案例:南亚某国潮汐通道项目合同管理

## 7.6.1 合同概况

#### 1. 合同简介

工程位于印度河下游左岸,靠近阿拉伯海,修筑一条人工排水渠道工程。

(1)业主:该国国家水电发展总署(Water And Power Development Authority,简称 WAP-DA)。

(2)施工监理:英国麦克唐纳咨询公司(MMP—NESPAK—ACE)

(3)资金来源:亚行和沙特基金会贷款

(4)合同金额:3500 万美元

(5)工期:开工时间为 1991 年 10 月 1 日

合同工期 42 个月

竣工时间为 1995 年 3 月 1 日

(6)合同条件:以 FIDIC 合同条件第 3 版为蓝本编写

(7)预付款:15％合同金额

(8)外汇比例:合同价 65％为美元支付

(9)规范:英国 BS 规范

**2. 工程简介**

(1)该国 75％人口从事农业,印度河是他们的母亲河、生命河。临海的滩地是盐碱地,为改良土。20 世纪 80 年代中期,政府贷款,投资约 10 亿美元开始修建印度河左岸排水系统工程。该项目是整个系统的入海咽喉,称潮汐通道工程。

(2)工程所处地是海滩,退潮时是盐碱地,涨潮时是汪洋一片。在长达 41 公里的沿线,没有人烟;气温高,雨水多,每年旱季又短。工程地质是海相沉积,上部是细砂和粉细砂,中下部是砂夹黏土,终年积水区(即溢流堰区)是淤泥,给工程实施带来许多困难。

(3)工程项目

①开挖一条长 41 千米、底宽 28 米,边坡 1∶3,平均挖深 5 米的人工排水渠道。土方量 1000 万立方米。

②在上游深水区修长 540 米的溢流堰。该堰是英国进口的钢板桩护岸,斜拉杆和钢筋混凝土帽梁。

③在里程站号 RD—125 附近修建一座钢筋混凝土验潮站,安装进口验潮仪。

④21 千米长盐土路。

为工程施工,选择距施工场地较近,离公路不远且可安装变压器接动力电的地方作为主营地,又修一条临时路通向施工场地。

## 7.6.2　合同特点及执行中遇到的具体问题

**1. 工程所处环境恶劣,施工困难多**

(1)潮汐通道排水工程,是一项改良土的水利工程。人工挖河道 41 千米,两侧筑堤(部分河段),在 RD—54 处修建钢板桩结构的溢流堰工程,在 RD—125 处修建一座钢筋混凝土结构的验潮站工程,还有一条 21 千米长的盐土路工程。这些单位工程都分散在近海的海滩上。这些工程相对是独立的,每个单位工程单独实施,施工工艺、设备均不相同,无法通用或代用。

(2)工程所处地方是低洼地和近海滩,荒无人烟。上游接 KPOD 项目,有十几公里浅水湖和低洼地,常年积水,水深 1 米左右。下游近 30 千米,是盐碱地,高潮位时淹没。

(3)交通极其不便。陆地是盐滩,常被洪水淹没并受潮水影响,无路可走。浅湖和低洼地常年积水,水浅无法航行。给施工船机设备进场、调迁和转移、施工材料及工具进场都带来很大困难。

施工用电只能靠发电机自行发电。工作和生活饮用淡水,每天用两辆水车从几十公里以外拉水。现场通讯更困难,施工用对讲机联络,重大事情须到中港驻地办事处与总部联络。

(4)自然条件恶劣,气温高、闷热、雨水多、受洪水和潮水影响,以干施工方案为主的土方工程,其影响和难度是可想而知的。土质为细砂和粉细砂为主,或砂夹黏土,筑路、筑堤和挖渠成型均较难。

**2. 业主提供的技术资料有限,加大工程承包风险**

(1)该工程属水利工程,是印度河左岸整治工程的尾端,上游受洪水影响、下游受潮汐影响,直接影响施工方案、施工进度和质量。竣工后,全段与海相通,一年维修期将受到河道冲淤动力影响。业主并未有河床动力试验和冲淤试验结果的资料提供给承包商。

(2)41千米长的主体工程,业主只提供5个钻孔资料,且底标高极浅,十字板剪力试验只有7处的资料,未提供流砂和管涌等特殊地质资料。显而易见,地质资料太少。

**3. 船机设备维修任务繁重**

该项目机械化施工程度高,水上采用船舶和水陆两用反铲施工,陆上使用铲运机、装载机、反铲和翻斗车、推土机、压路机等常规土方作业设备,钢板桩溢流堰和钢筋混凝土桩的验潮站采用国产打桩机及进口起重设备等,设备数量较多。作业班次安排,陆上施工每天两班制,水上船舶施工24小时连续作业,要求设备具备较高的完好率和利用率。设备除正常的使用损耗外,受环境影响大,空气中的氯离子含量和地面上含盐量都比通常沿海施工含量高,其电化学腐蚀严重,设备损坏加剧,施工要求维修工作必须跟上,工地上建立了大修、中修、小修和随时跟班修的制度。繁重的设备维修任务,无疑加大维修技术力量的投入,以及易损件的采购、供应。

**4. 工程建设现场的经济不发达,增加了项目合同管理的难度**

工程所在国和地区经济不发达,工业基础差,技术水平不高,工程所需的主要材料,除土石方之外,其余全部需从第三国进口,1250多吨钢板桩从英国进口,施工设备大部分由日本进口,设备配件和易损件由香港、新加坡、中国等进口。大量的需从第三国和中国进口的物资、设备,给合同和施工管理增加难度,要求计划性强,办理物资进出口手续繁多,工程成本也相应增加。

**5. 当地货币易贬值**

按合同条件规定,除65%合同额为美元支付外,其余为当地货币。当地货币与美元的汇率每年变幅较大,合同条件中无汇率损失补偿,相应会给承包商带来损失。

## 7.6.3 合同实施情况

当今国际承包市场的竞争日益激烈,承包商希望高价位中标几乎是不可能的。当时参加该项目投标的承包商不少,除了所在国的许多承包商以外,还有来自瑞典、荷兰、比利时、美国等知名承包公司。1991年4月8日开标,中港总公司以合理的技术方案和较低的价值中标。该项目的标价虽然比西方的投标价低了许多,但好好组织策划,把项目实施管理好,争取一定效益是可能的。同时,该项目合同额适中,不大不小;技术不太复杂,但施工条件和生活条件都较艰苦,可以使用一批年轻干部。总公司的决策者对这个项目确定了非常清楚的目标:大胆起用、培养青年干部,向施工管理和合同管理要效益,实现利润和人才培养双丰收。

**1. 充分利用正式开工前的间隙,积极做好开工准备**

(1)由中港总公司选出外语好、懂FIDIC合同条件和合同管理、年富力强的年轻技术干部任项目经理、副经理、总工程师和技术总监,组成项目的领导层;从基层借调部分技术好、有施工经验的干部和技工作为技术生产骨干,充实到施工现场和部门;由当地自行招募、考核、培训技工和劳务人员,为施工操作主体。同时,根据现场施工管理的需要,设置部门和施工建制,从而形成精简的机构和精干的施工队伍,在施工中起到了非常好的效果。

(2)认真研究标书,按要求准备施工。中港总公司海外部在总结过去实施项目的经验教训时发现,由于项目部负责人和主要管理人员外语不好,未认真研究合同文件、技术规程和图纸等有关合同文件，而出现了单凭经验办事、不按国际惯例执行合同等方方面面的情况。海外部用一周时间突击翻译全部合同文件，发给参加项目管理的主要工程技术人员，认真研究，根据规定积极筹备施工设备、材料、试验和检验仪器设备，做好采购和订货工作。组织有经验的、参加施工的人员编制详细的、符合实际的施工组织设计，部分负责人准备合同谈判提纲，并派少数人到现场进一步调查研究，包括施工沿线的地形、水深、气象、物资供应和劳务市场情况，为编制施工组织设计和成本控制计划提供最新的第一手资料。

当年 9 月 23 日，中港总公司与业主签订了该项目的施工合同。由于前期准备工作扎扎实实，每一项工作都认真按照合同要求去做，及时向业主和工程师提供了施工组织设计和技术措施方案。在非常艰苦的条件下进行施工基地、临建和进场道路的施工，土法上马、自力更生，三个月就完成了任务，为设备、物资和人员进场创造了条件。因为各项准备工作严格按合同要求办，进展顺利。在开工初期业主召集各个项目部的例会上，高度评价了潮汐通道项目部，扭转了英国工程师的偏见，认为"中国承包公司虽然大都具有很好的施工技术人员，但几乎不懂外语，不懂国际承包合同"。项目部出色的前期工作给业主和工程师留下了很好的第一印象，为整个项目的顺利执行开了个好头。

**2. 认真做好典型施工，及时总结**

针对实际情况，修正施工方案，调整计划，充实设备。取得工程师批准后，按修正方案和计划执行。新设备投入使用后，施工进度不断提高，质量稳定，工程师由衷地说："这批年轻的领导者真有办法。"

**3. 建立施工指挥系统，制订并执行规章制度，做好现场施工人员的管理**

(1)建立一个高度统一的现场指挥系统

潮汐通道项目机械化施工程度高，按施工方案形成许多施工单元，作业线拉得很长，要做好现场施工人员的管理，必须有一个高度统一的指挥系统。

施工经理全权负责施工安排，负责施工进度计划、工程质量和安全施工；负责全员的工作安排；负责所有船机设备的调配、维修和日常管理。高度集中统一的指挥系统，能够避免互相干扰，便于协调；发现问题快，解决问题亦快。

(2)建立现场施工调度会制

开工初期，现场暴露的各种问题多，有人员的、材料的和设备等各方面出现的急需解决的问题，实行日碰头会，及时研究解决问题。当施工进入正常以后，实行周调度会制度。施工经理通过周调度会检查本周计划完成情况以及船机设备安全使用和维修保养情况，针对关键工序和项目出现的问题，研究并制订对策，布置下一周的施工任务、人员和设备安排，使每一位施工人员任务明确、责任分明，使施工现场形成"令则行，禁则止"的步调一致、高度统一的指挥系统。

(3)制订并严格执行各项规章制度

针对施工项目特点，结合已有的经验和教训，参照中港总公司有关规定，制定必需的规章制度，如施工船机设备管理、材料供应与管理、固定资产管理、财务管理和劳务人员管理等管理制度。根据当地劳务人员多的特点，制订《安全生产操作规程》，对劳务人员进行安全培训，每一个操作手(即使用工)在上岗前必须在《安全生产操作规程》上签字。

(4)做好当地劳务人员的雇佣和管理

为了降低成本，创造效益，改变昔日劳务输出型为经营管理型承包国际工程。现场实行中方人员主要负责生产组织和管理、监督和技术指导，设备操作和维修等具体工作以当地劳务为主，高峰时当地人员达 300 多。作好当地劳务人员的管理，调动其积极性和创造性，对加快进度、确保质量和安全、降低成本具有重要意义。俗语说："人好用了,机械才会好使。"首先,制订"劳资管理制度",对每一位劳务人员,在考核其劳动技能、劳动态度、出勤率等基础上,确定每人的"日基本工资",这个工资还受其他条件限制,是可变的。其次,高薪招聘"多面手",以便加强维修力量。第三,实行奖励制度,如节油奖、安全奖等。第四,尽量改善他们的生活和工作环境。由于这些有效的措施,很快形成了一支技能高、态度好的劳务队伍,在项目实施中起到了很好的作用。

**4. 做好施工设备的管理,是搞好施工的关键**

潮汐通道工程,挖渠筑堤1000多万立方米的土方是关键项目,由于受自然条件和环境影响大,相对而言施工期较短,压力较大。为此,陆上作业采取每日两班制,水上作业采取每日24h连续作业,为确保施工设备的完好率、使用率、搞好施工设备维修保养至关重要。其具体做法有:

(1)充分发挥中方机修人员的骨干和领头作用。中方机修人员有健全的岗位责任制,按分工带好班,对当地劳务人员进行监督和技术指导,解决施工中关键问题。

(2)对陆上土方施工机械实行日强制性保养。陆上土方设备使用比较苦,在施工中摸索出一条有效的经验,即每天两次定时由专职保养小组负责对所有陆上施工设备进行保养,不论设备是否有问题,都要接受保养。

(3)中方修理人员随现场施工工程技术人员跟班作业,对施工中发生的小故障当场排除,发生大的问题汇报给施工经理,以便采取相应措施。

## 7.6.4 经营成果

1995年春天,潮汐通道工程胜利完工,取得了可喜的成果。

**1. 培养了年轻干部,取得了较好的经济效益,实现效益人才双丰收**

(1)选派优秀干部,配好领导班子,在实践中培养干部。从总公司选出外语好,在境外搞过国际承包工程,对FIDIC合同条件和工程管理有一定经验、身体好、事业心强、肯吃苦的年轻技术干部,取长补短,组成团结合作和有朝气的领导班子。实践证明,这个班子有能力,出色地完成了中港公司交给他们的任务。

(2)总公司又派出十几名刚毕业的青年人,让他们在艰苦的环境下锻炼,工程结束时,这批人进步很快,强化了英语口语(但欠标准),提高了施工组织和管理水平,做到了理论知识与实践很好的结合,从而为后续境外工程培养了新生力量。

(3)该工程实现了预定的利益指标,按承包任务书给项目部兑现了奖金。

**2. 保质量保安全按计划完成施工任务**

项目部的负责人十分清楚按时完成任务的重要性和实现施工计划的意义,以批准的施工计划为依据,又相应编制了年计划、季计划、月计划和周计划。执行中严格按计划施工,以周计划保证月计划,月计划保证季计划,季计划保证年计划,年计划保证施工总计划。全部施工过程,未出现计划拖期或加快赶工的现象,本来计划可以提前几个月,因一场特大暴雨,连续40天,虽耽误一段时间,但是仍然提前完工了。

该项目的质量管理和控制,做得积极主动,主要施工人员吃透标书和技术规程要求,施工中严格按质量要求和标准办。该项目全面贯彻质量管理,建立了质量保证体系,配备了有丰富经验的专职质量检验员,施工质量得到了咨询工程师的充分信任。业主和工程师认为中港项目部的施工质量是第一流的,到了工程实施的中后期,大部分施工项目可以免检,这不但可以大大加快施工进度,又更加重了施工者的责任心。

　　潮汐通道在长达 3.5 年的施工过程中,没有发生重大安全事故,做到了安全施工。

　　由于潮汐通道项目强化了各项施工管理,创造了一流的施工质量,项目进展顺利,与业主和工程师的合作很愉快,世行、亚行、沙特基金会及业主总部的官员多次视察施工现场,都给予了很高的评价。在筹备竣工典礼的现场会上,业主代表说:"潮汐通道项目地质条件复杂,环境恶劣,施工难度很大。中港公司的施工人员,克服了重大困难,提前优质完工,我们感到很满意,也十分感激。"有 14 年现场监理经验的英国咨询工程师说:"中港公司的管理水平上乘,他们懂得国际承包市场游戏规则,按合同和规范要求执行工程实施。"

## 思　考　题

1. 工程项目招标的程序是什么?
2. 按承包工程的计价方式,工程合同分为哪几类? 各有哪些特点?
3. 合同总体策划的内容有哪些?
4. 施工总承包合同的主要内容有哪些?
5. 合同分析的主要内容有哪些?

# 第8章  工程项目风险管理

## 8.1  风险管理的概念

### 8.1.1  风险管理的产生和发展

风险管理（Risk Management）起源于美国，是美国宾夕法尼亚大学所罗门·许布纳博士1930 年在美国管理协会发起的一次保险问题会议上提出的。到 20 世纪 50 年代，美国大公司发生的重大损失使高层决策者认识到风险管理的重要性。其中的一次工业灾难发生在 1953 年 8月 12 日，通用汽车公司的一个汽车变速箱工厂因火灾损失了 5000 万美元，这是美国历史上损失最为严重的 15 次重大火灾之一。风险管理的产生和发展并非偶然，它有着其原因和背景条件。首先，风险管理最早在美国兴起与美国 30 年代的经济大萧条密切相关，在经济危机中、大量的工厂倒闭、工人失业，造成社会经济财富的巨大浪费。这一切必然引起人们的思考，结果就产生出风险管理的思想。其次，第二次世界大战以后，国际局势继续动荡、冷战对立局部战争不断，种族冲突、贫富分化等使得各种风险事件不断出现，这些则是促使风险管理发展起来的社会原因。

二战以后随着现代经济趋于集中与垄断，跨国公司和跨国集团的涌现，企业不仅仅面临着国内市场众多竞争者的角逐，而且面临着国际市场的激烈竞争；企业的经营范围不断扩大，各种交换活动和经济关系日趋复杂，投资也不断增加。企业不仅面临自然灾害和意外事故方面的风险，也面临现代化工艺直接失误和潜在失误所造成的巨额经济损失及各种人为风险。譬如：三里岛核电站爆炸事故、1984年 12 月 3 日美国联合碳化物公司在印度博帕尔经营的一家农药厂发生毒气泄漏重大事故都说明了这一点。为了保证企业的生存和发展，企业必须运用风险管理的技术去了解风险的性质，分析风险的严重程度，进而制定并实施对企业最有利、最有效的风险控制方案。这是风险管理产生和发展的最直接原因，也是 20 世纪 90 年代以后风险管理在世界范围内蓬蓬勃勃地发展起来的生命力所在。

在近半个世纪的发展中，风险管理对企业的人员、财产和自然、财务资源进行适当保护已形成了一门新的管理学科，已被公认为管理领域内的一项特殊职能。在上世纪六七十年代，许多美国主要大学的工商管理学院部开设了风险管理课程，传统的保险系把教学重点转移到风险管理方面，保险仅作为一种风险筹资的工具加以研究，有的工商管理学院把保险系改名为风险管理和保险系。美国大多数大企业设置一个专职部门进行风险管理。虽然企业的人事部门单独或部分地管理雇员的福利计划，但就它处理社会保险金、养老金、医疗保险金、死亡和残疾的抚恤金等而言，这些仍属于风险管理的职能。从事风险管理工作的人员被称为"风险经理"（Risk Manager）。大多数企业的风险经理是"风险和保险管理学会"（RIMS）这一全国性职业团体的会员，该学会的宗旨是传播风险管理知识，并出版一份月刊，定期举行全国性的学术会议。

在 70 年代，风险管理的概念、原理和实践已从它的起源地美国传播到加拿大和欧洲、亚洲、拉丁美洲等一些国家。在欧洲日内瓦协会（又名保险经济学国际协会）协助建立了"欧洲风险和保险经济学家团体"，该学术团体的会员都是英国和其他欧洲国家大学的教授，讨论风险管理和保险学术问题。英国大学开设风险管理课程已有 20 多年历史，日本的一些大学也开设了风险管理课程,之后,我国的台湾和香港的部分学者也先后对风险管理进行理论研究和应用。

## 8.1.2　风险的定义

风险是现实生活中客观存在问题的普遍现象。无论对于整个社会、项目还是个人,各种风险每时每刻都可能降临。诸如,自然灾害、战争将使社会、家庭、个人遭受生命和财产的重大损失;市场变化、价格被动及经济形势恶化、社会动荡等都可能导致项目失败。

**1. 风险的两种定义**

虽说风险无处不在、无时不有,但要对风险下一个确切的定义则并非易事。国内外学者从不同角度对风险给出了不同的定义。

(1)风险是损失的不确定性

决策理论家把风险定义为"损失的不确定性"。认为是投资决策的实际结局可能偏离其期望结局的程度;而投资风险是"投资未来收益的不确定性"。持此种看法的人认为,将来的活动或事件,其后果有多种可能,各种后果的概率也不一样。由于对将来的活动或事件一般不能掌握其全部信息,因此,事先难以确知最终后果,风险既是机会又是威胁。这种不确定性又可分为客观的不确定性和主观的不确定性。客观的不确定性是实际结果与预期结果的离差,它可以使用统计学工具加以度量。主观的不确定性是个人对客观风险的评估,它同个人的知识、经验、精神和心理状态有关,不同的人面临相同的客观风险时会有不同的主观的不确定性。

(2)**风险是预测和结果之间的差异**

风险是因为人们对任何未来的结果不可能完全预料。实际结果与主观预料之间的差异就构成风险。因此,风险的定义是在给定的情况下和特定时间内,那些可能发生的预测与结果之间的差异。这种差异可以从离差和偏离预期结果的概率来描述。

①风险是实际与预期结果的离差

长期以来,统计学家把风险定义为"实际结果与预期结果的离差度"。例如,一家保险公司承保 1 万辆汽车,按照过去的经验数,据估计事故发生概率是 1%,即 100 辆汽车在一年中有 1 辆发生事故,那么这 1 万辆汽车在一年中就会有 100 辆发生事故。然而,实际结果不太可能会正好是 100 辆发生事故,它会偏离预期结果。保险公司估计可能的偏差域为 ±10,即在 90 辆和 110辆之间,可以使用统计学中的标准差来衡量这种风险。

②风险是实际结果偏离预期结果的概率

有的保险学者把风险定义为"一个事件的实际结果偏离预期结果的客观概率"。在这个定义中风险不是损失概率。例如在寿命统计表中 21 岁的男性死亡率是 1.91%,而 21 岁男性实际死亡率会与这个预期的死亡率不同,这一偏差的客观概率是可以计算出来的。这个定义实质上是实际与预期结果的离差的变换形式。

因此,风险是指对要完成某项工作预期目标的主体,发生不希望结果的概率,或是指损失发生的不确定性。而项目投资风险是指在项目投资过程中,引起损失产生的不确定性。

即:不利事件发生的可能性或概率 $P$ 及其产生的后果 $C$,可以由概率分布描述随机变量。故风险只可表示为 $P$ 和 $C$ 的函数:

$$P = F(P, C) \qquad (8-1)$$

从本质上讲,风险来源于不确定性。广义地说,不确定性即风险,不确定性是指"不能肯定一定发生某种结果,而其发生概率也是未知的";狭义地说风险是指"不能肯定一定发生某种结果,而其发生的概率是已知的或被认定的"。所以当事件、活动或项目有损失或收益与之联系并且涉及某种不确定性和涉及某种选择时,就构成风险。这是风险定义的必要条件,但不是充分条件,因为具有不确定性的事件不一定有风险。

风险的含义可从多种角度去考察。首先,风险与人们有目的的活动有关。人们从事活动,总是预期一定的结果。如果对于预期的结果没有把握,就会认为该项活动有风险。第二,风险同将来的活动和事件有关。对于将来的活动、事件或项目,总是有多种行动方案可供选择,但是,没有一个方案是完美的。第三,如果活动或项目的后果不理想,人们则会思考能否有更好的替换方案,设法使活动或项目做好。

**2. 与风险有关的两个术语**

与风险概念有关的两个术语是"损失原因"(Peril)和"危险因素"(Hazard)。这两个术语经常与风险概念交换使用。但严格地说,还是应该把风险与损失原因、危险因素加以区别的。

(1)损失原因

损失原因,诸如火灾、暴风、盗窃等都是造成财产损失的原因。例如在指定险保单的保险责任中,保险人总是列明赔偿哪些原因造成的损失。在一切险保单的除外责任中,保险人会列明不赔偿哪些原因造成的损失。

(2)危险因素

危险因素是指引起或增加某种损失原因产生的损失机会的条件。有时,损失原因和危险因素是同一的。例如,疾病是造成经济损失的原因,它又是增加过早死亡损失机会的一个危险因素。一般分为以下3类:

①物质危险因素(Physical Hazards)

它是引起或增加损失机会的物质条件。例如,建筑结构的种类、财产所在的场所、建筑物的使用性质、消防设施等。

②道德危险因素(Moral Hazards)

它是指由于被保险人怀有犯罪意图或不诚实品质而引起或增加损失机会的条件。例如,被保险人纵火,或者夸大损失,以骗取保险赔款。

③心理危险因素(Morale Hazards)

这一般是指被保险人因有了保险而对防损和施救工作产生疏忽。有了保险后保险公司会负责赔偿损失,较之没有保险由自己承担损失,这容易使被保险人对防损和施救工作产生疏忽。对于心理危险因素,保险人要在保险条款和费率上加以防范。

## 8.1.3 风险的分类

风险的分类可以从不同的角度来划分:

**1. 按风险来源划分**

风险根据其产生的根源可分为政治风险(Political Risks)、经济风险(Economic Risks)、金融风险(Financial Risks)、管理风险(Administrative Risks)、自然风险(Natural Risks)和社会风险(Social Risks)等。

政治风险是指因政治方面的各种事件和原因而导致项目蒙受意外损失。

经济风险是指在经济领域潜在或出现的各种可导致项目的经营损失的事件。

金融风险是指在财政金融方面内在的或因主客观因素面导致的各种风险。

管理风险通常指人们在经营过程中,因不能适应客观形势的变化或因主观判断失误或对已发生的事件处理欠妥而构成的威胁。

自然风险是指因自然环境,如气候、地理位置等构成的障碍或不利条件。

社会风险包括企业所处的社会背景、秩序、宗教信仰、风俗习惯及人际关系等形成的影响企业经营的各种束缚或不便。

**2. 按风险是否可控划分**

可控的风险是指可以预测,并可采取措施进行控制的风险;反之,则为不可控的风险。风险能否可控,取决于能否消除风险的不确定性以及活动主体的管理水平。要消除风险的不确定性,就必须掌握有关的数据、资料等信息。随着技术科学发展与信息的不断增加以及管理水平的提高,有些不可控的风险可以变成可控的风险。

**3. 按风险影响范围划分**

风险根据影响范围可分为局部风险和总体风险。局部风险影响小,总体风险影响大。项目管理要特别注意总体风险。例如,项目所有的活动都有拖延风险,处在关键线路上的活动一旦延误,就要推迟整个项目的完成时间,形成总体风险。

**4. 按风险后果的承担者划分**

项目风险,若按其后果的承担者来划分,则有项目业主风险、政府风险、承包商风险、投资方风险、设计单位风险、监理单位风险、供应商风险、担保方风险和保险公司风险等。这样划分有助于合理分配风险,提高项目承受风险的能力。

**5. 按风险的可预测性划分**

按照风险的预测性,风险可以分为已知风险、可预测风险和不可预测风险。已知风险就是在认真、严格地分析项目及其计划之后就能够明确哪些是经常发生的、而且其后果亦可预见的风险。可预测风险就是根据经验,可以预见其发生,但不可预见其后果的风险。不可预测风险是指有可能发生,但其发生的可能性即使是最有经验者亦不能预见的。

**6. 按风险管理的过程划分**

在实践中,风险管理有广义和狭义的划分。广义的风险管理全过程可以划分为风险分析和风险管理两个阶段,第二个阶段可以称作狭义的风险管理。风险分析包括风险辨识、风险衡量和风险评价,而风险规划、风险控制、风险监督则是狭义的风险管理内容。图 8-1 简要地说明了风险分析和狭义的风险管理的内容以及两者之间的区别。

| 风险分析 | 狭义风险管理 |
| --- | --- |
| 风险辨识 | 风险规划 |
| 风险衡量 | 风险控制 |
| 风险评价 | 风险监督 |

图 8-1　风险分析和狭义风险管理的内容

## 8.1.4　工程项目风险管理

项目(Project)是由一组有起止时间的,相互协调的受控活动组成的特定过程,这一过程受到时间、资金、资源的约束。每个建设项目都需要投入巨大的人力、物力和财力等社会资源进行建设,并经历着项目的策划、决策立项、场址选择、勘察设计、建设准备和施工安装活动等环节,最后才能提供生产或使用,也就是说它有自身的生命周期。这个构成的各个环节相互联系、相互制约,受到各种建设条件的影响,它对风险管理来说也显得尤为复杂。由于项目的一次性、目标明确性、控制对象的整体性和周期性的特点,对其风险的研究和管理又带来一定的规律性。

工程项目风险管理(Project Risk Management)指工程从可行性研究到实施阶段,工程建设的参与各方都进行的风险管理,并遵从科学的手段和合理的程序,对可能存在的各项风险进行有效管理,使工程的预定目标得以实现。作为风险管理中的一个重要分支,工程项目风险管理是在经济学、管理学、行为科学、运筹学、概率统计、计算机科学、系统论、控制论、信息论等学科和现代工程技术的基础上,结合现代建设项目和高科技开发项目的实际,逐步形成的边缘学科。它既是一门新兴的管理科学,又是项目管理的一个重要分支,更是项目经理们必备的一项与企业生命攸关的决策技术。

**1. 工程项目风险管理的过程**

所谓项目风险管理是项目管理班子通过风险辨识、风险衡量和风险评价,并以此为基础合理地使用多种管理方法、技术和手段对项目活动涉及的风险实行有效的控制,采取主动行动,创造条件,尽量扩大风险事件的有利结果,妥善地处理风险事件造成的不利后果。以最少的成本,保证安全,实现项目的总目标。其过程如图 8-2 所示。

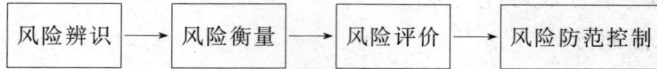

$$\boxed{风险辨识} \rightarrow \boxed{风险衡量} \rightarrow \boxed{风险评价} \rightarrow \boxed{风险防范控制}$$

图 8-2　工程风险管理工程

**2. 工程项目风险管理的特点**

(1)工程项目中存在的风险大

通常情况下,一个工程项目从立项到实施,直至最终按预定目标完成该工程项目,持续的周期往往较长,期间所涉及的风险因素很多。如实施中可能会受到非常恶劣的气候影响,也可能因为前期工作不周,导致实施中遇到与设计所依据的条件出现很大偏差的情况,从而影响到工程的工期、投资、质量目标。这些风险因素,既可能是自然因素,也可能是技术因素、政治因素、社会因素、经济因素等。这些风险因素都会不同程度地作用于工程项目,相互叠加,相互干扰,产生错综复杂的影响。同时,每一种风险因素又都会产生不同的风险事件。这些风险事件虽然不会都发生,但总会有某些风险事件不可避免地发生。所以,管理工程必须树立明确的风险意识,要认识到工程风险因素和风险事件发生的概率都较大,其中,有些风险因素和风险事件发生的概率很大,这些风险因素和风险事件一旦发生,往往造成比较严重的损失后果。

(2)参与工程项目的各方都有风险

工程项目参与的各方,都应该树立起风险管理意识。任何一方在参与工程的建设中都存在一些风险。所不同的只是各方在风险因素和风险事件发生后,遭遇的损失不同。同时,也存在某些风险因素和风险事件仅对一方或几方起作用,对个别参与方没有影响或影响很小。比如,按照FIDIC合同范本实施的工程项目,工程量的增减在一定范围内时,由此带来的成本和工期的损失由承包人承担;而在出现设计变更、工程所在国发生动乱等情况时,工程遭受的损失由业主承担。但无论如何,参与工程建设的各方都要结合工程的特点和自身的角色,切实意识到可能对自己造成损失的风险,并有针对性地制定风险防范和风险控制的措施。

(3)工程项目风险管理的综合性

项目的风险来源、风险的形成过程、风险潜在的破坏机制、风险的影响范围及其破坏力错综复杂,单一的管理技术或单一的工程、技术、财务、组织、教育或程序措施都有局限性,都不适用。必须综合运用多种方法和措施,用最少的成本将各种不利后果有效化解或减少到最低程度。因此,项目风险管理是一种综合性的管理活动,涉及自然科学、社会科学、工程技术、系统科学、管理科学等多种学科。

(4)工程项目风险管理的主动性

项目风险管理的主体是项目管理班子,特别是项目经理。要求项目管理班子在风险事件发生之前采取行动,而不是在风险事件发生之后被动地应付。在认识和处理错综复杂、性质各异的多种风险时,要统观全局,抓主要矛盾,因势利导,变不利为有利,将威胁转化为机会。

（5）工程项目风险管理的目标性

从项目的费用、时间和质量目标来看，风险管理与项目管理目标一致。通过风险管理降低项目的风险成本（风险事故造成的损失或减少的收益以及防止发生风险事故采取预防措施而支付的费用），降低项目的总费用。项目风险管理的目的是将风险导致的各种不利后果减少到最低程度，实现项目在时间和质量方面的预期目标。

（6）工程项目风险管理的可预测性

风险管理需要大量地占用信息、了解情况，对项目系统以及系统的环境进行深入的研究与预测。在调查研究的基础上，包括调查和收集资料。必要时还要进行试验和模拟，研究项目本身和环境以及两者之间的关系、相互影响和相互作用，识别项目面临的风险。风险识别、风险估计和风险评价是风险分析的重要内容，它为风险规划、风险控制和风险监督提供科学而可靠的依据。

（7）项目风险管理的特殊性

工程项目风险管理尽管有一些通用的方法，但对于一个具体工程项目进行风险分析时，必须考虑该项目的自身特点以及风险形成机制等，例如：

①该项目的复杂性、系统性、规模、新颖性、工艺的成熟程度。

②项目的类型，项目所在的领域。不同领域的项目有不同的风险，有不同风险的规律性、行业性特点。例如，水利水电工程开发项目与土木建筑工程项目就有不同的风险。

③项目所处的地域，如国家、宗教、经济发展状况、环境条件等。

**3. 工程项目风险管理的作用**

工程项目风险是客观存在的，不以人的意志为转移。因此，风险管理必不可少。风险管理的作用具体表现在以下几方面：

（1）工程项目风险管理直接影响项目的经济效益。做好风险管理工作，可避免许多不必要的损失，从而降低成本。通过风险分析，可加深对项目和风险的认识和理解，澄清各方案的利弊，了解风险对项目的影响，做出正确的预测，可采取断然措施。例如，当承包商不得不考虑其工程用材料可能涨价，囤积必要的、足够的材料，从而占用大量资金。如果同业主签署的合同中，明确对通货膨胀的补救措施，如对材料按实际价格计算或根据价格调值公式对材料差价给予补偿，则该承包商就不必为此担忧。

（2）工程项目风险管理可通过检查和考虑所有到手的信息、数据和资料，明确项目的各有关前提和假设，提高重大决策的质量。例如，承包商考虑按租赁办法解决施工所需机具问题，如果他忽视了租赁办法可能带来的除租金以外的麻烦问题如损坏赔偿，他很可能做出错误的决定。

（3）通过风险分析不但可提高项目各种计划的可信度和针对性，还有利于改善项目执行组织内部和外部之间的沟通。

（4）能够将处理风险后果的各种方式更灵活地组合起来，在项目管理中减少被动，增加主动。

（5）可推动项目执行组织和管理班子积累有关风险的资料和数据以便改进将来的项目管理。

（6）工程项目风险管理还有助于加强企业的社会地位。有助于其履行社会责任，自然也有助于企业发展与其他合作者的友好协作关系。

随着社会的不断发展，行业间相互依赖日趋紧密，竞争激烈而变化无常，风险管理已成为项目管理过程中的重要工作。

**4. 风险管理与工程项目管理的关系**

风险管理是项目管理的一部分，目的是保证工程项目总目标的实现。风险管理与项目管理的关系如下：

(1)从项目的成本、时间和质量目标来看,风险管理与项目管理目标一致。只有通过风险管理降低项目的风险成本,项目的总成本才能降下来。项目风险管理把风险导致的各种不利后果减少到最低程度正符合各项目有关方在时间和质量方面的要求。

(2)为项目范围管理确定服务。项目范围管理主要内容之一是审查项目和项目变更的必要性。一个项目之所以必要、被批准并付诸实施,无非是市场和社会对项目的产品和服务有需求。风险管理通过风险分析,对这种需求进行预计,指出市场和社会需求的可能变动范围,并计算出需求变动时项目的盈亏大小,这就为项目的财务可行性研究提供了重要依据。项目在进行过程中,各种各样的变更是不可避免的。变更之后,会带来某些新的不确定性。风险管理正是通过风险分析来识别、估计和评价这些不确定性,向项目范围管理提供服务。

(3)从项目管理的计划职能来看,风险管理为项目计划的制订提供了依据。项目计划考虑的是未来,而未来充满着不确定因素。项目风险管理的职能之一恰恰是减少项目整个过程中的不确定性。这一工作显然对提高项目计划的准确性和可行性有极大的帮助。

(4)从项目的成本管理职能来看,项目风险管理通过风险分析,指出有哪些可能的意外费用,并估计出意外费用的多少。对于不能避免但是能够接受的损失也计算出数量,列为一项成本。这就为在项目预算中列入必要的应急费用提供了重要依据。从而增强项目成本预算的准确性和现实性,能够避免因项目超支而造成项目各有关方的不安。有利于坚定人们对项目的信心。因此,风险管理是项目成本管理的一部分。没有风险管理,项目成本管理则不完整。

(5)从项目的实施过程来看,许多风险都在项目实施过程中由潜在变成现实。无论是机会还是威胁,都在实施中见分晓。风险管理就是在认真的风险分析基础上,拟订出各种具体的风险应对措施,以备风险事件发生时采用。项目风险管理的另一内容是对风险实行有效的控制。

(6)项目可支配的所有资源中,人是最重要的。项目人力资源管理通过科学的方法激励项目班子,调动项目有关各方全体人员的积极性,推动项目的顺利进展。项目班子成员的工资、奖金、劳保、医疗、退休、住房以及其他福利是项目人力资源管理的重要内容,其中许多都要通过保险来解决,而这些工作恰恰是项目风险管理的范围。另外,项目风险管理通过风险分析,指出哪些风险同人有关,项目班子成员身心状态的哪些变化会影响到项目的实施。

# 8.2 工程项目风险辨识

## 8.2.1 风险辨识的概念

### 1. 风险辨识定义

管理风险首先必须识别风险,即对风险的严重程度及可能造成的损失准确全面地估计。然而,风险并不是显露于外表,常常是隐蔽于各个环节,难以发现,甚至存在于种种假象之中,具有迷惑性。所谓风险辨识就是认识损失发生的可能性,确认其根源之所在、性质及范围;同时也包括确认导致损失的行为、积极及直接原因,前者称为危险因素的辨识,后者则称为危险事故的分析。因此,辨识风险是一项复杂而细致的工作,要按照一定的程序、步骤,采用切实可行的方法逐阶段、逐层次分析,实事求是地做出估计。

风险源的存在并不一定会引发事故。它必须在一定条件下,经过一定的变化,才可能转化为风险事故。通常的过程是:风险源在一定内部因素或外部因素单独作用或者共同作用下,使系统处于危险状态,这些因素称为转化条件。处于危险状态的系统也并不一定都会发生事故,只有在某些条件下,才会发生事故,这种条件称为触发条件。如图8-3所示。

图8-3　风险转化图

风险辨识技术实际上就是收集有关损失原因、危险因素及其损失暴露等方面的信息的技术。风险辨识所要回答的问题是:存在哪些风险;哪些风险应予以考虑;引起风险的主要原因是什么;这些风险所引起后果及严重程度如何;风险辨识用哪些方法等。

**2. 风险辨识的内容**

一个风险主体面临的风险是多种多样的。以企业为例,风险管理人员一般要设法辨识以下四种类型的风险损失:财产的损失及其额外支出的费用;因财产损失引起收入损失,营业中断损失及其产生的额外费用支出;由于风险事故而产生的人身伤亡损失;因损害他人利益需承担损害赔偿责任而遭受的损失。

风险辨识作为风险管理过程的第一阶段,主要应该回答的问题有:风险是什么;风险因素是什么;导致风险事故的主要原因和条件是什么;风险事故的后果是什么;风险辨识的方法是什么。

**3. 风险辨识的原则**

在风险辨识过程中应遵循以下原则:

(1)由粗及细,由细及粗

由粗及细是指对风险因素进行全面分析,通过多种途径对工程风险进行分解,逐渐细化,以获得对工程风险的广泛认识,从而得到工程初始风险清单。由细及粗是指从工程初始风险清单的众多风险中,根据同类建设工程的经验以及对拟建建设工程具体情况的分析和风险调查,确定那些对建设工程目标实现有较大影响的工程风险作为主要风险,即作为风险评价以及风险对策决策的主要对象。

(2)严格界定风险内涵并考虑风险因素之间的相关性

对各种风险的内涵要严格加以界定,不要出现重复和交叉现象。另外,还要尽可能考虑各种风险因素之间的相关性,如主次关系、因果关系、互斥关系、正相关关系、负相关关系等。应当说,在风险辨识阶段考虑风险因素之间的相关性有一定的难度,但至少要做到严格界定风险内涵。

(3)先怀疑,后排除

对于所遇到的问题都要考虑其是否存在不确定性,不要轻易否定或排除某些风险,要通过认真的分析进行确认或排除。

(4)排除与确认并重

对于肯定可以排除和肯定可以确认的风险应尽早予以排除和确认。对于一时既不能排除又不能确认的风险再作进一步的分析,予以排除或确认。对于肯定不能排除但又不能确认的风险按确认予以考虑。

(5)必要时,可做实验论证

对于某些按常规方式难以判定其是否存在、难以确定又对建设工程目标影响的风险,尤其是技术方面的风险,必要时可做实验论证。

**4. 风险辨识的特点**

(1)风险辨识是整个风险管理过程中决定性的环节

风险管理过程可划分为风险辨识、风险衡量及评价、风险防范及控制三个阶段。从风险辨识与风险酝酿的基本内容来看,了解风险的客观存在,尤其是分析风险产生的原因,对于选择合理、有效的风险管理手段有着决定性的意义。即使有着十分便利和可行的风险处理手段,但如果这些手段或措施不能针对某一特定风险产生的原因,那么,风险管理的最终效果可能不会理想。

(2)风险辨识是一项复杂的工作

不仅仅是因为风险具有隐蔽性、复杂性、多变性,而且风险辨识还要受到风险管理者专业素质的影响。在风险辨识过程中,风险管理者的风险意识、风险知识和风险洞察力是不能忽略的。一个具有较强风险意识和较多风险知识的风险管理者更容易察觉到风险的存在。相反,风险意识淡薄、风险知识相对欠缺的风险管理者,即使风险存在,也可能忽略过去,使本来十分严重的、客观存在风险,因人的消极的主观因素而变得不重要、不被重视了,从而可能引发重大损失。不仅如此,风险辨识是否全面、深刻,也将直接影响风险管理决策质量,进而影响整个风险管理的最终效果。因此,不管风险管理者认为自己对辨识出的风险处理计划多么完善,但是只要存在有的风险在辨识阶段被忽略,没有得到应有的重视,则整个风险管理计划仍是不完整的。如果有重大的风险因素被忽略,则可能导致整个风险管理的失败。

(3)风险辨识是一项系统性、连续性、制度性的工作

所谓系统性,是指风险辨识过程不能局限于某个部门、某个环节、某个具体风险,而要分析风险主体作为完整系统所具有的全部风险。连续性是指因为事物总是在不断变化发展中的,风险的质和量、表现形式以及引致条件都在改变,新的风险还会不断出现,风险管理若不是一项连续性的工作,就很难发现风险主体所面临的潜在风险。至于制度性,是指风险管理作为一项科学的管理活动要形成一定的组织,建立一定的制度。

## 8.2.2　风险辨识的过程

辨识风险是风险管理的第一步。这项工作相当重要,他是整个风险管理系统的基础。缺乏这一基础,任何风险管理都是空中楼阁,毫无实现之可能。辨识风险的过程包括对所有可能的风险事件来源和结果进行实事求是的调查。必须系统、持续,严格分类并恰如其分地评价其严重程度。其辨识过程通常分为 6 个步骤、两个阶段。如图 8-4 所示。

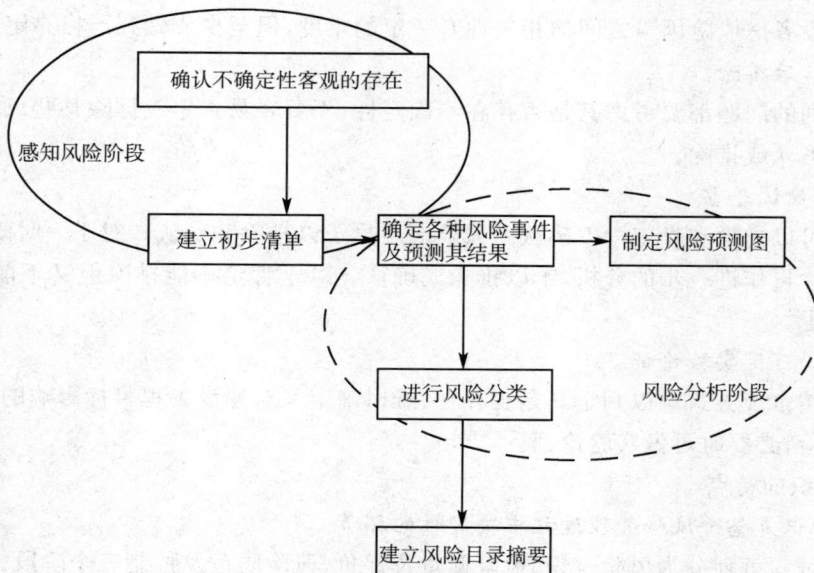

图 8-4　风险辨识过程图

**1．风险辨识的六个步骤**

**(1)确认不确定性的客观存在**

这里强调的是不确定性的客观存在。这项工作包括两项内容：首先要辨认所发现或推测的因素是否存在不确定性。如果是确定无疑的，则无所谓风险。众所周知的结果不会构成风险。例如承包人已知工程所在国的物价高昂仍然决定投标，则物价高昂便不会成为风险，因为承包人已经准备了对付高昂物价的方法，有备而来。其次，确认不确定性的客观存在。即确认这种不确定性是客观存在的、是确定无疑的，而不是凭空想象的。辨识风险的第一步工作就是确认不确定性和它的客观存在。

**(2)建立初步清单**

建立初步清单是辨识风险的操作起点。清单中应明确列出客观存在和潜在各种风险，包括各种影响生产率、操作运行、质量和经济效益的各种因素。表 8 - 1 给出一个质量风险初步清单。

表 8 - 1　风险初步清单

| 风险因素 | | 典型风险事件 |
| --- | --- | --- |
| 技术风险 | 设计 | 设计内容不全，设计缺陷，应用规范不当，未考虑到的地质条件，未考虑到的施工可能性 |
| | 施工 | 施工工艺落后，施工技术和方案不合理，施工安全措施不当，应用新技术、新方案失败，未考虑到场地情况等。 |
| | 其他 | 工艺设计达不到先进性指标，工艺流程不合理，未考虑到操作安全性 |
| 非技术风险 | 自然与环境 | 洪水、地震、火灾、台风、雷电等不可抗力，不明的水文气象条件，复杂的工程地质条件，恶劣的气候 |
| | 政治法律 | 法律规范的变化、战争和骚乱、罢工、经济制裁和禁运 |
| | 经济 | 通货膨胀和紧缩，汇率变动，市场动荡，社会各种摊派和征费的变化，资金的短缺。 |
| | 组织协调 | 业主和上级主管部门的协调，业主和设计方、施工方以及监理方的协调，业主内部的组织协调 |
| | 合同 | 合同条款遗漏、表达有误、合同类型选择不当，索赔管理不力，合同纠纷影响 |
| | 人员 | 业主人员，设计人员，监理人员，一般工人，技术员，管理人员的素质 |
| | 材料设备 | 原材料、半成品、成品或设备供货不足或拖延，数量差错和质量问题，特殊材料和新材料的使用问题，过度损耗和浪费，施工设备供应不足，类型选择不当等 |

**(3)确立各种风险事件并推测其结果**

根据初步风险清单中开列的各种重要的风险来源，推测与其相关联的各种合理的可能性，包括赢利和损失、人身伤害、自然灾害、时间和成本、节约或超支等方面，重点应是资金的财务结果。

**(4)制订风险预测图**

风险预测图采用二维结构(如图 8 - 5 所示)。

图中，第一维中，不确定因素的评价与其发生概率相关；第二维中，风险的评价与潜在危害相关。这种二维图形是一种重要的图形表示，通过这种二维图形评价某一潜在风险的重要性。鉴于风险是一种不确定性，并已与潜伏的危害性密切相关，因而可通过一种由曲线群构成的风险预测图表示。曲线群

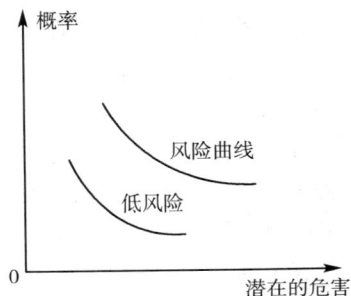

图 8 - 5　风险预测图

中每一曲线均表示相同的风险,但不确定性或者说其发生的概率与潜在的危害有所不同,因此各条曲线所反应的风险程度也就不同。曲线距离原点越远,风险就越大。

(5)进行风险分类

对风险进行分类具有双重目的:首先,通过对风险进行分类能加深对风险的认识和理解;其次,通过分类,辨清了风险的性质,从而有助于制订风险管理的目标。

(6)建立风险目录摘要

这是风险辨识过程的最后一个步骤。通过建立风险目录摘要,可将项目可能面临的风险汇总并排列出轻重缓急,能给人一种总体风险印象图。而且能把全体项目人员都统一起来,使人们不仅只考虑自己所面临的风险,而且能自觉地意识到项目的其他管理人员的风险,还能预感到项目中各种风险之间的联系和可能发生的连锁反应。当然,风险目录摘要并非一成不变,风险管理人员应随着信息的变化和风险的演变而及时更新。

**2. 风险辨识的两个阶段**

(1)感知风险

即通过调查和了解,辨别风险的存在。例如,调查风险主体是否存在财产损失、责任负担和人身伤害等方面的风险。又如,通过调查了解到一家运输公司面临财产风险、人身风险和责任风险,而财产风险又包括各车辆财产损失、存货仓库存物损失和其他设备损失等,在存货仓库损失风险中可能存在火灾或爆炸、洪水、飓风等多种形式的损失原因。

(2)分析风险

即通过归类分析,掌握风险产生的原因和条件,以及风险所具有的性质。例如,造成运输公司财产损失、责任负担和人身伤害等风险的原因和条件是什么,这些风险具有什么样的性质和特点。再如,引起存货仓库火灾的风险因素很多,如电、化学的反应、自燃、邻近建筑物的火灾蔓延等。又以人为例,可能面临的风险有死亡、疾病、意外伤害、财产损失、责任等,而导致死亡风险事故有自然灾害、意外事故、自杀、疾病等。

建设工程风险的分析是根据工程风险的相互关系将其分解成若干个子系统,其分解的程度要足以使人们较容易地辨识出建设工程的风险,使风险辨识具有较好的准确性、完整性和系统性。

例如根据建设工程的特点,建设工程风险的分解可以按以下路径进行分析:

目标维:即按建设工程目标进行分解,也就是考虑影响建设工程成本、进度、质量、现场和安全目标实现的各种风险。

时间维:即按建设工程实施的各个阶段进行分解,也就是考虑建设工程实施不同阶段的不同风险。

因素维:即按建设工程风险因素的分类分解,如政治、社会、经济、自然、技术等方面的风险。

在风险分析过程中,有时并不仅仅是采用一种方法就能达到目的的,而需要几种方法组合。例如,常用的组合分解方式是由时间维、目标维和因素维三方面从总体上进行建设工程风险的分解,如图8-6所示。

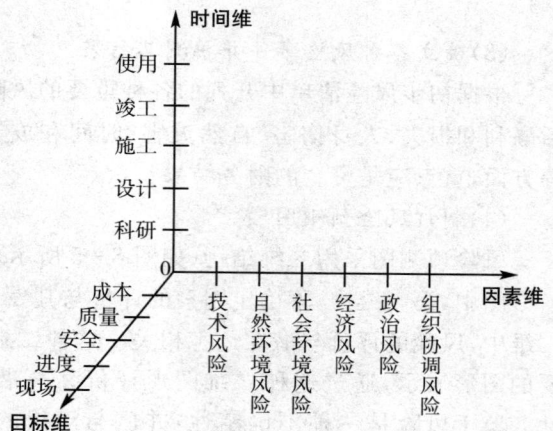

图8-6 工程项目风险三维组合分解图

（3）两阶段关系

感知风险和分析风险构成风险辨识的基本部分,且两部分相辅相成、互相联系。这种联系表现在:只有感知风险的存在,才能进一步有意识、有目的地分析风险,掌握风险存在及导致风险事故发生的原因和条件;同时,了解了风险的存在,也必须进一步明确风险存在的条件以及导致风险事故发生的原因。因为风险管理的根本目的在于对客观存在的风险采取行之有效的对应措施,消除不利因素,克服不利影响,减少风险带来的损害。

因此,感知风险与分析风险是风险辨识的两个阶段。感知风险是风险辨识的基础,分析风险是风险辨识的关键。只有通过感知风险,才能进一步进行分析。只有通过风险分析,才能寻找到可能导致风险事故发生的各种因素,为拟订风险处理方案、进行风险管理决策服务。

## 8.2.3　风险辨识的方法

风险辨识非常复杂,需要做很多细致工作,采用科学的方法来完成。包括:现场调查法、列表检查法、财务报表分析法、流程图法、事故树法。

**1. 现场调查法**

这是一种众所周知也最常用的方法。它的特点是,即使对于小型工厂,也要耗费许多时间来进行调查。这里简要介绍一下现场调查所应做的工作。

（1）调查前的准备工作。

首先,要确定调查的时间,即确定何时调查是最合适时间。有潜在风险,应尽可能避免忽略某些重要事项。这里可采用一种方法,即在巡视时对所见到的每项事物填写表格。

如果不是第一次对该项目进行调查,主要是关注它当前依然存在的问题或应特别注意的问题。此时可以先找出上次已填过的表格。

这样就发现上次检查时这台机器坏了一个安全栓,并已告知安全经理,这次只要检查是否已经处理好了。然而,如果上次检查没有找到问题,或者这次是你第一次检查该车间,那么建议你对即将调查的项目列一份清单。然后,确定一个有关的车间人员来帮助你调查。

（2）现场调查和访问。

根据调查前对潜在风险事项的罗列和调查计划,组织相关人员,通过询问或对现场情况实际查勘。

（3）汇总与反馈

将调查得到的信息进行汇总,并将调查时发现的情况通知有关方面。例如,告知保险人有关保险财产当前的情况和变化。除注意一些特殊情况外,对一些常规情况也要留意。建立和维持良好的关系,这在管理中是很重要的。现场调查法的最大缺点是耗费时间多,这意味着成本的提高。而且,在认真调查过程中,可能会引起一些员工的反感。

**2. 列表检查法**

在实际调查中,常常采用填写一份检查表或其他形式的问卷等方法。风险管理人员要么寄给企业中某人填写,要么亲自到现场填写。如果寄给企业中某人填写则应考虑问卷的真实性、确定性和回复率。检查表的风格和形式有多种,但对于某一特定风险,要采用相应的表格形式。

**3. 财务报表分析法**

财务报表分析法也属于列表检查法中的一种,但因其特殊性及针对性,实际中将其单独作为一种风险辨识方法。财务报表能综合反映一个经济单位的财务状况,经济实体存的许多问题能从财务报表中反映出来。财务报表分析法就是通过分析资产负债、营业报表以及补充记录,来识别企业当前的所有财产、责任和人身损失风险,将这些报表和财务预测、预算联系起来,风险管理人员还能够发现未来的风险。

财务报表分析法以企业的会计记录和财务报表为基础,通过对每个会计科目进行深入的研究,来确定它会产生什么样的潜在损失,并且就每一会计科目提出研究结果的报告。此外,风险管理人员还必须用诸如调查、法律文件等其他信息来源补充这些财务记录。

**4. 流程图法**

流程图法是一种常用的识别企业面临的潜在损失的系统方法,它可用来描述公司内任何形式的"流动"。在工厂有产品流程,如原材料变成产成品;在服务公司有满足顾客要求的服务流程;还有会计流程、营销流程等。就风险管理而言,最重要的可能是产品流程。从流程图上可以看到原材料的来源、选料、加工、包装、存储、装配、运输等产品的不同阶段和最终目的地。

**5. 事故树法**

事故树(Fault Tree)也称为故障树。事故树法本质上是定量分析方法,但也可作为定性分析的工具。它起源于 60 年代,在美国贝尔电话实验室从事空间项目时发明的。之后,这种方法得到迅速发展,并不断改进,尤其是计算机的使用,使它广泛用于国民经济各个部门。事故树是一种图表,用来表示所有可能产生事故的风险事件。它由一些节点和连接这些节点的线组成,每个节点表示某一具体事件,而连线则表示事件之间的某种特定关系。事故树法遵循逻辑学演绎分析原则,即从结果分析原因。

# 8.3 工程项目风险衡量及评价

风险衡量及评价中所研究的是损失的"不确定性",这也正是概率统计所研究的对象,因此风险衡量及评价需要用到许多概率论知识和统计分析工具。衡量及评价风险的潜在损失的最重要方法是研究风险的概率分布。这也是当前国际工程风险管理最常用的方法之一。概率分布不仅能使人们能比较准确地衡量及评价风险,还可能有助于选定风险管理决策。

## 8.3.1 风险衡量及评价的目的与内容

对所面临的风险人们不能完全逐一控制。为了有效控制风险,下一步就应确定各种风险的严重程度,作为有重点选择性地进行风险控制处理的依据,而风险严重程度的确定即为风险衡量及评价。风险衡量及评价是在辨识风险的基础上对风险进行定量分析和描述,是对风险认识的深化,为风险管理决策和实施各项风险管理技术奠定基础。

**1. 风险衡量及评价的作用**

风险衡量及评价的作用主要体现在:

(1)更准确地认识风险

风险识别的作用仅仅在于找出工程所有可能面临的风险因素和风险事件,其对风险的认识还是相当肤浅的。通过风险衡量及评价,可以确定工程各种风险因素和风险事件发生的概率大小或概率分布,及其发生后对工程目标影响的严重程度或损失严重程度。其中,损失严重程度又可以从两个不同的方面来反映:一方面是不同风险的相对严重程度,据此可以区分主要风险和次要风险;另一方面是各种风险的绝对严重程度,据此可以了解各种风险所造成的损失后果。

(2)保证目标规划的合理性和计划的可行性

在工程目标规划的内容中,工程数据库对目标规划的作用很大。工程数据库中的数据都是历史数据,是包含了各种风险用于工程实施全过程的实际结果。但是,工程数据库中通常没有具体反映工程风险的信息,充其量只有关于重大工程风险的简单说明。也就是说,工程数据库只能反映各种风险综合作用的结果,而不能反映各种风险各自作用的后果。由于工程风险的个别性,只有对特定工程的风险进行定量评价。才能正确反映各种风险对工程目标的不同影响,才能使目标规划的结果更合理、更可靠,使在此基础上制定的计划具有现实的可行性。

（3）合理选择风险对策,形成最佳风险对策组合

不同风险对策的适用对象各不相同。风险对策的适用性需从效果和代价两个方面考虑。风险对策的效果表现在降低风险发生概率和降低损失严重程度上,有些风险对策在这一点上较难准确地量度。风险对策一般都要付出一定代价,如采取损失控制的措施费,投保工程随时的保险费等,这些代价一般都可以准确地量度。而风险衡量及评价的结果是各种风险的发生概率及其损失严重程度。因此,在选择风险对策时,应将不同风险对策的适用性与不同风险的后果结合起来考虑,对不同的风险选择最适宜的风险对策,从而形成最佳的风险对策组合。

**2. 风险衡量及评价的目的**

（1）对项目风险进行衡量及评价,首先要确定它们的先后顺序。图 8-7 是两个风险不确定性和后果大小的衡量及评价。风险管理阶段需要知道各个风险的先后顺序。

（2）表面上看起来不相干的多个风险事件常常是由一个共同的风险来源所造成。例如,若遇上未曾预料到的技术难题,则项目会造成费用超支、进度拖延、产品质量不合要求等多种后果。风险衡量及评价就是要从项目整体出发,弄清各风险事件之间确切的因果关系,只有这样,才能制订出系统的风险管理计划。

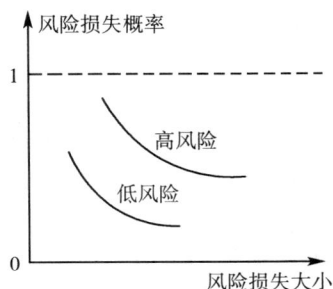

图 8-7　风险衡量及评价

（3）考虑各种不同风险之间相互转化的条件,研究如何才能化威胁为机会。还要注意的问题是,原以为是机会的在什么条件下会转化成为威胁。

（4）进一步量化已识别风险的发生概率和后果,减少风险发生概率和后果估计中的不确定性。必要时根据项目形势的变化重新分析风险发生的概率和可能的后果。

**3. 风险衡量及评价的内容**

在已有的损失资料的基础上,衡量及评价风险主要应做好衡量及评价损失将发生的次数即损失频率和损失程度两方面的工作。风险管理人员需要损失频率和损失程度这两方面的资料来衡量及评价风险的严重程度,风险的严重性主要与损失程度有关。例如工程完全毁损虽然只有一次,但这一次足可造成致命损伤;而局部塌方虽有多次或发生较为频繁,却不致使工程全部毁损。一般而言,衡量及评价风险要同时考虑风险的损失频率和损失程度。但风险的严重性排列顺序主要是以损失程度为依据。例如,即使汽车碰撞发生次数大于因碰撞所致责任诉论发生的次数,但因责任诉论所致潜在的损失往往大于汽车因碰撞所致的潜在损失,故汽车责任风险的严重性高于其财产风险。对某一风险所致的损失程度,风险管理人员也可根据损失超过某一特定金额来决定其严重程度。

（1）损失频率的衡量及评价

在衡量及评价损失频率时一般要考虑 3 项因素:风险单位数、损失的形态和损失原因。这 3 项因素的不同组合会使相对应的损失频率高低也不同。下面分别说明风险单位、损失形态、损失原因的不同组合的损失频率的衡量及评价。

①一个风险单位遭受单一损失原因所导致单一损失形态的损失频率。例如,衡量及评价一幢建筑遭受火灾所致财产直接损失的损失频率。这是损失频率衡量及评价中最简单的一种情况。

②一个风险单位遭受多种损失原因所致单一损失形态的损失频率。例如,衡量及评价一幢建筑物同时遭受地震、火灾所致财产直接损失的损失频率。如果该幢建筑物遭受火灾所致财产直接损失频率为 1/20,遭受地震所致财产直接损失的损失频率为 1/50,则该建筑物同时遭受地震、火灾所致财产损失的概率为 1/20×1/50,即 0.001。

③一个风险单位遭受单一损失原因所致多种损失形态的损失频率。例如。衡量及评价一幢建筑物遭受火灾所致财产损失、责任损失和人员损失的损失频率。这种损失频率低于一个风险单位遭受单一损失原因所致单一损失形态的损失频率。

④多个风险单位遭受单一损失原因所致单一损失形态的损失频率。

⑤多个风险单位遭受多种损失原因所致多种损失形态的损失频率,例如,某企业有 6 个仓库,要衡量及评价 6 个仓库遭受火灾、爆炸损失原因所致财产直接损失责任损失和人身伤亡的损失频率。

不论风险单位、损失原因和损失形态的组合如何,都可将损失频率分为 4 类:几乎不会发生、不太可能发生、频率适中、肯定发生。

(2)损失程度的衡量及评价

前面提到,衡量及评价风险要同时考虑所致的损失频率的损失程度,但考虑一个风险的严重性时一般以损失程度为合理依据,因此,对损失程度的衡量及评价在风险管理中是极为重要的。

在衡量及评价损失程度时需要考虑以下三个方面的问题:

第一,同一损失原因所致的各种损失形态。不仅要考虑损失原因所致的直接损失,而且也要考虑其相关的间接损失,通常间接损失比直接损失更严重。

第二,一个损失原因所涉及的风险单位数。一个损失原因所涉及的风险单位数越多,其损失的严重程度就越大。

第三,考虑损失的时间性及损失金额。例如,在 10 年中,每年损失 1 万元,连续发生 10 年损失,与第一年一次就发生 10 万元的损失相比较,显然后者的严重程度大于前者。

衡量及评价损失程度的概念相当多,尤其是近期提出的许多新概念。理查德·普鲁堤(Richard pointy)提出了三种衡量及评价损失严重程度的概念:最大可能损失、最大可信损失以及年度预期损失。近来有些学者在理查德·普鲁堤的概念的基础上提出了修正和创新的概念。例如,阿兰·弗雷德兰(Alan Friedlander)提出衡量及评价损失程度应考虑风险单位本身及外界的防护设施,不同防护设施下风险所致的最大损失是不会相同的。另一衡量及评价损失程度的概念是由戴维·柯米斯(David Cummins)和雷纳德·弗雷费尔德(Leonard Frifelder)提出的年度最大可信总损失。

**4. 效用和效用函数**

有些风险事件后果,即收益和损失大小很难计算。即使能够计算出来,同一数额的收益或损失在不同人的心目中地位也不一样。为了反映决策者价值观念方面的差异,需要考虑效用和效用函数。

(1)效用

在西方经济学以及日常生活中广泛使用效用的概念。效用与马克思主义经济学中的使用价值概念相似。效用就是当一种有形或无形的东西使个人的需要得到一定程度的满足或失去时,个人给予这个有形或无形东西的评价。这个评价值就是这个有形或无形东西的效用值。不同的人,评价也不同。因此,效用值是一个相对的概念。

（2）效用函数

风险事件后果若能量化,则可换算成一定的金额,用变量 x 来表示。不同数额的收益或损失在同一个人的心目中有不同的效用值。因此效用值是收益或损失大小 x 的函数,叫效用函数,可用变量 U(x) 来表示。但是效用值 U(x) 并不与收益或损失成简单的线性关系,到底成何种关系,则因人而异。经济学家和管理人员将效用作为指标,衡量及评价人们对风险以及其他事物的主观评价、态度、偏好和倾向等。在随机型决策中,效用被用来量化决策者对待风险的态度。由于效用值是相对的,所以一般可规定:决策者最愿意接受的收益对应的效用值为 1,而最不愿意接受的损失对应的效用值为 0。

（3）**效用曲线**

在直角坐标系里,以横坐标表示收益或损失的大小、以纵坐标表示效用函数值所得曲线叫做效用曲线。

图 8－8 中画出了 3 类决策者的效用曲线,反映了他们对待风险的不同态度。一般可分为保守型、中间型和冒险型三种。具有中间型效用曲线的决策者对待风险后果的态度,即收益或损失的效用值与收益或损失的大小成正比的。具有保守型效用曲线的决策者对待风险不利后果的态度是对损失的效用值特别敏感。也就是说,损失稍微增加一点儿,效用值就下降很多;相反,他对有利后果所抱的态度,即收益的效用比较迟钝,即当收益增加很多时,效用值增加很少。保守型的决策者难于接受风险的不利后果,对追求高收益的兴趣不大。具有冒险型效用曲线的决策者对待风险损失的效用值比较迟钝。也就是说,损失尽管已增加了很多,但效用值却减少不多;相反,他对待有利后果的态度,即收益的效用值特别敏感,即当收益仅仅增加一点儿时,效用值就增加了很多。冒险型的决策者可以接受风险的不利后果,愿意追求高的收益。

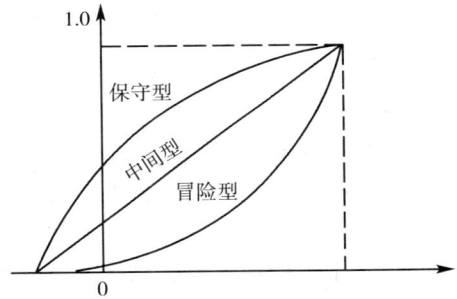

图 8－8　效用曲线类型

效用、效用函数和效用曲线在情报价值的计算中考虑决策者的主观因素时很有用,不同人有不同的效用曲线。

## 8.3.2　确定型风险衡量及评价

项目风险是由项目的不确定性所导致的,不确定性对项目有两个方面的影响:一是结果与目标发生了正偏离;二是结果与目标发生了负偏离。后一种情况对项目来说就意味着风险。但是有些时候人们可以通过经验或历史资料等对项目的未来状况有确定性的判断,从而知道项目风险发生所带来的损失,这种情况属于确定性项目风险。

例如,某科研项目有一配套的基建工程,施工部门要决定下月是否开工。经估算得知,如下月开工,遇上好天气,则配套基建施工可按时完成,使科研项目得以顺利进行,为此能获得收益50000 元;但若开工后天气不好,不能正常施工,则要损失 10000 元。若不论天气好坏,均不开工,那么均要付出一笔停工损失费 5000 元。现要求就下月是否开工做出分析。在例中存在天气好、天气坏是两种不同的"状态",开工和不开工是两种行动方案,将不同的行动方案在不同状态下的损益值用表 8-2 列出。

表 8-2　开工天气风险因素状态及损益

| 状态 | 天气好 | 天气坏 |
|---|---|---|
| 开　工 | 50000 | -10000 |
| 不开工 | -5000 | -5000 |

现在假定,如果项目管理人员已获得可靠的天气预报消息说"下个月全是好天气",此时的问题就变成了表 8-3 中确定性项目风险问题。

表 8-3　确定性状态损益值

| 状态 | 天气好 |
|---|---|
| 开　工 | 50000 |
| 不开工 | -5000 |

显然,对于上述问题,项目管理人员要选择收益大的即"开工"方案。

由以上介绍可知,确定性项目风险衡量与评价应具备如下条件:

(1)存在决策者希望达到的一个明确目标,如利润最大,或亏损最小。

(2)只存在一个确定的自然状态。

(3)存在着可供决策者选择的两个或两个以上的行动方案。

(4)不同的行动方案在确定状态下的损益值可以计算出来。

在工程项目管理中,确定型风险衡量及评价采用方法较多,例如项目经济评价使用的盈亏平衡分析、敏感性分析和组合分析。下面详细说明盈亏平衡分析、敏感性分析。

**1. 盈亏平衡分析**

盈亏平衡分析研究成本与收益的平衡关系的方法,对一个项目而言,盈利与亏损之间一般由一个转接点,这个转接点为盈亏平衡点。用此方法可以计量项目的风险承受能力,盈亏平衡点越低,表明项目适应市场变化的能力越强,承受风险的能力越大。盈亏平衡点(BEP)计算方法如下:

$$盈亏平衡点(BEP) = C_F/(P - C_q - r) \tag{8-2}$$

式中:$C_F$——表示总固定成本

$C_q$——表示单位产品的可变成本

$Q$——表示产量

$r$——表示单位产品税金

[例 8-1]　某预制厂年产混凝土楼板 2.5 万块,每块价格为 67.5 元,每块板税金为 6.5 元,单位可变成本为 35 元,年总固定成本是 150 万元,用盈亏平衡来分析产量亏损与盈利区域。

[解]　$BEP(产量) = 150/(67.5 - 6.5 - 35) = 5.77$ 万块

本例的盈亏平衡图如图 8-9 所示。

盈亏平衡分析中,项目年总收入和年总成本都是产量 $Q$ 的线性函数,所以又叫线性盈亏平衡分析。有些项目年总收入和年总成本可以是产量 $Q$ 的非线性函数,这时盈亏平衡分析叫非线性盈亏平衡分析。

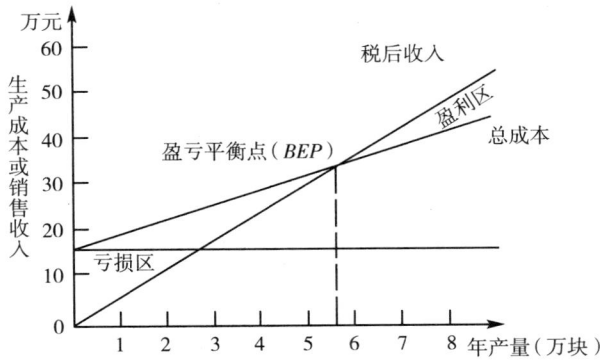

图 8 - 9　线性盈亏平衡图

**2. 敏感性分析**

敏感性分析是在项目评价和企业其他经营管理决策中常用的一种分析方法。影响项目目标的诸多因素中的未来状况处于不确定的变化之中。出于决策的需要,测定并分析其中一个或多个因素的变化对目标的影响程度,以判定各个因素的变化对目标的重要性,就是敏感性分析。具体说,它是在确定性的基础上,重复分析假定某些因素发生变化时,针对项目影响的程度。

敏感性是指由于特定因素变动而引起的评价指标的变动幅度或极限变化。如果一种或多种特定因素在相当大的范围内变化,但不对目标产生很大影响,那么可以说该种(几种)待定因素对项目来说是不敏感的;反之,如果有关因素稍有变化就使项目目标发生很大变化,则那个(些)因素对项目就有高度的敏感性。敏感性强的因素将给项目带来更大的风险。因此,在了解给定情况下项目的一些最不确定的因素,并知道这些因素对该项目的影响程度之后,就能合理做出项目的风险管理决策。

(1)敏感性分析的目的

研究影响因素的变动将引起的项目目标的变动范围;找出影响项目的最关键因素,并进一步分析与之有关的、可能产生不确定性的根源;通过敏感性大小对比和可能出现的最有利与最不利的范围分析,用寻找替代方案或对原方案采取某些控制措施的方法,来确定项目的风险大小。

(2)敏感性分析的步骤和内容

①确定具体评价指标作为敏感性分析的对象

敏感性分析的指标选择有两个原则:一是敏感性分析的指标应与确定性分析的指标相一致,不应超出确定性分析所用指标的范围另立指标;二是确定性分析中所用指标比较多时,应选择最重要的一个或几个指标作为敏感性分析的对象,如工期与质量等。

②选择需要分析的风险因素

影响项目的风险因素很多,几乎所有的影响因素都带有某种程度的风险,但并非对所有的因素都要进行敏感性分析。有些因素另有不确定性,但对风险的影响很小,所以只有那些对风险影响较大的因素才需作敏感性分析。

③确定项目目标对各种敏感性因素的敏感程度

项目目标对风险因素的敏感程度可以表示为某种因素或多种因素同时变化时导致项目目标的变化程度。常用的计算方法是,假定除敏感性因素外,其他因素是固定不变的,然后根据敏感性因素的变动,重新计算有关指标,与原指标进行比较,得出其变动的程度,这样即可得出该指标对该风险因素的敏感程度。根据各敏感性因素在可能的变动范围内不同幅度的变动,得出项目目标相应的变化率,建立起一一对应的数据关系,并用图或表的形式表示出来。

④经分析比较找出最敏感因素,并对风险情况做出判断

根据上一步的计算分析结果,对每种敏感性因素在同一变化幅度下引起的同一项目目标的不同变化幅度进行比较,选择其中导致变化幅度最大的因素,即为最敏感因素。导致变化幅度较小的因素,即为不敏感因素。然后根据最敏感因素的多少及其对项目目标的影响程度,判别风险的大小。

### 8.3.3 不确定型风险衡量及评价

不确定型分析是分析者对客观的诸多因素经过主观判断来衡量及评价风险的大小,不确定性衡量及评价一般在下列条件进行。

(1)存在着分析者希望到达的目标;

(2)存在两个或两个以上的行动方案可供分析者选择;

(3)存在两个或两个以上不以分析者主观意志为转移的自然状态;

(4)不同的行动方案在不同自然状态下相应的损益值可以计算出来;

(5)各种自然状态出现的可能性分析者预先无法估计。

**1. 概率分析法**

敏感性分析只能使项目管理者了解某种因素变动对经济指标的影响,并不能使之了解发生这种影响的可能性究竟有多大。如果事先能够客观地或主观地(有一定的科学依据)给出各种因素发生某种变动的可能性的大小(概率),无疑将对项目管理者有所帮助。这种事先给出各因素发生某种变动的概率,并以概率为中介进行的不确定性分析是一种不确定分析,即概率分析,或称风险分析。具体而言,是指通过分析各种不确定因素在一定范围内随机变动的概率分布及其对项目的影响,从而对风险情况做出比较准确的判断,为项目管理者提供更准确的依据。

[例8-2] 某工程公司承接了一项桥梁修复项目,该桥梁由于突发大水被冲垮,影响旅游及其他交通需要,项目合同中要求:如果在20日之内完成桥梁修复任务,将获得工程款额5%的奖励,但如果施工时间超过30天,将从工程款中扣掉5%。该公司项目部对该项目进行了分析,认为气候因素是该项目的风险因素。结合当地时令情况和项目的工作量,做出的判断如表8-4所示。

表8-4 工期因素风险衡量与评价

| 状态 | 概率估计 | | |
|---|---|---|---|
| | 天气晴好 | 偶有雨天 | 有连天雨 |
| 发生概率 | $P=0.2$ | $P=0.3$ | $P=0.5$ |
| 完工时间估计 | 15 | 25 | 35 |

试对该公司被扣款的风险进行分析。

[解] 根据概率分析法的步骤:

第一步:计算完工时间的期望值

$E(T) = 15 \times 0.2 + 25 \times 0.3 + 35 \times 0.5 = 28$

第二步:计算完工时间的方差

$D(T) = (28-15)^2 \times 0.2 + (28-25)^2 + (28-35)^2 \times 0.5 = 61$

第三步:计算完工时间的标准差

$\delta = 7.81$

第四步:计算该项目在 30 天之内完工的可能性

$P(T \leqslant 30) = P(Z < 0.384)$

按照正态分布. 查表可得:

$P(T \leqslant 30) = 64.8\%$

换言之,被扣款的可能性是 35.2%。

同时,计算出该项目在 20 天之内完工的概率:

$P(T \leqslant 20) = 15.4\%$

经过概率分析可知,该公司得到 5% 工程款的奖励的可能性不是很大,但被扣款的可能性也不是很大。

**2. 期望值法**

期望值是指概率中随机变量的数学期望。这里,我们把项目的每个目标变量看成是离散的随机变量,其取值就是每中情况所对应的损益值。

每种情况的损益期望值为:

$$EMV = \sum P_i \times X_i \qquad (8-3)$$

其中 $P_i$ 是第 i 个状态发生的概率,$X_i$ 为该情况在此状态下的损益值。

期望值法就是利用上述公式计算出每种情况的损益期望值,其判别准则是期望损益值最大,即期望损益值越大,项目的风险就越小。

[例 8-3] 某企业决定今后五年内生产:某预制构件的生产批量,以便及早进行生产前的各项准备工作。生产批量的大小主要依据市场的销路好坏而定。现有 3 种可能的方案,即大、中、小三种方案相对于三种销路(好、一般、差)的损益值见表 8-5。

表 8-5　预制构件生产数量与销售方案损益表

| 状态 | 好 | 一般 | 差 |
|---|---|---|---|
| 概率 | 0.3 | 0.5 | 0.2 |
| 大批量生产 A1 | 20 | 14 | -2 |
| 中批量生产 A2 | 12 | 17 | 12 |
| 小批量生产 A3 | 8 | 10 | 10 |

[解]　这是一个面临三种自然状态(产品销路)和三种情况的风险量化问题。要解决上述问题,首先要计算每个方案的期望权益值:

方案 A1:$EMV1 = 0.3 \times 20 + 0.5 \times 14 + 0.2 \times (-2) = 12.6$

方案 A2:$EMV2 = 0.3 \times 12 + 0.5 \times 17 + 0.2 \times 12 = 14.5$

方案 A3:$EMV3 = 0.3 \times 8 + 0.5 \times 10 + 0.2 \times 10 = 9.4$

通过计算比较选取期望值最大,$EMV = 14.5$ 万元的方案 A2(中批量)方案为最佳方案,说明此方案的风险最小。

### 3. 决策树法

决策树法是进行风险量化的有效方法。它把有关决策的相关因素分解开来,逐项计算其概率和期望值,并进行方案的比较和选择。决策树法不仅可以用来解决各阶段的决策问题,而且可以用来解决多阶段的决策问题,它具有层次清晰、不遗漏、不易错的优点。

决策树法由其结构形态而得名。决策树的结构较简单,以方块或圆圈为结点,用直线连接结点而形成一种树状结构。方块结点代表决策点,由决策点引出若干条直线,每条直线代表一个方案,故称其为方案分枝。圆圈结点代表状态点,由状态点引出若干线,每条直线,表示不同的自然状态发生的概率,故称其为概率分枝。在概率分枝的末端列出各方案在不同状态下的损益值。决策树如图 8-10 所示。

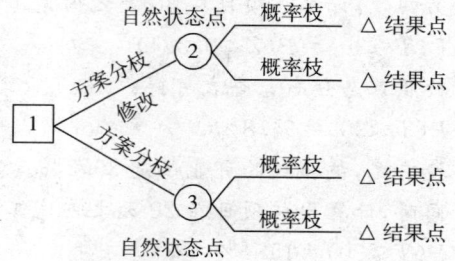

图 8-10 决策树图

[例 8-4] 某施工单位欲投某个标段,不中标损失 10 万元;若投高价标,如果中标,中标概率为 0.2,最大利润为 192 万元,取得最大利润的概率为 0.6,取得最少利润为 163.2 万元;若投中间价标,中标概率为 0.6,最大利润为 128 万元,取得最大利润的概率为 0.6,取得最少利润为 99.2 万元;若投低价标,中标概率为 0.9,最大利润为 80 万元,取得最大利润的概率为 0.6,取得最少利润为 51.2 万元;试衡量与分析该施工企业的投标策略。

[解] 根据各概率分枝的末端列出各方案在不同状态下的损益值对应的概率枝,计算其自然状态点的期望值(计算方法 $EMV = \sum P_i \times X_i$)。各结点的期望值计算如下:

$EMV5 = 192 \times 0.6 + 163.2 \times 0.4 = 180.48$

$EMV6 = 128 \times 0.6 + 99.2 \times 0.4 = 116.18$

$EMV7 = 80 \times 0.6 + 51.2 \times 0.4 = 68.48$

$EMV2 = 180.48 \times 0.2 + (-10) \times 0.8 = 28.096$

$EMV3 = 116.18 \times 0.6 + (-10) \times 0.4 = 66.888$

$EMV4 = 68.48 \times 0.9 + (-10) \times 0.18 = 60.632$

经过对⑦—②结点期望值计算,可以得到该施工企业投高价标期望收益为 28.096 万元,投中间价标,期望收益为 65.888 万元,投低价标期望收益为 60.632 万元。所以该企业投中间价标。衡量及评价如图 8-11 所示。

### 4. 网络模型法

时间、进度和成本费用都是项目管理的重点。越来越广泛地使用网络模型。网络模型有关键路线法(CPM)、计划评审技术(PERT)和图形评审技术(GERT)。使用网络模型进行风险衡量和评价,主要是揭示项目在费用利时间进度方面的风险。

CPM 假定项目各工序时间是确定的,即只要工序的条件不变,为完成该工序所需时间就不变。不能反映风险因素对项目总工期的影响,因此在风险评价方面的作用不大。本书只介绍风险评价的 PERT 方法。

PERT 也是找出项目工序的关键路线。但认为,项目各工序时间和总工期都是随机变量。

根据概率论假定总工期服从正态分布。PERT 注重对工序的评价和审查,多应用于研究与开发项目。这类项目一般都缺少先例,各工序开始、结束以及持续时间都是不确定的。PERT 把这种不确定性带来的工期和成本风险归因于随机性,因此,通过对这种随机性的分析和评价揭示出项目工期和成本的风险情况。此外,PERT 还通过确定各工序之间的逻辑关系和核实工序时间以及所用资源识别出有关风险。

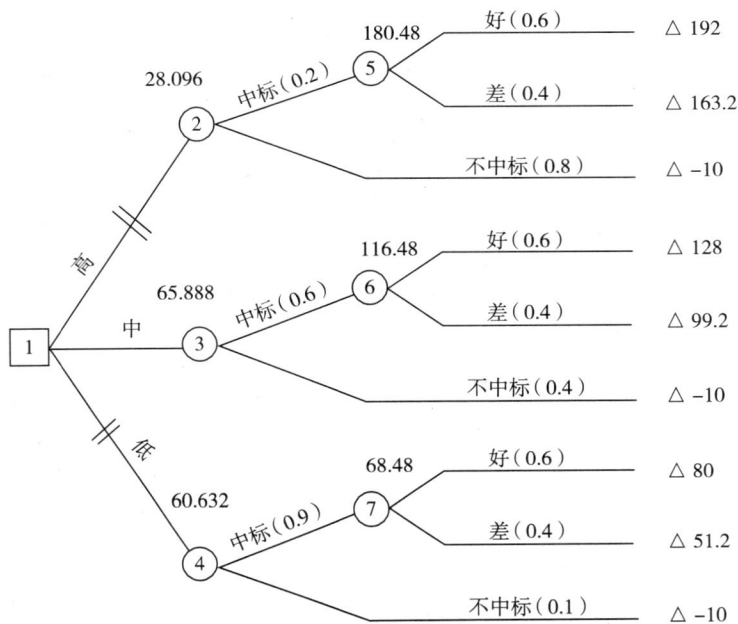

图 8-11　某施工企业投标决策树图

假设以项目总工期 $t$ 不超过限定工期 $T_q$ 的概率 $p$ 作为项目进度风险评价基准,则可以用下式做项目总工期风险评价:

若 $P\{t<T_q\}>p$,则该风险是可以接受的;

若 $P\{t<T_q\}<p$,则该风险是不可以接受的。

其中 $p\{t<T_q\}=\int_{-\infty}^{t}\dfrac{1}{\sqrt{2\pi\delta}}e^{\frac{-(x-T)^2}{2\partial^2}}\mathrm{d}x$

[例 8-5]　某项目有 7 道工序。各道工序的代号、工序时间分布、逻辑关系表示在表 8-6 中。根据表 8-6 可画出图 8-12 那样的 PERT 网络图。网络的关键路线已用粗线标明(求关键路线时,把工序时间的数学期望当成确定的量,从而把 PERT 网络当做 CPM 网络来处理)。假设以项目总工期 $T_q$ 不超过限定工期 34 天的概率为 0.9 作为项目进度风险评价基准。试对项目总工期风险进行评价。

[解]　项目总工期 $T_q$ 的数学期望 $E_T$ 等于关键路线上各工序时间数学期望之和。即

$$E_T = E\{t_{12}\}+E\{t_{23}\}+E\{t_{35}\}+E\{t_{56}\}+E\{t_{67}\}$$

$$= 2+20+0+7+3 = 32$$

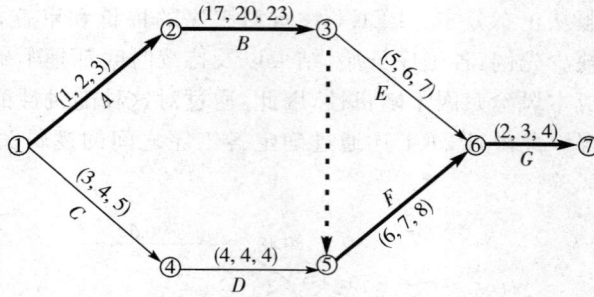

图 8-12　PERT 网络图

表 8-6　项目工序一览表

| 工序代号 | 节点编号 | 紧前工作 | 紧后工作 | 工作时间分布 | 工作时间数学期望 | 工作时间方差 | 是否关键路线 |
|---|---|---|---|---|---|---|---|
| A | 1-2 | — | B | (1、2、3) | 2 | 1/9 | Y |
| B | 2-3 | A | E,F | (17、20、23) | 20 | 1 | Y |
| C | 1-4 | — | D | (3、4、5) | 4 | 1/9 | N |
|  | 3-5 | B | F | (0、0、0) | 0 | 0 | Y |
| D | 4-5 | C | F | (4、4、4) | 4 | 0 | N |
| E | 3-6 | B | G | (5、6、7) | 6 | 1/9 | N |
| F | 5-6 | B、D | G | (6、7、8) | 7 | 1/9 | Y |
| G | 6-7 | E、F | — | (2、3、4) | 3 | 1/9 | Y |

项目总工期 $T$ 的方差 $\partial^2$ 等于关键线路上各工作时间方差之和,即

$$\partial^2 = \partial_{12}^2 + \partial_{23}^2 + \partial_{35}^2 + \partial_{56}^2 + \partial_{67}^2$$

$$= 1/9 + 1 + 0 + 1/9 + 1/9 = 4/3$$

限定工期 $T_q = 34$ 天,则换成标准化值后得:

$$\chi = (T_q - T)/\partial = (34 - 32)/1.155 = 1.732$$

把 $\chi = 1.735$ 作为正态概率积分的上限,查标准正态分布表,得到 $P\{t < 34\} = 0.982$,这就是说,该项目在 34 天内完成改造的概率是 95.82%。

项目进度风险评价基准,即项目总工期不超过限定工期 34 天的概率 $P = 90\%$,两者比较之后可知,该项目以 95.82% 的概率在 34 天内完工是可以接受的。

此例说明按照上面的步骤用 PERT 进行项目进度风险评价比较方便,附加的工作量不大,因为进度风险评价可以同进度计划结合起来进行。但是,按上面的步骤用 PERT 进行进度风险评价时必须注意以下几点:

(1)以上的步骤假设了各工作时间都服从三点分布,但实际的工作时间不一定都是这样。

(2)在考虑项目总工期的概率分布时,是以按肯定型的 CPM 解法求得的关键路线为基础。实际上,由于各工序时间的随机性,不仅项目总工期是随机的,而且关键路线也是随机的。因此,项目总工期的数学期望和方差就不应该对一个面的关键路线来计算。

# 8.4　工程项目风险防范与控制

　　风险防范与控制的方法很多,但可归结为两大类:风险控制法和理财法。风险控制法主要包括风险回避、损失控制、风险分离、风险转移等方法;理财法主要包括风险转移、自留、保险等方法。如图 8-13 所示。下面主要介绍风险回避、损失控制、风险分离、风险转移、风险自留和风险利用。

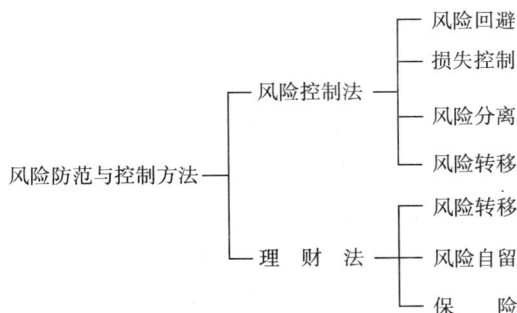

图 8-13　风险防范与控制的方法

## 8.4.1　风险回避

　　风险因素的存在是产生风险的必要条件。因此,风险回避措施就是通过回避风险因素,从而回避可能产生的潜在损失或不确定性。风险回避是各种风险回避措施中最简单也是最为消极的一种方法,常常表现为两种情况:一是拒绝承担某种特定的风险。例如,由于某国政局失稳而放弃进入该国市场的计划,从而可以免除政治风险导致的损失。二是中途放弃业已承担的风险,避免更大的损失。例如,某公司在国外投标一项工程,以最低标价中标,施工开始后不久发现工程地质条件比预想的要复杂得多,经过再三仔细成本核算,若按合同完成该项工程,将亏损 2000 余万元人民币,公司果断决定以放弃 100 万美元的履约保函的代价,终止合同,将人员设备调到其他工程项目,减少了风险损失的数额。

　　就风险的一般意义而言,风险回避是处理风险最强有力的手段,有效采取风险回避手段可以完全解除某种风险。例如拒绝采用某种建筑方案、结构类型和施工方法,或通过招标模式、承包方式、合同类型的选择,避开某些风险。从战略上讲,风险回避是下策,但从经营战术上讲,又很有用,特别是当某种特定风险发生的损失频率和损失程度相当高时,或使用其他风险管理技术手段处理风险所需成本太高,得不偿失时,采用风险回避是恰当的。

　　在采用风险回避手段时,应注意以下问题:

　　首先,回避一种风险可能产生另一种新的风险。在工程的实施过程中,绝对没有风险的情况几乎不存在。就技术风险而言,即使是相当成熟的技术也存在一定的风险。

　　其次,回避风险的同时也失去了从风险中获益的可能性,就投机风险的特征可知,它具有获益和损失的二重性。例如,在招标过程中,选择了合理价中标企业,回避了因报价失误而产生低于成本价致使合同顺利履行的风险,但却失去低报价者若按合同完工带来收益的可能。

　　再次,回避风险可能不实际或不可能。这一点与工程风险的定义或分解有关,工程风险定义的范围越广或分解得越粗,回避风险就越不可能。例如,如果将工程的风险全分解到风险因素这个层次,那么,任何工程都必然会发生经济风险、自然风险和技术风险,根本无法回避。

最适合采取风险回避措施的情况有以下两种：一是某特定风险因素导致的风险损失频率和幅度相当高；二是采取其他风险管理措施的成本超过其产生的效益。在以上两种情况下，采取风险回避措施可以避免由该风险因素导致的风险损失，或使风险损失大大降低。

总之，风险回避虽然是一种简单易行的风险防范措施，但是一种必要的、有时甚至是最佳的风险管理对策，同时又是一种消极的风险对策，须谨慎使用。当回避了某种风险时，又可能产生新的风险，如果处处回避风险，使企业长期不能获利，企业就将面临难以生存和发展的风险。

## 8.4.2 损失控制

损失控制包括损失预防和损失抑制两方面的工作。损失预防是指采取预防措施，减少损失发生的机会；而损失抑制是设法降低所发生的风险损失的严重性，使损失最小化。与风险回避不同之处在于：损失控制是通过采取主动行动，以预防为主，防控结合的对策，不是消极回避、放弃或中止。实际生产活动中有许多风险控制的例子，如生产企业建立健全质量保证体系，在高大建筑物上安装避雷针等都是损失预防措施；发现设计中的疏漏和错误，及时修改设计并提出工程变更，均属于风险抑制措施。两种措施对于控制风险损失是相辅相成的，都是希望以较小的经济成本获得较大收益的保证。

**1. 损失预防**

损失预防是指采取各种预防措施以杜绝损失发生的可能。例如房屋建造者通过改变建筑用料以防止用料不当而倒塌；供应商通过扩大供应渠道以避免货物滞销；承包人通过提高质量控制标准以防止因质量不合格而返工或罚款；生产管理人员通过加强安全教育和强化安全措施，减少事故发生的机会等。在商业交易中，交易的各方都把损失预防作为重要事项。业主要求承包人出具各种保函就是为了防止承包人不履约或履约不力；而承包人要求在合同条款中赋予其索赔权利也是为了防止业主违约或发生种种不测事件。损失预防策略通常采取有形和无形的手段。

在工程项目风险管理中，损失预防有形手段常用工程法，此法以工程技术为手段，消除物质性风险威胁。例如，为了防止山区区段山体滑坡危害高速公路过往车辆和公路自身，对因为开挖而破坏的山体采用岩锚技术锚住松动的山体，增加山体的稳定性。损失预防无形手段常用教育法和程序法。

（1）工程法

①工程法预防风险的措施

a. 防止风险因素出现。在项目活动开始之前，采取一定措施，减少风险因素。例如，在山地、海岛或岸边建设，为了减少滑坡威胁，可在建筑物周围大范围内植树栽草，与排水渠网、挡土墙和护坡等措施结合起来，防止雨水破坏土体稳定，这样就能消除滑坡这一风险因素。

b. 减少已存在的风险因素。施工现场随着各种用电机械和设备日益增多，及时果断地换用大容量变压器就可以减少其烧毁的风险。

c. 将风险因素同人、财、物在时间和空间上隔离。风险事件发生时，造成财产毁坏和人员伤亡是因为人、财、物与风险源在空间上处于破坏力作用范围之内。因此，可以把人、财、物与风险源在空间上实现隔离，在时间上错开，以达到减少损失和伤亡的目的。

②工程法的特点

每一种措施都与具体的工程技术设施相联系，但是不能过分地依赖工程法。这是因为：首先，采取工程措施需要很大的投入，因此决策时必须进行成本效益分析。第二，任何工程设施都需要有人参加，而人的素质起决定性作用。另外，任何工程设施都不会百分之百的可靠。因此，工程法要同其他措施结合起来使用。

（2）教育法

项目管理人员和所有其他有关各方的行为不当构成项目的风险因素。因此，要减轻因不当行为有关的风险，就必须对有关人员进行风险和风险管理教育。教育内容应该包含有关安全、投资、城市规划、土地管理与其他方面的法规、规章、规范、标准和操作规程、风险知识、安全技能和安全态度等。风险和风险管理教育的目的是，要让有关人员充分了解项目所面临的种种风险，了解和掌握控制这些风险的方法，使他们认识到个人的任何疏忽或错误行为，都可能给项目造成巨大损失。

（3）程序法

程序法是指以制度化的方式从事项目活动，减少不必要的损失。项目管理班子制订的各种管理计划、方针和监督检查制度一般都能反映项目活动的客观规律性，因此一定要认真执行。我国长期坚持的基本建设程序反映了固定资产投资活动的基本规律，要从战略上减轻建设项目的风险，就必须遵循基本建设程序。美国企业界有良好的风险管理成效，主要原因之一就是政府法令的配合。尤其是 1970 年颁布的职业安全和健康法（ASHA）更是值得借鉴。ASHA 是一种联邦法律，它的目的是用来改善全国工人的工作环境，该法律使业主承担了两种义务：一个义务是免除工作环境中所有的危险因素；另一个义务是遵守劳动部设定的工作环境安全标准。由于该法律对违反规定的雇主有很重的罚则，因而促使雇主更重视损失控制工作。

合理地设计项目组织形式也能有效地预防风险，项目发起单位如果在财力、经验、技术、管理、人力或其他资源方面无力完成项目，可以同其他单位组成合营体，预防自身不能克服的风险。

使用损失预防时需要注意的是，在项目的组成结构或组织中加入多余的部分同时也会增加项目或项目组织的复杂性，提高项目的成本，进而增加风险。有些风险，可以使用成熟的损失预防技术，例如外汇风险，世界银行发放的贷款，一般都以多种货币支付，原因之一就是帮助借款国避免因贷款货币汇率发生变化而蒙受损失，如果项目的投入或产出涉及外汇，则必须采取措施预防外汇风险。

**2. 损失抑制**

损失抑制是指在风险损失已经不可避免地发生的情况下，通过种种措施以遏制损失继续恶化或局限其扩展范围使其不再蔓延或扩展，也就是说使损失局部化。在实施抑制策略时，最好将项目每一个具体"风险"都减轻到可接受的水平。具体的风险减轻了，项目整体失败的概率就会减小，成功的概率就会增加。例如承包人在业主付款误期超过合同规定期限情况下采取停工或撤出队伍并提出索赔要求，甚至提起诉讼；业主在确信承包人无力继续实施其委托的工程时立即撤换承包人；施工事故发生后采取紧急救护；业主控制内部核算，制订种种资金运筹方案等都是为了达到减少损失的目的。

损失控制通常可采用以下办法：

（1）预防危险源的产生。

（2）减少构成危险的数量因素。

（3）防止已经存在的危险的扩散。

（4）降低危险扩散的速度，限制危险空间。

（5）在时间和空间上将危险与保护对象隔离。

（6）借助物质障碍将危险与保护对象隔离。

（7）改变危险的有关基本特征。

(8)增强被保护对象对危险的抵抗力,如增强建筑物的防火和防震性能。

(9)迅速处理环境危险已经造成的损害。

(10)稳定、修复、更新遭受损害的物体。

**3. 风险控制分析**

损失控制应采取主动,以预防为主,防控结合。应认真研究测定风险的根源。就某一行为或项目而言,应在计划、执行及施救各个阶段进行风险控制分析。控制损失的第一步是识别和分析已经发生或已经引起或将要引起的危险。分析应从两方面着手:

(1)损失分析

通常可采取建立信息人员网络和编制损失报表。分析损失报表时不能考虑已造成损失的数据,应将侥幸事件或几乎失误或险些造成损失的事件和现象都列入报表并认真研究和分析。

(2)危险分析

危险分析包括对已经造成事故或损失的危险和很可能造成损失或险些造成损失的危险的分析。除对与事故直接相关的各方面因素进行必要的调查外,还应调查那些在早期损失中曾给企业造成损失的其他危险重复发生的可能性。此外,还应调查其他同类企业或类似项目实施过程中曾经有过的危险或损失。

在进行损失和危险分析时不能只考虑看得见的直接成本和间接成本,还要充分考虑隐蔽成本。例如对生产事故进行损失和危险分析时,应起码考虑:

①直接成本

如机器损坏,要计算修复或重置费用。

②间接成本

如人员伤亡时要计算治疗费、安置费用等。

③隐蔽成本

除直接成本和间接成本外,还要考虑由事故引起的各种不易察觉的损失。如受伤雇员的时间损失成本;为帮助受伤雇员而停止工作的其他雇员的损失成本;训练替补人员的时间损失和费用;配套设备停止工作的成本;受伤人员痊愈后工作效率降低所导致的损失;因事故而导致情绪变化从而降低工效的损失等。

这些隐蔽成本远远高出直接成本和间接成本之和,专家们估计通常可达直接成本和间接成本之和的 4 倍,甚至更多。

## 8.4.3 风险单位分离

分离对策基于一个哲理演化处理,即"不要把所有的鸡蛋放在同一个篮子里"。根据这项哲理,分离又衍生成两项对策,分别为分割和储备。这两项对策均在企图减低经济单位对单一财产、特定计划行动及特定人物的依赖,使损失单位减化到更小更多而且更容易预测和控制,从而达到风险管理的目的。风险单位分离分为风险单位分割和储备风险单位两种。

**1. 风险单位分割**

分割风险单位是将面临损失的风险单位分割,即"化整为零",而不是将它们全部集中在可能毁于一次损失的同一地点。大型运输公司分几处建立自己的车库,巨额价值的货物分批运送等都是采用分割风险单位的方法。这种分割客观上减少了一次事故的最大预期损失是因为它增加了风险单位的数量。

风险分割常用于承包工程中的设备采购。为了尽量减少因汇率波动而导致的汇率风险,承包人可在若干不同的国家采购设备,付款采用多种货币。比如在德国采购支付马克,在日本采购支付日元,在美国采购支付美元等。这样即使汇率发生大幅度波动,也不会全都导致损失风险。以日元、马克支付的采购可能因其升值而导致损失,但以美元支付的采购则可以因其贬值而获得节省开支的机会。在施工过程中,承包人对材料进行分隔存放也是风险分割手段。因为分隔存放无疑分离了风险单位。各个风险单位不会具有同样的风险源,而且各自的风险源也不会互相影响,这样就可以避免集中于一处时可能受同样的损失。

**2. 储备风险单位**

储备风险单位是增加风险单位数量,不是采用"化整为零"的措施,而是完全重复生产备用的资产或设备,只有在使用的资产或设备遭受损失后才会把它们投入使用。例如企业设两套会计记录,储存设备的重要部件,配备后备人员等。

储备风险单位可以在项目的组成结构上下功夫,增加可供选用的行动方案数目,提高项目各组成部分的可靠性,从而减少风险发生的可能性。有些国家设副总统,就是典型的风险储备策略。为了最大限度地提高项目的风险防范能力,应该在项目结构的最底层,为各组成部分设置后备。例如,城市污水收集处理系统应设置备用泵;为不停顿的施工作业准备备用的施工设备;航天飞机装有四种不同版本但功能相同的计算机软件,而计算机则设五台,四台启动,一台备用等。

又如 1996 年 8 月中旬,二滩水电站工地在紧张的施工之中,因意外事故,承担骨料和混凝土生产、冷却系统和大坝混凝土浇筑系统的两台意大利进口变压器烧毁,施工陷入停顿状态。大坝混凝土是整个工程的重中之重,是以时、日计的关键工序。但是,该工地却没有备用的变压器,情况十分危急。幸运的是,远离工地两千多公里的北京变压器厂恰好有两台与出口的同型号变压器,经过有关各方大力支持,终于运到工地并安装调试成功,恢复了大坝混凝土的浇筑,这一事件说明了后备措施的重要性。

分离风险单位的两种方法一般都会增加企业开支,有时作为对付风险的方法并不实用,虽然增加风险单位可以减少一次损失的损失幅度,但也会增加损失频率。

与分离有异曲同工之妙的对策是风险结合对策。所谓结合法是将同类风险单位加以集合,便于未来损失预测,从而降低风险的一种方法。企业的合并经营、联营及多国化企业经营等都是结合法的实际运用。从结合法的定义可知,结合法有增加风险单位的功能但增加的途径与分离不同,分离是把一个拆散为好几个,而结合是把很多个组合起来方便预测控制。

综上所述,分割、储备和损失抑制措施似乎有点类似。然而这三项对策损失频率和幅度及预期值的影响各有程度上的不同:首先,分割与储备并不像损失抑制特别强调以缩小损失幅度为目的。其次,分割和储备不以缩小损失为目的但仍有使损失缩小的功效,但损失频率的功效上两者并不相同。分割可能增加损失频率,但储备对损失频率则毫无影响。这是因为分割的结果会使风险单位增加而增加了风险频率。第三,储备由于对损失频率无影响,有缩小损失幅度的功效,因而有降低损失预期值的效果。第四,分割对损失频率和幅度都有影响,分割是否降低损失预期值主要由分割对频率和幅度影响程度高低而定。

## 8.4.4　风险转移

风险转移是风险转移者将自己本应承担的风险转移给其他方,从而使自己免受风险损失。风险转移是工程项目风险管理中非常重要而且广泛应用的一项对策,主要分为两种形式:控制型风险转移与财务型风险转移。其中,财务型风险转移又包括非保险风险财务转移与工程保险两种具体措施。在工程项目中工程保险在实施中占有极其重要的地位,其次还经常用到控制型风险转移与非保险风险财务转移两种措施。

**1. 工程保险**

保险合同是指投保人与保险人约定保险权利义务关系的协议。保险合同的主要作用是转移风险。其分类有两种：一是财产保险合同，二是人身保险合同。工程中的建筑工程一切险和安装工程一切险即为财产保险合同。

建设工程由于涉及的法律关系较为复杂，风险也较为多样，因此建设工程涉及的险种也较多。这主要包括：建筑工程一切险（及第三者责任险）、安装工程一切险（及第三者责任险）、机器损坏险、机动车辆险、人身意外伤害险、货物运输险等。但狭义的工程险是针对工程的建筑工程一切险（及第三者责任险）和安装工程一切险（及第三者责任险），其他则并非专门针对工程的保险。

签订保险合同前，首先要进行保险决策。保险决策主要表现在两个方面：是否投保和选择保险人。针对建设工程的风险，可以自留也可以转移。在决策中需要考虑损失与风险概率、机会成本、费用等因素。在进行选择保险人的决策时，一般至少应当考虑安全、服务、成本这三项要素，安全是指保险人在需要履行支付时的赔付能力，保险人的安全性取决于保险人的信誉、求保、服务、盈利能力、再保险机制等。决定保险成本的最主要的因素则是保险费率，当然也要考虑到资金的时间价值。在进行决策时应当选择安全性高、服务质量好、保险成本低的保险人。

**2. 控制性风险转移**

控制型风险转移是指通过降低风险损失频率和幅度的方法将自己承担的可能遭受损失的法律责任转移给其他方的方法。风险转移并不是转嫁损失，因为有许多风险对一方可能会造成损失，但转移后并不一定给其他方同样造成损失。其原因是各方所具有的优势和劣势不同，对各方潜在的风险因素不同，各方对风险的承受能力也不一样。例如分包合同指总承包人依据总承包合同，在法律允许的范围内，将自己不擅长或无力承担的部分分部分项工程，交由专业分包单位实施。随着现代工程项目大型化、复杂化、专业化，采用总包和专业分包结合，有利于项目的完成和减少各方风险。在这种情况下，总承包人就要考虑采用分包合同的方式实现风险的转移。如基础工程中的人工挖孔桩，结构工程中某些大型复杂预制构件的制作、安装，电梯的安装等分包出去。此外，对于一些由自己施工产生的利润较小的分部分项工程，也可分包出去，这样可将节约的资源用于工程的主要项目，从而减少主要项目实施中的风险。

在签订分包合同前，必须对拟选择的分包人进行详细的资质核准，并应进行实际考察，以确保所选择的分包人有能力完成所分包的项目。否则，分包人选择不当，就会给总包人带来新的风险，因为分包人的任何不当行为，其后果都是由总包商对业主承担的。

**3. 非保险风险财务转移**

非保险风险财务转移是除保险以外的其他风险转移经济手段。例如，雇主要求投标人开具投标银行保函，就是将招标风险转移给投标人，当投标人在投标截止日期以后并在投标有效期内，试图撤回投标书或中标以后拒绝签订合同，雇主有权从银行索取保函中规定的金额，以补偿雇主招标过程在费用上的损失。

对应于不同的合同形态，转移风险主要有 4 种方式：出售、发包、开脱责任合同、保险与担保。

**（1）出售**

就是通过买卖契约将风险转移给其他单位。这种方法在出售项目所有权的同时也就把与之相关的风险转移给了其他单位。例如，项目可以通过发行股票或债券筹集资金，股票或债券的认购者在取得项目的一部分所有权时,也同时承担了一部分风险。

（2）发包

发包就是通过从项目执行组织外部获取货物、工程或服务而把风险转移出去。发包时又可以在多种合同形式中选择。例如建设项目的施工合同按计价形式划分,有总价合同、单价合同和成本加酬金合同。总价合同适用于设计文件详细完备,因而工程量易于准确计算或简单、工程量不大的项目。采用总价合同时,承担单位要承担很大风险,而业主单位的风险相对要小得多。成本加酬金合同适用于设计文件已完备但又急于发包,施工条件不好或由于技术复杂需要边设计边施工的一些项目,采用这种合同形式,业主单位要承担很大的风险费用。一般的建设项目采用单价合同,当采用单价合同时,承包单位和业主单位承担的风险彼此差不多,因而承包单位乐意接受。

（3）开脱责任合同

在合同中列入开脱责任条款,要求对方在风险事故发生时,不要求项目班子本身承担责任。例如在国际咨询工程师联合会的《土木工程施工合同条件》中有这样的规定:"承包人应保障和保持使雇主、雇主人员以及他们各自的代理人免受以下所有索赔、损害赔偿费、损失和支出(包括法律费用和开支)带来的伤害,任何人员的人身伤害、患病、疾病或死亡,不论是由于承包人的设计(如果有)、施工和竣工,以及修补任何缺陷引起,或在其过程中、或因其原因产生的,除非是由于雇主、雇主人员,或他们各自的任何代理人的任何疏忽、故意行为、或违反合同造成的……"

（4）保险与担保

所谓担保,是指为他人的债务、违约或失误负间接责任的一种承诺。在工程项目管理上是指银行、保险公司或其他非银行金融机构为项目风险负间接责任的一种承诺。例如,建设项目施工承包人请银行、保险公司或其他非银行金融机构向项目业主承诺为承包人在投标、履行合同、归还预付款、工程维修中的债务、违约或失误负间接责任。当然,为了取得这种承诺,承包人要付出一定代价,但是这种代价最终要由项目业主承担。在得到这种承诺之后,项目业主就把出于承包人行为方面不确定性带来的风险转移到了出具保证书或保函者即银行、保险公司或其他非银行金融机构身上。

总结前面所述各项风险控制对策的说明,见表 8 - 7 所示。

表 8 - 7　风险管理对策

| 对策名称 | 性质 | 适用情况 |
|---|---|---|
| 回避 | 企图使损失频率为零的行为 | 损失频率及幅度均极高时,在特定范围内有效,不但个别经济单位免除了风险而且整个社会可以免除 |
| 预防 | 降低损失频率 | 损失频率高损失幅度低时,可以降低损失频率,但不可避免 |
| 控制 | 缩小损失幅度 | 损失幅度高损失幅度低时,有时和预防相似 |
| 分离 | 增加风险单位使损失易于测算 | 原有风险单位极少或失去原有功能 |
| 转移 | 转移法律责任给非保险人 | 需要由非保险人承担某一行动时 |

### 8.4.5 风险自留

风险自留是将风险留给自己承担。与风险控制方法不同,风险自留并未改变风险的性质,即其发生的频率和损失的程度。风险自留对策包括非计划性风险自留和计划性风险自留两种。

**1. 非计划性风险自留**

这是指当事人没有意识到风险的存在或者没有处理风险的准备时,被动地承担风险。出现这一种风险自留主要是由于:风险识别过程的失误,使得当事人未能意识到风险的存在;风险的评价结果认为可以忽略,而事实并非如此;风险管理决策延误。虽然当事人成功地识别和评价了风险,但由于决策的延误,造成风险事故一旦发生,就形成了事实上的非计划性风险自留。

事实上,对于一个大型复杂的工程项目,工程管理人员不可能识别出所有的风险因素,应随时做好处理非计划风险的准备,一旦发生非计划风险,要及时采取对策,避免风险损失扩大。

**2. 计划性风险自留**

这是指当事人员经过合理的判断和谨慎的分析评估,有计划地主动承担风险。对于某些风险是否自留决定于相关的环境和条件。当风险自留并非是唯一选择时,应将风险自留与风险控制方法进行认真的对比和分析,制定最佳决策。

(1)风险自留应考虑的原则

①企业具有承受这些自留风险的能力。

②同其他可行的风险控制方法相比,风险自留的预期损失较小。

③风险自留不可投保,或投保费高于风险自留引起的费用。

(2)计划性风险自留的损失支付方式

①从现金净收入中支出。采用这种方式时,在财务上并不对自留风险作特别的安排,在损失发生后从现金净收入中支出,或将损失费用计入当期成本。但这种方式不能体现计划性风险自留的"计划性"。

②建立非基金储备。这种方式是建立了一定数量的备用金,但其用途并不是专门针对自留的风险,其他原因引起的额外费用也在其中支出。

③自我保险。这种方式是建立一项专项基金(亦称为自我基金),专门用于自留风险造成的损失。该基金的设立不是一次性的,而是每期支出,相当于定期支付保险费,因而称作自我保险。

### 8.4.6 风险利用

在经营活动中,除了要面对处处存在的纯风险以外,还会遇到投机风险,它既可能造成损失,也可能提供获利的机会。风险与利润并存,回避所有风险,则使企业失去发展机遇,只有敢于正视风险,迎接挑战,才能利用风险获得相应效益。在工程管理中,可利用的风险因素存在于政治、经济、商务等各个方面,需要风险管理人员认真分析和发现。例如,雇主的工程管理水平不高,制订的合同条款不严谨,这将会给咨询服务方带来麻烦,双方可能因一些含糊的条款规定而发生分歧,但也给咨询方提供了可利用的机会,可以根据国家的有关法律法规、相关惯例、雇主提出的工程变更等,提出索赔,维护自己的合法权益,从而可获得比原来预计的更大的经济收益。

风险利用操作应按照合理的步骤进行。

(1)分析风险利用的可能性及其价值

首先,应对各风险因素,及其可能的变化和最后可能导致的效益进行分析;然后,根据各项风险因素的性质,寻求改变或利用这些因素的可行方法,以取得对己方有利的结果。

（2）**计算风险利用的费用**

计算拟利用风险需要付出的代价，但利用风险所付出的代价必须远小于风险利用的获利。计算代价时不仅要计算直接损失和间接损失，还要计算潜在损失，求其三项之和作为总的损失。

（3）**客观评估自身的风险承受能力**

客观地分析和评估自身承担风险的能力，无论承担风险可能获取的利益有多大，风险损失绝不能超过自身的承受能力，避免出现得不偿失或意想不到的危机。

（4）**制定对策和具体实施方案**

一旦决定利用某项风险，风险管理决策人员应明确提出相应的对策和具体实施方案，并制定每个步骤应达到的目标，确保风险利用策略的顺利实施。

（5）**因势利导获得合法权益**

风险利用实施期间应密切关注事态变化，注意可能出现的干扰，及时提出相应的解决办法，同时还要求不断检查实施的结果，发现问题采取必要的纠正措施，因势利导，获得合法权益。事后注意总结经验，提高风险管理水平。

## 思 考 题

1. 何谓风险？研究风险的重要意义何在？
2. 风险的基本概念有哪些？
3. 风险有哪些类型？
4. 何为工程风险管理？风险管理以什么为目标？
5. 风险辨识过程分哪几个步骤？
6. 说明风险衡量与分析的理论基础。
7. 风险防范技术主要有哪些？
8. 风险转移的主要方法有哪些？
9. 为什么说转移给他人的风险并不一定构成他人的风险？举例说明。
10. 以承包人的风险管理对策为例，说明常见的风险防范技术及相应的措施。
11. 为什么说风险可以利用？
12. 利用风险有什么前提条件？
13. 简单表述工程风险管理的重要性。

# 第9章 工程项目信息管理

## 9.1 工程项目信息

### 9.1.1 工程项目中的物质流与信息流

在任何管理过程中,不管是宏观管理还是微观管理,都始终贯穿着两种性质不同的运动,一种是"物质流",另一种是"信息流",工程项目管理也是如此。

**1. 物质流**

在工程项目建设过程中,物质流是指在给定的约束环境下(工期约束、资金约束、质量约束等)将人、材、机作为项目的资源进行输入,通过一系列的活动或工序,最终输出特定的项目产品。它是一种"输入→转换→输出"的运动过程,也是工程项目的建设和实施过程(见图9-1)。工程建设中的物质流和一般企业生产经营过程中的物质流有着很大的区别,前者是一次性的物质转换过程,而后者通常是循环式的重复生产过程。

```
人、材、机(输入) ──→ 资源转换 ──→ 项目产品(输出)
```

图9-1 工程项目中的物质流

**2. 信息流**

信息流则是指伴随着物质流产生的各种指令、计划、图纸、报表、资料、报告、情报和文件等的加工、处理、传递、接收和使用。它是一种"输入→转换→输出→反馈→再输入"的循环流动过程(见图9-2)。信息流的显著特点是反馈过程,这是物质流不具备的。

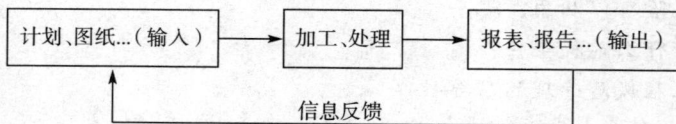

```
计划、图纸...(输入) ──→ 加工、处理 ──→ 报表、报告...(输出)
        ↑                                    │
        └──────────── 信息反馈 ──────────────┘
```

图9-2 工程项目中的信息流

**3. 物质流与信息流的关系**

(1)信息流是伴随物质流产生的,也就是说没有物质流就没有信息流。物质流是管理活动过程中的主体流程,一切活动都必须从属于它的要求,而信息流是客体。

(2)物质流是单向的,不能倒流,不能反馈,而信息流是双向的,有反馈作用。现代管理的反馈原理认为,面对不断变化的客观现实,管理是否有效,关键在于是否有灵敏、准确、有力的反馈。正是信息流中的反馈作用使得工程项目管理在实践中不断地总结与提升。

(3)物质流所处的系统环境是狭小的、固定的,它需要在给定的空间和时间范围内完成所有活动过程;而信息流所处的系统环境则是广阔的、开放的,因为信息流的主体,不仅是企业内部的各种信息(如技术文件、计划、各种资料和统计报表等),同时还需要获取大量的外部信息,与外界环境不断地进行交流。

（4）尽管信息流只是物质流的伴随物，但信息流既反映着物质流的运动状态，同时又指挥、调节并控制着物质流的运动过程。要使得物质流的运动符合客观规律，创造出最佳的项目产品和经济效益，就必须对之加以科学的计划、组织、协调和控制。这个任务就由信息流来承担。

信息流的任务就是要充分利用企业的内部和外部信息资源，监视和控制着物质流动的全过程，对物质流中发生的偏差，采取必要的措施进行适当的调整，保证物质流的流动达到动态最优化，使之输出的产品与多变的市场环境相适应，满足市场和用户的需要。

（5）物质流与信息流是相互依存，相互作用的。信息流控制着物质流，而物质流又产生信息流。正是通过这种交互作用，自动地控制着工程项目的整个生产过程，有效地保证项目目标的实现。

了解工程项目中的物质流和信息流，并理解两者之间的关系，是工程项目管理者进行项目信息管理的前提。通过上面的叙述我们可以发现，信息管理不仅仅是将工程建设过程的信息流以文件、资料的形式进行归档管理，更重要的是，信息管理者要站在预测、决策、管理与控制的高度来看待和管理信息流。因为信息流的成效将直接影响着物质流的质量，也直接影响着工程项目管理的成败。

## 9.1.2 工程项目信息的分类

工程项目建设过程中所涉及的大量信息，依据不同标准可划分如下：

**1. 按工程项目建设的目标划分**

（1）投资控制信息

投资控制信息是指与投资控制直接有关的信息。如各种估算指标、类似工程造价、物价指数、概算定额、预算定额、工程项目投资估算、设计概预算、合同价、施工阶段的支付账单、原材料价格、机械设备台班费、人工费、运杂费等。

（2）质量控制信息

如国家有关的质量政策及质量标准、项目建设标准、质量目标的分解结果、质量控制工作流程、质量控制的工作制度、质量控制的风险分析、质量抽样检查的数据等。

（3）进度控制信息

如施工定额、项目总进度计划、进度目标分解、进度控制的工作流程、进度控制的工作制度、进度控制的风险分析、某段时间的进度记录等。

（4）安全控制信息

如安全管理目标、安全控制的基本要求等。

（5）合同管理信息

如经济合同、工程建设施工承包合同、物资设备供应合同、工程咨询合同、施工索赔等。

**2. 按工程项目建设的来源划分**

（1）项目内部信息

内部信息取自建设本身。如工程概况、设计文件、施工方案、合同文件、合同管理制度、信息资料的编码系统、信息目录表、会议制度、项目的投资目标、项目的质量目标、项目的进度目标等。

（2）项目外部信息

来自项目外部环境的信息称为外部信息。如国家有关的政策及法规、国内及国际市场上原材料及设备价格、物价指数、类似工程造价、类似工程进度、招标单位的实力、投标单位的信誉、对手单位情况等。

### 3. 按信息的层次划分

（1）**战略层信息**

指有关项目建设过程中的战略决策所需的信息。如项目规模、项目投资总额、建设总工期、承建商的选定、合同价的确定等信息。

（2）**管理层信息**

提供给建设单位中层领导及部门负责人作短期决策用的信息。如项目年度计划、财务计划等。

（3）**业务层信息**

指的是各业务部门的日常信息。如月进度、月支付额等。这类信息较具体，因而精度较高。

### 4. 按工程项目生命周期划分

如项目前期决策阶段信息、项目设计阶段信息、项目准备阶段信息、项目施工阶段信息、项目运营阶段信息、项目后评价阶段信息等。

### 5. 按信息的管理功能划分

工程项目信息按项目管理功能又可划分为：组织类信息、管理类信息、经济类信息和技术类信息4大类。每类信息根据工程项目各阶段项目管理的工作内容还可以进一步细分，如图9-3所示。

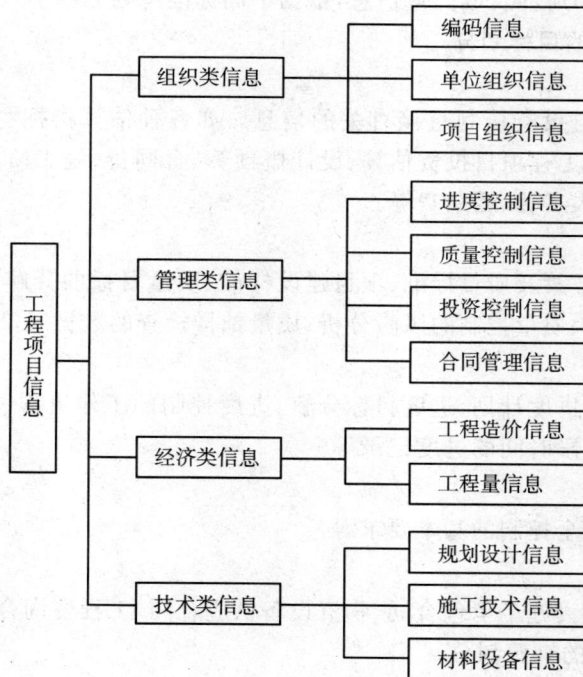

图 9-3　工程项目信息分类

以上是常用的几种分类形式。按照一定的标准将工程项目建设信息予以分类，对信息管理工作有着重要意义。因为不同的范畴，需要不同的信息，而把信息予以分类，有助于根据管理工作的不同要求，提供适当的信息。

# 9.2　工程项目管理信息化

实现项目管理信息化是工程项目管理的重要内容。随着项目,尤其是较大型的建设工程项目的启动、规划、实施等项目生命周期的展开,与项目有关的合同、图纸、报告、文件、照片、音像、模型等各种各类纸介质和非纸介质信息会层出不穷地产生,它包括:项目的组织类信息、管理类信息、经济类信息、技术类信息和法规类信息等。

项目的信息管理是通过对各个系统、各项工作和各种数据的管理,使项目的信息能方便、有效地获取、存储、存档、处理和交流。很显然信息处理始终贯穿着项目管理的全过程。如何高效、有序、规范地对项目全过程的信息资源进行管理,是现代项目管理的重要环节。随着互联网 Internet、多媒体数据库电子商务等以计算机和通信技术为核心的现代信息管理科技的迅猛发展,又为项目(特别是大型建设工程项目)的信息化建设提供了全新的信息管理理念、技术支撑平台和全面解决方案。

项目管理信息化建设的内容包括:IT 团队的组织管理、信息资源规划、信息化网络平台的建立、选择实施 MIS(管理信息系统)系统等等。

## 9.2.1　IT 团队的组织管理

实现项目管理信息化,必须首先组建一个专业的 IT 团队,尤其对于较大型项目更有必要。通常 IT 团队组织机构的基本规划原则有如下几点:

1. 在项目的概念阶段就必须设立专门的信息管理部门,即所谓的 IT 团队,可以叫做项目信息中心。当人员编制受限时,可将信息管理部门与档案管理部门等合并设立,但必须保证其中至少有 3 名专职的信息管理人员。

2. 成立以项目总经理为中心的项目信息管理团队(或领导小组),统一规划部署项目信息化工作。设立项目信息总监或项目总信息师,享受与项目三总师(总工程师、总会计师、总经济师)同等待遇。项目信息总监或项目总信息师通常由项目总经理亲自兼任项目信息总监,也可以由项目总工程师兼任。

3. 在项目的计划、财务、合同、物资、档案、质量、行政等职能部门设立部门一级的项目信息员。项目信息员受部门领导和总信息师双重领导,以便于形成上通下达的项目信息资源管理组织体系。

4. 制订项目信息管理岗位职责和信息采集、流转、处理、存储管理程序。

5. 应将项目信息管理系统的建设经费单独列支、详细预算、专款专用。

IT 信息团队的组建是实现项目管理信息化的最基本保证。但有了专门的信息组织机构后,还应该正确树立信息管理的目标、任务,对整个信息化建设进行系统的规划、论证,并有相应的管理制度作保障。拥有一支强大的 IT 队伍,信息化才有成功的希望。

## 9.2.2　信息资源规划

工程项目管理信息化建设的核心是信息资源规划。信息资源规划是指对整个工程周期所需要的信息,从采集、处理、传输到使用的全面规划。通过信息资源规划,可以梳理业务流程,搞清信息需求,建立企业信息标准和信息系统模型。用这些标准和模型来衡量现有的信息系统及各种应用,符合的就继承并加以整合,不符合的进行改造优化或重新开发,从而能积极稳步地推进工程项目管理的信息化建设。其最终目的是在统一的信息平台上建成集成化、网络化的信息系统，从而形成大型工程项目管理的神经网络。

信息资源规划通常按照下面的步骤进行：

（1）根据工程的实际情况进行信息需求分析和数据流分析

这是信息管理的最基础的工作，包括整理、定义网上交流数据的格式和内容，对内外、上下数据流进行量化分析。通过对决策层、管理层和业务层信息需求的规范化描述，可为信息资源规划的开发打好基础。

（2）建立信息资源管理基础标准

包括数据元素标准、信息分类编码标准、用户视图标准和数据库表标准等。这些标准的建立，将贯穿信息需求分析、数据建模和后续应用开发的全过程。信息资源管理基础标准的建立，是信息管理规范化、标准化的基础。

（3）在前两步的基础上建立信息系统框架（功能模型和数据模型）

建立全域和各职能域的信息系统框架是在大量地分析综合工作的基础上完成的，也是按系统工程的思想方法，由部门领导、管理人员和系统分析人员从整体上构思和把握的信息系统框架。建立信息系统框架的目的，是使工程的投资方、承建方、监管方、信息中心负责人和信息系统开发人员在工程建设的总体规划方面达成共识，并制定统一的发展目标和实施策略，从而有效推进工程项目管理的信息化建设。

在进行工程项目管理的信息资源规划时，要充分利用项目的内、外部资源来完成，特别可能用到外部资源和第三方咨询为信息资源规划带来更广阔的思路。

## 9.2.3　建立信息化网络平台

信息化建设的第一层次是信息网络平台的建立。调查显示，传统建设工程项目中 2/3 的问题与信息交流有关；在大型工程项目中，因信息交流问题而导致的工程变更和错误约占工程总成本的 3% 到 5%，可见信息交流对项目管理的重要性。借助于信息网络平台，可以使工程项目信息内外流通更加方便快捷。

信息化网络平台建设的具体成果主要体现在网上办公系统和电子商务系统两个方面。

**1. 项目管理网上办公系统**

项目管理网上办公系统的系统目标如下：

（1）实现项目管理的无纸化办公

传统的项目信息管理是以纸为载体。这种方式层次多，效率低，费用高，极易因信息交流沟通失误造成损失。在美国，每年为了传递项目管理的文件和图纸而花在特快专递上的费用约 5 亿美元，项目成本中的 1%~2% 都用于日常的印刷、复印和传真等。调查显示，建设项目参与任何一方在竣工时所掌握的有用记录文件都不到总量的 65%。在信息高速膨胀的今天，项目管理必须充分利用信息技术来实现无纸化办公。

（2）实现企业内部信息交流的方便快捷

有了网上办公系统，就可以实现企业内信息的共享和及时的上传下达，使信息流通方便快捷。同时，建立以企业本部为核心的网络与通信系统，为项目部提供全方位的信息服务。通过企业及时通讯工具，如 MSN、E－mail 等的应用，方便了企业内部员工之间的及时沟通。

（3）实现项目建设过程信息化管理

例如：项目经理可以在一天中的任何时候，任何地点召开虚拟的工作会议；项目组成员可以在任何时候、任何地点与相关的工程师交换资料信息,审阅施工质量,会签图纸和文件;施工现场管理人员可以通过掌上电脑将施工质量检测信息直接上网到公司本部进行评定;在竣工验收阶段,各类竣工资料根据质量记录自动生成等等。

(4)建立企业的网上对外窗口

建立企业的网上对外窗口,可以及时完成企业和工商、税务、社保、业主、监理、分包等之间的资料传输,既节约了成本,也提高了企业的对外运转效率。

**2. 项目管理电子商务系统**

项目管理专业网站是项目管理电子商务系统的主要表现形式,它通过 Internet 及一系列相互链接的网页来存储和发布项目信息。它建立了项目信息数据库,使项目参与人能够及时、方便地获取项目信息。

基于 Internet 平台的项目管理电子商务系统可以实现项目管理的各个功能。如文件提交、招标邀请、进度计划、规范管理、会议管理、数据图片管理等。它也能跟踪项目团队成员的工作绩效,反馈项目所需的各种信息。所有项目成员可以通过 Internet 从远程获取特定的项目信息,从被动的接受信息方式转变到按需索取方式,提高了信息的利用效率。

项目管理电子商务系统除了对外发布信息,对内提供资料信息外,它的另一个职能就是对项目中的相关数据进行收集、传递、存储、加工、检索等处理,为项目管理者及其他项目参与人提供有用的决策、控制信息。有许多建筑公司、设计单位、建筑主管部门根据自己的需要,已经建立了一些管理信息系统,来完成某些项目管理的某些功能。例如:监理管理信息系统、设计项目管理信息系统、建筑工程质量监督管理信息系统、安全管理信息系统等等。这些管理信息系统往往就工程项目管理中的某一方面或某一类信息进行设计,满足某些使用者的需求。

## 9.2.4　选择实施管理信息系统

信息化建设的第二个层次是管理信息系统的建立。管理信息系统(MIS)是一个一体化系统或集成系统,它进行的信息管理从总体出发,全面考虑,保证各种职能部门共享数据,减少数据的冗余度,保证数据的兼容性和一致性。依靠管理系统实现信息的收集、分析、应用、共享,只有集中统一化,才能成为企业的可用资源。管理信息系统不只是计算机的应用,关键是要有各类管理软件组成的子系统的支持。如以财务管理、经营计划、人力资源、客户关系管理等为核心的经营管理信息系统;以计划进度控制、估算与费用控制、采购管理和材料控制、质量控制、费用/进度综合监测、设计管理、采购管理、施工管理、合同管理、项目财务管理、项目电子文档管理系统、项目管理信息协同平台等为核心的综合项目管理系统。通过这些软件的应用实现整个企业层面和项目层面管理的规范化、标准化、系统化,提高企业在市场上的竞争力。

在现有的情况下如何有选择地实施 MIS 系统,是工程项目信息化建设的战略决策性问题。国内许多大型企业的大型或者特大型项目在这方面投入很大,但能够有效运行的并不多。比如,我国某大型建设项目投资近千万美元与国外某项目管理公司合作开发了一个基于网络平台的建设项目管理系统,系统的功能是先进的、完备的,但目前仅有约 20% 的单个功能获得使用,并没有在整体上提高项目管理水平。

上述问题在我国许多企业和项目中之所以存在,一方面是因为管理体制、组织行为方面的障碍;另一方面则源于 MIS 软件的盲目选型以及软件本身的集成度不高。具体到大多数项目管理软件而言,目前最突出的问题就是软件系统集成度和推广应用深度不够。由此看来,如何根据具体的项目特征和企业现状,正确规划和选择实施 MIS 系统是工程项目管理信息化成败的关键所在。

# 9.3 工程项目管理信息系统

## 9.3.1 工程项目管理信息系统的概念

### 1. 基本概念

工程项目管理信息系统(以下简称 PMIS)是综合利用计算机技术、网络通信技术、管理科学等,对工程项目内、外部信息进行收集、加工、存储、传递和利用,辅助各级项目管理人员有效地对工程项目全过程进行控制、管理,实现项目总体目标的人机系统。

从上述的定义可以看出,PMIS 的主要工具是计算机,PMIS 的处理内容是项目信息,PMIS 的基本任务是辅助项目管理者进行有效的项目管理。

### 2. PMIS 的特点

(1)集成性

在工程项目管理中要实现时间最短,成本最低,质量最优,需要采用集成的思想构造项目全生命周期的信息系统。这就要求各信息子系统之间形成无缝连接,构成一个整体,实现信息的互通和共享;实现纵向集成,使信息系统在工程管理的决策层、管理层和操作员之间实现自上而下和自下而上的集成;实现业务流程的集成,从可行性、招投标到设计、施工等项目实施过程的集成。

(2)分布性

信息流动在项目全生命周期的各个阶段、各部门、各单位之间,体现于项目管理的各个方面。因此时间分布和地域分布都是工程项目管理信息系统的重要特征。

(3)系统性

构成信息系统的目标就是接通"信息孤岛"。要达到各个管理过程的有机集成,对信息系统的管理需要系统地规划、设计,包括各单元系统的开发和运行都需要在一个统一的系统或平台上进行。

### 3. PMIS 的现状

国外在 PMIS 方面的研究和应用已有三十多年历史,从计划编制到施工管理以及在项目管理全过程中的投资、进度和质量控制都有完整的理论、方法和系列化的软件产品。我国每年在基本工程建设方面的投资数千亿元,而大型工程项目管理的现代化和科学化水平却远不能适应建设发展的需要。开展 PMIS 的研究并开发出与我国国情相适应的系列化工程项目管理软件是当前大型工程建设项目管理之必需。

历经二十多年的实践和探索,中国工程建设逐步建立了一整套既与国际接轨,又符合中国国情的工程建设管理体系。但另一方面,应用信息化技术对工程项目进行主动和有效管理的水平仍然很低,不能保障项目建设的规范推进和项目过程中资料的有效收集与分析。PMIS 的建设与科学化管理与国外相比均有很大的差距。究其原因,可以从以下几方面分析:

(1)管理模式

通过对信息系统建设成败的研究发现,管理模式是最主要的原因。项目的管理和运营需要设计、技术、施工、设备、物资、运营财务、市场等部门的密切配合,在原来部门管理模式下很难使信息顺畅流通。ISO9000、过程重建、知识管理等新的管理理念,在企业中大面积的应用,打破了部门职能的界限,按照重新设计的工程流程,管理层次的扁平化改造,建立网络化的工作模式,为信息系统建设奠定了良好的基础。

（2）人员素质

企业的经营理念应该是以人为本，员工的观念和素质直接影响着管理模式的采用。在信息系统使用中，如果不经过长期耐心的培训，员工的计算机应用水平就很难提高，对新的观念就不可能很好的接受，致使好的系统、好的软件不能发挥应有的效用。

（3）企业文化

成功的信息系统，经过几年的建设，往往变成了企业文化的重要组成部分。信息对于企业来讲，只是基础的原料，知识才是企业的竞争资本，有没有对知识的重视，构成了信息系统成败的重要因素。在企业中形成尊重知识、注重信息的文化氛围是 MIS 建设的坚实基础。

（4）对信息系统的认识

由于信息技术是十分专业的领域，又非常迅猛，新的概念和技术层出不穷，企业的用户比较难以把握，往往是站在自己部门工作的角度，提出模糊的需求。然而，由于信息系统是一个整体，各部门之间必然有大量的信息需要交换和共享，因此，要根据业务的需求提出整体的框架，使用户达成共识。

## 9.3.2　工程项目管理信息系统的组成

工程项目管理信息系统通常由以下几个子系统组成：

**1. 合同管理信息系统**

合同管理作为项目管理的起点，它控制并制约着计划管理、成本管理、质量管理等。它是项目建设的关键和保证企业利益的重要环节。合同管理信息系统主要功能包括：合同通用文档资料管理；全部合同台账及合同附件数据库的建立与维护；合同履行过程中的数据管理；合同终结、工程竣工价格结算信息的维护和管理；各类合同台账及附件资料的输出处理等。

**2. 工程财务管理信息系统**

以会计财务系统为核心，按工程项目进行核算，实现与合同管理、设备管理、材料管理的信息接口。主要功能包括：建账、制单、记账、查询、出纳、数据交换、汇率管理等。

**3. 投资控制管理信息系统**

该系统实现对项目的投资总量和规模总量的动态分析和把握，通过把建设项目细化成一系列预算，再把这些预算投资情况进行动态的、实时的、定量的分析汇总，实现对项目投资的控制、核算。主要功能包括：编制工程预算、编制现金需求计划、编制投资控制计划、系统查询报表等。

**4. 质量控制管理信息系统**

该系统建立行业质量验评规范、规程和标准光盘数据库，建立与验评标准相应的验评表数据库，方便工程项目的验评，方便远程质量监控、行业质量标准升级和质量验评统计汇总。主要功能包括：建立工程信息、质保体系、验评范围、质量纪录、验收项目、竣工报告和查阅标准等。

**5. 进度控制管理信息系统**

进度控制是工程项目管理的重要内容之一，该系统充分利用计算机的绘图功能绘制和编辑双代号或单代号网络图，并对网络时间参数进行实时计算，自动显示关键线路。主要功能包括：工期计划、绘制网络图、时间参数计算、工期调整与优化、自动生成横道图等。

**6. 资源综合管理信息系统**

资源综合管理信息系统以财产管理为核心，以市场为导向，对企业项目经营活动所需的人、财、物等资源进行管理控制；加强设备、材料供应全过程的科学化、规范化管理，节约资金、减少浪费、提高项目的综合经济利益,为工程质量和工程进度提供有效保证。主要功能包括:库存管理、机具管理、计划管理、合同管理等。

**7. 综合文档管理信息系统**

主要用于管理项目从立项到建设、材料采购、工程进度、工程质量、竣工申请等与项目有关的全部文档信息,实现了建设项目文档电子化。按档案标准进行文档整理、组建、归档和检索,使管理高效有序。主要功能包括:项目信息的录入、开工报告、设计变更、施工记录、质量评定、观察记录、事故处理、竣工验收、档案登记、文档检索等。

**8. 风险、索赔管理信息系统**

主要用于建立项目专用的风险、索赔管理模型和相关的数据库,用来收集和分析风险,及时做出处理方案;对索赔事件快速得出索赔解决方案,增强使用者的谈判和决策能力。

**9. 现场管理信息系统**

主要用于项目上人员的工作安排、设备的使用安排、制定现场的各项规章制度、操作手册、岗位职责,进行就餐、考勤、娱乐等管理,对现场安全、出入等进行管理。

此外,还有其他系统如经营计划系统、材料采购系统等,在这些系统中大多已有成熟的软件,有的正在研究开发过程中。需要指出的是,这些子系统的简单组合并不代表项目管理信息系统的完成,我们在信息系统规划、设计和开发过程中,始终要保持一种系统工程的思想,有选择性将若干子系统有机集成,形成与工程项目相适应的管理信息系统,并在实践中不断地充实和改进。

## 9.3.3 工程项目管理信息系统的设计开发

设计开发项目管理信息系统的工作应包括以下 3 个方面:

**1. 系统分析**

通过系统分析,可以确定项目管理信息系统的目标,掌握整个系统的内容。首先,要调查建立项目管理信息系统的可行性,即对项目系统的现状进行调查。其次,调查系统的信息量和信息流,确定各部门要保存的文件、输出的数据格式;分析用户的需求,确定纳入信息系统的数据流程图。再次,确定电子计算机硬件和软件的要求,然后选择最优方案。

**2. 系统设计**

利用系统分析的结果进行系统设计,建立系统流程图,提出程序的详细技术资料,为程序设计做准备工作。系统设计分两个阶段进行:首先,进行概要设计,包括输入、输出文件格式的设计、代码设计、信息分类、子系统模块和文件设计,确定流程图,指出方案的优缺点,判断方案的可行性,并提出方案所需要的物质条件;然后进行详细设计,将前一阶段的成果具体化,包括输入、输出格式的详细设计,流程图的详细设计,程序说明书的编写等。

**3. 系统实施**

系统实施的内容包括:程序设计与调试,系统转换、运行和维护,项目管理,系统评价等。

程序设计,是根据系统设计的要求,选择相应的语言,进行文件组织、数据处理等工作,最后绘制程序框图,编写程序,并写出操作说明书。

程序调试,是对单个程序进行语法和逻辑检验,目的是消除程序的错误。系统调试则是对系统运行状况进行监测、维护,保证系统正常运行。

项目管理,按照项目管理的方法,结合信息管理体统的特点,让信息系统为项目管理更好地服务,加强项目控制与项目组建的信息沟通。

系统评价,评价系统目标的实现情况,系统的集成性、易用性、容错性以及扩展性等综合指标。

## 思　考　题

1. 简述工程项目中物质流与信息流之间的关系。
2. 工程项目信息按管理功能可分为哪些类？
3. 如何进行工程项目信息化建设？
4. 分析信息资源规划的意义和步骤。
5. 什么叫 PMIS？有什么特征？包括哪些内容？
6. 分析我国 PMIS 应用的现状，存在的问题。
7. PMIS 开发的步骤是什么？

# 第10章 工程项目管理软件应用

## 10.1 工程项目管理软件开发与应用现状

### 10.1.1 国内项目管理软件开发现状

项目管理软件在工程项目管理中的应用是工程管理现代化的主要标志之一。项目的管理是一个动态过程,在这一过程中有大量的数据和信息需要处理,需要各种图表,需要在施工前做好规划、编制好计划,需要在项目执行过程中反馈真实的记录,需要执行过程中对计划进行不断的调整。这些具体工作的实现过程,同时也是项目管理软件的应用过程。没有计算机系统的应用,就谈不上高水平的项目管理,对于大型工程项目尤其如此。

目前,国内工程项目管理软件的开发与应用在面临前所未有的发展机遇的同时也遭遇着巨大的挑战。国内的软件开发企业既有一定的竞争优势,也存在很大的困难。

**1. 发展机遇**

**(1)优惠的政策环境**

国务院发布的《鼓励软件产业和集成电路产业发展的若干政策》在投资融资、税收、产业技术、出口、收入分配、人才吸引与培养、知识产权保护等方面,给予优惠政策。建设部正在制定建设系统软件应用的通用标准以规范建设领域信息市场行为。各省市地方的建委、定额站以及高新技术开发区,也制定一系列的优惠办法,培育扶植当地软件企业的发展。

**(2)巨大的市场需求**

项目管理软件作为一种行业专用软件,其发展与建筑行业自身的兴衰息息相关。据统计,我国现有各类施工企业几十万家,项目经理部几十万个,除此之外工程监理、审计、建行、甲方等单位也都是管理软件的用户,加入WTO以后,受各方面因素的影响,中国经济将呈现快速增长的态势,国内总体建设投资规模扩大,这将会为建筑业创造一个良好的发展机遇,也必将拉动行业软件市场需求的增长。

**(3)信息技术在建筑业的广泛应用**

20世纪90年代以后,我国建筑业应用信息技术取得了突飞猛进的发展,为项目管理软件的普及推广提供了必要的条件。主要表现在:网站建设从无到有,形成了政府网站、行业网站、企业网站三个层次;在施工中推广应用以信息技术为特征的自动化控制技术,取得了较好的效果。

**2. 面临挑战**

**(1)项目管理的基础工作薄弱**

软件的应用要有一定的条件,目前我国项目管理中影响软件应用和开发的主要问题有:

①管理工作尚未标准化,例如各种报告、信息、数据及各种费用项目的划分,各种文本等的标准化程度不高。

②工作过程中的随意性,非程序化工作和干扰,使先进的计划方法、控制方法和程序难以使

用,难以显示出它们的效果。

③整体管理水平低,各层次的管理人员尚不能掌握现代的管理手段和方法。管理的基础工作薄弱不仅限制了对软件应用的需求,而且进一步拉大了国内项目管理与国际水平的差距。

（2）国外竞争者的挑战

目前,打进中国建筑市场的国外软件有 MS－Project、P3 等。这些软件功能强大、专业性强、知名度高、营销方式灵活。如 P3 软件在国际上具有极高的知名度,逐渐成为工程项目管理行业的标准软件。世行也在大型项目上推荐使用 P3 软件。加入 WTO 后,外国软件企业将享受国民待遇,出口补贴政策、政府采购将受到限制,我国的产品市场不仅要开放,服务市场也相应开放,软件市场从而将完全开放,国内软件市场竞争日趋激烈。而且,加入 WTO 后,外资建设项目增多、建筑市场逐步放开,国外工程设计、承包、咨询单位的大量涌入会加大 MS－Project、P3 等的市场份额。

**3. 竞争优势**

（1）技术成熟

国内项目管理软件经过近 30 年的发展,已经研制出适用于公司和项目两个层次的产品。而且部分软件的技术水平达到新的高度,令外国同行刮目相看,为发展适合国情的信息产品奠定了技术基础。

（2）市场占有率高

初步估算,国产软件的市场占有率在三分之二以上。此外,用户购买软件后,需要经过培训学习,才能掌握运用。一旦熟练使用后,就倾向于继续购买后续产品,而不愿转购其他公司的同类产品。这一消费特征有利于率先占有市场的软件企业。多种原因造成国内软件企业已抢先一步占领市场,建立起销售渠道和用户对它们的信任。

（3）服务本土化

软件的价值归根结底表现在对传统行业的服务上,软件行业竞争的核心是服务的竞争。国内的软件企业经过十多年的市场开拓,已在全国的数十万用户中建立起较为完善的服务体系,深入到公路、港口、建筑、市政、铁路、水利、电力等各个领域,并能够快速响应用户要求,提供全面的咨询培训维护服务,这是外国公司在短期内无法做到的。

**4. 存在问题**

（1）品牌与质量

国产项目管理软件数量不少,但没有一个能够像 P3 那样知名的品牌软件。几十家软件研发单位"各占一个山头",国内市场呈现小而散、四分五裂的格局。在研发过程中普遍缺乏严格的测试环节,软件的改动和版本的升级频繁,造成成本的增加和维护上的难度,带给用户许多不必要的麻烦。在功能模块上,国产软件偏重进度计划管理,在资源管理、费用管理方面远远落后于国外软件。

（2）规模小、开发资金不足

国内软件企业的资金来源目前主要以企业自主投资、风险投资和政府投资三种为主。大部分企业缺乏正常的融资手段,只是依靠经营利润的积累发展。企业规模小,缺乏"重量级"企业,研究、设计、开发和市场开拓能力有限。

（3）缺乏统筹规划

由于没有明确的行业标准和方向引导,软件开发只能根据客户要求,由软件技术人员凭自己的理解和能力进行设计、编程,造成软件开发选题雷同,而且多属低水平重复开发。企业在技术、研究、开发等方面存在很大的盲目性,力量分散,造成大量资源浪费,也延误了发展的时机。

（4）人才流失

由于缺少合理的收入分配激励机制,大量软件开发人员流向高收入的电信、金融、商业领域,国内从事工程管理软件开发的人员越来越少,其中懂工程、懂计算机、懂管理的复合型高级人才更是少之又少。

## 10.1.2 国外项目管理软件的发展与启示

### 1. 发展历史

国外项目管理中的计算机应用可以追溯到 50 年代中后期网络计划技术的出现,到了 60 年代中后期网络分析程序已经十分成熟。整个 70 年研究的重点是完善和扩展网络模型分析软件的应用功能,如成本和资源的平衡优化,同时提出并研究了项目管理信息系统。进入 80 年代以后,PC 机的普及和项目管理工作的科学化、标准化,使一般中小型企业、中小型项目也可用计算机进行管理,网络技术才真正普及。90 年代后,项目管理软件发展迅速,不断有功能强大、使用方便的软件推出,在项目管理中发挥了重要作用,计算机的应用已经成为项目管理必不可少的一个组成部分。

项目管理软件的功能层次不断提高,对应着三个显著阶段:

第一层次,也称基本功能,如进度控制、质量管理、资源管理、费用控制、采购管理等,是对基层工作流程的模拟,在一定程度上实现数据共享,减轻了基层项目管理人员的工作强度。在 80 年代已基本完成这方面的功能开发并在基层项目管理中广泛应用。

第二功能层次有两个特点:一是分析和预测功能,包括工期变动分析、不可预见事件分析(如恶劣气候、汇率变动、市场物价变动、分包商情况变动等)。在分析基础上产生预测功能,主要包括进度预测、投资预测、资金需求预测等,并有相应的数学模型。二是计算机网络的使用和通讯功能,主要是局域网上的多用户操作和多项目管理,以及借助 Internet、Intranet、电子邮件、电子信箱等先进的通讯工具和手段,减少项目管理班子的工作所受的地域限制。P3 及 MS—Project 都是这一层次的产品。

第三层次是基于因特网的项目管理,使整个项目管理业务与因特网结合,具有跨平台兼容、交互性和实时性,项目成员可以协同工作,实现在线文档管理、在线讨论、视频会议等。

### 2. 发展启示

目前国内项目管理软件的发展还处在第一阶段。某些软件具备或正向第二功能层次发展,而第三阶段软件则处于研发阶段。参考国外同类软件的发展历程可以得到启示:数据通讯、多项目管理、多用户环境、多系统兼容和与 Web 技术集成、增强用户自定义功能,这代表着项目管理软件的新发展;客户机(Client)/服务器(Server)模式向浏览器(Browser)/服务器(Server)模式转变将是必然趋势;提供分析、预测功能甚至是决策功能是项目管理信息系统的发展方向。

## 10.1.3　工程项目管理软件应用分析

### 1. 工程项目管理软件应用的意义

（1）从微观上来看，工程项目管理软件推广应用的作用表现在：

①提升建筑企业（包括监理、咨询企业和施工企业）的核心竞争力，适应市场化竞争的要求。

②缩短建筑企业的服务时间，提高建筑企业的客户满意度，及时的获取客户需求，实现对市场变化的快速响应。

③可以有效提高企业的决策水平。项目管理软件的应用使企业在获取、传递、利用信息资源方面更加灵活、快捷和开放，可以极大地增强决策者的信息处理能力和方案评价选择能力，拓展了决策者的思维空间，延伸了决策者的智力，最大限度地减少了决策过程中的不确定性、随意性和主观性，增强了决策的合理性、科学性及快速反应，提高了决策的效益和效率。

④有效降低企业成本。项目管理软件的应用可以直接影响建筑企业价值链任何一环的成本，改变和改善成本结构。

⑤有助于理顺建筑企业内部的各种信息，提高建筑企业的管理水平。

（2）从宏观上看，工程项目管理软件的推广应用对于国家和整个行业的作用表现在：

①加速信息在建筑企业内部和工程项目建设的各个参与方之间的流动，实现信息的有效整合和利用，减少信息损耗。

②通过项目管理软件及其所代表的现代项目管理思想在项目管理中的应用，可以提高工程项目的管理水平，提高工程项目各个参与方的管理水平，提高工程项目的整体效益，从而最终增强国家的综合实力。

③有利于建筑相关行业迎接加入 WTO 后的挑战，适应国际化竞争。加入 WTO 以后，建筑相关行业将更直接地面对国际竞争的挑战，在全球知识经济和信息化高速发展的今天，作为项目管理工作中的重要的知识管理工具——项目管理软件的推广应用已经成为决定成败的关键因素，也是建筑企业实现跨地区、跨国经营的重要前提。

### 2. 工程项目管理软件的应用形式

目前，在项目管理软件的应用过程中，存在以下两种形式：

**（1）以业主为主导的统一的项目管理软件应用形式**

采用这类形式的往往是大型或特大型工程项目。在这类项目的实施过程中，业主或者聘请专业的咨询单位或人员为工程项目提供涉及项目管理全过程的咨询，或者自行建立相应的部门专门从事这方面的工作。无论采用哪种方式，都需要做到事前针对项目的特点和业主自身的具体情况对项目管理软件的应用进行详细的规划，包括应用范围、配套文档编制（招标文件、合同、系统输入输出表格、使用与审查细则等）、各类编码系统的编制、信息的标准化、工程项目管理网络系统的建立和相关培训工作；在应用的准备过程中，建立实时数据和文档的申报、确认、审查、处理、存储、分发和回复程序，并在合同文件中用相应的条款对这些程序的执行进行约束。从使用的效果来看，由于在业主的组织下，将工程项目的各个参与方凝聚成一个有机的整体，实现了统一规划、统一步调、统一标准、协调程序，因此应用效果较好。

**（2）项目的某个参与方单独或各自单独应用项目管理软件的形式**

这种项目管理软件的应用形式目前在工程项目管理中普遍存在。由于工程项目的各个参与方对项目管理软件应用的认识程度存在很大差距，只要业主没有对项目管理软件在项目管理中的应用进行统一布置,则往往是工程参与方会单独选用适用于己方的项目管理软件,例如,设计方采用 CAD 软件和概预算软件,监理单位采用监理专用的软件,承包商采用进度计划管理、费用管理和风险管理软件等,或工程项目的某个参与方自己拥有完善的面向企业管理和项目管理的信息系统。由于这些工具的使用,使得项目管理软件的使用方较其他参与方有更高的效率,能掌握更多的信息,能更早地预知风险,能对出现的问题做出快速响应,使其在各个参与方之间处于一种有利的地位。但从整体上看,应用效果不如前一种情况。

**3. 我国工程管理软件应用推广中存在的问题**

尽管工程项目管理软件在我国的应用已经取得了很大的进步,但从目前的应用效果上来看,还有很多不尽如人意的地方。工程管理软件应用推广中存在的问题表现在以下两个方面。

**(1)意识上的问题**

随着市场压力的逐渐增大,很多建筑企业都体会到信息的重要性,体会到项目管理软件应用的重要性,都认识到项目管理软件在企业和项目中的应用可以促进企业发展。但在实际操作上,各个企业有很大差别。大部分企业对此持积极态度,但也有些企业不愿在工程项目管理软件的应用上增加投入,认为软件价格过高,而且其应用不仅在短期内不会带来效益,还会增加负担。在这种指导思想下,企业很难把项目管理软件的应用变为企业的主动自觉的行为,即使在某些项目上使用了项目管理软件,也经常是在项目的甲方或上级领导的要求下使用的,根本保证不了使用效果。当然,对于大多数中小企业来说,资金和人才也是妨碍项目管理软件应用的一大障碍。

随着企业竞争环境的不断变化,会促使企业向信息化寻求出路,随着与项目管理软件相关的管理思想和信息技术的成熟及成本下降也会使企业在这方面的积极性进一步提高。

**(2)使用深度和广度的问题**

目前,很多企业都拥有了各种各样的项目管理软件,但由于存在认识水平、重视程度、管理基础、经济效益等方面的差异,这些软件在各个企业和各个项目上的应用水平和应用深度有很大的不同。水平高的企业或项目拥有一整套完整的项目管理软件应用规范和与之相配套的定性、定量相结合的规章制度和相关规定,在项目管理软件的应用上得心应手;而相当一部分项目和企业对项目管理软件的应用仅仅局限于一个比较浅的水平上,这里除了有硬件方面和人员方面的因素外,很大程度上还在于这些项目和企业的管理基础和管理水平与项目管理软件应用的要求存在一定的差距。

项目管理软件的应用能否取得成功,除了相关的技术因素之外,更大的因素将取决于能不能将先进的管理理念同企业的具体实际良好结合。项目管理软件的应用与其说是技术问题还不如说是管理问题。管理的不科学、流程的随意性在很多企业和项目的管理过程中都不同程度地存在,如何抓住机遇,将企业和项目的管理与计算机软件的应用相互融合,如何根据信息化的要求,实现企业和项目业务流程重组和组织结构优化,是当前大部分企业和工程项目的参与方应该着手解决的问题。

# 10.2　工程量清单计价软件

随着工程造价管理改革的展开与深入,工程量清单计价模式逐渐取代传统的定额计价模式。目前,市场上基于清单计价模式的软件已有若干家,如广联达清单整体解决方案、梦龙项目管理、神机妙算等。本节将介绍广联达清单整体解决方案中的两个相关软件:图形算量软件和清单计价软件。

## 10.2.1　广联达图形算量软件

### 1.图形算量软件

工程量清单计价规范实行后,工程量的计算发生了很大的变化。在清单计价规范及新的招投标体制下,对工程量的计算有了更深层次的要求,主要体现在以下几个方面:

(1)算量主体发生变化

清单模式:招标人算量,投标人审核。以招标人按清单规则计算工程量清单为主导。

定额模式:投标人算量,招标人审核。以投标人按当地定额规则计算工程量为主导。

(2)算量目的发生变化

清单模式下,招标人为招标文件而算量,主要计算工程量清单,但如果要做标底,还要考虑施工方案计算标底组价方案工程量。投标人为组价而算量,按招标人提供的工程量清单,依据施工方案及施工工艺指引计算组价方案工程量,但为了降低风险,进行不平衡报价,还需快速审核招标人提供的工程量清单。

定额模式下,投标人按定额规则计算投标量,招标人只能审核工程量。

(3)算量方式发生变化

清单模式下,招标人不考虑施工方案,按图示尺寸算量。投标人要考虑实际的施工方案,一切从实际出发。

定额模式下,投标人按政府定额考虑的综合方案进行算量。

广联达图形算量软件 GCL 7.0 能够适应上述的变化和需求。该软件是在目前传统定额模式向清单环境过渡时期里量身定做的实用的算量软件,适用于定额模式和清单模式下不同的算量需求。只需按照图纸提供的信息定义好各种构件的材质、尺寸等属性,同时定义好构件立面的楼层信息,然后将构件沿着定义好的轴线画入或布置到软件中相应的位置,最后在汇总过程中软件将会自动按照相应的规则进行扣减计算,并得到相应的报表。由于软件内置了清单工程量计算规则及当地计算规则,所以能够同时满足清单环境下招标人、投标人的不同需求。对于招标方,可以选套清单项,选配相应的工程项目名细特征,并直接打印工程量清单报表,帮助招标方形成招标文件中规范的工程量清单,亦可参考套用相应定额,形成标底。对于投标方,也可通过画图,在复核招标方提供的清单工程量的同时,根据招标方提供的工程量清单计算相应的施工方案工程量,并套取相应的定额子目。

### 2.图形算量软件操作流程

图形算量软件可以按照下面的流程进行操作:

启动软件→新建工程→建立轴网→建立构件→绘制构件→汇总计算→查看报表→保存工程→退出软件,下面分别进行描述。

(1)新建工程

点击"新建向导"后,输入工程名称,选择标书模式和计算规则。在这里,工程名称为"工程1",标书模式为"清单模式",计算规则为"建筑工程工程量计价规范计算规则—北京"(根据您所在的地区,可以选择相应的计算规则),点击"下一步"按钮,如图 10-1。

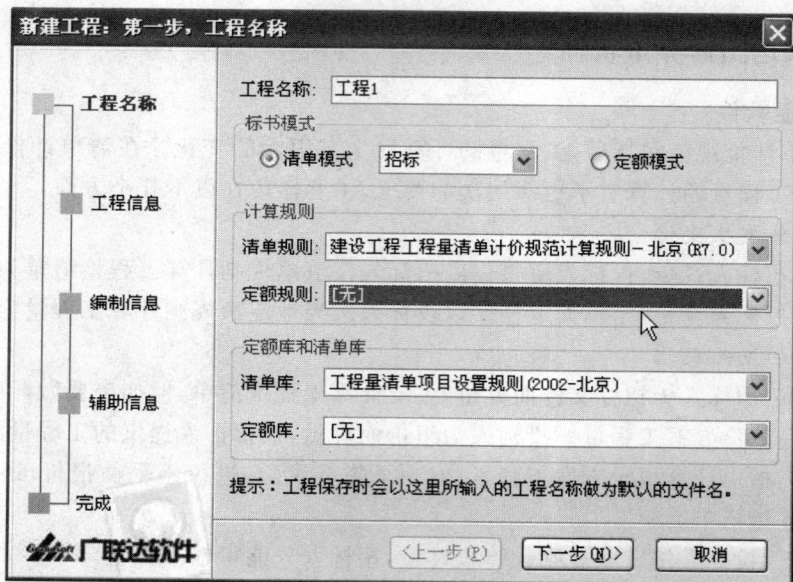

图 10-1　输入工程信息

连续点击"下一步"按钮,并输入相关信息,点击"完成按钮"后,就可以进入软件的主界面。

(2)建立轴网

点击菜单栏的"轴网"→"轴网管理",在弹出的轴网管理中点击"新建"按钮,分别输入"下开间"、"左进深"等轴距,形成轴网,点击"确认"按钮,在屏幕绘图区域内点击一下鼠标左键会显示您刚才所建立的轴网,如图 10-2。

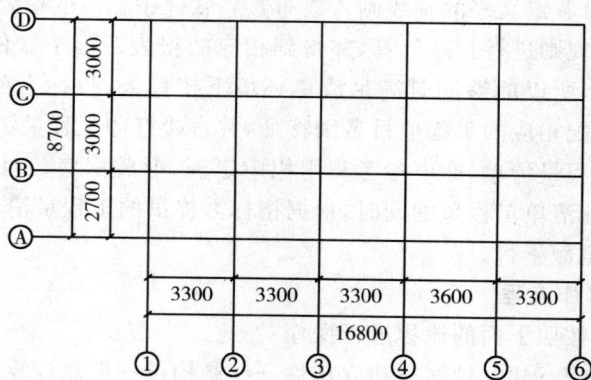

图 10-2　建立轴网

(3)建立构件

下面以"墙"为例,来建立一个墙体构件

①在绘图区域的任意位置,点击鼠标右键,弹出右键菜单,点击"构件管理"

②在弹出的界面左侧树状结构中"墙"的位置点击鼠标右键,会弹出一个菜单,点击"新建普通墙"

③在界面的右侧显示出刚才所建立的墙体构件"Q-1",编辑墙体属性值,如图 10-3。

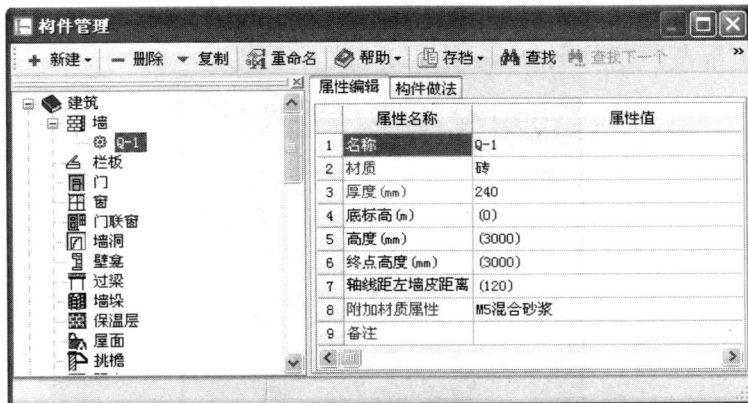

图 10 - 3　添加墙体构件

　　④点击"构件做法"按钮,再选择"查询"下拉菜单中的"查询清单库",双击相应的清单编码,即完成构件做法的输入,如图 10 - 4,10 - 5。

图 10 - 4　构件做法

图 10 - 5　查询清单库

　　⑤用同样的方法,您可以再建立梁、门窗等其他构件

　　(4)绘制构件

　　在构件类型工具条中点击"墙",然后把鼠标指针移动到屏幕的绘图区域,拖动鼠标,在屏幕的绘图区域内会出现您所绘制的墙体(如图 10 - 6)。用同样的方法在相应的位置绘制"梁"和"门"。

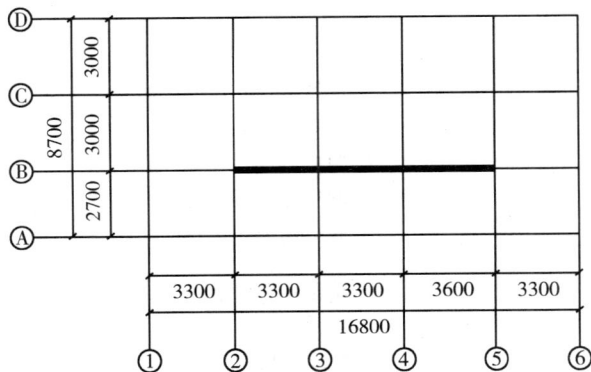

图 10 - 6　绘制墙体

（5）汇总计算

点击菜单栏的"报表"→"汇总计算"，屏幕弹出"汇总计算"界面，点击"计算"按钮，如图 10-7。

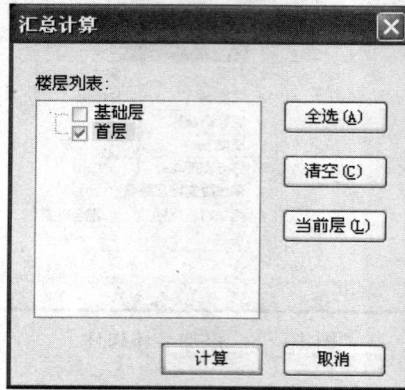

图 10-7 汇总计算

（6）查看报表

点击菜单栏的"报表"→"报表输出"，可以查看"招标人清单汇总表"，也可以按"构件汇总分析"查看汇总表，如图 10-8,10-9。

## 招标人清单汇总表

工程名称：工程1                                                编制日期：2007-4-20

| 序号 | 编码 | 项目名称 | 单位 | 工程量 |
|---|---|---|---|---|
| 1 | 010304001001 | 空心砖墙、砌块墙 | $m^3$ | 5.155 |
| 2 | 010403002001 | 矩形梁 | $m^3$ | 1.44 |
| 3 | 010501001001 | 木板大门 | 樘 | 0 |

图 10-8 招标人清单汇总表

## 构件首层工程量汇总表

工程名称：工程1                                                编制日期：2007-4-20

| 序号 | 构件名称 | 工程量 |
|---|---|---|
| | | 一、墙 |
| 1 | Q-1 | 面积＝21.48$m^2$<br>体积＝5.155$m^3$ |
| | | 二、门 |
| 1 | M-1 | 洞口面积＝2.52$m^2$<br>框外围面积＝2.52$m^2$<br>数量＝1 樘<br>洞口三面长度＝5.4m<br>洞口宽度＝1.2m<br>洞口高度＝2.1m |
| | | 三、梁 |
| 1 | L-1 | 体积＝1.44$m^2$<br>体积长度＝9.6m<br>轴线长度＝9.6m |

图 10-9 构件首层工程量汇总表

### 10.2.2　广联达清单计价软件

#### 1. 清单计价软件

随着计价模式从单一的定额计价模式向复杂多变的清单计价模式转变,招标方编制工程量清单到市场上去选择合适的交易价格,投标方在市场中以竞争为导向计算成本后再加相应利润报出建筑产品的生产价格。招投标模式由接近标底价中标到合理低价中标,留给投标方的利润空间越来越狭小,招投标时间越来越短。如何在夹缝中求生存? 这是建筑企业值得深思的一个问题。

广联达公司研发的广联达清单计价软件是以完全符合清单计价原则和工程量清单编制方法为标准,并融入计算机本身的优点,能够更加高效、快速、准确地对庞大的数据集进行处理,达到事半功倍的效果。该产品具有以下功能:

(1)多种计价模式共存

①清单与定额两种计价方式共存同一软件中,实现清单计价与定额计价的完美过度与组合。

②提供"清单计价转定额计价"功能,使用户可以在两种计价方式中自由转换,评估整体造价。

(2)多方位数据接口

①在"导入导出招投标文件"中提供了各类招投标文件的导入导出功能;在整个招投标过程中,实现无障碍数据传递。

②"导入工程量清单"功能可以直接从 EXCEL 和 ACCESS 中直接将清单内容导入。节省时间,响应快速。

③通过 GBK(企业定额)可以创建反映企业实际业务水平、具备市场竞争实力的企业定额数据,并实现由企业定额数据直接计价的工作过程。

(3)工程造价调整

①工程造价调整分为调价和调量两部分。可以在最短的时间里实现工程总价的调整和分摊。

②"主材设备不参与调整"、"人工机械不调整单价"、"甲供材料不参与调整"多个选项并存。各选项自由组合,实现量价调整的灵活快速。

(4)灵活的报表设计功能

①使用最新自主开发的报表设计控件,灵活设计各种复杂结构报表。

②设计界面采用 OFFICE 表格设计风格,轻松完善报表样式。

③报表名称列使用树状结构分类显示,查找更加方便。

④报表可以导出到 EXCEL,设计更加自由。

#### 2. 清单计价软件操作流程

(1)新建预算文件

点击"新建预算",如图 10-10 所示。

(2)工程概况信息

在预算文件中,工程概况由总说明、预算信息、工程信息、工程特征、计算信息 5 部分组成,相关信息需要用户填写,如图 10-11。

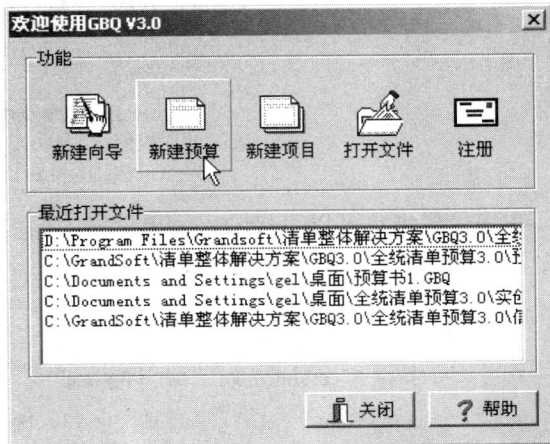

图 10-10　新建预算文件

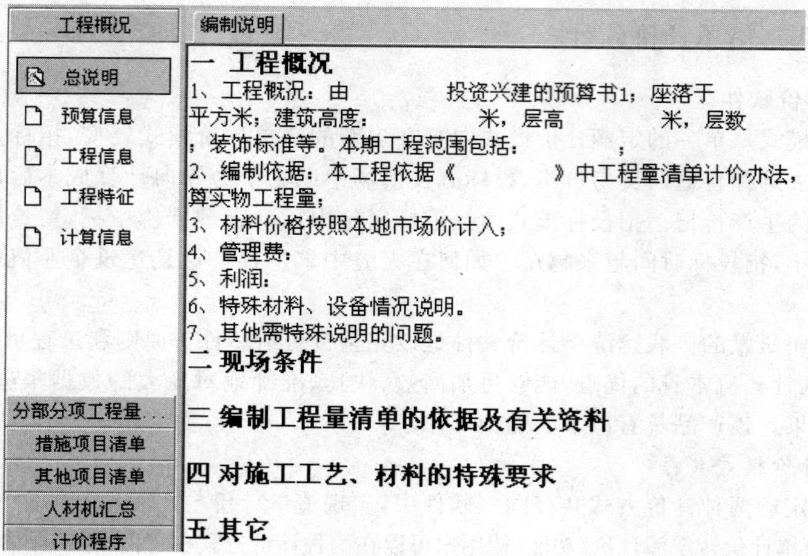


图 10－11 工程概况信息

(3)分部分项工程量清单编制

用鼠标选择右边的“分部分项工程量清单”则出现清单输入的表格界面，用户就可以输入工程量清单的具体数据了。

①清单项输入

a. 清单查询输入

点击分部分项工程量清单表上方工具栏中的“查询窗口”的下拉箭头如下图，左键单击[清单项查询]将清单查询的窗口在下方显示出来，如图 10－12。选取时，用鼠标双击需要的清单项或者按回车键均可。

| | 地区 | 编号 | 清单项目 |
|---|---|---|---|
| ▶ | | 010101001 | 平整场地 |
| | | 010101002 | 挖土方 |
| | | 010101003 | 挖基础土方 |
| | | 010101004 | 冻土开挖 |
| | | 010101005 | 挖淤泥、流砂 |
| | | 010101006 | 管沟土方 |
| | | 010102001 | 预裂爆破 |
| | | 010102002 | 石方开挖 |
| | | 010102003 | 管沟石方 |
| | | 010103001 | 土(石)方回填 |
| | | 010201001 | 预制钢筋混凝土桩 |
| | | 010201002 | 接桩 |

图 10－12 清单项查询

在编号栏中也可以直接输入清单编号，如：010101001001，则该清单项直接进入分部分项工程量清单表中。输入后的清单项，如图 10－13。

| | 编号 | 类别 | 名称及规格 | 项目特征 | 单位 |
|---|---|---|---|---|---|
| | 整个项目 | | | | |
| *1 | 010101001001 | 项 | 平整场地 | | m2 |

图 10－13 输入后的清单项

b. 特征项目输入

选择清单项后，在清单输入窗口的下方窗口工具栏中点击“特征项目”按钮，将特征项目窗口在下方显示出来,如图 10 - 14。

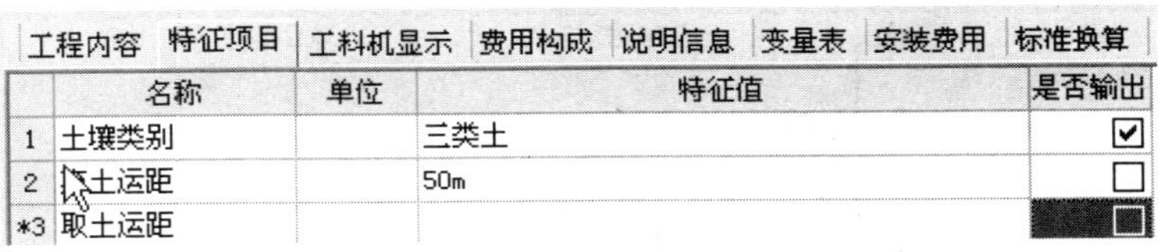

图 10 - 14　特征项目输入

在右边是附加内容和显示格式,按下图选择好后,点击"刷新",则特征项目里的内容就输入到清单表格里了,如图 10 - 15,10 - 16。

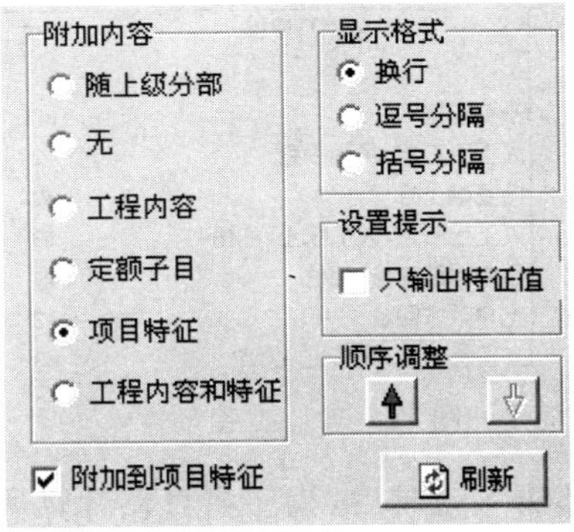

图 10 - 15　附加内容和显示格式

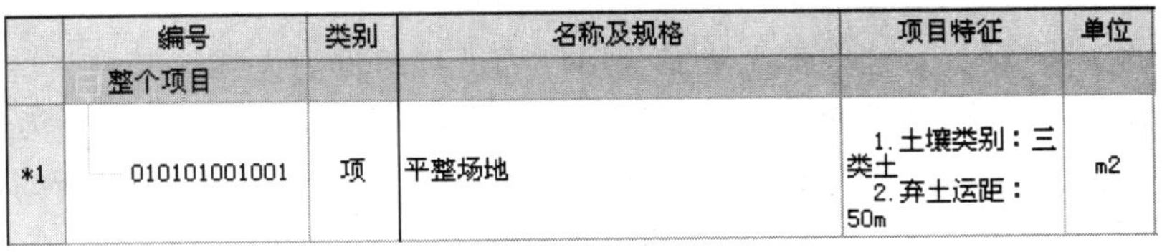

图 10 - 16　输入后的特征项目

②子目输入

a. 子目查询输入

选择某一清单项目,鼠标右击后,选择"插入子目",点击分部分项工程量清单表上方工具栏中[查询窗口]按钮,定额查询的窗口在下方显示出来,如图 10 - 17。

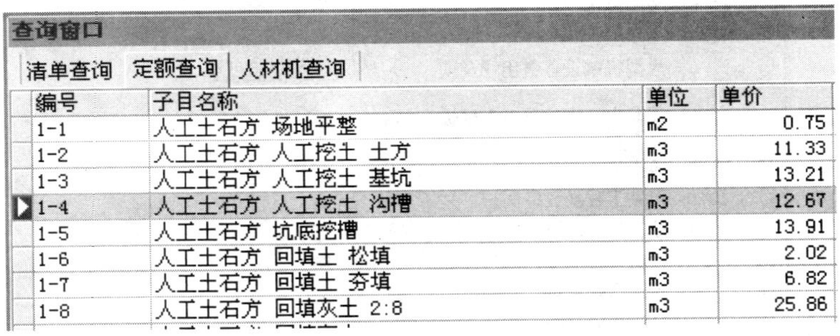

图 10 - 17　定额子目查询窗口

鼠标双击定额子目,即可自动输入子目,如图 10-18。

| 编号 | | 类别 | 名称及规格 | 项目特征 | 单位 | 单价 |
|---|---|---|---|---|---|---|
| | 整个项目 | | | | | 0.00 |
| *1 | 010101001001 | 项 | 平整场地 | | m2 | 0.00 |
| 2 | 010101003001 | 项 | 挖基础土方 | | m3 | 0.00 |
| | 1-4 | 定 | 人工土石方 人工挖土 沟槽 | | m3 | 12.67 |
| | 2-37 | 定 | 预制钢筋砼桩 截桩 | | 根 | 14.67 |

图 10-18 输入后的定额子目

b. 工程量输入

在分部分项工程量清单表中"工程量"栏输入清单及子目的工程量,如图 10-19。

| 编号 | | 类别 | 名称及规格 | 单位 | 工程量 | 单价 |
|---|---|---|---|---|---|---|
| | 整个项目 | | | | 1 | 11,055.80 |
| 1 | 010101001001 | 项 | 平整场地 | m2 | 1 | 712.50 |
| | 1-1 | 定 | 人工土石方 场地平整 | m2 | 950 | 0.75 |
| 2 | 010101003001 | 项 | 挖基础土方 | m3 | 800 | 12.85 |
| | 1-4 | 定 | 人工土石方 人工挖土 沟槽 | m3 | 800 | 12.67 |
| | 2-37 | 定 | 预制钢筋砼桩 截桩 | 根 | 10 | 14.67 |
| 3 | 010103001001 | 项 | 土(石)方回填 | m3 | 30 | 2.02 |
| * | 1-6 | 定 | 人工土石方 回填土 松填 | m3 | 30 | 2.02 |

图 10-19 工程量输入

将所有的清单项目及子目都输入完成后,程序将自动计算所有的项目,包括:综合单价、综合合价、企业管理费、利润等。至此,分部分项工程量清单输入完毕。

(4)措施项目清单编制

措施项目清单的编制,应考虑多种因素。除工程本身的因素外,还涉及水文、气象、环境、安全和施工企业的实际情况等,这些都无法完全用定额子目组价的方式。其中一些项目的费用可以通过其他方式进行组价,软件中一共有 4 种组价方式:普通费用组价方式、定额组价方式、清单组价方式、实物量组价方式。用户直接双击要修改组价方式的行,然后在行所对应的"类别"一列,双击后面的下拉按钮,直接选择要修改的组价方式即可,如图 10-20 所示。

| | 序号 | 名称 | 单位 | 类别 | 计算基数 |
|---|---|---|---|---|---|
| 1 | 1 | 通用项目 | | 部 | F2:F12 |
| 2 | 1.1 | 环境保护 | 项 | 费 | |
| 3 | 1.2 | 文明施工 | 项 | 费 | |
| 4 | 1.3 | 安全施工 | 项 | 费 | |
| 5 | 1.4 | 临时设施 | 项 | 0 | |
| 6 | 1.5 | 夜间施工 | 项 | 0:普通费用行 | |
| 7 | 1.6 | 二次搬运 | 项 | 1:定额组价行 2:清单组价行 | |
| 8 | 1.7 | 大型机械设备进出场及安拆 | 项 | 3:实物量组价行 | |
| 9 | 1.8 | 混凝土、钢筋混凝土模板及支架 | 项 | 定 | |
| 10 | 1.9 | 脚手架 | 项 | 定 | |
| 11 | 1.10 | 已完工程及设备保护 | 项 | 定 | |
| 12 | 1.11 | 施工排水、降水 | 项 | 定 | |
| 13 | 2 | 建筑工程 | | 部 | F14 |
| 14 | 2.1 | 垂直运输机械 | 项 | 定 | |
| 15 | | 措施项目合计 | | | F1+F13 |

图 10-20 措施项目组价方式选择

①普通费用组价方式

可以直接输入相应的各项费用的款项,或者以已有费用为基数计取一定的比例(费率)。

a. 直接在措施项目费用中输入相应的费用,选中这项费用所在的行,然后在"计算基数"列中输入相应款项的数值即可。

例:"文明施工"费共计 58470 元,那么就可以直接在计算基数列中输入 58470 即可,如图 10 - 21。

| | 序号 | 名称 | 单位 | 类别 | 计算基数 | 费率(%) | 人工费 |
|---|---|---|---|---|---|---|---|
| 1 | 1 | 通用项目 | | 部 | F2:F11 | | 58,470.00 |
| 2 | 1.1 | 环境保护 | 项 | 费 | | | |
| 3 | 1.2 | 文明施工 | 项 | 费 | 58470 | | 58,470.00 |
| 4 | 1.3 | 安全施工 | 项 | 费 | | | |

图 10 - 21　措施项目费用直接输入

b. 以已有某项费用为基数计取一定的比例,选中这项费用所在的行,然后单击右键,选择"费用代码",从中选择需用的代码即可在图中相应的费用行中显示出相应的信息(如图10 - 22),然后在"费率%"栏中输入相应的费率。同时也可以在"组价内容"中重新进行费用分析。

图 10 - 22　选择费用代码

②定额组价方式

措施项目中有些项目可以用定额子目组成费用。例:"脚手架"采用定额组价方式,可以直接输入定额子目,也可通过"定额查询"功能输入。具体操作参见前面的"子目输入"。

③实物量组价方式

措施项目各分部的组价的方式比较多,根据实际需要,我们可以自由的进行组价,也就是实物量组价方式。选中要采用实物量组价方式的费用所在的行,先在"类别"中换成实物量组价方式,然后点击"组价内容",如图 10 - 23,弹出"实物量组价"的界面。

实物量组价方式有两种模板,软件默认为"固定分类模板",只有人工类、材料类、机械类三类。在各项类别下可输入具体的信息,包括名称、单位、数量、单价,合价根据单价数量会自动算出。

另一种实物量组价方式采用"非固定分类模板",在"实物量组价"页面中,选择"载入组价包",在打开的"组价包存档"界面中,选择非固定分类模板(例如冬雨季施工、人工基地、现场临建模板等)。

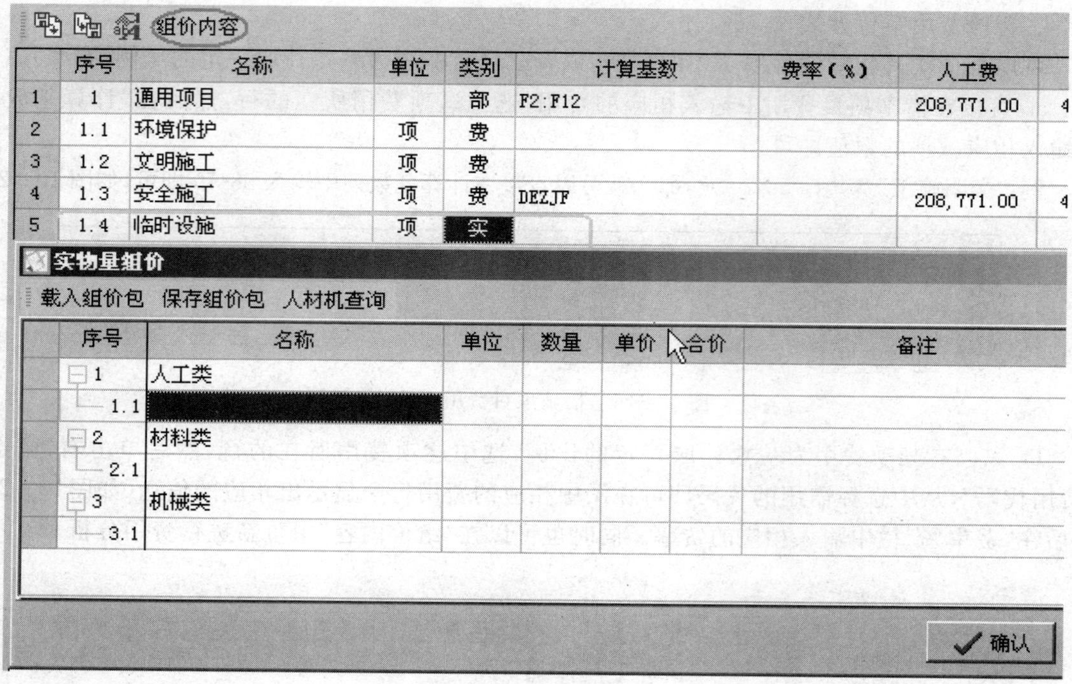

图 10 - 23 实物量组价方式

④清单组价方式

措施项目也可采用清单组价方式,即通过清单组价方式对措施项目清单费用进行分析。选中要采用清单组价方式的费用所在的行,先在"类别"中换成清单组价方式,然后点击"组价内容"。详细操作同分部分项工程量清单界面,可以直接输入清单项或定额子目,也可通过"清单查询"和"定额查询"功能输入,也可以进行补充清单项或补充子目的输入,同时也可插入分部并排序。

(5)其他项目清单编制

点击左边工具栏中"其他项目清单"后,出现下面的界面,如图 10 - 24。

用户可以直接输入或采用取费基数×费率的计算模式,还可以新建其他项目模板。当用户新建空模板时,模板行的内容为空,用户可以根据需要新建模板行的内容。

| | 序号 | 名称 | 取费基数 | 费率(%) |
|---|---|---|---|---|
| *1 | | 其他项目费 | | |
| 2 | 1 | 招标人部分 | | |
| 3 | 1.1 | 预留金 | | |
| 4 | 1.2 | 材料购置费 | | |
| 5 | | 小计 | F3:F4 | |
| 6 | 2 | 投标人部分 | | |
| 7 | 2.1 | 总承包服务费 | | |
| 8 | 2.2 | 零星工作费 | | |
| 9 | | 小计 | F7:F8 | |
| 10 | | 其他项目费合计 | F5+F9 | |

图 10 - 24 其他项目清单

（6）其他

a. 人材机汇总

用鼠标选择左边工具栏中"人材机汇总"后，出现人材机汇总信息界面，如图 10 - 25。

| | 工程概况 | | 🖼 🖼 🖼 ❶ ✏ 甲方评标主要材料表 | | | | | | | |
|---|---|---|---|---|---|---|---|---|---|---|
| | 分部分项工程量... | | 全部人材机汇总 ▾ ☐ 只显示输出材料 市场价文件: | | | | | | | |
| | 措施项目清单 | | | 代号 | 类别 | 名称 | 型号规格 | 供货方式 | 中供数量 | 定额价 | 市场价 | 价差 |
| | 其他项目清单 | 1 | 02001 | 材 | 水泥 | 综合 | 自行采购 | | 0.336 | 0.366 | 0.000 |
| | 人材机汇总 | 2 | 04001 | 材 | 红机砖 | | 自行采购 | | 0.177 | 0.177 | 0.000 |
| | | 3 | 04025 | 材 | 砂子 | | 自行采购 | | 0.036 | 0.036 | 0.000 |
| | 📄 所有人材机 | 4 | 04026 | 材 | 石子 | 综合 | 自行采购 | | 0.032 | 0.032 | 0.000 |
| | 📄 主要材料表 | 5 | 40007 | 预 | C20预拌砼 | | 自行采购 | | 265.000 | 265.000 | 0.000 |
| | | 6 | 81071 | 浆 | M5水泥砂浆 | | 自行采购 | | 135.210 | 135.210 | 0.000 |
| | 📄 人工表 | 7 | 81076 | 砼 | C25普通砼 | | 自行采购 | | 197.910 | 197.910 | 0.000 |
| | 📄 机械表 | 8 | 82001 | 人 | 综合工日 | | 自行采购 | | 23.450 | 23.460 | 0.000 |
| | 📄 材料表 | 9 | 82002 | 人 | 综合工日 | | 自行采购 | | 28.240 | 28.240 | 0.000 |
| | | 10 | 82003 | 人 | 综合工日 | | 自行采购 | | 27.450 | 27.450 | 0.000 |
| | | 11 | 82004 | 人 | 综合工口 | | 自行采购 | | 32.450 | 32.450 | 0.000 |
| | | 12 | 82013 | 人 | 其他人工费 | | 自行采购 | | 1.000 | 1.000 | 0.000 |
| | | 13 | 84004 | 材 | 其他材料费 | | 自行采购 | | 1.000 | 1.000 | 0.000 |
| | | 14 | 84016 | 机 | 机械费 | | 自行采购 | | 1.000 | 1.000 | 0.000 |
| | 计价程序 | 15 | 84017 | 材 | 材料费 | | 自行采购 | | 1.000 | 1.000 | 0.000 |
| | 报表 | 16 | 84018 | 材 | 模板租赁费 | | 自行采购 | | 1.000 | 1.000 | 0.000 |
| | 数字建筑 | 17 | 84023 | 机 | 其他机具费 | | 自行采购 | | 1.000 | 1.000 | 0.000 |

图 10 - 25　人材机汇总

在此界面下，用户可以查看所有人材机、人工表、机械表和材料表等，还可以编辑市场价。

b. 计价程序

程序内置了工程量清单的计价程序，用户可以直接使用，如果有特殊需要，也可自由修改。点击左边多页面"计价程序"标签，即进入计价程序窗口，如图 10 - 26。

c. 报表

在用户完成预算文件的建立后，软件自动生成各类报表，供用户查询，图 10 - 27 为分部分项工程量清单计价表的一个样式。

| | 工程概况 | | 🖼 🖼 🖼 % | | | | |
|---|---|---|---|---|---|---|---|
| | 分部分项工程量... | | 序号 | 费用名称 | 取费基数 | 费用说明 | 费率(%) | 费用金额 |
| | 措施项目清单 | 1 | 一、 | 分部分项工程量清单计价合计 | ZJF | 分部分项工程量清单合计 | | 93,564.24 |
| | 其他项目清单 | 2 | 二、 | 措施项目清单计价合计 | QTCSF | 措施项目清单合计 | | 142,499.71 |
| | 人材机汇总 | 3 | 三、 | 其他项目清单计价合计 | QTXMF | 其他项目清单合计 | | 0.00 |
| | 计价程序 | 4 | 四、 | 规费 | F5:F8 | [5~8] | | 3,116.66 |
| | | 5 | 1、 | 人工费部分 | KRGF+JSCSF_KRGF | 扣人工费+组价措施项目费中扣人工费 | | 3,116.66 |
| | 📄 费用文件 | 6 | 2、 | 现场经费部分 | KXCJF+JSCSF_KXCJF | 扣现场经费+组价措施项目费中扣现场经费 | | 0.00 |
| | | 7 | 3、 | 企业管理费部分 | KGLF+JSCSF_KGLF | 扣企业管理费+组价措施项目费中扣企业管理费 | | 0.00 |
| | | 8 | 4、 | 其他 | | | | 0.00 |
| | | 9 | 五、 | 税金 | F1:F4 | [1~4] | 3.4 | 8,132.14 |
| | | 10 | | 含税工程造价 | F1:F4+F9 | [1~4]+[9] | | 247,312.75 |

图 10 - 26　计价程序

## 分部分项工程量清单计价表

工程名称：预算书1

第1页　共1页

| 序号 | 项目编码 | 项目名称 | 计量单位 | 工程数量 | 金额（元） | |
|---|---|---|---|---|---|---|
| | | | | | 综合单价 | 合价 |
| 1 | 010101001001 | 平整场地 | m² | 1.000 | 579.50 | 579.50 |
| 2 | 010101003001 | 挖基础土方 | m³ | 10.45 | 8,362.70 | |
| 3 | 010103001001 | 土（石）方回填 | m³ | 1.64 | 49.20 | |

图 10 - 27　分部分项工程量清单计价表

# 10.3　工程施工管理软件

本节介绍施工管理中的两个常用软件：翰文工程进度计划编制系统和翰文施工平面图绘制软件。

## 10.3.1　翰文工程进度计划编制系统

### 1. 工程进度计划系统

网络计划技术在现代管理中已经得到了广泛的应用。作为智能工具的计算机，对网络计划技术在工程项目的计划管理、进度控制、资源管理的应用中可以发挥极大的作用。但是过去的一些计算机软件还不尽如人意，如网络图的编辑功能差、资源管理功能不能满足实际要求。

本软件作为工程项目管理的一部分，它能快速生成网络计划图、横道图并管理建筑工程的规划、进度，并能优化给出的工程规划图，以达到规划的合理性，求得费用最小之规划图或周期最短之规划图。可输出图形（如双代号时标网络图、横道图及资源图）。

该系统采用图形编辑方式，这意味着用户不需画草图，不需记住工作的代号，所有操作只需用鼠标就可以直接在网络图中对工程项目进行添加工作和调整逻辑关系，而不用回到特定的画面才能输入和修改工程项目信息及紧前、紧后关系，并实时计算关键线路，自动添加时标，横道图自动生成，非常快捷、方便。软件启动后，主界面如图 10 - 28 所示。

图 10 - 28　工程进度计划系统主界面

**2. 工程进度计划系统操作流程**

本系统提供图形编辑方式,通过选择右操作条的编辑状态条进行编辑工作的切换,最主要的操作为添加、编辑、删除、替换、时差、分段、拆分与合并、添加资源、插入空行。非常灵活方便。下面就编制一个网络计划图的具体流程作简要的描述。

(1)编辑网络计划图

①新建一个工程

点击菜单"文件",选择"新建"或直接点击工具栏中的新建图标,即新建一个工程。

②添加工作

用鼠标在右边的编辑状态条上的"添加"按钮按一下(或单击鼠标右键,选择右键菜单的"添加"功能项),按住鼠标左键不放,在屏幕上拖拉,然后松开鼠标(或双击鼠标左键),屏幕上会出现一个"工作信息框",输入工作名称、持续时间及工作类型,如图 10 - 29。

图 10 - 29　添加工作

使鼠标靠近节点,当鼠标变成手的形状时,向后拖拉,重复以上操作画出几个工作如图所示,智能生成节点及其编号,自动建立紧前紧后关系,实时计算关键线路。如图 10 - 30。

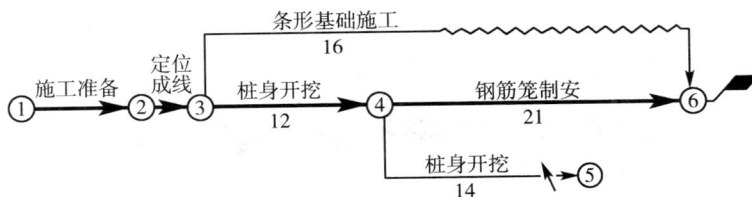

图 10 - 30　绘制网络图

③添加一个紧前、紧后和并行工作

在添加状态下,移动鼠标靠近某工作线的左端时,使鼠标形状变为↖时,双击鼠标左键,屏幕上会出现一个"工作信息框",输入工作名称、持续时间,即可插入一个紧前工作(如图10 - 31)。移动鼠标靠近某工作线的右端时,使鼠标形状变为↗时,双击鼠标左键,即可插入一个紧后工作(如图 10 - 32)。移动鼠标靠近某工作线的中间时,使鼠标形状变为┴时,双击鼠标左键,即可添加一个并行工作(如图 10 - 33)。

图 10-31  添加一个紧前工作

图 10-32  添加一个紧后工作

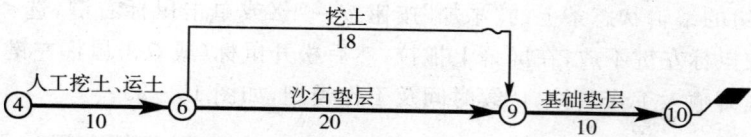

图 10-33  添加一个并行工作

④修改工作

a. 修改工作名称、时间等

置编辑状态条为"编辑"，移动鼠标靠近某工作线时，双击鼠标左键，将弹出的"工作信息卡"，然后修改工作名称、时间、工作类型、资源等。如果只是修改工作的持续时间，可使鼠标靠近工作线，同时按下 SHIFT 键和鼠标左键并拖动鼠标，可对工作的持续时间进行修改，并实时计算关键线路，非常直观。

b. 调整逻辑关系

在"添加"、"编辑"、"删除"、"替换"任一种状态下，任意复杂的逻辑关系均可通过调整完成。移鼠标到工作线的左端或右端，鼠标改变形状变，按住鼠标左键拖拉到要连接的节点即可以完成该任务。

c. 调整工作位置

如果想使某工作在另一工作下方，先置编辑状态条为"添加"、"编辑"、"删除"、"替换"任一种状态下，用鼠标靠近该工作中间鼠标形状变为→时，按住鼠标左键向下移动即可完成。

⑤时差调整

对于有时差的工作，可用时差调整功能调整其前后的时差。在右编辑状态条处于"时差"状态下，鼠标的左键双击该工作，从出现的'时差调整对话框'中直接进行查看并调整时差值，如图 10-34。

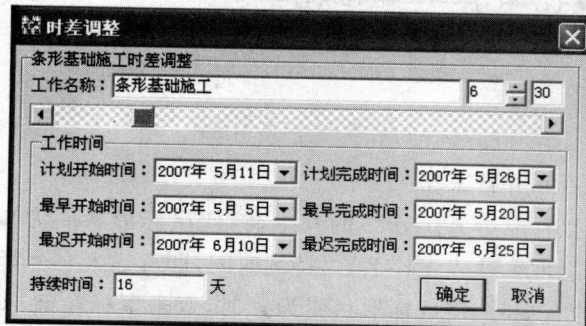

图 10-34  时差调整

调整图中滑块或修改编辑框中的数值，就可修改时差。

⑥分段功能

置编辑状态条为"分段",可对某工作分段,以便可以从段点开始一个新的工作。

光标移至要分段的工作上双击出现"分段信息卡"修改前段和后段的时间,点击确定即可完成,如图 10 - 35 和图 10 - 36。

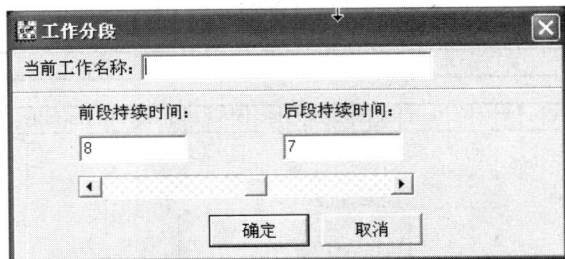

图 10 - 35　工作分段

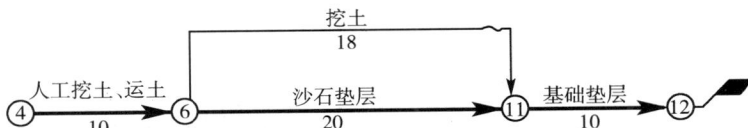

图 10 - 36　将"沙石垫层"工作分为两个工作段

对已分段的工作也可以使它拆分为两个工作或合并为一个工作。置编辑状态为"分段",拖拉鼠标框选一个已分段的工作,弹出"分段信息卡",选择"拆分"或"合并"选项,点击确定即可完成

⑦删除工作

置编辑状态条为"删除",直接双击某工作,或拖拉鼠标,框选几个工作一起后,弹出对话框,选择"是",即删除选定的工作,而无须确定紧前、紧后关系,整个过程智能处理。

(2)打开"工程标尺"

在初步编辑完网络计划图后,可以打开工程标尺,使之成为"时标网络图",如图 10 - 37。

# 工程进度网络计划图

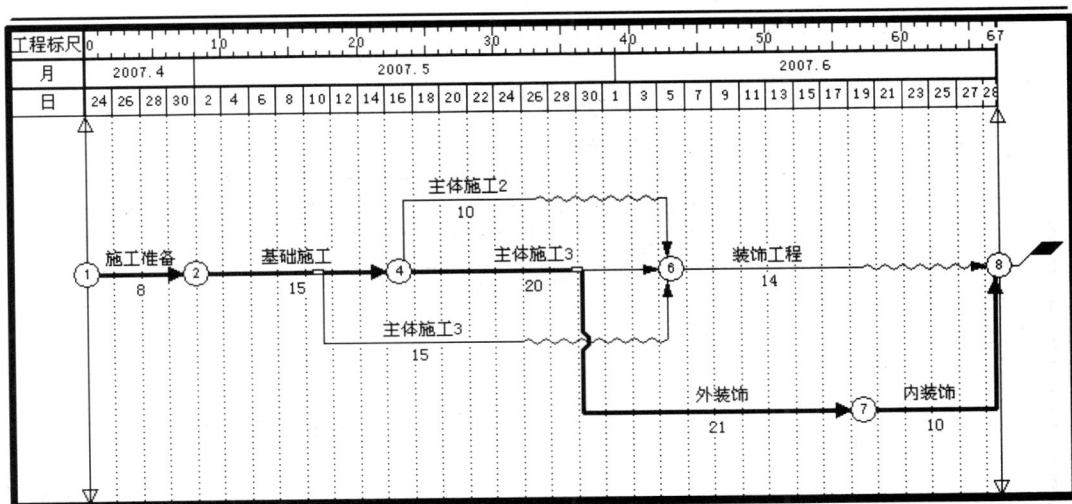

图 10 - 37　打开工程标尺后的网络计划图

**(3)资源输入**

置编辑状态为"资源",用鼠标在屏幕上拖拉,在弹出的"资源对话框"中输入资源编号、名称、用量、单位、开始、结束时间等,单击确定按键即可完成,如图 10-38。

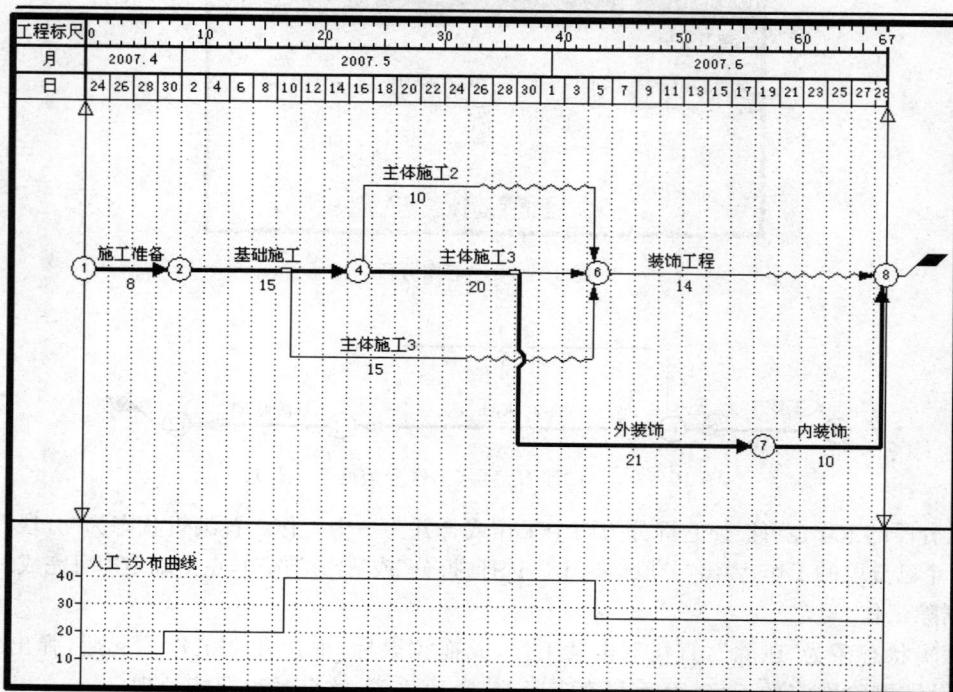

图 10-38　输入资源分布后的网络计划图

**(4)生成横道图**

横道图由网络图自动生成,可以定义工作字体、颜色、横道条粗细、上下间隔等。单击上工具条的"横道图按键",自动转换为横道图。再次单击此按键又转换为网络图。

实线表示关键线路,如图 10-39。

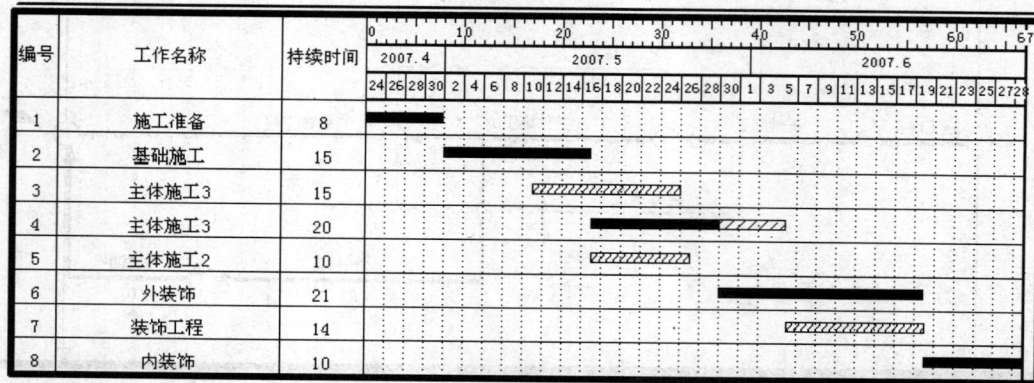

图 10-39　工程进度横道图

## 10.3.2　翰文施工平面图绘制软件

**1. 施工平面图绘制系统**

施工平面图绘制系统简化和集成了一些常见的绘图操作,在操作过程中,用户不必去记忆枯燥的命令,也不必去考虑特殊线形和实体的绘图过程,只需移动和点击鼠标就能够完成平面图绘制工作。

施工平面布置图软件在绘制图形过程中集成很多常规操作、常用的线形。软件专门制作了绘图按钮,只需要点击按钮,即可在图纸上完成这些特殊的线形绘制任务。对常用的图形,比如塔吊、施工设施等,软件提供了一些特有的解决办法。绘制塔吊时,软件专门为绘制塔吊制作了一个操作按钮,只需点击按钮,即可绘制一个塔吊,绘制好塔吊后,还可以移动其吊臂观看作业范围;绘制现场小品、施工设施、图例等可以通过绘制图块来轻松解决这些常用的图形绘制任务,在系统图库中,有很多专用的标准图库,使得绘图变得相当轻松;绘制场地功能区,可以使用软件提供的填充功能,通过填充可以在不同功能区填充颜色和图元,这样可以很快绘制完功能区的分布图。

图 10-40 为一个施工平面示例。

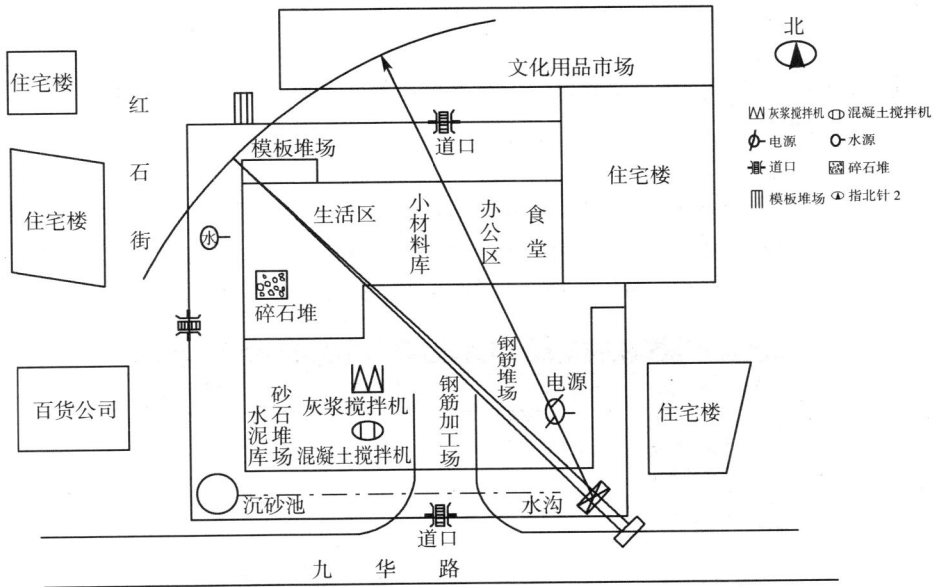

图 10-40　施工平面图示例

**2. 施工平面图绘制流程**

**(1)新建工程**

选择菜单"文件"中的"新建",首先出现下图的"图形属性"设置窗口,可以根据实际场地的大小设置属性,如图 10-41。

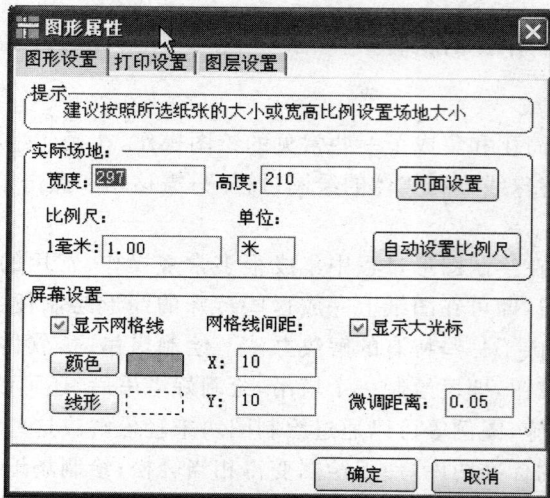

图 10-41　图形属性设置

**（2）绘制平面图**

系统提供绘制点、线、面等各类平面图的功能，用户可以根据需要轻松绘制。需要注意的是，绘制完一个图形块时，右击鼠标才能结束当前图形的绘制。

**（3）添加文字**

系统提供两种添加文字的方法：添加"文本"和"斜文本"，添加好文字后，还可以用下面的"旋转"工具调整文字的角度。

**（4）添加图块和图片**

软件提供了强大的图库插入功能，不仅方便，而且相当适用。请点击插入图库按钮，然后在图纸所预定的图形位置上"拖"出图块大小（同绘制矩形一样），确定了图形所占面积，此时，将弹出"图库文件夹"对话框，在此对话框中，可以看到到已经存在的图库类别，如图 10-42。

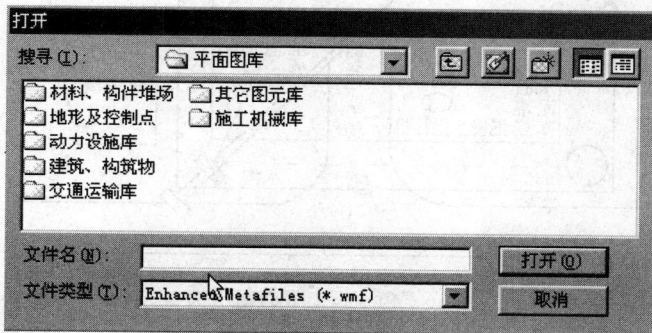

图 10-42　选择平面图库中的图块

再打开相应的类别，如施工机械库，确认后即完成相应图块的插入。使用插入图库命令可以方便您将平面图上常用的小品、机械设备、现场设施等图形调入当前图纸。这样可以减少很多重复操作，节约大量宝贵的时间。同样也可以添加图片。

**（5）添加塔式起重机及其他元素**

很多情况下都会遇到绘制塔吊的问题，点击塔吊绘制按钮，然后在图纸所预定的塔吊位置上点击一下，一个塔吊就绘制完成了。拖动其中的小黑点，可改变塔吊样式，如图 10-43。

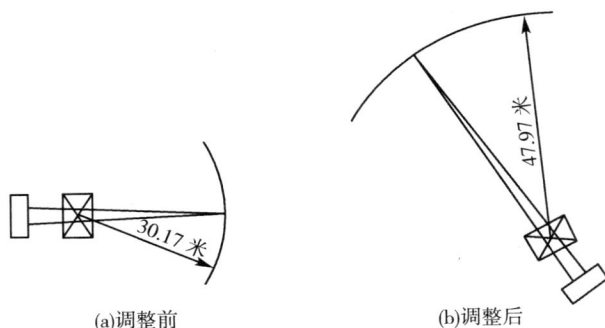

(a)调整前　　　　　　　(b)调整后

图 10 - 43　添加塔吊

塔吊绘制好后,还可以设置塔吊的属性,如图 10 - 44。

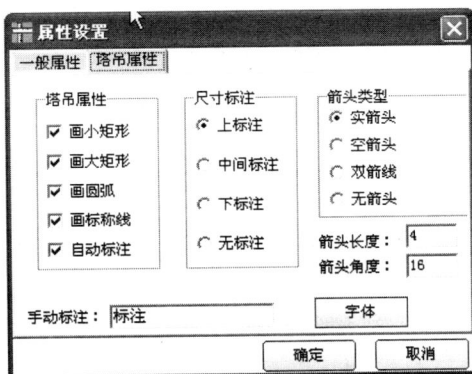

图 10 - 44　塔吊属性设置

此外,还可以添加如指北针、图例等元素,最终完成平面图的绘制。

## 思 考 题

1. 分析国内工程管理软件的应用现状,出现的问题和解决问题的对策。

2. 工程项目管理软件的发展方向是什么?

3. 在软件开发中,什么是 C/S 结构? 什么是 B/S 结构? 两者有什么区别?

4. 简述广联达图形算量软件的主要操作步骤。

5. 简述广联达清单计价软件的主要功能。

6. 工程量清单应该由哪几部分组成?

7. 分析翰文工程进度计划编制软件在功能上有哪些不足之处?

# 参 考 文 献

1. 丛培经主编．工程项目管理(第三版)．北京:中国建筑工业出版社,2006

2. 成虎著．工程项目管理(第二版)．北京:中国建筑工业出版社,2001

3. 姚玲珍主编．工程项目管理学．上海:上海财经大学出版社,2003

4. 王卓甫,杨高升著．工程项目管理原理与案例.中国水利出版社,2005

5. 胡志根,黄建平主编．工程项目管理．武汉:武汉大学出版社,2004

6. 梁世连主编．工程项目管理．北京:清华大学出版社 2006

7. 仲景冰主编．工程项目管理．北京:北京大学出版社,2006

8. 盛天宝主编．工程项目管理与案例．北京:冶金工业出版社,2005

9. 马士华,林鸣主编．工程项目管理实务．北京:电子工业出版社,2003

10. 闫军印主编．建设项目评估．北京:机械工业出版社,2005

11. 郭仲伟主编．风险分析与决策．北京:机械工业出版社,1986

12. 邓铁军主编．工程风险管理．北京:人民交通出版社,2004

13. 阎春宁主编．风险管理学．上海:上海大学出版社,2002

14. 邱菀华主编．现代项目风险管理方法与实践．北京:科学出版社,2003

15. 孟新田．土木工程概预算与清单计价．北京:高等教育出版社,2003

16. 潘文,丁本信等著．建设工程合同管理与案例分析．北京:中国建筑工业出版社,2004

17. 蒋传辉主编．建设工程项目造价管理．南昌:江西高校出版社,1999

18. 吴怀俊,马楠．工程造价管理．北京:人民交通出版社.2007

19. 戚安邦,孙贤伟主编．建设工程项目全过程造价管理理论与方法．天津:天津人民出版社,2004

20. 高晓晖编著．房地产开发与经营．上海:上海财经大学出版社,2005

21. 中华人民共和国国家标准．建筑工程施工质量验收统一标准(GB50300－2001)．北京:中国建筑工业出版社,2001